国学常识

大师国学经典书系

曹伯韩 著
雷原 白金钟 主编
蒋玉斌 导读

廣東旅游出版社
GUANGDONG TRAVEL & TOURISM PRESS
悦读书 · 悦旅行 · 悦享人生
中国 · 广州

图书在版编目（CIP）数据

国学常识 / 曹伯韩著 ; 雷原, 白金钟主编. — 广州 : 广东旅游出版社,
ISBN 978-7-5570-2425-3 2021.6(2023.7)

Ⅰ. ①国… Ⅱ. ①曹… ②雷… ③白… Ⅲ. ①国学—通俗读物 Ⅳ. ①Z126-49

中国版本图书馆CIP数据核字 第267912号

GUO XUE CHANG SHI

国学常识

曹伯韩 著

雷 原 白金钟 主编

出 版 人：刘志松

责任编辑：方银萍 吴 娟

封面设计：吴彦伯

责任技编：冼志良

责任校对：李瑞苑

广东旅游出版社发行

（广东省广州市荔湾区沙面北街71号首、二层）

邮购电话：020-87348243

889毫米×1240毫米 32开 7.75印张217千字

2021年6月第1版第1次印刷 2023年7月第1版第2次印刷

定价：45.00 元

序

正值中国传统文化复兴之际，雷原教授计划选择一批民国时期的书籍，附之以导读进行出版，我非常支持，很乐意为他的这一出版计划写几句话。

自鸦片战争开始，中国历史在全球范围内展开了一场农耕文化与西方商业文化的较量，历经一百八十年的西风东渐，西方商业文化已主导整个世界。然而西方商业文化主导下的世界矛盾重重，危机四伏，致使全世界也包括中国面临着生态危机、道德危机、异化危机，人类的可持续发展已面临严重威胁。随着对西方商业文化认识的不断加深，人们开始关注东方，希望从中国传统文化中为人类找到出路，这为中国传统文化复兴带来巨大的历史机遇。

然而，面对中国传统文化的复兴事业，许多人在很多问题上存在着疑虑，诸如反转基因农业问题、中医与西医选择问题、市场经济价值规律与“君子喻于义”矛盾问题、对于中国历史文化的批判与继承的关系问题，等等。

这些问题概括起来不外乎：第一，如何认识中华民族几千年来的历史与文化，以“剔除糟粕，取其精华”这种简单化的二分法思维来对待中华几千年以来的历史文化是不行的。传统文化伴随历史的发展变化，有所损益或者创新，不能因为历史上的很多东西不能被今天的现实所用，就说它是糟粕，这种认识有悖于历史，也有悖于中国传统文化述而不作的精神。第二，科学与自然之道的关系问题。也就是说在自然之道与科学之间，我们应视科学为第一原则，还是视自然之道为第一原则呢？第三，在农与商之间，孰主孰次的问题，更确切地讲，在农耕文化与商业文化之间，谁是第一位的？两者兼顾自然是对的，但何者居于主导，何者处于从属？

上述这些问题，如果在今天都能得到深刻的反思，得到明确的答复，我想大概中华传统文化离真正复兴的日子就不远了。历史不能割断，我们不仅要对中华文化几千年之历史进行研究，从对历史的研究中、反思中形成我们今天的思想，还要借鉴历史中曾经有过的类似今天这些问题的研究与成果，使人们能更好地继承前人的经验。踩在前人的肩膀上会使我们少走弯路，也站得更高。

其实民国时期，对上述这些问题就有过争论，诸如科学与玄学的争论，玄学其实就是我们今天讲的自然之道；对于以农立国还是以工立国，也进行了深刻的思辨；还有中国本位还是全盘西化以及社会主义与资本主义之争、民主与独裁之争，等等。

对民国时期人物及其著作进行梳理，有助于促进我们对上述问题的认识，也可以说是认识中国传统文化的捷径。如果能借鉴民国时期的文化思想，一定会对今日中国传统文化的复兴事业大有裨益。也正是基于这一认识，我非常赞同研究民国并出版相关民国的书籍，如果全社会能借助这些书籍对民国时期的思想有一个更深的认识，那么将有助于我们的传统文化早日复兴。

楼宇烈

目录

第五章　经　学

第六章　史　地

第七章　诸　子

第十一章　散文和骈文

第十二章　新被重视的文学

第十三章　科学及艺术

《国学常识》导读

蒋玉斌

一、曹伯韩其人

曹伯韩先生（1897—1959），湖南长沙人。本名曹典琦，曾用笔名或化名童振华、曹朴、P·H、ㄅㄛㄏㄢ（bohan）、寒、金华、进之、文博、蔷薇园主、张云福等。

曹伯韩出身于一个普通家庭，父亲曹秩庸长期从事教育工作，曾任长沙自治女校校长。曹伯韩两岁丧母，幼从祖父在家读书。后就读于选升小学，与田汉、黄芝岗同学，并于1912年升入徐特立创办的长沙县立师范，在学期间受到徐的关心与支持。1916年考入湖南省公立工业专门学校学习应用化学，1919年毕业。

曹伯韩1921年加入社会主义青年团。同年秋，在毛泽东、何叔衡等创办的湖南自修大学学习。自修大学被关闭后，与李维汉、谢觉哉等创办湘江中学并代理教务主任。又按毛泽东的指示，与廖沫沙等发起组织“长沙农村补习教育社”，担任编辑主任。1924年加入中国共产党。长沙女子师范学校开办后，曾受徐特立校长聘请，前往执教。

1925年冬，曹伯韩任中共湖南区委宣传部长，主编机关报《战士》。1927年调上海中共中央组织局宣传科工作，中共六大后任宣传部党报编辑。1930年12月在全国总工会工作时被捕入狱，1934年保释出狱。1935年加入左翼作家联盟。次年读书生活出版社成立，任编辑。这一时期曹伯韩撰写了大量文稿，启蒙民智，宣传通俗化及语文、拉丁化新文字运动。

抗战期间，曹伯韩先后在湖南长沙、武冈等地任教，在桂林文化供应社、香港《华商报》、桂林《自学》月刊和昆明《进修》等进步报刊担任编辑或翻译工作。日本投降后，到桂林师范学院执教。1946年加入民主同盟。1947年去香港，在持恒函授学校工作。

1949年北平解放后抵平，后任国家出版总署编审局通俗读物编审处处长，人民出版社成立后，任该社第二编辑室主任。1951年，调教育部工作。1952年春，中国文字改革研究会成立，任秘书处副主任，致力于文字改革工作。1954年，该会改组为中国文字改革委员会，曹伯韩以研究员身份，先后任汉字整理部副主任和第二研究室主任，兼任《中国语文》编辑委员、常务编委。1958年冬与周有光在北京大学合开“汉字改革问题”课程。

曹伯韩在抗日战争时期就患上严重的肺结核和哮喘病，身体瘦弱。由于日军的进犯以及反动政府的迫害，他多次辗转流徙，过着贫病交加的流亡生活，妻儿也客死途中。1949年，叶圣陶在香港见到他，“方养病中，小室一间，颇萧索”。但他的笔没有停止过，并且写得又快、又多、又好。1958年，被检出患有肝癌，次年1月在北京中医医院逝世，享年62岁。

生前好友在悼念曹伯韩时，一致赞叹他毕生勤勉从事知识通俗化工作。他除了工作之外，别无所求，生活始终简单朴素，不计较个人的名誉地位。“只要认识伯韩的人，都会觉出他为人的质朴和亲切。有话乐于跟他说，有事乐于跟他商量，而他总是那么和颜悦色，倾听人家的意见，也直率地说出他自己的意见。”周有光回忆初见曹伯韩的情形，说：“我找到伯韩同志的住所，走进他的一间光线不十分充足的小小的卧室。我们一见如故，谈了当时解放战争的形势，谈了拉丁化运动。他谈话的特点，词句简单而意义透彻，语气平和而意志坚决，那一次就给了我深刻的印象。”

文如其人。坚强执着、亲切平和、简单质朴、言语透彻，这是曹伯韩留给好友的印象，也是他通过著作留给后人的印象。

二、曹伯韩的著作

曹伯韩早年即致力于宣传进步思想、推动平民教育和文化普及工作，编写了大量稿件，出版了几十本通俗读物。他去世后，治丧委员会曾展出他的遗著，其友人张毕来先生回忆道：

> 开会追悼曹伯韩同志的那一天，治丧委员会在嘉兴寺开了一个小小的展览会，陈列了伯韩同志生前的一部分著作。但看那“本头薄、种类多”的特点，就知道伯韩同志是怎样一个著作家。这里有关于政治的，有关于国学的，有关于语言的，有关于文字的……二三十种。除了少数几本而外，大抵薄薄的，二三万字，五六万字不等。……这

些著作的外表就会告诉我们：这就是曹伯韩，一个与时代同时迈步前进、很重视普及工作的著作家。

友人蒋仲仁先生也提及此事，说：

遗著很多，陈列的只是其中的一部分。光这一部分就可以显出一个特色来：都是“小册子”。“小册子”有的文人学者也许会认为既然“小”，就不能登“大雅之堂”，算不了什么。这一点，伯韩是看到了的。他的写作，压根儿就不是为了要登什么“文堂”；他只有一颗拳拳之心，求有利于广大的人民。

……

他的写作，一本他的“小册子”主义，为人民而写。他写过这样一本小册子叫《语法初步》，薄得很，真是地地道道的小册子；可是，这本小册子分散到广大人民的手里，发行了几百万册。

伯韩同志就这样地毕生从事通俗化的工作，勤勤恳恳，数十年如一日。

“本头薄、种类多”“小册子”主义，这的确是曹伯韩著作的极好写照。我们不妨看看他写过的书（以初版年份为序）：

1936　帝国主义［社会常识读本］

　　　生活的逻辑（曹伯韩、廖庶谦著）

1937　通俗社会科学二十讲

　　　中国文字的演变（初版署名童振华）［青年自学丛书］

［新中国青年文库］

街头壁报

国际关系［社会常识读本］

日本侵华简史［大时代丛书］

1938　法国民族解放斗争史［救中国小丛书］

从苏联谈到联苏

抗战建国纲领问答（史枚、曹荻秋、胡绳、曹伯韩、小潇著）

宣传技术读本［战时社会科学丛书］

在抗战时期能否实行民主？［问题与答案丛刊］

1939　读报常识

中国现代史常识［石火常识丛书］

1940　青年自学论集

1941　中国近百年史常识［常识丛书］

1942　中国近百年史十讲

1943　国学常识（署名曹朴）

1944　国语文法（署名曹朴）［自修国文讲义］

世界地理纲要［通俗史地丛书］

1945　中国文法初阶（署名曹朴）

世界史纲要

通俗文化与语文

精神文化讲话［开明青年丛书］

中国近百年史讲话

民主浅说［北门小丛书］

1946　民主问题讲话

论青年的自学

谈鬼神

中国现代史读本

1947　民主讲话［北门小丛书］

社会的基本认识

1948　青年修养［开明青年丛书］

世界史初步［少年文库］［新知识初步丛刊］

世界地理初步［少年文库］［新知识初步丛刊］［新青年学习丛书］

通俗社会科学讲话

1949　怎样求得新知识［青年生活丛书］

1950　美帝怎样侵略东南亚［抗美援朝小丛书］

世界历史［新中国百科小丛书］

论新语文运动

1952　语法初步［学文化小丛书］

1954　语文问题评论集

这些书，书名中“初步”“初阶”“常识”“基本”“通俗”“浅说”“简史”“纲要”“读本”“讲话”频见，普及文化的意旨跃然可见。有的论题极为明确，如《论青年的自学》《谈鬼神》，甚或直接以问题为书名，如《在抗战时期能否实行民主？》《怎样求得新知识》《美帝怎样侵略东南亚》，一本书讨论一个或一方面问题，简洁明快。这些书中，有不少收入了丛书，丛书名如“某某小丛书”“新知识初步丛刊”“青年丛书”“青年文库”“新青年学习丛书”“少年文库”，也都反映了曹伯韩与其同仁在文化普及、青年教育方面的共识。从篇幅来看，这些书开本较小，大多数很薄，一般在100页左右，极少超过200页的，是地道的“小册子”。

曹伯韩有丰富的宣传经验，深知小册子的独特作用。他在《宣传技术读本》中列举“文字宣传的各种方式”，其（五）即为“小册子”：

> 小册子——这是用几千字或万把字的篇幅，就目前最重要而为一般人所不能透彻了解的问题，作一个简明的解释……册子的编辑和印刷，都比较普通书籍来得快，所以能很快地反映眼前的情势供给眼前的需要，同时价钱不大，可以分送，即购买也容易，篇幅不长，读起来也容易读完，这些是小册子的长处。

普通图书中的小册子，其篇幅可能比宣传小册子稍大一些，但它们在信息、文化传播中的特点是相似的。曹伯韩如此钟爱小册子，正是因为它简明、易读，传播思想文化便捷、高效、亲民。

这些小册子看似浅显，实是深入浅出，想写好并不容易。首先得虚心。所涉及的多方面知识，自己要先虚心学习、消化，真正弄懂了，写起来才得心应手。二要热心。对于向民众尤其是青年宣讲知识、启蒙思想，必须抱有一腔热忱。如不热心，可能根本不会从事这种工作，或者不能持之以恒地从事。三要用心。要以读者较能接受的方式讲述，精心设计宣讲策略，循循善诱，娓娓道出。像《怎样求得新知识》一书，作者多次举自己或身边人的例子来说明道理，富有亲和力，甚至有专节讲怎样画记号与做笔记，完全是手把手地教。这就颇便于青年或初学者理解接受。

一个人的精力、学养难免有限，其认识高度也必然受到当时学术水平的制约，但能做到以上几点，他就能在传承与传播文化方面做出成绩。曹伯韩先生就是这样一位普及文化的典范。

三、经典的国学入门读物——《国学常识》

曹伯韩是普及文化的典范，《国学常识》则是国学入门读物中的经典。

《国学常识》一书编于 1943 年 1 月前后（据本书《编例》后的作者自识），当年 10 月由国文杂志社出版，桂林文光书店发行。抗日战争胜利后，上海文光书店于 1947 年 2 月刊行沪初版，1948 年 10 月又印了沪二版。这本书大概是曹伯韩著作中篇幅最大的，但一如作者其他读物的特点，简洁明快，深入浅出，仍然是“小册子”主义的代表作。

“国学这个名词，是因为欧美学术输入才发生的。它的范围是把西学输入以前中国原有的全部学术包括进去的。”（本书第一节）清末民初，中国学术经历了国学与西学、旧学与新学相互碰撞、交融的过程。这本书实际上是以新时代的眼光去审视中国固有之学术，参考各领域的研究成果，用浅白的语言勾勒出国学的基本面貌。它有以下一些特点：

1. 知识架构合理，讲解全面而系统。

知识全面。《编例》第七条说，“本书参考坊间出版之同类书籍与期刊，尽可能地集合各方特点，提要钩玄，于短小篇幅之中，具有多数书刊的缩影。读者手此一编，即无异于与各种中国哲学史、文学史、史学史、文化史著作相接触”。民国时期的国学书，多数是在传统上的经、史、子、集四部分法基础上，分为经学、子学、史学、文学或经学、哲学、文学这几个部类来讲，本书在此之外，还列出科学与艺术一章（第十三章），显然更为全面。民国时期同类著作如范皕诲《二千五百年来之国学》列出天文学、数学，汪震、王正己《国学大纲》也列有自然科学，但总体分类不如《国学常识》好。

《国学常识》内容平实，大体上涵盖了国学各部类的精髓，并能反映当时所涉学问的新进展。例如第三四节“古物与古书”最后一段文字，是根据 1942 年 10 月的报纸补上的，说明作者在写作过程中随时留意有关学问的新情况。

书中内容虽多，但脉络清楚，便于读者从宏观上把握。通过目录就能看清国学的脉络，纲举目张。作者也特意用《编例》第十条说明本书架构：先是对国学的概说（第一章），然后讲治国学的工具和方法（第二至四章），在这一部分囊括了语言文字之学、考古学、文献学等内容。接下来是各部类的分述，包括史学（含经学、史地）、哲学（诸子、佛学、理学）、文学（分体裁）、科学艺术。讲国学时分开治学方法和国学本体两部，是章太炎先生《国学概论》已明确提出的思路，作者很好地继承了这一做法。

在具体安排内容时，作者也能做到详略得当、条理清晰。如诸子百家流派很多，如果都展开来讲，必然占据较大篇幅，显得烦琐枝蔓。作者在第七章先概述诸子学术类别，然后将儒、道、墨、法等家各立专节重点讲述，但也不是完全忽略未立专节的杂家、纵横家、农家，而是附在各节后简要叙述（第七〇、七六节），是不错的策略。在每一节中，一般都是先讲是什么或有什么、发展的历史，然后是简单恰当的评判，最后为读者了解此方面提出的建议，或说明此方面的意义。这也是便于读者接受的。

2. 持论公允，不守旧，不偏激，观点有启发意义。

本书虽是对国学的常识性的介绍，但讲什么不讲什么，讲多讲少，怎么讲，如何评判，在这些方面都要表明态度，这是回避不了的。总体上看，作者的看法是客观公允的。第一章概说国学，第五六节谈经学的扬弃、第一三三节讲自然科学在国学中的地位等，都很平正，颇能引人深思。国学素称博大精深，作者没有故弄玄虚，而是一类一类、一条一条予以述评，并对如何学习、利用和推进某领域的研究提出了意见。这些意见大多十分中肯。

3. 为读者着想，用心、精心。

我们读过一些书会发现，书的凡例、目录及注释、索引等附件的重要性不比正文差，而且在这些部分常常能看到作者的用心。本书《编例》说，“卷首载有详细目录，颇便于参考。但仍有重要事项或人名书名，为目录上所不及载，或散见各处而不易查阅者，另附索引于书末”。其以目录为纲，而以索引作为有益补充，使得读者利用此书非常方便。正文中作者的建议、忠告随处可见，又常指示利用某类资料的门径，金针度人，功莫大焉。

4. 语言简洁精当，平易晓畅。

作者一如既往地善于驾驭文字，往往用寥寥数语，就把很复杂的问题大致说清。

《国学常识》的定位非常明确：“本书的讨论限于常识的范围，不是深入的研究，更不是讲整理工作，只是关于国学的初步概念提示。”（第十节）作者特意强调，“不涉专门事项，即一般国学常识书中过于琐碎之人名等，亦一概从略”。这一点很重要，由于不涉入太专门的研究，书中内容就不会过于繁难，行文也少了枝蔓，读者也就不必畏难。待读者通过本书觅得途径，自可在自己感兴趣的领域深入堂奥。对于作者来说，“不涉专门事项”也能避免由于涉猎太多而陷入左支右绌的窘境，而把更多精力放在对所有国学知识的全面、客观、有条理的介绍上。正是因为作者对该书定位准确，又能娴熟驾驭文字，因而写得浅显流畅，可读性极强。

《国学常识》具备以上四点，就好比一顿大餐有营养、搭配合理，好吃而又好看，当然就是值得品味而受欢迎的，因而也是经典的。

近些年来，由于人们对传统文化的重视，出现了所谓“国学热”。这本“曾经在读书人中产生过广泛影响的书”，又一次成为热门书籍。《国学常识》的这种热度，从根本上说还是由它本身具有的经典性决定的。

由于《国学常识》的经典性，它常被列为国学经典，与章太炎《国学概论》、钱穆《国学概论》等并列；也常被作为民国精品书，与梁启超《中国历史研究法》等同举。《国学常识》与这些大师经典并列时，容易让人觉得曹伯韩先生也是大师。按照新版《现代汉语词典》的解释，大师是“在学问或艺术上有很深的造诣，为大家所尊崇的人”。实际上何为大师，并没有确切的评判标准，不同时代、不同群体的人们心目中的大师并不一样。但章、梁、钱等是大家公认的大师，根据他们的成就，我们想，大师至少应该在思想上有启蒙之功，或在观念、理论上有独特见解，或在研究方法上有创新，开风气之先，起到引领作用。曹伯韩先生不属于这种人物。从前面的介绍也能看出，他进行文化教育工作的旨趣也不是要成为大师。

在国学研究以及国学涉及的很多领域，曹伯韩都不是处在最前沿的研究者，而是保持一定距离的守望者。

但恰恰是这一点，使曹伯韩对国学的介绍能更全面，态度上能更客观，更容易摒弃门户之见，也能更自觉地从国学知识的使用者亦即读者的视角去观察和整合国学常识。对读者来说，由于他不是大师，而书写得深入浅出，也让人少了一些“仰之弥高，钻之弥坚”的距离感。已故语文教育家商友敬先生曾说：“对中国文化作系统讲述的著作不少，但我却愿意介绍两本简而明的读物：一是 1947 年曹伯韩先生的《国学常识》”，该书“原是供中学生读的，文字浅易而清晰。但你一读会发现，该介绍的他全介绍了，而且功力相当深。比读《章太炎先生国学讲演录》收效大，而曹聚仁的《中国学术思想史随笔》又枝蔓太多、琐碎”。点出了《国学常识》相较于同类经典的特异之处。

总之，《国学常识》算不上大师经典，但跟大师经典一样有营养，而且是初尝国学时容易吸收的营养。

四、关于《国学常识》的阅读和使用

《国学常识》由 13 章 142 小节组成，一般每节的字数仅在数百，而各节具有一定的独立性，可以一气长读数节，也可以在把握全书架构的基础上，每次仅读一二节。当前人们的时间愈趋碎片化，利用零碎时间每次读一二节《国学常识》，应该是不错的选择。

因本书眉目清楚，深入浅出，在内容方面就没必要过多介绍，读者看书即可。有两方面可提请读者注意的，一是书中一些阅读障碍，二是书中的一些问题，在这里简单谈一下。

1. 这本书毕竟是七十年前的书，读时可能会发现一些行文用语上有异于今的地方，造成阅读障碍：

用字用语习惯的不同。如“磁器”（第一四〇节）即“瓷器”。

专名写法的不同。族名“猺族”，今已改作“瑶族”。有的是少数民族或外国人名音译的不同。耶费孙（第八节），今译叶斯柏森。托克托（第五七节），今多译作脱脱。依里亚特（第一〇三节），今多作伊利亚特。

术语叫法的不同。万国音标（第二四节），现在一般叫国际音标。论理学（第七四节），今称逻辑学。无限等比级数（第一三五节），“无限”今多说“无穷”。

至于书中使用民国纪年和当时的行政区划名称、地名，这是读前代乃至古代书都会遇到的，读者自应具备扫除这种障碍的常识，就不一一说明了。

2. 这本书涉及内容庞多，难免存在一些问题，阅读中可以留意，使用时应该注意。主要有以下几种情况：

第一，因时代的原因，有些陈旧内容或说法需要更新。

自该书出版以来，国学的资料和研究成果都有不少变化。原书中的一些表述或看法，在今天看来是需要修正的。三联书店重印该书时已注意到这一点，“对本书中个别因成书年代早而显陈旧过时或不甚准确的提法，也以加注的方式做了说明”。其所加注见于第三二节“无文字的古物”节尾：

> 本节中所涉及的考古方面的内容，代表了20世纪40年代的成果。随着考古研究的发展，许多观点在今天看来

已不正确，比如，新石器时代的“六期法”所涉及的文化类型，实际上并不属于一个文化体系，仰韶文化和齐家文化就分属中原和西北地区的两种文化。另外，这种分期方法在时代上也多有不妥，如马厂文化应比齐家文化早；寺洼文化，其时代晚至商周时期，甚至更晚，不属于新石器时代。诸如此类问题，有兴趣的读者可参阅《新中国考古发现与研究》等书。

这个注是很有益于读者的。

不过书中此类问题远不止于此。例如蒙恬造毛笔说（第三五节）、笛为西域传来说（第一四二节）等，由于已有时代较早的考古实物证明，也是需要修正的。第二七节说黄侃“分古韵为二十八部，这是古韵的最后结论”，后来（已在该书出版之后）至少又有王力先生分为二十九或三十部等。

第二，因作者对专门知识的理解偏差、误会或对各说取舍不当而造成问题。

如第一四节说甲骨文“象形字占绝大多数”“最大多数”，实际上在解释甲骨文中，象形字大概仅占 1/4 左右，包括曹氏在内的很多人说甲骨文中象形字多，恐怕是对其象形性较强的一种不恰当描述。

第四二节，云《四库全书》“民国九年赠予法国一部”，委实是骇人听闻。实情是时任法国总理班乐卫欲以庚款助中国印行《四库全书》，条件是印成后赠予法国数部印本。绝无将原七部（其实到民国时已仅剩一半）之任何一部赠予法国之事，而印行计划亦未施行，连印本也不存在赠予的情况。

第三，作者有些表述不够严密，容易造成误解。

如第一六节说“后人所谓《十三经注疏》，是合汉人的注与唐人的疏而说的”，严格来讲是汉魏人的注和唐宋人的疏。第二五节，“字母是唐朝末年守温和尚仿照梵文创造的，共三十六个”，中间宜加“经宋人扩充”。

几乎任何一本书都会有错误或需要修正的地方。对读者来说，“尽信书则不如无书”，读书本来就要包含信疑两面，学习吸收与思考甄辨理应共存。北朝才子邢邵，有学问藏书又多，但不怎么校勘书中的错误，甚至说“误书思之，更是一适”（琢磨有错误的书，更是一乐事）。他的妻弟说，琢磨误书还能有什么收获呢？他答道：“若思不能得，便不劳读书。”（《北齐书·邢邵传》）如对书中的错误说不出个一二三来，还读书干什么呢？邢邵少有高才，也是待客时能扪虱而谈的通脱之士，自然少不了一些任性和狂气，但他的话的确很有意思。读书要有一定的鉴别能力，要在思考正误、决定信疑的过程中提高自己的学养。

我们粗校一过，将原书明显错误的以及从今天看原书错误且必须修正的情形列出。为了保留书的原貌，这些校记一律不改在正文中；为了留给读者“误书思之”的自由，也一律不做成脚注或尾注。仅作为附录附在全书后面，供参考。

从总体上说，《国学常识》还是很好地反映了20世纪40年代以前国学各方面的资料和研究状况。对于这样一部涉及多门学问的读物，我们不能求全责备，更何况上述一些不恰当的提法多非作者臆说杜撰，而是确由专门的研究者提出的，正是当时学术水平的客观呈现。

编　例

一、本书以供中等学校学生课外阅读为主要目的，亦可供一般对国学开始发生兴趣者之参考。

二、本书所搜辑之材料，均属于常识范围，不涉专门事项，即一般国学常识书中过于琐碎之人名（例如明代文人有前七子、后七子、前五子、后五子、广五子、续五子、末五子等名目，所包含之人名甚多，本书仅提到前后七子的代表人物，其余均从略）、术语（例如沈约所倡诗忌八病的解释，仅举八个名称，并不能明白其实在意义，不如索性不讲）等，亦一概从略。

三、本书对于学术源流及派别，对于各时代思潮的起伏变动及其背景，均加简明的解释，并不惮前后反复申说，以期读者获得贯通的理解。

四、本书对于国学各方面在目前的发展趋势，亦略加叙述，使读者不致堕入抱残守缺的固陋之见。

五、本书引用章太炎、王国维、梁启超、冯友兰、胡适之诸先生的言论较多，间亦附以鄙见，不过取舍赞否之间，既非人云亦云，亦不标新立异，唯一的主旨是在使读者能从各大家意见观其会通，而不囿于冬烘学究旧套。

六、本书虽不注重琐碎的常识，但一般国学常识书中之比较重要的事项，仍尽可能容纳（例如“建安七子”“竟陵八友”……的姓名），故于毕业会考或大学入学考试前参考，仍甚适宜。

七、本书参考坊间出版之同类书籍与期刊，尽可能的集合各方特点，提要钩玄，于短小篇幅之中，具有多数书刊的缩影。读者手此一编，即无异于与各种中国哲学史、文学史、史学史、文化史著作相接触。

八、本书分十三章，一百四十二节，卷首载有详细目录，颇便于参考。但仍有重要事项或人名书名，为目录上所不及载，或散见各处而不易查阅者，另附索引于书末，详载叙及此等事项之节目次第。

九、书末索引系按每条第一字之韵部，依注音符号ㄧ、ㄨ、ㄩ、ㄚ、ㄛ、ㄜ、ㄝ、ㄞ、ㄟ、ㄠ、ㄡ、ㄢ、ㄧㄢ、ㄨㄢ、ㄩㄢ、ㄣ、ㄧㄣ、ㄨㄣ、ㄩㄣ、ㄤ、ㄧㄤ、ㄨㄤ、ㄩㄤ、ㄥ、ㄧㄥ、ㄨㄥ、ㄩㄥ、ㄦ的次序排列。同韵之字，以声母ㄅㄆ……的次序为次序，而以韵母独用者置于最后。同音之字，则按笔画简繁而分先后。第一字相同者，以第二字分。如此类推。声母独用者概隶ㄦ部。

十、本书第一章概说，对国学作一轮廓的说明，尤其对清代以来的学术概况，特加指出。第二章至第四章，将考证学与考古学所获的成果，略加介绍，使读者稍微知道一点治学的工具和方法。第五、六两章为史学部分，因历史可以指示一切学术的背景，经史又素来是国学的重心，所以置于其他学术之前。而经书为古代史料，又系过去国学的总源泉，所以更列于普通史学之前。第七、八、九章为哲学部分，先诸子，次佛学，再次理学，系按时代次序排列，使读者容易看出演变的迹象。第十至十二章为文学部分，因诗歌是最早发生的纯文艺，故首说诗、骚、赋、词、散曲等属于诗歌一类的作品，而后说到散文与骈文。至于小说、戏曲及民间俗文学，因其发展最晚，且至最近方才被人重视，所以放在末了。最后第十三章，略述自然科学及艺术，以表示我们对于这些学术的重视。

十一、我国文人每有几个名字，本书所用以一般人熟悉者为主，有时称名，有时称号，没有一定，但为免除读者误会起见，随时将其另一通用的名字注明。

十二、本书因仓促编成，又因限于环境，参考图书有限，不免发生重要的遗漏与讹谬，尚望学术专家及一般读者不吝赐予指正。

一九四三年元月四日识于桂林

第一章 概 说

一 所谓国学

国学这个名词发生于清末，但不知究竟是谁所创造。有人说，章炳麟（太炎）在日本组织“国学讲习会”，刘师培（申叔）氏也有“国学保存会”的发起，大概他们就是国学两个字的最初使用者。这是不是正确，不得而知。我们知道的是，国学这个名词，是因为欧美学术输入才发生的。它的范围，是把西学输入以前中国原有的全部学术包括进去的。

和国学相当的名词，还有国粹和国故。国粹两个字，似乎有点夸大中国学术乃完全精粹物的意思，又似乎有点选择精粹部分而抛弃其他部分的意思，所以人们觉得不甚妥当，改称国故。国故，就是本国文献的意思。不论精粹不精粹，过去的文献总是可宝贵的史料，都可包括在国故范围里面去，这样看起来，国故这个名词总算是公平而完备了。但它也有它的缺点，就是只能够代表研究的对象，而不能代表研究这种对象的学问，因此大家又想起用国故学的名称来代替它，最后又简化而称为国学。

可是这个名称还不是十分合理的，因为学术没有国界，当代各国都没有特殊的国学，而我们所谓国学，从内容上看，也就是哲学、文学、史学等等的东西，都是可以作为世界学术的一部分的，而且事实上外国也已经有研究我国古代文化的人了，我们为什么不采取世界公用的名称，如中国史、中国文化史、中国哲学史、中国文学史等类的名词呢？而且对于具有种种内容的学术，为什么不加以个别的名称而必须采用笼统的总名称呢？这都是值得考虑的。

但我们为了依从习惯，并且因为中国各科学术还没有整理清楚，和世界学术融合为一的缘故，只得仍旧采用国学这个名称。

二　国学在清代

中国学术，以周秦诸子时代最为发达，当时诸子百家，各有专长，不相剿袭。自汉代表彰六经，儒家定于一尊，诸子之学衰落，而经学成为唯一的学术。两千年来，除解释经书外无学问。但到了清朝，似乎从解经之中有开辟一条新路的趋势。过去汉儒解经，注重字句的解释和制度的考证，但宋儒反对汉儒的方法，主张依经义而修养心性。清初学者黄梨洲、顾亭林、王船山等，因宋明诸儒无补时艰，于是起而批评宋明心性之学的流弊，提倡经世致用的实学。然而他们所谓实学，仍然以通经致用为中心，因此便是非常留心当世之务的顾亭林，也不敢稍为懈怠他的经学研究，并由经学而奠立了清代考证学的初基。颜习斋（元）、李恕谷（塨）继起，提倡实践，反对空言，无论性理考据，都在排击之列，但由于他们要实行三代政治，最后也不得不归于考古。其后戴东原（震）出来，一方面以新理学姿态批评宋明思想，一方面继承顾亭林的考证学而加以发展。同时惠定宇（栋）亦标榜汉学。惠、戴以后，继起有人，考证学派于是占了学术界的支配地位。但正统的考证学派继承东汉经师为学而学的精神，埋头研究，不谈现实政治，到道光、咸丰以后，内忧外患交逼而来，不容许士大夫的脱离现实，于是正统汉学又逐渐衰落了。代之而兴的于是有继承西汉学者经世致用精神的公羊学派。公羊学派中的康（有为）、梁（启超），最后亦不严格地遵守西汉经说，而直接以己意解释孔孟，以作维新运动的根据，清代思想如再进一步，就有解脱孔孟束缚的可能。本来正统派中著名的学者如王念孙、王引之、俞樾、孙诒让以及最后的章炳麟，都是对孔孟以外的诸子有精深研究的，他们开始的时候只是“以子证经”，拿子学做经学的工具，其结果便使搁置了几千年的诸子学说也为之昌明，又，康梁派之谭嗣同，更主张“冲决一切网罗”（见《仁学》）。这种发展的趋势，非至推倒孔孟偶像不止，是显然的。因此梁启超氏曾说清代很像是中国的文艺复兴时代，但是有一个问题。欧洲的文艺复兴，是研究希腊罗马的古学，解放中世纪的思想镣铐，其结果引起了近代科学的勃兴；中国的文艺复兴，是阐扬周秦时代的古学，解放秦汉以来儒家思想的束缚，其结果应当也引起科学的发达，可是我国的科学为什么没有发达起来呢？这是清代社会经济发展的停滞及反动政治的妨害所致。

如上所说，清代考证学派本来是因纠正性理学派的缺点而起，性理学派的缺点是空疏而不切实用。考证学派以客观态度研究经书，就解经而言，诚然不空疏，但是流于琐碎支离，解经也终于不得要领。至于国计民生之现实问题，更是他们所不了解的。他们学问的不切实用，仍然同性理学派一样。晚清诸学者因为受了列强内侵的刺激，及外来思想的影响，大家对于现实问题有所主张，如康有为的倡导维新，章炳麟的参加革命，他们各自代表考证学派的一分支，作为二千年来经学的光荣的殿军者。辛亥革命以后，儒家的地位，至少在一般学者的眼里，已经回复到与诸子同等的地位，国学不应当再以解释经书为唯一任务，已是当然之理，而自己创立的学说，尤其不必假托古人的招牌来传布，也是毋庸多说的。不过前代学术的源流和得失，可供我们借鉴的地方很不少，而且他们整理古代典籍的成果，很可以供我们利用，所以我们不能忽视。

三　国学的分科

中国学术向来无所谓分科的，一般儒者都是以万能博士自命，他们常说“一物不知，儒者之耻”。所以那些学者的全集里面，也有诗词歌赋的文学作品，也有评论史事的论文，也有代圣贤立言的经书注疏，可说对整个学术范围内的各方面都有所贡献。但就个人的才性及用力的浅深说，本来不能不有所偏至；所以一些有名的学人仍然只能以一种专长著名，如朱熹以理学著名，李白以诗著名，人们决不会指朱熹为诗人，指李白为理学家。所以事实上，国学仍然是分了部门的。

曾国藩把学术分成“义理”（即性理之学或理学）、“考据”（即考证学）、“词章”三大部门（戴东原亦曾如是分类），他写给他弟弟的信说：“盖自西汉以至于今，识字之儒，约有三途：曰义理之学，曰考据之学，曰词章之学，各执一途，互相诋毁。兄之私意，以为义理之学最大，义理明则躬行有要，而经济有本。词章之学，亦所以发挥义理者也。考据之学，吾无取焉矣。此三途者皆从事经史，各有门径。吾以为欲读经史，但当研究义理，则心一而不纷。是故经则专守一经，史则专熟一代，读经史则专主义理，此皆守约之道，确乎不可易者也。若夫经史而外，诸子百家，汗牛充栋，或欲阅之，但当读一人之专集，不当东翻西阅。”在这个指导读书方法的信中，我们看到他们怎样说明三大部门的学术，怎样主张选科，并且指出在义理一门之下，还可以按照经书的种类及史书的朝代而分科研究。不过三大部门的研究对象，都是经史，整个学术范围，非常狭小。诸子百家，只当作参考书，全部学术集中在儒家一派的范围以内。三大部门的重要性，是义理第一，词章第二，考据最末了，他的话完全是宋明以来儒家正统派的传统意见。

义理之学，照理应该还有老学、墨学等等的专科，但因儒家的独占，就没有它们的份儿了。

词章之学，包括诗及古文两个主要部门，其次有赋、词、曲、骈文等。现代文学所尊重的小说及戏曲，过去不被重视。

考据之学，除按照经书的种类分科外，又按照问题性质而分科，如专门考名物制度的狭义的“考证学”及专门考文字训诂的“小学”，以及专门考书籍源流真伪的“校雠学”，是三大科别，此外还分出许多独立的部门，如小学内分出声韵学、训诂学，以及金石学、甲骨学等，校雠学又分成目录学、校勘学、版本学等。

四　国学的派别

讲实证的学术，分科繁而派别少，尚玄思的学术则相反。国学以古书为对象，文字艰深古奥，又不免有遗漏和错误。后世的人无法去找古代的原作者来质疑，就只好凭自己的意思来解释。因解释的不同，而派别便产生了。以前说的“义理”“考据”“词章”的三种学术，虽然是三个部门，但同时也是三个派别，因为学者所采取的道路不同，对于同一古书的解释会得到相异的结果。所以曾国藩说他们“各执一途，互相诋毁”。

在考据学全盛的清代中期，所谓桐城派词章之学也抬头起来。桐城派文人以“载道之文”相标榜而讥诮考据学的支离破碎，无补于圣道。考据学者则讥诮桐城派文章没有内容，根本无所谓“道”。考据学者批评义理之学的空疏，可是义理学派也讥诮他们的破碎支离。这几派之中，考据派在学术界虽然称霸，但清政府所奖励的却以义理之学为主。

义理学派即所谓宋明道学，因其解释经书遇着难解之处，不去找许多古书参证，考查原来的意义，只是“望文生义”，照字面去讲，所以人们说它空疏。其实这个学派不是完全不查考古字的意义，不是完全不注意古书的遗漏错误，我们一看“四书”的朱注便知。这个学派的特点，是在于借孔孟的话来宣传自己的学说，朱熹（晦庵）的《四书注》，就是宣传他的理气二元论。陆九渊（象山）更公然说“六经皆我注脚”。的确，他们表面上是注解经书，实际上是拿经书注解自己。可是朱熹还不敢公然这样讲，他的意思只是说，按之人情物理，孔孟的这些话应当这样解才对。朱氏是主张“格物致知”的，这就是从研究人情物理去了解孔孟之道。因为这一点，使朱陆又分成两派。朱氏的学术，渊源于程颐（伊川），所以这派叫程朱派。陆象山之学，到明朝王守仁（阳明）而有彻底的发展，所以这派叫陆王派。程朱之学，讲求穷理尽性，称为理学。陆王也讲理，但程朱的理有客观性，而陆王的理是纯主观的，陆氏说“心即理”，所以人们为与程朱的理学分别起见，又叫陆王之学为“心学”。

义理之学大致和现代所谓哲学相同，所以有派别，无分科。考据之学和现代所倡社会科学相像，所以有分科，也有派别。可是因为研究的对象不是社会而是古书，所以考据之学的派别，不是从理论上分的，而是从古书的传授系统上面分的。汉朝在秦始皇焚书坑儒以后来提倡经书的研究，许多儒生都用当时通行的隶书写着经书进献，据说是因为古经原本已不容易觅取，他们这些儒生都是凭着口耳相传的方法，一代一代的传授下来的。后来却有人贡献古本经书了，那些书据说是藏在什么古建筑物（如孔子故宅）的夹壁中间，或者什么山岩里面，被人家发现出来的。有了这一套古字的原本，于是就有一班儒生来研究它。由于这种版本和前面那种所用的文字有古今的不同，于是在研究者方面就分出今文派和古文派。其实两者的分别不但在文字上，就是内容也有不同的地方，特别是思想方法方面（这点后面再说）。这两派经学家所做的事，或系考证古书的真伪，或系考证古书上的名词器物和制度，或系探讨古代文字的意义，或系探讨经书的微言大义，所以一般称为考据之学，因为考据之学创于汉朝，又称汉学，而和汉学相对待的义理之学，因为创于宋朝，就叫宋学。

在词章之学方面，古文和骈文不但是两个门类，同时又是两个派别的名称。骈文是四六对偶的文体，古文（这个古文和经学上的古文，名同而实异）是不要对仗的散文，研究骈文的就反对古文，研究古文的就反对骈文，因而形成两大派别。清朝除这两大派对立外，古文派内部又有桐城派和阳湖派的分别。

五　进步的方法与贫乏的内容

考证学派所用的方法是欧洲研究自然科学的方法。我们从考证学大师戴东原的治学方法可以证明。梁启超曾举出它的十大特点，大意如下：

（一）凡建立一个主张，必须依靠证据。

（二）选择证据，以时代为标准，时代越古的证据，就越认为可靠。

（三）孤单的证据不能建立确定的结论：其无反证者暂时保存之，得有续证则渐又信仰之，遇有力之反证则抛弃之。

（四）隐匿证据或曲解证据，都认为不道德。

（五）最喜欢集合许多同类的事项，作比较的研究，而探寻其一般的规律。

（六）采用旧的学说，必须明显地引用，反对暗中偷用。

（七）彼此见解不同，尽量发展论争，弟子也可以驳难本师，被批评者并不生气。

（八）论争以本问题为范围，采客观的理智的态度，对于对方意见亦同样尊重，反对谩骂讥讽及牵涉题外。

（九）喜欢专门研究一个问题，作深入的探讨。

（十）文体主张朴实简洁，反对啰啰唆唆。

以上这种方法，显然是西洋所谓实证主义的具体应用。胡适也曾经说过清代考据之学的特点有两个：（一）大胆的假设；（二）小心的求证。这两者就是科学方法的要点。

清代学者所用的方法虽然是进步的，但所研究的对象非常狭隘，所获得的成果非常微末——虽然有极可宝贵的收获，但就多数学者所耗费的精力而比例地说，那成果是相对地小。除天文学及算学外，广大的自然科学领域完全不被清代学者涉及。即就古学而论，所谓名物制度的考证是很少辉煌的成绩的。最大的收获只是在文字训诂方面。当时以考证著名的有戴东原及惠栋两派，戴派比较地富于批评精神，研究的成绩就比较多，文字训诂方面的收获是他们的功劳；惠栋派拘守汉儒传统，缺乏批评精神，其考证支离琐碎，不得要领。

六　欧美学术的影响

欧洲自然科学的输入不自清末始，在明朝就开始了。从明万历十一年（一五八三）到清康熙三十九年（一七〇〇）之百余年间，西洋教士来到中国的有七十四人，著书二百七十种，除关于宗教者外，还有关于数学、天文学、地理学、农学、论理学等科的。中国历法，因受这个影响而有所改革。经学家因受这个影响而将天算之学纳入经学的范围，他们认为，经书里面有说及天象及历法之处，研究天算专门之学，正是通经致用的一部分工作，所以当时考证学大师戴东原，对于天文及数学，有相当的造诣。因此，考证学派之采用科学方法以研究经学，也不能不说是受了西学输入的影响。这个影响如果扩大，各种自然科学都有从经学里面逐渐生长出来的可能。例如从《禹贡》的研究，已发生了地理学的一部分（沿革地理），从《毛诗》草木虫鱼的研究，可以发生动植物学。但因为当时社会经济没有新的发展，政治方面又为雍正帝的高压政策及乾隆帝的怀柔政策所笼罩。加之，罗马教皇禁止中国天主教徒保存奉祀祖先等项旧的习俗，大为中国士大夫所不满，以致欧洲来华教士大受排斥，中西交通为之中断，所以西学影响，仅达到古书研究方法上的革新为止。

七　“五四”以后的国故整理

传统的经学，到了康有为，已经发展到了顶点，正统的考证学派（即古文派），到章太炎也可告一段落，过此以后，人们都采用新工具、新材料来研究中国古文化了。

完全采用新观点来整理国故，是从“五四”以后开始的。“五四”以后与“五四”以前的异点，在于批判精神的充分不充分。康、章二氏对于流俗之见虽然敢于批评，终于不敢彻底推翻传统的偶像，比方康氏要依傍孔子而传播民主政治的思想，章氏则始终不肯逾越汉代古文经学家的范围（他谈文字学，以许氏《说文》为绝对可靠，反对旁人根据甲骨文、钟鼎文以批评许氏之说）。“五四”以后，胡适、梁启超、顾颉刚诸氏的整理国故，是没有丝毫偶像观念的。胡适曾说新思潮的运动对于中国旧有学术的思想，采取评判的态度，分开来说，第一，反对盲从；第二，反对调和；第三，主张整理国故。他解释第三点说，整理是从乱七八糟里面寻出一个条理脉络来；从无头无脑里面寻出一个前因后果来；从胡说谬解里寻出一个真意义来；从武断迷信里面寻出一个真价值来。第一步是条理系统的整理；第二步要寻出每种学术思想怎样发生，发生之后有什么影响效果；第三步要用科学的方法，作精确的考证，把古人的意义弄得明白清楚。

胡氏又说前人研究古书，很少有历史进化的眼光的（以上所引，均见《新思潮的意义》一文）。这一点尤其足以区别今人与前人研究国学的精神。现在一般学者都有历史进化的眼光，所以再没有人硬派孔子做民主主义者，也不因为他的反民主思想而谩骂他。《新青年》杂志及《吴虞文录》上面的评孔文章，虽然不免缺乏历史观念（因为它们不大分析孔家思想的社会背景），但是它们的主旨在于反对不合现代生活的传统思想，并不是根本否定孔子之道在历史上的价值。自顾颉刚著《古史辨》以来，许多学者应用社会进化史的理论来整理中国古代史，考古学方面，也有若干创获，整理国故的工作在社会学帮助之下更开辟一新的道路，而清代学者支离破碎的毛病是决不会再犯的了。

八　国学与世界学术

我曾说过，国学非中国人所能私有，它应当是世界学术的一部分。这点在外国人眼中，早已不成问题，如他们将我们重要经典翻译过去，对于我们近年研究国故的著作也很注意，择优翻译，而且他们有些研究中国文化的专家，咬着牙读我们佶屈聱牙的古书，或者不远万里而来，发掘我们地底下的古物而带回他们的博物馆与图书馆去，他们又不断地考证研究，把研究的成果著为文章与专书发表出来。另一方面，我国有见识的学者也早已懂得这一点，所以他们采用世界学术上的新方法、新工具来研究国学，并且也利用外国的材料，例如研究声韵学，则采用ABCD之类的音标以代替旧有的“见溪群疑……”那一套工具，参考耶费孙、高本汉那些外国人的著作，并且也采取那些外国人以西藏语、蒙古语、缅甸语等东方语言与汉语比较研究的方法；又如研究程朱的理学，而与西洋的亚里士多德、黑格尔哲学相比较；研究我国解释《易经》的象数之学，而与希腊毕达哥拉斯学说相比较（以及应用技术方面，拿新医学的理论与方法来整理国医，研究国产药材；应用会计学、簿记学的理论与方法来改良中式簿记等项）：都可以说是有世界的眼光，没有故步自封、抱残守缺的陋儒习气。

然而时至今日，还有一些坐井观天的人，机械地把国学和西学或科学对立起来，以为研究国学就可以不读外国书，甚至可以不要科学知识，那实在太可笑了！

不待说，现在国学和世界一般学术还是没有打成一片，浩如烟海的四库典籍，只是一堆杂乱混合的历史材料，亟待我们整理，我们固有的农、工、商、医等等应用技术尽有其特长之点，亟待我们的科学工作者自己加以发掘。凡此种种，都是我们对于本国学术的应尽之责，但必须了解国学在世界学术中的地位，才能有正确的研究方针。

九　专门研究与基本知识

整理国故是专门研究的工作，必须分工进行，例如研究哲学的就整理哲学方面的材料，研究文学的就整理文学方面的材料，而且在哲学或文学里面，还可以作进一步的专门研究，如专门研究一派的学说，或一个时期的作品。

进行专门的研究必须具备前提条件：一点是在现代一般学术中早已选定了专攻的部门，而且有了相当的了解；一点是对于国学的各方面先有一个大致的认识。

不但整理国故者先须有一个对于国故的大致认识，而且连不去整理国故的一般知识分子，也须有一点关于国故的基本认识。为什么呢？因为一个中国人，对于中国的固有文化，应该知道一个大概，才可以免掉“数典忘祖”的讥诮，这是一；尤其是因为过去的历史，对于眼前的生活有密切的关联，不懂得过去就不能理解现在，这是二。

一〇　研究的态度及准备工作

初步研究国学，不能作局部的精深研究，而应当涉猎各方面，作一全盘的鸟瞰。研究国学也不可与研究国文混同。研究国文是研究阅读及写作本国文字的技术，只可以拿小部分的古人文字做参考，不必涉及其他的方面。研究国学的基本知识，可以涉及各方面，但也不必耗费过多的时间去读古书，只需把最重要的几种浏览一下或大致翻阅就很够了，有的人以为研究国学就是学做古文或骈文，那当然更错。王国维有云：“一代有一代之文学，楚之骚，汉之赋，六代之骈语，唐之诗，宋之词，元之曲，皆所谓一代之文学，而后世莫能继焉者也。”（《宋元戏曲史》序）如果知道前代的文学为后世所莫能继，就不必勉强的铸造假古董。我们大可以参考前代之文而另自创造我们这一代的文学。至于说能做古雅骈俪之文，就可以作高级的应酬文字，为干禄的工具，那又更把学术的地位看低了。

另有一些重视国学而头脑冬烘的人，就不免拘守通经致用的古话，以为当今之世，还是只要半部《论语》，就可以治天下（这是宋朝赵普的话），甚至于想考订《周礼》，行之今日。这种思想当然也不合现实需要，不是我们所应保留的。

我们尊重先民的文化遗产，同时了解它的历史意义，凡可以供现代采用的当然继续发扬，而不合现代需要的则不必勉强继续，只须知道它在过去一定时期中的重要性就行了。

本书的讨论限于常识的范围，不是深入的研究，更不是讲整理工作，只是关于国学的初步概念提示。

可是即以初步的尝试而论，也得做做两种准备的工作。首先要读一读关于文学、哲学、史学、社会学的基本书籍，例如哲学大纲、文学概论之类，使自己对于现代学术中和国学最有关系的几个部门先有一个概念。其次是读一读近日出版的中国社会史，使自己对于本国文化演进的背景有一个轮廓似的认识。假使这种工作早已做过，那么巡礼一下国学的园地，便不是毫无意义了。

第二章　语　文

一一　研读古籍的阶梯

平常以为能读现代通行的文言文，就可以读古书，那是不对的。因为古书中有许多文字，现代已不通用，即使可识的文字，其所代表的古代语言，也不是我们所能一见了然的。加之古书经过数千年的辗转抄写或翻印，错误颠倒脱漏，都在所不免，不经过专门家的考订，便无从理解。例如《老子》里面有一句“夫佳兵者不祥之器”，一般文人将“佳兵不祥”作为一个成语来用，意思是穷兵黩武为不吉祥的事，其实把《老子》上的原意弄错了。清阮元序王引之《经传释词》说：“佳为隹之讹，隹同惟，老子夫惟两字相连为辞者甚多，若以为佳，则当云不祥之事，不当云器。”兵是干戈等武器的总名，兵是不祥之器，文义明显，只因惟字误成佳字，人们就读不通了。至于惟字只写半边，古铜器铭文已有确切的证明。由此一例，可知学习古代语文是研究古代典籍的必由之路。所以戴东原说："经之至者道也，所以明道者其词也，所以成词者字也，由字以通其词，由词以通其道，必有渐。"

一二　所谓小学

研究古代语文之学，自汉以来，称为小学。许慎《说文解字叙》说："周礼八岁入小学，保氏教国子，先以六书。""六书"即是识字的课程，保氏是小学的老师，国子是公卿大夫的子弟，《周礼》所说，是周朝贵族子弟的教育制度，汉朝却用小学来代表其中的一种课程——"六书"，可说是名词的滥用。汉以后所谓小学的内容，和周时小学中的"六书"课程也不相同，周朝的"六书"课程只是教儿童认识当时通行的文字，汉以后的小学却是考究文字的源流，是专家学者的事业，不是小学生的功课。

汉班固《汉书·艺文志》开列各种书目，内小学一类的书，如《仓颉》《凡将》《急就》《别字》等，都是"包举杂字"，或字典性质的书。自此以后，凡属解释文字的书，都称小学。清代修《四库全书》，将小学类分为训诂之属、字书之属、韵书之属三种。小学类的书，列在经部书籍的末了，因为过去学者以经学为中心，认为小学不过是读经的工具。

现代学者对于这门学问，已经正名为文字学与语言学，并且不把它附属在经学里面，因为古代语文的研究，对于社会学、史学及古代各派哲学（诸子）的探讨都有关系，不仅和六经有关。

一三　六　书

六书是造字及用字的方式，其名称与次序，有几种讲法。汉刘歆及班固的讲法是：（一）象形，（二）象事，（三）象意，（四）象声，（五）转注，（六）假借。许慎的讲法是：（一）指事，（二）象形，（三）形声，（四）会意，（五）转注，（六）假借。一般文字学家多采用许氏的名称，但次序以刘班两氏所定者为比较合理。现在依刘班次序及许氏的名称与定义略加解释。

象形——许氏说：“画成其物，随体诘诎，日月是也。”日字，篆文作圆形像太阳，内一画系像日中的斑点。月字，篆文像缺月之形。除日、月外，如山、水、牛、羊、鱼、鸟、米、禾、门、户、子、女、君、臣、手、足、耳、目等，都是象形，看篆文即可明白。

指事——许氏说：“视而可识，察而见意，上下是也。”上下的意思是抽象的，没有一定的形可以画，于是画一横线作标准，再在横线的上面或下面作一符号来表示之。篆文上这符号就是一较短的横线，或作直线。其他例子如“中”，以□象四方，以丨为表示中央的符号。如“一”“二”“三”，以横线表示数目。如“刃”，在刀口作一记号。如“本”，在木的下部作一符号，表示根部；“末”，在木的上部作一符号，表示树梢；“朱”，篆形为，在木的中部作一符号，表示木的中心。

会意——许氏说：“比类合谊，以见指挥，武信是也。”会意是合两三字为一字，合旧字的意义以形成新意义。例如止戈为（武），就是合止戈两字的意义，来表示“武”乃是制止战争的行为。人言为信，就是合人言两字的意义，来表示“信”乃是人类说话的道德。

其余的例子如“祭”由“又”“肉”“示”（古祇字）三字合成，即以手（又字即手字）持肉祭神之意；如“苗”有草生于田之意；如“炙”有以火烧肉之意；如“绞”有绳索相交之意。

形声——许氏说：“以事为名，取譬相成，江河是也。”形声字是由形符与声符两部分合成的，如“江”“河”两字，水旁是形符，“工”“可”是声符，形符是表示这类事物的总名的，所谓“以事为名”就是关于形符的说明；声符是表示这一事物的语音的，即用声音相同或相似的固有之字来担任，所谓“取譬相成”就是用别的同音字来比譬，以构成此一新字的意思。形声字在汉字中极多，《说文》九千三百余字中，形声占七千六百九十字；宋郑樵《六书略》中，计二万一千三百四十一字。形符与声符的配合，有左形右声的，如“江”“河”；有右形左声的，如“鸠”“鸽”；有下形上声的，如“婆”“娑”；有外形内声的，如“园”“圃”；有内形外声的，如“闻”“问”。

转注——许氏说：“建类一首，同意相受，考老是也。”这是字义上的现象，与字的形体无关。转注就是互训，凡意义相同的字，彼此可以互相训释，就叫转注，所以说“同意相受”。建类之“类”就是声类，一首之“首”就是语根，“建类一首”就是立一声类以为语根，其后虽辗转变化，而语根的声母与韵母，或者能够完全保存或者保存一部分。这就是说，凡转注字，声音相同或相近，而意义又能互相训释。按许氏所举的“老”“考”两字，韵部相同，意义也相同。其他的同义字，如“谋”“谟”同属轻唇音，“颠”“顶”同属舌头音，“稿”“秆”同属后腭音，都是声母相同的。

假借——许氏说：“本无其字，依声托事，令长是也。”这也是字义上的现象，与字的形体无关。转注是一个意义而有几个字，假借是一个字而有几个意义。假借字的发生，是由于语言中发生了新语汇，而没有和它相当的文字，所以说“本无其字”；于是借用同音的旧字来代表它，所以说“依声托事”。而就文字方面说，是在旧字上赋予新的意义。因此凡字有许多意义，除本义外，都属于假借义。“令”的本义是“发号”，“长”的本义是“久远”，而用来表示县官，如县令、县长，则是假借。又如“来”的本义是一种麦子，假借为来往之来；“乌”的本义是一种鸟，假借为乌呼之乌；“能”是一种熊属的动物，假借为能力之能。这些字中间，有许多自假借义通行，本义就渐渐不用。此外还有一种“通假”，就是“本有其字，仓促记不起来，乃借用音同或形似的字来代替”，例如“氣”字本义是“馈客刍米”，即廪饩之饩本字，后世假借“氣”来表示气体，其实表示气体本有一个“气”字。又如前后之“前”本字是“歬”，剪刀的“剪”本字是“前”，现在假借表示剪刀的字来表示前后，而另造一“剪”字表示剪刀。这种假借就是现在所谓写别字。

一四　字形的演变

中国古代的文字，现已确实知道的，以甲骨文为最古，系一八九九年在河南安阳县境殷墟旧址发现的，刻在龟甲兽骨上面，字形极不确定，一个字可以写成很多样子，象形字占绝大多数。其次是钟鼎文，就是殷周铜器上面所刻的铭文。还有石鼓文，是唐朝初年在陕西掘获石鼓时发现的，那字体是籀文，大约是秦朝初年的石刻。在籀文以前的文字，如甲骨文、钟鼎文，通称为古文（但近来甲骨学者证明籀文即古文）。籀文则一般称为大篆，据古人传说，是周宣王时太史籀就当时文字整理出来的。秦始皇二十六年，李斯首倡规定秦文为标准文字，禁止使用其他字体，于是参照大篆字体，再加以简单化，而作小篆。同时又根据当时流行的俗体文字，创造一种更简单的隶书，供徒隶之用。篆书系当时正式文字，保存古文原意的地方较多，隶书系俗写体，只求简便，对六书本意多不顾及。但因其便于使用，以后便流行而取得正式文字的地位。隶书以后，还有八分书，楷书，字体变更之处很微小。隶书在秦时很简单，但汉朝因须使用于隆重的文书，要写得美观些，又把它变得难写一些了。八分书就是因救济汉隶的繁难而产生，它就是隶书的别体。楷书产生于汉魏之间，是从隶书稍加变化而来，钟繇、王羲之是书写楷书的名家。与楷书并行的还有“行”“草”二体，都产生于汉朝，因其笔画草率，只用在随意的书写上，没有取得正式文字的地位。正式文字的地位，自后汉至今一千六百余年，始终被楷书所占有。

关于字形演变的趋势，大致是由象形而象声（甲骨文象形字占最大多数，《说文》中象形字占十分之二，现在四五万字中，象形字不过百分之四左右，其余形声、假借，都是象声的字），由繁而简，这本是文字进化的一般规律。但是守旧的文字学家对于隶书的破坏象形遗制，很不赞成，因为从隶书通行以后，古代小学生所能认识的篆书或古文，到现在虽专家都不能完全认识了。

一五　字义的演变

“六书”中的转注、假借就是说明字义演变的。因为假借字的发展，许多字的本义逐渐被人们忘记，而后人对于古义就不明白了。因为方言的分歧，同一意义而产生不同的字，若是没有人搜集起来，互相注释，人们也会不能了解。例如“后”的古义是君主，现在却是指君主的妻；“止”的古义是“足趾”，后来引申为“地址”义，再后来又引申为现今通用的“静止”“终止”“阻止”“禁止”“举止”等等的意义；“易”原是动物名，就是蜥蜴，现在通用的意义“容易”是假借义；“豫”也是动物，是一种巨大的象，后来借作“宽豫”“豫备”“豫乐”等义。这些字义是因时代而变迁的。还有因地方而变迁的，古时候有雅言、方言的分别，雅言就是标准语（官话），方言的语汇须用雅言解释，如《尔雅·释言》篇说“斯、侈，离也”，“斯、侈”是齐陈等地的方言，离是雅言；扬雄《方言》说：“党、晓、哲，知也，楚谓之党，或曰晓，齐宋之间谓之哲。”方言是一义数字的重要成因。

古书字义最难了解的是虚字，虚字就是连词、介词、助词、叹词以及代名词等，这些字多系假借字，而古人又常常广泛地使用同音通假，写法不很固定，所以很难辨识。例如“由”“犹”“攸”三字作“用”字解；“繇”“由”“猷”都作“于”字解；“粤”“越”也同作“于是”字解。（《书经·禹贡》：“九州攸同”，就是“九州用同”或“九州因而统一”的意思。《大诰》：“猷大诰尔多邦”，就是“大诰于尔多邦”或“正式向你们各邦宣言”的意思。）清王引之《经传释词》一书，专为解释古代同音通假的虚字而作，举例很详，解释很合理，过去有许多不可解的文句，意义都因此而明显。

一六　训诂学

训诂原属于小学，即文字学中专讲字义的一部分，后来因为有人专门研究训诂，分途发展，于是独立成一部门。诂从古言，是以今语解释古语；训与顺同音，是顺着语义去解释，这好像是下定义，立界说一样。训诂的工作可分三方面，即（一）以今语解释古语；（二）以雅言解释方言；（三）以俗语解释文言。《尔雅》是周代的字书，为古代训诂学的权威著作。其中《释诂》一篇，是以今语解释古语；《释言》一篇，是以雅言解释方言；《释训》一篇，是以通用语解释文言。后世仿照《尔雅》的著作有《小尔雅》《广雅》（两书多谈同声之字的互训）、《骈雅》（搜罗复音语汇颇多）等。汉儒训诂工作，表现于群经诸子的注解。训诂专书则有《方言》（扬雄撰）、《白虎通义》（班固等作）、《释名》（刘熙作）以及许慎的《说文解字》。《说文》一书，兼论字形、字义、字音三项，而能够沟通三方面的关系，是文字学者珍视的第一部古典名著。有段玉裁、桂馥、朱骏声、王筠等注解本，近人丁氏福保辑诸家注解而成《说文解字诂林》六十八册，颇完备。刘熙《释名》，以字音解释字义，有清朝江声及毕沅的疏证。《白虎通》本是解释典礼的书，但也注重字义的解释，有近人陈立的疏证。唐人训诂之学表现于义疏，义疏是对于汉人的经注再作解释，后人所谓《十三经注疏》，是合汉人的注与唐人的疏而说的。注疏的规律，是注服从经，疏服从注。宋代训诂，不大根据古说，如朱子说“中心为忠，如心为恕”，是望文生义；又常引佛书的话，如“虚灵不昧”“明性复初”“常惺惺”等，来解释经典文字；又有引用俗语，如“工夫”“东西”等来解释的。

训诂学以清代为最精，最重要的著作是王引之的《经传释词》及俞樾的《古书疑义举例》。阮元的《经籍纂诂》，搜集材料很多，可说是集大成的训诂学书。王引之的父亲念孙也精于训诂，著《广雅疏证》，引之所著《经义述闻》，也和训诂有关。近人刘师培著有《古书疑义举例补》，今人杨树达著《古书疑义举例续补》，又根据王引之的《经传释词》而作《词诠》，对训诂学颇有新的贡献。

一七　文法学的先驱及其发展

王引之《经传释词》，意在发现古代语文中语词（虚字）的用例及古人说话的词气。词气表现的方式就是语法或文法，所以王氏的著作可说是中国文法学的萌芽。除王氏外，刘淇也是文法的先驱，刘氏著有《助字辨略》，所谓助字即全部虚字的总称，刘氏将它分成三十类，比之王氏更有系统。到清末马建忠，仿西文葛郎玛著《马氏文通》，文法学便成立了。马著用西文义例解释我国古书的文法，虽然有些牵强的毛病，且全引古人文章而不说及今日通用语言，无益于言文一致运动，如孙中山先生在《孙文学说》中所指出者，但从此使过去所谓只可以意会不可以言传的古文奥妙，比较的变得平常易懂了。文法现象与语言同时产生，但文法的研究则在文字发生了好久以后。从学术的传统看，文法学是训诂学的一个分支，但马建忠以后的文法学，却是受西文的影响较多。过去训诂家对于文字已有虚实的分别（起于宋代），宋以前则以“名”与“词”相对举，刘熙《释名》不涉及虚字，许慎《说文》解释虚字，都称为词，可以为证。《尔雅》于解释各类名物以外，还有《释诂》《释言》《释训》

等篇，所包括的字，也有不同的文法性质。这可见古代训诂学中早已包含了文法研究，但不如今日的精密罢了。文法学也是读古书所必需的工具。马氏以后，研究古文法的有章士钊、陈承泽、杨树达、王力等，章氏著《中等国文典》，陈氏著《国文法草创》，杨氏著有《马氏文通刊误》《高等国文法》《词诠》等书，王氏著有《中国文法学初探》，陈王两书较佳。

一八　方言学

方言研究也属于训诂学。如《尔雅·释言》，就是将方言解释作为训诂的一部分。到扬雄作《方言》，然后有研究方言的专书。扬雄的书是搜集当时各地方言，互相比较，互相贯通，以便利了解当时人们的著作和谈论，不是为读古书而作。不过我们现在可利用它做读那时候古书的参考。清杭世骏作《续方言》，章太炎作《新方言》，则与扬雄的著作不同，并不为现代中国人互相了解其方言而作，而是为读古书作的，它们乃是从古文字中寻求现代俗语的语源，从现代俗语中寻求古代文字的读音，这样地沟通今古，一方面要使人们从现代俗语而了解古文字的意义，另方面要使人们用适当的古字来书写现今的俗语。而章氏太炎还提出一点意见，说北方各省经过五胡之乱及金元入寇，语言大受外族影响，声韵变动更大。为了振起大汉的民族精神，非“革夷言而从夏声”不可，因此，凡合乎古文字的现代口语，才是值得提倡的正统语音。章氏想凭主观的幻想去改变数千年已成的局面，自是书生之见，但其保卫民族语文的原则，殊可宝贵，如果具体地应用于防范倭夷的语文侵略，是很对的。

一九　字音的变迁

汉字不是拼音的，形声字的声符不够精密，字音的改变不容易看出，但从有韵的文字可以略加推测。例如《诗经·邶风·击鼓》篇拿“于林之下”和“爰居爰处”押韵；《凯风》篇拿“在浚之下”和“母氏劳苦”押韵；《大雅·绵》篇拿“至于岐下”和“率西水浒”押韵。这可以证明“下”字在周代是和“处”“苦”“浒”同韵的。但唐宋时代的《广韵》，则将“下”字编入马韵，胡雅切，可见它的音已读变了。又如《诗经·关雎》篇“寤寐思服”和“求之不得”及“辗转反侧”押韵；《楚辞·离骚》拿“非时俗之所服”与“依彭咸之遗则”押韵；但《广韵》“服”字在屋韵，房六切。这又是字音的转变了。字音大致是随着语言变迁，既变之后，不可能回复古音，这是自然的趋势。文字学家有时不明白这一点，竟主张大家改读古音，如章太炎反对白话文，说现在一般人不通小学，本来“之”字古音近于“的”，“夫”字古音近于“吧”，“矣”字古音近于“哩”，但一般人有现成的“之”“夫”“矣”不用，而另造一套“的”“吧”“哩”，未免太不合理。他这种批评其实是不顾事实。试问将“之”“夫”“矣”等字改读古音有没有实行的可能？另用“的”“吧”“哩”又有什么不好？不过章氏这样地指出，虽然对于现代读音没有裨益，但对于古书的了解就增加了很多便利，因为这样一来，对于古人的语气更觉得活灵活现，容易了解而有趣味。懂得古代的字音，又可以明白古字的同音通假，这可说是有助于训诂。懂得古字的读音，读古代诗歌韵文，也较为音调谐和。所以字音变迁有知道一点的必要。

二〇　语言和文字的分离

汉字读音，固然跟着语言变迁，但有些字音，语言里面并没有变，而文字变了，即如上文所说“之”字、“夫”字，古音和“的”字、“吧”字相近，可见口语中的“的”“吧”原是“之”“夫”古音的遗留，只因为文字上把“之”“夫”读变了音，所以另用“的”“吧”两字来代替。我们为什么知道古音“之”“夫”和“的”“吧”相近呢？因为据专门研究古音的钱大昕氏推定，古时候没有知彻澄非敷奉微等纽（即ㄓㄔㄕㄈㄪ［zh ch sh f v］等声母），凡轻唇音读如重唇音（文读如门，望读如茫，封读如邦，冯读如凭，拂读如弼，无读如模，扶服读如匍匐），舌叶音读如舌尖音（直读如特，沈读如潭，陈读如田）。大约到中古时期，轻唇音与舌叶音发生，有一部分重唇音与舌尖音的字，在口语上变了轻唇音与舌叶音，另有一部分还没有变，如“之”“夫”之类。但在古音没有大变的时候有人创造反切的法子，拿两个字拼合来注第三字的音。反切的上一字代表声母，假如后来反切第一字的语音变了，所注的字音即使在口语上没有变，在文字上也会跟着变，因为士大夫对于书本上的注音是非常尊重的，这样就造成了语音和字音的歧异。久而久之，文字的读音和语音隔离，人们便不知道口语中的“的”“吧”等音就是“之”“夫”等字的口头读法了。现在我们读“鸟”字，口语音是ㄉㄧㄠ（diao），文字音是ㄋㄧㄠ（niao），也是字音变了，语音没有变，亏了有实物作证，人们还能知道它们的联系。至于虚字，在语文分离以后，便不容易找到联系了。语言和文字分家，是我国古书不易读的最大原因，不但因此古书难读，便是现代文言文也不是一般民众在短时期内所能学习的。

二一　双声叠韵

声母相同，叫作双声，例如“参差”是双声字，因为声母都是ㄘ（c）；“高冈”是双声字，因为声母都是ㄍ（g）。韵母相同，叫作叠韵，例如“缭绕”同属ㄠ（ao）韵，“螳螂”同属ㄤ（ang）韵，都是叠韵字。双声字，声韵学家称为同母之字，训诂学家称为一声之转。叠韵字，声韵学家称为同韵之字，训诂学家称为音近之字。读古书应注意双声叠韵的现象，因为（一）古书上的人名、物名以及复音的形容词、动词等，多系双声字或叠韵字，例如“澹台”“灭明”“蒹葭”“唐棣”“蜘蛛”“蝃蝀”“忸怩”“踟蹰”都是双声字；“皋陶”“芣蓂”“崑仑”“窈窕”“辗转”“崔嵬”“优游”“逍遥”都是叠韵字。又（二）双声叠韵的字，意义相同或相近的很多，所谓转注或假借字，常常可以从双声叠韵的关系上去观察。例如“粤”与“于”，“卬”与“我”，“复”与“返”都是可以互训的双声同义字；“乾”与“健”，“坤”与“顺”，“坎”与“陷”，“离”与“丽”，“考”与“老”，都是叠韵同义字，以上都是转注。还有双声假借字，如借“乃”为“仍”（仍的本义是“因”，乃的本义是“曳辞之难”，就是转折连词，仍从乃得声，可知古时乃仍双声，故借乃表“因”义），借“利”为“赖”（赖从贝字得形，从刺字得声，本义是赢利；利字从刀，是铁器，现在拿它代替赖）。有叠韵假借字，如《易经》借“羊”为“祥”，《书经》借“麓”为“录”。明白双声叠韵和字义相通的关系，对于古书的了解大有帮助。

二二　反　切

反切是汉字的注音方法，发明的年代大约是汉朝，正式应用是从东汉孙叔然的《尔雅音义》开始。在反切未发生以前，注音是用“直音法”，如《说文》中间的某字读如某。这种方法，遇到没有同音字的场合，就不能注，所以就有人发明反切的法子，合两个字来拼成一个字的音。这个法子当初叫作“反”，后来叫作“切”，再后来合起来叫，便是反切。反切的规律，是上一字与所注的字为双声，下一字则为叠韵，例如“都，东姑反”，都东双声，都姑叠韵。“公，姑翁切”，公姑双声，公翁叠韵。但反切所用的字，与拼音所用的字母不同，不是代表音素的，是代表音节的，因此大半不能连读二字而成一音，清陈澧《切韵考》说：“连续二字成一音，诚为直捷，然上字必用支鱼歌麻诸韵字，下字必用喉音字，支鱼歌麻韵无收音（朴按：有韵母即有收音，陈说似非是，不过这些不是复韵母，也不带鼻音，与后面的韵母拼切，尚不困难），而喉音直出（朴按：单用韵母的字，音在口腔不受阻碍，故云直出），其上不收，其下直接，故可相连而成一音，否则中有窒碍，不能相连矣，然必拘此法，或所当用者有音无字，或虽有字而隐僻难识，此亦必穷之术也。”反切的这一缺点，直到国语注音符号产生，方才获得彻底的挽救。例如“东”的注音是ㄉㄨㄥ（dong），“姑”是ㄍㄨ（gu），以“东”“姑”切“都”，则“都”的音成了ㄉㄨㄥㄍㄨ（dong gu），中有韵母ㄨㄥ（ong）及声母ㄍ（g）的窒碍，现在取“东”的声母ㄉ（d）和“姑”的韵母ㄨ（u）相切，得了ㄉㄨ（du），便毫无窒碍了。而且注音符号的数目很少，不像双声叠韵字的漫无限制（如都字又可以用多姑切，大孤切等）。

二三　四　声

单音字太多的语文，常常要靠声调的抑扬高低来分别同音字。我国自汉以前，字的声调就有长短的分别，例如《春秋公羊传》庄公二十八年的何休注，解释“伐”字，说“伐人者为客，读伐长言之，见伐者为主，读伐短言之”，即系用长短音分别主动被动的意义。到南北朝齐梁之间，周颙著《四声切韵》，沈约撰《四声韵谱》，于是字的声调又有平上去入的四种分别了。除四声说外，又有五声说（将平声分阴阳二类）、七声说（平去入都分阴阳）、八声说（四声都分阴阳），现在粤语且有九声的分别（入声有三种）。但就读书的应用说，读六朝以后的诗文词曲，以及翻检韵书，都只需懂得四声。平上去入的分别是：（一）平声长，上去较短，入声最促；故上去入又统称仄声。（二）平声始终如一，没有升降；上声由低升高，去声由高降低；入声短，无所谓升降。因此唐《元和韵谱》说：平声哀而安，上声厉而举，去声清而远，入声直而促。至于阴阳或清浊的分别，是阴清较低，阳浊较高（粤语入声分高中低三种）。

二四　声韵学

声韵学或称音韵学，本是小学的一部分，后来独立而成专门之学。因为汉字不是拼音的，而研究汉字读音的声韵学仍用汉字作为表音的工具，所以非常模糊不清，令人有奥妙神奇之感。过去《康熙字典》上所附的等韵表，多数知识分子都是不懂的。少数国学专家如章太炎者，懂得了声韵学的诀窍，便夸张地说："穷言音理，大地将无解音之人。"（《国故论衡·音理》篇）其实过去这门学问所以神妙的原因，是因为我国没有适当的表音符号（拿汉字来当作表音符号，极不精密，前在反切一节已经说过）。现在除注音符号外，可资补助的有西文字母，并有万国音标，工具比较汉字精密便利得多。对发音部位的分析，现代语音学也更其精确而明白易晓。我们如果要研究中国声韵学，首先必须把握这些现代知识，有了新的工具和新的观点，便会知道我国声韵学并不奥妙，而且有许多不精密不正确的地方。

每个字的音，可以分为发声、收声两部分，发声为"声"，可以用声母代表，收声为"韵"，可以用韵母代表。声母的音，在通过声门（喉咙后），被阻于口腔内，因其被阻的部分而形成种种不同的音，如双唇阻形成ㄅㄆㄇ（b p m），唇齿阻形成ㄪㄈ（v f），齿龈舌尖阻形成ㄉㄊㄋㄌ(d t n l),舌根软腭阻形成ㄍㄎㄫㄏ(g k ng h),舌面硬腭阻形成ㄐㄑㄬㄒ（j q gn x），舌头硬腭阻形成ㄓㄔㄕㄖ（zh ch sh r),舌齿阻形成ㄗㄘㄙ(z c s),另有接近硬腭的卷舌音ㄦ(er),列入韵母。韵母的音，在口腔内是不受阻碍的，但由口的开合，舌的升降而形成种种不同的音，如ㄧㄨㄩㄚㄛㄜㄝ（i u ü ɑ o e ê）等，是单韵母，合ㄚㄧ（ɑ i）为ㄞ（ɑi），合ㄜㄧ（e i）为ㄟ（ei），合ㄚㄛ（ɑ o）为ㄠ（ɑo），合ㄛㄨ（o u）为ㄡ（ou），这都是复合韵母，还有带声韵母，如ㄢㄣㄤㄥ（ɑn en ɑng eng），都是带了鼻声ㄋ（n）收声的。以上是现代的国音。古音及现代闽粤方言的音，比较复杂，如带声韵母还有带ㄇ（m），ㄆ（p），ㄊ（t）或ㄎ（k）的。这些复杂内容都是声韵学的研究对象。

我国古今音韵的变迁，大概可分三个时代，而研究音韵的学问也可分为三支。第一个时代是古音时代，就是周秦汉数朝，这时代的音韵，近三百余年内，方才有些学者加以研究，称为古韵之学。第二个时代是所谓今音时代，其实应当改叫中古音韵的时代，就是魏晋以至唐宋诸朝，这时代的音韵的研究，即所谓《广韵》之学，一般人都认为是隋朝陆法言开创的，而完成于宋朝。元明清诗文所用的平水韵，也是抄袭《广韵》的。第三个时代是元明以来，这时期口语的通行音韵以北方为标准，比较中古音韵简单些，当时通俗文学"北曲"用韵采取口头的标准，而不用与口语分离的广韵，于是有代表北方音的《中原音韵》一书产生，到清朝又有《五方元音》，所分韵目，渐渐和国语注音符号相接近。但第三期的音韵是当代的，不必考古，这时期一般学者注意研究的是怎样用声母和韵母来拼切字音，使反切更精密而有规律，这就是等韵之学。

等韵学是研究反切及字母（这字母就是声母）的运用的。反切之学发生最早，前已说过。等韵的名称系元朝刘鉴所创，他根据宋朝人著作，著《切韵指南》，将每一声母所切之字，按照其与韵母拼切时声音的洪细，分成四等排列，即分为开口呼、齐齿呼、合口呼、撮口呼四等呼，以便切音，这就叫等韵。

二五　字　母

字母是唐朝末年守温和尚仿照梵文创造的，共三十六个。这一套声母所代表的音，比现在国音复杂些，但比较魏晋到隋唐之间的音简单些。六朝时期反切中所包含的声母有四十一个。现在国音声母二十四个，其中ㄐㄑㄬㄒ（j q gn x）还可以合并于ㄍㄎㄫㄏ（g k ng h）。守温声母是：

见（ㄍ［g］或ㄐ［j］）溪（ㄎ［k］或ㄑ［q］）群、疑（ㄫ［ng］或ㄬ［gn］）　　牙　音

端（ㄉ［d］）透（ㄊ［t］）定、泥（ㄋ［n］）　　舌头音

知、澈、澄、娘　　舌上音

帮（ㄅ［b］）滂（ㄆ［p］）并、明（ㄇ［m］）　　重唇音

非、敷（ㄈ［f］）奉、微（ㄪ［v］）　　轻唇音

精（ㄗ［z］）清（ㄘ［c］）从、心（ㄙ［s］）邪　　齿头音

照（ㄓ［zh］）穿（ㄔ［ch］）床、审（ㄕ［sh］）禅　　正齿音

影、晓（ㄏ［h］）或（ㄒ［x］）喻、匣　　喉　音

来（ㄌ［l］）　　半舌音

日（ㄖ［r］）　　半齿音

据清朝陈澧考订，六朝隋唐间的声母，应于上列三十六母外，

再加“于”“神”“庄”“初”“山”五母，是为《广韵》四十一声母，排列如下：

深喉音：影　喻　于

浅喉音：见　溪　群　晓　匣　疑

舌　音：端　透　定　来　泥

　　　　知　澈　澄　娘

　　　　照　穿　神　审　禅　日

齿　音：精　清　从　心　邪

　　　　庄　初　床　山

唇　音：帮　滂　并　明

　　　　非　敷　奉　微

在四十一母中，影于知澈澄庄初床山敷十母，今人都不能读出，其余今音都能分别，因有些音还存在于方言中，例如群定等浊母，现江南话里面还有（群定即英语中的GD）。

二六　韵　部

韵母的产生在声母以前，也是受了印度的影响。隋朝陆法言所作《切韵》是第一部有价值的书，后来《唐韵》及宋朝的《广韵》都根据它作的。《广韵》列举韵母二百零六个，一则因为过去语音本来复杂一些，二则因为那部书对于每个复合韵母带声韵母，平上去入的每个声调，都给予一个特殊的名称，所以数目有那样多。到南宋时平水韵，就将韵部合并为一〇七，明《洪武正韵》，又合并为七六。等韵学家又将它们归纳于十五韵摄，每一韵摄分开、齐、合、撮四呼，拿国音符号打比方，凡ㄚㄜ（ɑ e）等单韵母以及ㄢㄣㄤㄥ（ɑn en ɑng eng）等带声韵母，上面不加ㄧㄨㄩ（i o ü）三母的，都是开口呼，加ㄧ（i）母的叫齐齿呼，加ㄨ（o）母的叫合口呼，加ㄩ（ü）母的叫撮口呼。现在以国音符号代替韵摄，将《广韵》韵目（以平声的为代表）列在下面，以表示中古音韵向近代的简单化：

ㄧ（i）	脂支微之齐祭废
ㄨ（u）	模
ㄩ（ü）	鱼虞
ㄚ（ɑ）	麻
ㄜ（e）	歌戈
ㄝ（ê）	麻（该韵中车遮者蛇等字）
ㄟ（ei）	灰
ㄞ（ɑi）	佳皆咍泰夬
ㄠ（ɑo）	萧宵肴豪
ㄡ（ou）	尤侯幽
ㄢ（ɑn）	元寒桓删山先仙覃谈盐添咸衔严凡
ㄤ（ɑng）	江阳唐
ㄣ（en）	真谆臻文殷魂痕侵
ㄥ（eng）	东冬钟庚耕青清蒸登
ㄦ（er）	支脂之（诸韵中儿耳二诸字）

二七　古音之推定

古音之学，萌芽于宋，而发展于清。清初顾亭林作《音论》《诗本音》《易音》《唐韵正》《古音表》，称为“音学五书”，他根据古代韵文推定古字的本音，对于从前叶韵改读的讲法认为不对。其后江慎修作《古韵标准》，段玉裁作《六书音均表》，戴东原作《声类表》，孔广森作《诗声类》，王念孙也有古韵分部的研究。近人章太炎作《成均图》（按均即韵字），其门人黄季刚（侃）继起，分古韵为二十八部，这是古韵的最后结论。关于古韵的学说，最重要的有近人汪荣宝的歌戈鱼虞模古韵归麻说（汪氏是就外国古来传述的中国语及中国古时音译的外国语——主要的是梵语——而研究它们的发音，得到的结论是凡属ㄜ［e］韵或ㄩ［ü］韵或ㄨ［u］韵的字，古时都属ㄚ［ɑ］韵）。至于古代声母，清代钱大昕提出“古音类隔之说不可信”及“古无轻唇音”二大主张，以证明古时缺知彻澄非敷奉微等纽（纽就是声母，类隔是指古音反切，可用声音相似而不同类的字为纽，例如“方”应为府良切，也可作溥良切。所谓类隔之说，就是认为古人读音不大精密正确，把不同音的字当作同音。其实当时某些音根本没有，并无所谓类隔，即如方字本读如旁，府字本读如溥，并不是随便乱读）。章太炎又作《古音娘日二纽归泥说》，黄季刚再由《广韵》的三十二古本韵考定，所得的最后结论是古纽十九个。

古纽即影（喻于）、见、溪、晓、匣、疑、端（知照）、透（彻穿审）、定（澄神禅）、来、泥（娘日）、精（庄）、清（初）、从（床）、心（山斜）、帮（非）、滂（敷）、并（奉）、明（微）——括弧内声母是应合并的。古韵是歌戈、灰、齐、模、侯、豪、萧、哈（以上阴声）、寒桓、先、痕魂、青、唐、东、冬、登、覃、添（以上阳声，即在阴声后面加n，ng，m，收音的）、曷末、屑、没、锡、铎、屋、沃、德、合、帖（以上入声，即在阴声后面加t，k，p收音的），其中歌戈、曷末、寒桓、痕魂四部，兼有开口呼合口呼，《广韵》分成八部。又，古音没有四声的分别。

第三章　古　物

二八　金石之学

探讨古代文化，不仅须读古书，而且须研究古物，因为先民的器物，是古代社会生活的指标，而绘画、雕刻文字的断片尤其是古人思想的纪录。我国人对于古物的研究，早加注意，远在西洋考古学产生以前，即有所谓金石之学产生。金者指商周青铜器，石者指秦汉以来的纪功碑，墓志，佛教的摩崖石刻等。金石文字，可以拿来参证历代史实，补正正史的缺失，尤其是周鼎商彝，所刻文字是古文字学及古史学的重要研究材料，即其器物本身的质料花纹和式样都有一定的时代性，因而也具有历史的意义。宋朝以后，我国铜器出土渐多，拓印金石文字也都成风尚，所以金石之学即产生于这时期，如欧阳修编的《集古录》，吕大临编的《考古图录》，赵明诚编的《金石录》，即系初期研究报告。由宋至清，虽然搜集与研究金石的人还不少，如黄伯思、董逌、王俅、王厚之、张抡、钱坫、曹奎、吴荣光、刘喜海、吴式芬、吴大澂、刘心源、端方等，但大部分古物是在富贵人家或古董商人手里，摩挲抚玩，未必作为学术研究之用。而文人学士，也大都不过赏鉴金石文字的美术，临池篆刻，使金石成为书画的附属品而已。直到清代乾嘉两朝，考证学者辈出，方才大大发展了金石文字的研究。近来孙诒让、容庚、邹安、陈宝琛、王国维、罗振玉等，又各有新的考证。关于金石的著作，除前述数种外，如黄伯思的《东观馀论》，董逌的《广川书跋》，王俅的《啸堂集古录》，王厚之的《复斋钟鼎款识》，张抡的《绍兴内府古器评》，钱坫的《十六长乐堂吉金图》，曹奎的《怀米山房吉金图》，吴荣光的《筠清馆金文》及《昭陵复古录》，刘喜海的《长安获古篇》及《洛阳存古录》，吴式芬的《攈古录金文》，阮元的《积古斋钟鼎彝器款识》，吴大澂的《恒轩所见所藏吉金录》及《愙斋集古录》，刘心源的《奇觚室吉金文述》，端方的《匋斋吉金录》，容庚的《宝蕴楼彝器图录》，陈宝琛的《澄秋馆吉金图》，罗振玉的《殷文存》，邹安的《周金文存》，王国维的《金文著录表》等，都颇著名。考证之作，如王国维的《观堂集林》《说文谐声谱》，孙诒让的《古籀余论》，吴大澂的《说文古籀补》以及郭沫若的《殷周青铜器铭文研究》等，都颇精彩。王国维氏根据金文而作的《鬼方昆夷狁考》及《古诸侯称王说》等文，都是史学上的重要著作。王氏的《金文著录表》将过去各金石学家的收获，作了详备的记载，又郭沫若有《两周金文辞大系图录》，都便检阅（清代有官修的《西清古鉴》，亦金文书）。近年来金石研究，更扩大到辽、金、蒙古碑文的考释了。

二九　殷墟发掘

清光绪二十四五年间（一八九八——一八九九），河南安阳县西北小屯村，掘出无数龟甲兽骨的破片，上面刻着古文字，内容都是殷代王室占卜的纪录。因安阳是殷都，此项甲骨文字被称为殷墟文字。此项发现完全出于偶然；在以前，或已被当地农民发现而不为人们所注意，但到前世纪末，有潍县古董商人范某将甲骨运到北平，辗转而入《老残游记》作者刘铁云（鹗）之手。刘氏继续搜集达三四千片以上，拓印《铁云藏龟》一书问世，才引起世人的注意。一九〇二年，罗振玉在刘氏处得见龟骨，也继续搜集，并探知甲骨出自安阳小屯，派人直接采取，达两三万片之多。罗氏于是拓印《殷虚书契前编》《殷虚书契菁华》《铁云藏龟之余》《殷虚书契后编》等书，都很精美。罗氏于一九一六年又亲访小屯，并于甲骨文字之外，兼注意器物的搜求，虽一破烂的石刀石斧，也很重视。他这种见解超越了过去的古物研究者，可说是近代考古学的先驱，因之罗氏编印的《殷虚古器物图录》一卷附说一卷，殊可珍视。至一九二八年十月及次年四月，董作宾、李济等教授又在安阳作有计划之发掘，新获卜辞三百余片及玉器、石器、陶器、铜器等，出版了《安阳发掘报告》，并将所得材料由中央研究院历史语言研究所精密研究之。从这次起，殷墟是用现代考古学的眼光来发掘了。

三〇　甲骨之学

自殷墟古物出土而甲骨之学随之产生。甲骨之学的第一步，就是殷代文字的研究，它使得过去纯粹凭借《说文》的文字学不得不有所修正。我国文字学向来仅以《说文》为准则，等到金石之学发生，学者就已有些儿引用金文来订正许书得失的，到甲骨文出世，人们又将它和金文比较研究，不但可以纠正许书的错误，还可以证明字原。这可分几点说：（一）考知原始文字的形体和文法。研究甲骨，方知原始文字，凹而下陷，摹仿鸟兽足迹。其行款读法，或左、或右、或下、或上，并没有一定的规则。（二）证明所谓籀文即古文。许书所谓籀文与古文不同，是错误的，例如许书“四”字古文作𠦒，籀文作亖，今卜辞中四字正是作亖。（三）得知古象形字，一字有多种写法，笔画原来没有一定。（四）与金文互相发明。有些甲骨文与金文完全相同，如甲、乙、丙、丁、戊、己、庚、辛、壬、癸、一、元、天、方、且、王、中、平等字。有些金文不能认识，得甲骨文而后认识。如甲骨文子字作兇，而巳字作子或作子。因之金文中过去所不能解释的“乙子”“丁子”“癸子”，现在都能释为“乙巳”“丁巳”“癸巳”。（五）纠正许书的错误。《说文》中的古文，如一下出弌，二下出弍，三下出弎，中下出中，册下出𠕋，都是甲骨文与金文所没有的。又籀文如马下出影，车下出𨏥，也是甲骨文金文的笔误。篆文也有弄错的。如鬬字，篆文𩰊，许注“两士相对，兵杖在后，象鬬之形”。但卜文仅像两手对打的形状，不见兵杖之形，许说错了。又如福字，许注“备也，从示畐声”。但卜辞中作𥛱，从酉，乃尊也，会意，非形声字，许说误。又如邑字，许注“国也，从口从卪”，今卜辞作邑，㔾即象人席地之形，非从卪，许说亦误。（六）说明文字的变迁。如将甲骨文、金文、篆文、隶书排列来观察，可看出逐步演变的痕迹。研究甲骨文从清代孙诒让开始，而以罗振玉、王国维为最著。其次则郭沫若、商承祚、徐中舒、罗福成、唐兰、徐永梁、吴其昌等。他们的研究，渐由文字学而走向史学方面，如王国维有《殷虚卜辞中所见先公先王考》及《续考》《殷周制度论》等。这门学术的著作，如王国维之《海宁王忠悫公遗书全集》，罗振玉之《殷虚书契考释》，郭沫若之《甲骨文释》，均甚重要。初步研究则以检阅商承祚《殷虚文字类编》为宜。

三一　古物与社会学

近代考古学，是以社会学的眼光，研究无文字的史料，以资推测远古的社会状况之用。先史时期的历史既不曾用文字记载，便只有靠传说以及遗骸遗物保存下来，但传说因被人们夸张或修改使之神秘化，不容易了解，非得古物参证不可，古物是真凭实据，所以更加重要。社会史家对于先史时期的阶段区分，完全以器物为标准，即由石器时代进到青铜器时代，再进到铁器时代，石器时代又分为旧石器时代与新石器时代。石器时代最长，以数十万年计，是人类野蛮蒙昧的阶段，到青铜器时代，文明渐启，可说是半开化阶段，铁器时代，方才正式踏入文明的阶段。我国有文字记载的历史，从春秋战国开始。春秋战国以前，所谓三皇五帝，尧舜禹汤的历史，完全是后人追记的传说，其真相不易明了。但自从甲骨文出土，殷商史的传说又得了一部分文字记载的证明。而殷周青铜器如钟鼎盘盂之类以及铜制的兵器如戈戟之类，又足以证明当时是青铜器时代。近年我国史家渐渐公认传说中的尧舜禹时代还是野蛮蒙昧阶段，当时还没有国家，只有氏族社会的部落，这都是参考古物与传说的材料而用社会学的理论来解释的。

三二　无文字的古物

有文字的古物，即刻有铭文的铜器、石碑，以及刻有卜辞的龟甲兽骨等物，我们在上面几节中已经说过，此外还有西域考古的种种发现，其中有汉魏至唐的简牍书册以及各小民族已死的文字，我们将于第三五及六九节再说。无文字的古物，在殷墟发掘中已经发现过一些，同时在周口店及河套等地发现了旧石器时代的文化，在仰韶、辛店等地又发现了新石器时代的文化。

周口店离北平五十公里，一九二一年，有瑞典人安特生，充当北京政府农商部地质调查所顾问，在该地一石灰洞里偶然发现了一片石英，但该地是不产石英的，这片石英必从别处带来的，因而引起多人的研究兴趣。后来有一些中外学者继续探查发掘，约经十数年，竟发现了大批化石，其中有廿五种是一种猿人的骨骼，因定名为“北京人”。同时又在北京人骨骼之旁发现二千多种工具。又发现了堆积很厚的灰层，因而知道北京人已发明了用火，而且在该地居住过几千年的时光。从北京人能制造工具及运用火两点看，虽说他们骨骼仍带有许多猿猴的特征，我们也不能不承认他们是真正人类的最初形态。北京人的存在时期，大约在四十万年以前。在中国考古学的分期，以北京人时期为最早，属于前旧石器时代，又称前周口店时期。

后旧石器时代，就有河套文化（由河套掘出古物所代表的文化）、后期周口店文化。还有尾旧石器时代，由达赖湖文化代表着。新石器时代则可分为六期，每期约三百年。第一为齐家期，系以在甘肃临洮县齐家坪掘出的石刀、石斧、尖骨和单色纹形的陶器代表之，大约为公元前三五〇〇年至前三二〇〇年间的文化。第二为仰韶期，系以河南渑池县仰韶村所发现的石刀、石斧、石耨、石杵、石镞、石戈、石环、石纺车、骨镞、贝镞和角针，以及有色陶器等为代表，大约是公元前三二〇〇年至前二九〇〇年间的文化。第三为马厂期，大约是公元前二九〇〇年至前二六〇〇年间的文化。第四为辛店期，此期除石器骨器陶器外，还发现有铜器，大约是公元前二六〇〇年至前二三〇〇年间的文化。第五为寺洼期，以甘肃狄道县寺洼山为代表，约当公元前二三〇〇年至前二〇〇〇年间。第六为沙井期，代表地址在甘肃镇番县附近，约当公元前二〇〇〇年至前一七〇〇年间，发现有有翼的铜簇。

殷墟古物也代表着公元前一七〇〇年之文化，在殷墟文化以前，还有所谓龙山（山东地名）文化及仰韶文化。

关于这些考古工作的记载，有安特生的《甘肃考古记》《西阴村史前遗存》，中央研究院历史语言研究所的各种考古调查报告及发掘报告等。此外曾松友著《中国原始社会之探究》，日人桥本增吉的《东洋古代社会史》，森谷克己的《中国社会经济史》也说及了。

北京人和中国民族的血统有没有关系，还没有经过证明。但是热、察、甘、新、青、晋、绥、豫、陕等省所发现的新石器时代人骨，确已证明与现今的华北人同型。

三三　古物与考证学

考证学的工作是对于历史材料的整理和检订，它可以算作历史研究的一部分。过去我国学术以儒家为中心，因此考证学的对象就只是儒家经典上的礼制名物，而考证学的观点也受了经典记载的限制。例如罗振玉氏在安阳小屯村获得一种形状颇似犁的石器，他就以为是经书上所说的石磬，但这种东西和《周礼·考工记》所说的形状又不相同，于是他就推论到殷周磬制的不同（见罗氏《雪堂丛刻·五十日梦痕录》）。但郭沫若氏则以为罗氏所云当即石犁，未必是古磬。这就表示着他们两人学术范围有广狭之别。罗氏始终拘守儒家的传统，所以思想不超越儒经的记载，郭氏贯通中西学术，故能从社会史的观点去推论。又如王国维氏，在他的《殷周制度论》里面，对殷周之际政治文化的剧急变革，颇多发明，然而他不知道怎样解释，只是赞美“周公之圣与周之所以王”，这也可见王氏思想之为儒家所限制。

考证学如果不超越儒家的旧传统，如果对于古书上给予远古传说的涂饰与改造不知道分析，那么对于古物的研究就不能有很好的收获。好在西方考古学及社会学等学科逐渐输入我国，而西人来华进行考古更促进了我国考古学的发展，这样使考证学也日益进步了。

三四　古物与古书

自从考古学逐渐发展以来，善于读书的人对古书就发生了怀疑，觉得其中所说多半不可信，不但《山海经》《淮南子》上面的那些神话，什么十日并出呀，女娲补天呀，盘古开天辟地呀，天皇地皇人皇之类荒诞无稽，就是毫没有神话意味的记载，如夏禹治水一类传说，其真实性也大成问题。因为从殷墟卜辞看，殷代还那么幼稚，夏禹又怎能有那样大的力量？某日人估计禹的治水工程，就是近代人都非几十年不能成功，而禹在八年内完成，当然不合理。但章太炎氏解释说，禹当时的治水，不过总其成，各地当然分区办理，各区也各有负专责的人。章氏尊重古书，认为不可任意怀疑，故作这种辩护。其实当时我国尚在部落时代，像《禹贡》上九州那样大的地盘，由一个政府统治，是绝对做不到的。而且铁的发现在春秋战国之间，《禹贡》上居然讲到梁州贡铁，可见这书是战国时人凭想象写成功的。虽然初期疑古诸家有些离奇的臆说，如以禹为爬虫，以墨子为印度人之类，不能有确切的证明，但大胆的假设也是科学所需要的。到了后来，一般史家对于古书上的记载，无论是否神话，都认为有历史的意义，而根据社会学的观点给以合理的解释。而这种解释，又常常可以用古物研究来做证明。例如姜嫄履大人足迹而生后稷，及天命玄鸟，降而生商（即简狄吞燕卵而生契）的故事，以社会学眼光看来，在氏族社会群婚时代，民知其母，不知其父，实在不是奇怪的事。后世父权时代，因为找不出父系祖先来，所以假托神话来掩饰。这种对于古书的新解释，不但有充足的理论根据，而且有确切的事实佐证。因为《山海经》上的帝俊及其妻娥皇、常羲，在殷墟卜辞中就有高祖夋及娥与义京和他们相当，经专家考证而知帝俊、高祖夋、帝喾、帝舜，都是指同一祖先或同一最高神——上帝，而娥与义京两女子，或作羲和与常羲，或作娥皇与女英，或作姜嫄与简狄，在群经诸子中表现为种种不同之传说，如吞卵或履大人迹而生儿子呀，姊妹共夫，兄弟（舜与象）并淫呀，暗示着初民的血族群婚及稍进一步的亚血族群婚（这即是伴侣婚或彭那鲁亚家族，其制度是姊妹共夫兄弟共妻）之存在。儒家按后世伦常加以粉饰改造的古史，经这一研究而揭露了真相，这可说是历史科学在中国的初步胜利。

章氏太炎在《国故论衡·理惑》篇表示其对于卜辞之怀疑，认为是古董商的伪造，而坚信经典的内容及许氏《说文》的训诂，大概章氏还不知道殷墟发掘已经经过专家的亲自努力，更不知道近代研究古史有参考今日野蛮民族生活的方法，这是时代所限，我们不必认为是章氏的固执不通，但我们决不可跟着他去错误。殷墟发掘还不过是锄头考古学的初步，后来还不知道有多少宝贵史料已从或将要从地底下发掘出来。除古物外，各边疆民族的生活，也非常值得研究，尤其是西南深山中的土著，如果我们能仔细考察，其给予我们读古书的帮助，一定很多。试举一个小小的例子，如广西徭民中有一种，其语言叫虹为“ㄉㄧㄉㄥ（dideng）”，音与《诗经》上的“蝃蝀”完全相同。又疑问助词有一个读“ㄗㄧ（zi）”的，和“哉”字相当，如果依“ㄗㄧ”音去读“日出而作，日入而息，凿井而饮，耕田而食，帝力何有于我哉”那首古歌，韵脚就完全谐和。这不很明显的是古代语言的实证吗？（据卅一年十月九日桂林《大公报》载朱家骅氏的《抗战以来中央研究院概况》，研究院之历史语言研究所，在考古学方面，除发掘小屯村外，还发掘了般历谱、两城镇、侯家庄、浚县、辉县、汲县山彪镇、川康大司空村，及四川彭山汉墓，又在绥远、川康等地作了考古调查。在人类学方面，曾调查川康黔桂湘西等地少数民族的文化，研究畲民的图腾文化；语言学方面，曾调查黔桂苗诏等。）

第四章　书　籍

三五　传写本与刻本

版刻印刷之术，萌芽于隋唐，宋时才有大发展，自唐以前，书籍的流传，全靠抄写。写本的书籍又分两个时代，周秦汉为简册时代，隋唐为卷轴时代。简册时代的书，是在竹片（简）或木片（牍）上用竹笔蘸漆书写，或用刀子刻的（《史记》称萧何做刀笔吏）。多简相连，则用绳子或皮革的带子连系起来，成为册子。秦汉间的漆书也写在缣帛上，大约因当时蒙恬已发明兔毛笔的缘故（所以《说文》序有“著于竹帛”的话）。但直到西汉末年，竹书依然很多。古人所谓“汗简”，就是去掉竹汁，“杀青”就是去竹上青皮，这都是预备竹简为写字之用的手续。《汉书·艺文志》上的书，有分篇的，有分卷的；分篇的即竹书，分卷的即帛书，因为缣帛是可以卷藏的。东汉时蔡伦因缣贵简重，不便于人，乃发明用树皮麻头破布造纸，书籍于是比从前轻便而价廉。但直到东汉末年，纸还没有普遍流行。魏晋时，松烟墨及凹心砚也发明了，文房四宝完成。于是到隋唐时，藏书机关，完全没有竹木的简册，而图书尽是卷轴了。卷轴就是将书页卷在木轴上，如现今卷对联的样子。

汉武帝时，鲁恭王拆孔子宅，于墙壁中得《礼经》《尚书》《春秋》《论语》《孝经》，都是竹简书。晋太康元年，汲郡民盗发魏安釐王墓，得竹书漆字科斗之文，如《竹书纪年》《穆天子传》等，共十六种。那些原物早已不存。近时甘肃敦煌千佛洞发现古时书籍多种，包括汉武帝时木简漆书，唐懿宗时版刻印本，五代刻印本及其他写本，是现在仅存的古书原物之一重要部分。按敦煌县南有鸣沙山，其山麓三界寺之旁即莫高窟，有石室千余，四壁都是佛像，世称千佛洞。公元一千九百年，寺中道士于扫除之时，偶然弄破了墙壁，发见壁内有一藏书室，自汉至五代之书籍碑版，及手抄之书，贮藏极多。一九〇七年，匈牙利人斯坦因听说，前往收买，运回欧洲，现藏于伦敦博物馆。法国人伯希和又来搜寻一批，运回巴黎博物馆。后经我国政府取缔，并收集其残余者保存之，方才没有全落外人之手。还有人从巴黎、伦敦抄回来一些通俗文学，印行《敦煌零拾》及《考古学零简》等书。又，敦煌附近沙漠地带亦发见汉简。王国维氏曾根据它著了《流沙坠简》等书。此外西北各地发见竹木简书，还有多起。

自印刷术发明后，手抄本之古书，常常可以校正印本的错误，所以非常宝贵。清乾隆修《四库全书》，因卷帙浩繁，亦未曾付印，仅抄写七份，分存七处藏书楼。

刻本以宋版书为最珍贵，但宋版不止一种，其中也有错漏较多的。其次元刻的书，也比较被人重视，清代殿版及私人刻本，有名的也不少。过去有些藏书家，专门搜集善本书，因而发生版本之学。

其实版本的正确性是比较的，无论什么版本，经过数千年的传写与翻印，错误总是难免的，不过有多少不同或此正彼误的分别而已。现在印刷术进步，许多善本书，都经书商影印行世。我们如果不是古董收藏家，专为读书起见，那么有善本的影印书，就很可以满足了。

三六　版本之学

版本学本是校雠学的一部分，每一书搜集众本，比较其好歹。分别评判而介绍之，就是它的任务。这门学问萌芽于西汉，刘向父子校书（参看第三七节），广集众本，想必他们对于版本的辨别，一定很精密。宋朝岳珂刊九经三传，所根据版本廿三种，由专家反复参订，这也是为校雠而研究版本。至无锡尤袤氏《遂初堂书目》创一书兼载数本之例，凡讲目录学的也得研究版本了。清代版本之学发展而成专科，名家不少，如黄丕烈、顾广圻、丁丙、陆心源、莫友芝、叶昌炽、缪荃孙、叶德辉等。重要书籍有叶昌炽的《藏书纪事诗》，叙述藏书的掌故；江标所辑的《宋元本行格表》，讲版式；钱泰吉《曝书杂记》，莫友芝《宋元旧本书经眼录》，黄丕烈《士礼居藏书题跋记》，丁丙《善本书室藏书志》，陆心源《皕宋楼藏书志》，叶德辉《书林清话》等，讲各种书的版本。罗振玉《鸣沙石室秘录》，则系讲敦煌石室古书版本的。

三七 校雠之学

校雠之学有广狭二义。广义的校雠学，包括校勘学、版本学及目录学三部分的内容，其任务是：搜集图书，辨别真伪，考订谬误，厘定部次，装璜保存，即整个整理书籍的专门事业，有一部分和现代图书馆学极相类似。狭义的校雠学就是校勘学，只是比勘篇籍文字而求其正确，而改正古书因传写日久而产生的错误，尽可能的恢复其本来面目。校雠两字的意义，就是刘向《别录》所谓"一人读书，校其上下，得谬误，为校；一人持本，一人读书，若怨家相对，为雠"。校勘的法子以后者为好，因为单用一种本子，校其上下，所得的谬误是有限的，必须用不同的本子对勘，"若怨家相对"，方才可以发见较多的错误。

公认为校雠学的先驱者是刘向、刘歆两父子。汉成帝时，使谒者陈农求遗书于天下，诏光禄大夫刘向校经、传、诸子、诗赋，步兵校尉任宏校兵书，太史令尹咸校术数，侍医李柱国校方技。向死，他的儿子歆继其业，总群书而为《七略》。刘氏校书的方法是相当精密的，大约可分几点：（一）根据许多版本，互相对勘，错误则改正，遗漏则补充，重复则删除；（二）古书多没有载篇名书名的，他们按照内容替它分篇，加篇名书名；（三）写内容提要及介绍批评的文字，并叙述学术源流派别等。后来唐朝陆德明，宋朝岳珂、周必大、彭叔夏，对校雠学都有成绩表现，周、彭校刻《文苑英华》一千卷，方法尤其切实。

清代朴学盛时，校雠学成了一个重要部门，包含考订文字及事实，辑补佚文等工作在内，重要的成绩表现，有顾炎武的《九经误字》，齐召南的《注疏考证》，阮元的《十三经注疏校勘记》，王引之的《经义述闻》，俞樾的《群经平议》《诸子平议》等，这些书都是由校书所得的材料编成的。此外，以校雠著名的还有戴震、卢文弨、丁杰、顾千里（广圻）等，连上面那些人共计，有三十一人之多。

三八　章句之学

“章”的本义就是乐曲的末段，引申之，则凡文字意义已经完足的，也可叫作章。“句”的原义就是在文字可停顿处，用钩状记号以作识别的意思。《说文》上有“𠄌”“、”两字，都是古人点句的符号。所谓章句之学，最初当系指分段落、加标点的两件事说的。但因古书相传久了，不是单用符号所能指明，甚或在传写时把符号省掉了，应分行的，也因省地位而不分，就更弄不清楚了，于是又不得不附加说明，因此章句之学的内容，又类似传注了。西汉时不独经书有某家某家的章句，就是法律也有某家某家的章句。但当时章句之学，流于烦琐附会，说五字之文，至于二三万言，故有章句鄙儒的称号。因而章句与训诂有分别，训诂乃解古今语以通大义，不贵烦琐。

古书因传写将章句弄错的很多，如将前后间颠倒，遗漏，注释混入正文等。作注解的也常常将章句弄错，或将应属下文的连在上文，或将应当读断的地方连读下去。例如《论语》：“未之思也夫，何远之有？”夫字应属上。《孟子》：“圣人既竭目力，焉继之以规矩准绳，以为方圆平直，不可胜用也。”焉字作“于是”解，应属下。朱子注《大学》《中庸》，称“朱熹章句”，即因为他曾依自己的主张把段落句读重新分过，没有依汉儒的原本。

标点符号失传以后的古书，行文上多能注意用文字代符号，如用“曰”字、“所谓”字代引号（两人对话则省曰字），用“云云”代删节号等。后世公文为求更加精密起见，用“令开”“等因”当引号。但用文字总不如用标点的明显，精密。今后整理古书的章句之学，必采用标点符号。

三九　目录之学

目录学原本是校雠学的一部分，以后才独立起来。章实斋《校雠通义》认为目录不过是校雠的结果，没有独立成为一科的价值，但图书编目，包含书籍分类标准问题，次序排列问题，不是深通学术源流及修学程序的，便不能适当地解决以便利学者的参考，这类具有指导意义的目录编制，自应成为一种专科。

我国目录学的创始者是刘歆。刘歆将群书分成六类，每类作一说明，然后将书目排列，称为一略，并于六略之外，另编提要一种，名叫《辑略》，总起来称为《七略》。班固的《汉书·艺文志》，以刘氏《七略》为蓝本，也分成六类，每类作了一个说明，无异于一篇学术源流考。

这种于书名、卷数、著者的记载之外另加图书内容说明或提要的体例，成了后来历代编书目的模范。清代编纂《四库全书》，即有书目提要二百卷，每部及每类有总说明，每书有提要。

《汉书·艺文志》对古籍作了系统的介绍，为研究国学者必须参考的书（因为国学精华全在周秦古籍里面，后世陈陈相因，很少新的创作）。

现有顾实讲疏的单行本可读。如果要略略知道汉以后的书，可翻阅《四库全书总目提要》各类的说明文字（另有《四库简明目录》，册数较少）。国学书太多，精彩的很少，我们没有博览群书的可能和必要，所以读目录提要，是最好的办法。

清末张之洞著《书目答问》，就他所认为较重要的国学典籍，介绍了二千余种。胡适之、梁任公也曾各开一个最低限度的国学书目。这都是给初学者用的。张氏所开的书太多，胡、梁两氏所开的书虽不多，但胡氏偏于文学，梁氏偏于史书，亦不甚合适。近年来编这种书目的还有李笠、钱基博、丁福保诸氏以及浙江省立图书馆等。

四〇　图书分类法

我国图书的主要类别，在刘歆、班固时代，是六分法；自隋唐以至清，大致可说都是四分法。刘、班二氏分群书为六艺、诸子、兵家、诗赋、术数、方技六大类。荀勖改分为甲乙丙丁四部，《隋书·经籍志》也分四部，并确定经、史、子、集的名称。清修《四库全书》，就是分群书为经史子集四部，四部之下再分四十三类。我国目录学家认为图书分类可以表示学术源流，我们试就六大类变为四大类的这一点来看一看学术变迁大势吧。

刘、班六大类的子目：（一）六艺，分《易》《书》《诗》《礼》《乐》《春秋》《论语》《孝经》《小学》等目；（二）诸子，分儒家、道家、阴阳家、法家、名家、墨家、纵横家、杂家、农家（以上九家称九流）、小说家等目；（三）诗赋；（四）兵家，分权谋、形势、阴阳、技巧等目；（五）术数，分天文、历谱、五行、蓍龟、杂占、形法等目；（六）方技，分医经、经方、房中、神仙等目。

刘、班这个分类，有些不合理的地方。比方六艺，本来以古代官书为限，不应将《论语》《孝经》（这应入子部儒家）列入，《小学》也应列为诸子的一家。诸子中的杂家不能算家，小说和近代文学的小说不同，大约只是一些没有形成系统的笔记之类，也没有成家。兵家应该列为诸子的一家。阴阳家包含科学与宗教迷信，应该和术数、方技合为一大类，而分天文、方技（方技一类全属医学）、卜筮及其他子目。但从刘氏当时与其同事分工校书的情形看来，他那种分类不过是为了分工的方便，较少学术的意义。如果照我们修正的办法，就应分成六艺（即历史）、诸子（即哲学社会科学）、诗赋（即文学）、阴阳或五行（即科学）四大类。但后来事实上的四大类，却又不是这样分的。原来的“六艺”分成了“经”“史”两大类。过程大概是这样的：因为尊重六艺为经，又有许多经师作注疏，六艺就改称为经部，且仍居第一位；又因为史书逐渐增加，不能再附在春秋家后面了，于是就另辟了史部。原来的“兵家”“术数”“方技”都并入了子部。原来的“诗赋”改称集部，内容扩大了很多，包括古文、骈文、词曲之类。四部之中，只有子部包含有价值的内容，如哲学、社会科学、自然科学、艺术、应用技术等科，完全属于子部，但子部的书反而不及其他三部的多，这实在表现了中国学术的退步。同时编目人主观上也怀抱着士大夫轻视儒家以外各家学术的心理，如《四库全书·凡例》就说：“以阐圣学明王道为主，不以百氏杂学为重”，所以科学、艺术都没有独立作为一部，甚至把墨家、名家等类名取消，一律归入杂家。

现代图书编目，因为要用号码，所以用十分法，主要类名及号码如下：

0——总类

1——哲学

2——宗教

3——社会科学

4——语文

5——自然科学

6——应用技术

7——艺术

8——文学

9——史地

如各大类之下再分小类，小类之下再分子目，则将号码增加位数，通常为三位，除类码外，还有著者号码附在下面。插架时按号码排列，寻找起来就不困难。同时现在图书分类也符合学术上的类别。

从前各图书馆，新书及外国书都用新分类法，编号码，旧书则沿用《四库全书》的分类法，并不编号码，自从王云五氏发起中外图书统一编目以来，过去经、史、子、集的分类已经打破，各种旧书都按照性质归入新的类属了。例如经部的《易经》、“四书”归入哲学；《诗经》归入文学；“三礼”、《尚书》《春秋》都归入史地；“小学”归入语文。子部中的艺术，归入艺术类；术数、释家归入宗教类；道家一部分入哲学，一部分入宗教；杂家按其性质分别归入哲学等类；天文、算法归入自然科学；法家、兵家归入社会科学；医家、农家归入应用技术。至于子部中的类书及史部中的目录，则归入总类。子部中的小说及集部诸书归入文学。这个目录编制法，有一个很大的意义，就是纠正了把国学与现代学术对立的观念，使大家知道中外学术是可以沟通的。

四一　辑佚及辨伪

辑佚及辨伪是校雠学里面两个重要贡献。所谓辑佚就是将已经失传的古书恢复起来的工作，所用方法是从许多别的书里面将引用的文字一点一滴地摘抄出来，再加以整理编辑。这样辑成的本子虽然不能和原书密合，但至少可恢复原书的一部分。从事辑佚工作著名者如宋明时期的王应麟、陶宗仪、祁承㸁，清朝的马国翰、黄奭、洪颐煊等。马国翰的《玉函山房辑佚书》，经部四百五十三种，史部八种，子部一百七十三种。黄奭的《逸书考》（一称《汉学堂丛书》），经解一百一十二种，纬书七十二种，子史八十四种，又《通德堂经解》十七种。洪颐煊的《经典集林》，内佚书三十六种。严可均辑刻《全上古三代秦汉三国六朝文》七百四十六卷。清代辑佚书对于清末今文学派的兴起，大有帮助，因为久已失传的“三家诗”等今文家著作，已有了辑佚本。

辨伪是辨别古书中伪托的作品。有些古书全部系后人伪托的，例如《伪古文尚书》（参看第四六节）；有些古书是经后人掺了一部分文字进去或修改过的，例如“四书”、《史记》（司马迁在扬雄以前，竟说及扬雄）。经部伪书还有孔安国《尚书传》，郑玄《孝经注》，孙奭《孟子疏》（晋人作）以及《汉魏丛书》中的《子贡诗传》等。史部有《越绝书》（汉人托名子贡作）、《飞燕外传》《汉武内传》（宋人作，列入《汉魏丛书》）、通行本《竹书纪年》（明人作，王国维另有古本《竹书纪年》辑佚本）等。子部有《吴子》《文子》《列子》（均两晋六朝人作）等。辨伪的方法是多方面的，最重要的是思想、事实、文字时代性的辨别，其次是别的典籍的旁证，篇章语句的分析等。关于辨伪书的名著，首推清阎若璩的《古文尚书疏证》，所提证据达一百二十八条之多。清姚际恒《古今伪书考》，则罗列各种伪书，可资学者参考。近人康有为《新学伪经考》，主要论点是，秦焚书没有烧六经，西汉经书都是足本；孔子时所用的篆字，秦汉时也用，当时字体没有今古文的分别；所有古文经传，全系刘歆一手伪造。近今一般学者多认为康氏的考据含有成见，全凭主观，不大可靠。最近学者又主张辨秦前之伪，如战国时人托名虞夏时人而作《帝典》《禹贡》等，也当辨明。

四二　类书及丛书

类书是和辞典相类似的工具书，编制方法是把各种学术的材料荟萃在一书之内，按性质分门别类，或按照标题文字的笔画或声韵，依次排列，以便检查。过去有若干失传的书，幸赖某些类书的引用而保存了零段的内容，因此有一些类书更增加了它们的重要性。宋以前类书流传后世而可考见古籍佚文者有三种。（一）《艺文类聚》一百卷，唐欧阳询等撰。（二）《初学记》三十卷，唐徐坚等奉敕撰。（三）《太平御览》一千卷，分五十五门，宋李昉等奉敕撰，成于太宗太平兴国八年，引秦汉以来书，多至一千六百九十余种，这些书到清朝存不了十分之一二了。明成祖时敕修的《永乐大典》系清《四库全书》的蓝本（《四库全书》另一部分的来源是抄录或购买民间的藏书），从其体例看，也是类书，它将每种书全文割裂，分韵排列，例如《易经》先列《蒙》卦，《诗经》先列《大东》篇，《周礼》先列《冬官》之头，其中所采古书善本，也有后世不复流传的。清康熙时所编《古今图书集成》也是类书体裁，其引用古书，多不能尽载全文，即因受类目的限制。又康熙敕撰之《佩文韵府》，是分韵排列的类书之一。

丛书是将多种书集合在一起刻印的，原书全文贯串，不加割裂颠倒及删削，便于阅读。这与给人检查的类书不同。丛书也有保存古书的作用，因为有些书卷帙很小，单行本不容易保存，只有编入丛书，才能够流传久远。唐宋人所谓丛书，实际上多是文集或笔记，只有宋代左圭所辑《百川学海》是有名的一部丛书。一般的丛书，都是古今人著述合刻，也有少数丛书，是一人著作合刻的。前一种丛书，张之洞《书目答问》中举出五十七部，是他认为保存了古书，有关经史实学，且校刊精当的，例如《汉魏丛书》（明人刻，收汉魏间著作七十六种，清人重刻，增至九十六种）、《清武英殿聚珍版丛书》（收书百十八种以上）、《玉函山房辑佚书》（见前，辑佚书八百余种）、《津逮秘书》（明毛晋刻）、《学海堂经解》（即《皇清经解》，阮元编刊）、《粤雅堂丛书》（伍崇曜刻）、《平津馆丛书》（孙星衍刻）等。第二种丛书，张氏也举出五十部与考订经史有关的，如《亭林遗书》《船山遗书》《东壁遗书》（崔述作）之类。中国古籍过去流传日本而本国反失传的也不少，清末黎庶昌、杨守敬从日本收回一部分，影印为《古逸丛书》。又日本人天瀑山人刊《逸存丛书》，其中都是中国所已失传的书。

就《四库全书》的体例看，也是一部丛书，不过特别庞大而已（这部书也没有包括当时全国一切的书，如佛经及《道藏》即大部没有收入，其他有触忌讳或认为无用处的亦不收或仅存目录。阮元编有《四库未收书目》）。这部书总编纂人是纪昀，分编纂戴震、邵晋涵等三百六十人。共三万六千册。抄写员一千五百人，经九年后抄成七部。分存北京（两部）、奉天、热河、扬州、镇江、杭州等处。民国九年赠予法国一部，太平军战争时毁去两部，英法联军之战毁去一部。

《道藏》也是一部丛书，乃道家诸书的总刻，其中所收，除儒家书《易经》等外，其他周秦诸子也多收入，且多系古本，清代学者多根据《道藏》本以校正通行的子书。

四三　考证学与读书法

考证学的发生，原来是为了解释古书，包括文字的训诂，错误的更正及古代史实的寻绎等。在古书中，尤以经书为主，所以解经的方法很多，如（一）以经证经，（二）以史证经，（三）以子证经，（四）以汉人文赋证经，（五）以《说文解字》证经，（六）以汉碑证经等。因证经而引起子、史群书的研究，考证的范围就日益扩大。考证学对于书籍本身的贡献，就是校雠、辨伪、辑佚等事。考证学范围虽大，简单说来，就是把一大堆断烂材料，一点一滴地从多方面下整理工夫。考证学者的读书方法，总是把许多书互相比较对勘，可以说他们读书同时就是校书，他们的著作就是校书的报告，正如王鸣盛《十七史商榷》序所说，“独处一室，覃思史事，既校始读，亦随读随校，购借善本，再三雠勘，又搜罗偏霸杂史，稗官野乘，山经地志，谱牒簿录，以及诸子百家，小说笔记，诗文别集，释老异教，旁及于钟鼎尊彝之款识；山林冢墓，祠庙伽蓝，碑碣断阙之文，尽取以供佐证；参伍错综，比物连类，以互相检照，所谓考其典制事迹之实也”。专门考证的事业，不是一般读者所能做，但对于专门家考证的成果，却应当知道去利用；同时在一定的范围之内，也可以采用他们的比较读法。

第五章　经　学

四四　五经、十三经、四书

汉朝人尊重儒家古典著作称为经书，解“经”字意义为常道，相沿到现在。其实“经”的原意就是线，所谓经书就是线装书，古代记事书于竹简，事多一简不能尽，便连续记在数简上，其连系各简的线，就称为“经”，可见经不过是当时记载页数较多而又常须翻阅的书罢了，并没有其他的深意。

“六经”的名称，首先曾在《庄子》中发现。《庄子》及《礼记·经解篇》都以《诗》《书》《礼》《乐》《春秋》《易》为“六经”。班固《汉书·艺文志》称为“六艺”。但因《乐经》散失，只存《乐记》一篇，并入《礼经》中，于是有“五经”的名目。到唐朝时候，《春秋》按照《左传》《公羊传》《穀梁传》分成三种，《礼经》也分为《周礼》《仪礼》《戴礼》（《礼记》）三种，立“三传”“三礼”的称号，配合《易》《书》《诗》，称为“九经”。再到宋朝，把《尔雅》《孝经》《论语》《孟子》四种加上去，便叫作“十三经”。宋儒朱熹把《礼记》中的《大学》《中庸》两篇拿出来印单行本，和《论语》《孟子》合称“四书”，并给它们作详细注释，奉为儒家古典的菁华，于是科举考试，必根据“四书”出题，而《论语》《孟子》《大学》《中庸》便成为小学生必读书了。

班固《艺文志》将儒家列入诸子，而把“六经”作为“六艺”，列在诸子之前，其用意是认为“六经”是古代官书，非儒家所能私有，而且“六经”是诸子百家的学术渊源，班志说得很明白。不过班氏将《论语》《孝经》列在“六艺”的末尾，即有特别尊重孔门本身著作的表示。总之，《易》《诗》《书》《春秋》《礼记》，如果依古文派经学家说，就并不是孔氏的私家著作，这个观点是一般有识见的学者应该承认的。

清章学诚（实斋）在《文史通义》上明白指出“六经皆史也”。古人已经说过《尚书》为记言之史，《春秋》为纪事之史，至于“三礼”，记载古时礼仪官制，则明明系制度史，《诗经》之《国风》为风俗史，《雅》《颂》则包含社会变革的许多故事传说，《易经》是卜筮之书，可算是宗教史、思想史材料，其中类乎神签的文字也包含了传说故事，所以全部都是史料。

现在经书最完备的通行本是清朝阮元所刻的《十三经注疏》，卷帙很繁。除去注疏专印正文的有商务馆的《十三经白文》一厚册，颇便翻阅。以下把各种经书内容说说。

四五 《易经》

《易经》是按照六十四卦的次序编排的，从乾卦开始，到未济卦结束。书末附有《系辞》《说卦》《序卦》《杂卦》几种总的说明文字。每个卦都有符号表示，是用阳爻“⚊”、阴爻“⚋”做基础来配合的。配合的方法，第一步是三爻相重而成☰、☵、☶、☳、☴、☲、☷、☱，即乾、坎、艮、震、巽、离、坤、兑八卦。第二步再将这八卦，每两卦相重而成䷀（乾）、䷅（讼）等六十四卦。每卦有一个总的说明，叫“卦辞”，每爻各有一个说明，叫“爻辞”。此外，每卦还附有《彖（ㄊㄨㄢ［tuàn］）辞》和《象辞》两种文字，乾坤两卦还附了一种，叫《文言》。卦辞、爻辞是“经”的部分，其余文字连书末的在内，都属于“传”（“传”的本义是比经短一点的书本，但通行意义是对于经义有所发挥的补充文字，所谓圣经贤传，各有专名——这是今文派经学家的主张）。《易传》七种，《彖》《象》《系》各分上下篇，与《说卦》《序卦》《杂卦》《文言》合称十翼。相传伏羲画八卦，文王重卦，周公作爻辞，孔子作十翼，其他还有种种的说法，也不知究竟是哪些人作的。

《易经》包含哲学的道理，简单地说，即从前人们所谓易有“简易”“变易”及“不易”的三个意义。因为认定宇宙间万事万物都有个规律，不外始、中、终三相之转移，所以能以简驭繁，这就是“简易”。《易经》认为万事万物无时不在变化流转中，如它说“天行健，君子以自强不息”，又说“小往大来，大往小来”，又说“无平不陂，无往不复”，而各种不同的卦，不同的爻，又都是表示各种吉凶消长的复杂情状的，这就是“变易”。但另一方面，它认为变化只是在一个不变的范围里面之循环往复，如说“天尊地卑，乾坤定矣”，“寒往则暑来，暑往则寒来”，而不曾发现进化的观念，这就是“不易”。

《易经》的文字和思想都相当地结构完整，郭沫若氏最近怀疑它不是周初的作品而是战国时候的。是否如此，还待考征。

四六　《书经》

《书经》一称《尚书》，“尚者上也”，有人说是“上古的书”的意思，有人说是“上帝的书”的意思。现通行本包括《虞书》五篇，《夏书》四篇，《商书》十七篇，《周书》三十二篇，共五十八篇。其中有三十三篇，如《尧典》《禹贡》《盘庚》《洪范》等，称《今文尚书》，同时又是《古文尚书》，其余都是“伪古文”。所谓今古文的分别，是这样的：汉朝初年，伏生传授《尚书》二十九篇，用汉朝通行的隶书写出，称为《今文尚书》。后来汉武帝末年在孔子宅墙壁中发现一部用古体字写的《尚书》，相传共十六篇，称《古文尚书》。不过这部《古文尚书》不久又失传了。到东晋时候，有一个梅赜（或作梅颐），向朝廷呈献《古文尚书》二十五篇，附《尚书传》一篇，说是孔安国作的，于是人们都相信《古文尚书》是失而复得，但清朝阎若璩氏等考证的结果，断定这部书是晋朝人王肃或皇甫谧或就是梅赜伪造的。现在通行本是今古文合编，篇数有分有合，和原来的不符。

《尚书》包含的史实，上自尧舜，下至秦穆公，其中年代最早的《尧典》《舜典》《皋陶谟》《禹贡》等篇，过去一般人老是以为是虞夏时代的文章，近代学者已证明这部分真的《尚书》也是儒家的伪托，不过著作年代还在周朝，比东晋人的伪《尚书》更有价值些。因为虽是伪托，也必有所依据，而时代较早的著作，所依据的传说，真实性必较多。《尚书》篇名，多用典、谟、训、诰等字煞尾，正和现在的宣言、布告、会议录、讲演集一类的文章相仿佛，所以被称为记言之史。其中有《洪范》一篇，代表原始的哲学思想，以水火金木土五行为世界万有的基本元素，又提出五事、八政、五纪、皇极、三德、稽疑、庶征、五福、六极等关于政治的原理原则，统名“九畴”，颇为儒家所重视。

四七 《诗经》

《诗经》是一部乐歌，分《风》《雅》《颂》三部分。《风》大半是民歌，分十五国，共一百六十篇。《雅》分《大雅》《小雅》，共一百〇五篇，以叙事诗为多。《颂》分《周颂》《鲁颂》《商颂》，共四十篇，多叙事诗与祀神歌。总计三百〇五篇。相传诗的原有篇数在三千以上，经孔子删削而存此数，但《论语》即有“诗三百”的话，恐孔子未必删削过。现存的《诗经》为《毛诗》，汉朝传授《诗经》的有齐、鲁、韩、毛四家，那三家都失了传，现在《毛诗》是所谓大毛公者传授的。《诗经》附有《诗序》，分《大序》《小序》。《小序》列在每篇诗的前面，是说明诗中大意的，《大序》是连在首篇《关雎》的《小序》之后，总论全书的。《诗序》的作者问题，没有定论。诗的来源据说是定期采集而来的，古时有采诗之官，每年八月乘輶轩，周游国中，采取歌谣，陈于天子；又天子巡狩各国时，命太师陈诗以观民风。当时采集的区域，以黄河为中心，十五国风不过是今河南、陕西、山东、山西几省里面的，所以《诗经》是北方文学。但《周南》《召南》的背景却在江汉一带。《诗》的修辞方法有所谓赋、比、兴三种：赋是直接叙述，比即完全譬喻，兴是先写背景而后明白叙述。《诗》有所谓六义，就是风、雅、颂、赋、比、兴。

《诗经》是一部可靠的古书，没有发生真伪问题，但《诗序》就不大可靠，它对于诗的内容每加曲解。《诗经》不但有文学价值，同时也是史料，例如《商颂·玄鸟》篇，叙述简狄吞鸟卵而生契的传说；《大雅·生民》篇，叙述姜嫄践踏上帝的足迹而生后稷的故事，暗示着远古社会的情形；《豳风·七月》篇以及《小雅》的《楚茨》《南山》《甫田》《大田》诸篇，叙述周民族农业的兴盛；至于平王东迁以后，社会斗争逐渐尖锐，则有所谓“变风”“变雅”（这是解诗者给予一部分风、雅诗篇的名称）来抒写抑郁愤慨的感情，如《邶风》的《北门》，《王风》的《黍稷》，《唐风》的《鸨羽》，《秦风》的《黄鸟》，《小雅》的《节南山》《正月》，《大雅》的《板》《荡》《桑柔》《云汉》诸篇，都是怨天恨人之作，而《小雅》的《何草不黄》《北山》《出车》《采薇》《黄鸟》，《魏风》的《葛屦》《伐檀》《硕鼠》诸篇，尤其露骨地表现社会的不安。

四八　三　礼

三礼即《周礼》《仪礼》《礼记》。现在“五经”中就只有《礼记》。但古时所谓《礼经》十七篇，却是专指《仪礼》，《礼记》不过是孔门弟子附在《礼经》后面的笔记。现在的《礼记》或称《戴记》，或称《小戴礼》，它原是汉朝初年河间献王从民间抄来献给朝廷的，后来刘向校阅政府藏书，又发现几种，合起来共二百十四篇，戴德加以删节，为八十五篇，称《大戴记》（《大戴记》现有残本，不在十三经以内），戴胜再删为四十篇，称《小戴记》，马融又增编几篇进去，合成四十九篇，就是现在的《礼记》。《周礼》也是河间献王抄来的，其中篇目是按照天、地、春、夏、秋、冬六官分划的，缺《冬官》一篇，有人找一篇《考工记》来补足它，后来刘歆校理群书，才将这部书编入经籍，叫作《周官经》。这部书，早已有人怀疑它不是古本，但刘歆、郑玄相信它确系周公所作。从它的内容看，大约是战国时人，根据战国以前的行政制度写成的。《仪礼》原有两种本子，一种是汉高堂生所传，是今文，一种从孔宅壁中得来，是古文，东汉郑玄合并两种本子，就是现在流传的《仪礼》。《仪礼》据古文派经生说，也是周公所作。

《仪礼》的内容是冠、昏、丧、祭、朝、聘、燕享等等典礼的详细仪式，读了可以明白封建贵族的繁文缛节，可以考见古代宫室、舟车、衣服、饮食等日常生活的情形，以及宗教信仰、亲族制度、政治组织、外交方式等。《周礼》是儒家理想的官制，也包含了古代事实上的制度。所谓六官，是天官冢宰掌邦治，统百官，好像现在行政院长一样。地官司徒掌邦教，布五典，安兆民，好像教育部兼财政部一样。春官宗伯掌邦礼，治神人，和上下，这是一个宗教官。古代行政、祀神要占一大部分，所以特设一个大官来办理。夏官司马掌邦政，统六师，平邦国，这是陆军部。秋官司寇掌邦禁，诘奸慝，刑暴乱，就是司法部。冬官司空掌邦土，居四民，时地利，这是农工部。《礼记》的《王制》篇，也讲官制，和《周礼》大致差不多。

我国历代官制，多半参考这种办法。满清政府的吏（管民政）、户（管财政）、礼（管祭祀及科举）、兵、刑、工六部，就是六官制度。《礼记》一书，对于风俗礼制方面，说得最多，也有理论文字，要研究封建时代的宗法制度和旧礼教，这是必读的书，如《内则》篇给妇女规定的行为标准，《少仪》篇给青年子弟规定的行为标准，直到近来，还对我国社会发生很大的支配作用。《礼记》中间有些精彩的文字，如《学记》篇的论教育，《乐记》篇的论音乐，《儒行》篇的论修养，《礼运》篇的论政治，现代人都非常赞美，时常引用。但我们须知这部书是汉朝人整理过或编写成的。

又《礼记》中《大学》《中庸》二篇，现已列入“四书”。《大学》相传为曾子所作，其中所记有所谓三纲领，即明明德、亲民、止于至善。有所谓八条目，即格物、致知、诚意、正心、修身、齐家、治国、平天下。但清朝人陈乾初怀疑《大学》不是孔门的书，著有专文论证。《中庸》相传是子思所作，其中谈天命、性、道，是宋儒理学重要根据之一。

四九　《春秋》

《春秋》是鲁国史书，孔子加以修改，于记载文字中暗寓褒贬的意思，好像现在编报纸的写新闻标题一样，孟子曾赞美它的宣传力量道：“孔子作《春秋》而乱臣贼子惧。”《春秋》文体好像现在的大事记，按年月次序作简单的记载，是后世编年史的开端。所叙事实，起于鲁隐公，终于哀公，经过十二君，凡二百四十二年。为《春秋》作传的有左丘明、公羊高、穀梁赤三人。《左传》记载史事颇详明，《公》《穀》两传是解释经文文字意义，推阐其所暗含的微言大义的，现在通行“五经”本的《春秋》，就只附有《左传》，没有《公》《穀》。《公羊传》属于今文学，《左传》为古文学，《穀梁》原属今文，近人崔适指斥它也是刘歆伪造，于是也属于古文学。左丘明另著《国语》一书，也是叙当时史事，人们叫它作《春秋外传》。春秋大义，一般人认为最主要的是：（一）尊王，（二）攘夷。表示这些大义的“书法”，以正名定分为原则。但今文派经学家所谓微言大义还不只这一点，他们以孔子为“素王”，借口诛笔伐代行帝王的权力。公羊学则注重春秋的三世，即由据乱世进到升平世，再进到太平世，颇有进化的观念，但此三世原系就春秋二百四十二年分成三个阶段而说的。

五〇　《论语》《孝经》《尔雅》《孟子》

《论语》是孔子的语录及日常生活的记录，并有当时孔子弟子的谈话掺杂在内。据说当时弟子各有所记，孔子死后，门人互相讨论编辑而成，所以称为《论语》。《论语》分三种：（一）《古论语》，出孔子壁中，凡二十一篇；（二）《齐论语》，乃齐人所传，凡二十二篇；（三）《鲁论语》，乃鲁人所传，即现行《论语》所根据的本子，凡二十篇。《论语》所谈，关于道德修养政治学术各方面，言简而旨远，文字多半饶有风趣。《孝经》内容不大精彩，分《开宗明义》等十八章，古时以为是孔子所作，宋王应麟《困学纪闻》则以为是曾子问孝于仲尼，退而与门弟子说之，门弟子笔记而编成的书。《孝经》有今古文的分别，秦焚书，《孝经》为河间人颜芝所藏，汉初芝的儿子颜贞献出，凡十八篇，就是《今文孝经》。《古文孝经》出自孔壁，二十二篇，南朝梁时已失传，后来获得的本子都是伪作。现在《十三经注疏》中的《孝经》，为唐玄宗所注，所采的本子是今文。至于单行本，多是朱子所编定，将玄宗所定的本子颠倒排列而成。《尔雅》是解释字义的书，前已说过，第一篇《释诂》，据说是周公所作，《释言》以下十八篇，是后人陆续增补的。《孟子》是战国时邹人孟轲与弟子万章等自记其言行的作品，凡七篇。孟子学说，如性善论、仁义说、养气说、先天良心说等，是宋明理学重要根据之一。但汉唐时代，《孟子》尚列在诸子里面。

五一　经之传授

秦始皇并吞六国以后，设博士官（和今日的参议相似）保存并传习诗书，禁止民间私自讲学，后来因博士淳于越议论不合时宜，丞相李斯主张烧百家书，始皇采用他的提议，次年又坑儒生四百六十余人。因此陈涉起义时，鲁诸儒生带着孔氏的礼器，前往参加。汉高祖初起兵，还看不起儒生，取儒冠以盛便溺，后来天下平定，方才领悟思想问题的重要性，于是以太牢祀孔，用秦博士叔孙通、张苍厘订法制。惠帝继承他，废除民间挟书的禁令。文景二帝，又仿秦制设博士，但人数不多。到武帝罢黜百家，表彰六经，学术乃定于一尊，设置完备的五经博士，以通经为登进人才的标准，于是经之官学，成为富贵荣显的捷径。汉因秦以纯法治主义而失败，所以一反秦的所为，而崇尚儒家的德治主义来拉拢人心，这就是以利禄提倡经学的由来。所谓经学，和战国时代的儒学不同，经生不自创学说，而只是从事经书的传习与注解。所以经学的发展，便是学术思想停滞不进的征象。

在西汉官学中取得支配地位的是今文学派，即所谓十四博士（宣帝元帝时）的经学。十四博士是：《易经》有施、孟、梁丘、京；《尚书》有欧阳、大小夏侯；《诗经》有齐、鲁、韩；《礼》有大小戴；《春秋公羊传》有颜、严，共十四家。他们的师承，列简表如下，其中不著名的人名略去：

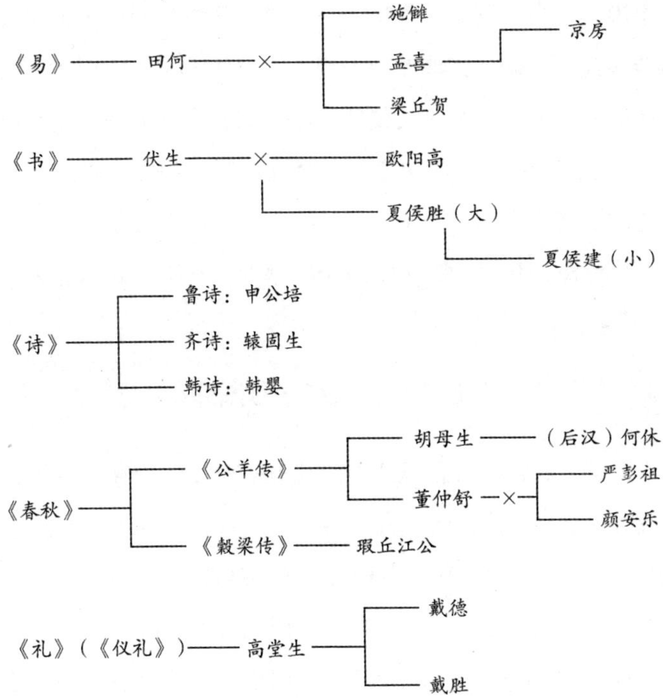

上表中穀梁未立学官，又，何休不属于西汉。但现在流传的今文学派书籍，何休《公羊传注》很重要。此外伏生的《尚书大传》，董仲舒的《春秋繁露》两种书虽还存在，但还是后人辑本。

西汉末年，古文经传陆续出现，古文学派因而产生。刘歆继承父业，校秘府藏书，将费氏（直）《易》、孔氏（安国）《尚书》《毛诗》《春秋左传》《周礼》等古文经传，一一加以研究整理，古文学于是获得发展的基础。近人康有为氏指斥刘歆伪造古经，帮助王莽。当时王莽以复古名义行新政，刘歆在学术上赞助他，大概是事实，但他不可能一手伪造那许多古经。不过古文派传授不大可考，我们不得不把刘歆当开派大师看。古文经学虽未能成为官学，仅流传民间，但因有服虔、马融、许慎、郑玄等大师的努力，势力渐盛。他们与今文经师不同，都能兼通群经，把训诂工作做得切实。郑玄作《毛诗笺》，注《周礼》《仪礼》《礼记》，兼采今古文经说，虽被认为混淆家法，但因此却集了经学的大成，而使今文派消沉下去，并且他注重名物训诂，开了考证学的先路。古文派现存的书，除上述郑氏数种外，还有许慎的《说文解字》及《五经异义》（后人辑本）。

五二　今文经学与谶纬

今文经学的领袖人物是董仲舒，他研究《公羊春秋》，应用阴阳五行谶纬之说，来解释儒经，使儒学宗教化，成为官僚专制政治的思想基础。在他的著作《春秋繁露》中展开一个完整的思想体系，从宇宙谈到社会谈到人生，一切以阴阳五行为基础。他认为阴阳变化而成四时，五行则是变化所依的时空间架，此种变化是循环运转，所以说“天不变，道亦不变”，同时天象通于人事，灾异系上天警告人君与宰相的表示，人与天地参，人类历史也如天运循环，有所谓黑白赤三统的互相交替（参看第六七节），又以为“天道任阳不任阴”，阳尊而阴卑，所以君为臣纲，父为子纲，夫为妻纲。

今文学家所应用的谶纬之说是什么呢？当时有些学者，认为有经必有纬，于是造作纬书，托名是孔子所作，有《易纬》《诗纬》《书纬》《礼纬》《乐纬》《春秋纬》《孝经纬》七种，内容多依托经义，讲符箓瑞应。同时又有谶书，大约即《河图》九篇，《洛书》九篇那一类的东西。谶者，诡为隐语，预决吉凶；纬者，经之支流，衍及旁义。纬与谶虽有分别，但纬书荒诞部分也和谶书差不多。后经隋炀帝焚禁，现在存留的不是完本。

孔子在春秋战国之时，本是一大学者，在《公羊春秋》中，由学者进而为素王，到纬谶书中，又由王进而为神。由此可见西汉时代的思想反动的一斑。古文学运动是为反对这一形势而起的。

五三　古今文学派的斗争

古文学派与今文学派，从西汉末年一直延到东汉末年，二百余年间，发生了四次大的斗争，表面上或者为了争官学的地位，或者为了争书籍的真伪。清朝后半期也发生同样的斗争。如果比较两派的争论问题，则可得以下几个要点：

1. 今文派尊孔子为受天命的素王（素王是未得其位的王），古文派尊孔子为先师；

2. 今文派以孔子为托古改制，古文派以孔子是述而不作的史学家；

3. 今文派以六经为孔子著作，古文派以六经为古代史料；

4. 今文派以《春秋公羊传》为主要凭借，古文派以《周礼》为主；

5. 今文派指斥古文经传是刘歆伪造之作，古文派斥今文经传是秦火残缺之余——今文经传现存《仪礼》《公羊》《穀梁》(？)及《小戴礼记》（？）、《大戴礼记》（？）、《韩诗外传》，古文今存《毛诗》《周礼》《左传》；

6. 今文派相信纬书，以为孔子的微言大义，间有存者，古文派则斥纬书为虚妄。

由以上几点看来，两派不但是所根据的经传版本不同，而且治学态度也相反。今文派虽斥古文经为伪，而本身所根据的经也未必是真，尤其是经说完全由主观造作，发为种种怪异的议论，倾向于迷信与独断。古文派态度比较客观，注重历史的根据，不采神秘怪异之说，故其经说比较接近孔学的真相，但未免过于信古。

五四　汉以后的经学

自汉至清，支配我国思想界的主流，为魏晋的玄学、隋唐的佛学、宋明的理学，两汉经学在这一期间等于中断。这时期中比较可注意的几点是：（一）今文经学的首先衰落；（二）南北学的分化；（三）隋唐义疏之学的兴起；（四）宋明理学的影响。

自汉魏间郑玄、王肃混淆今古文家法，而实际左袒古文经学，加以晋永嘉之乱，今文经传大部分亡失，今文经学就从此衰落下去，而古文经学则相对地日渐开展。在魏晋玄学清谈的空气中，王弼注《易经》，何晏注《论语》，虽不免受道家思想的影响，大体仍以汉学为根据。南北朝时，南北经学的倾向颇有不同。最显著的分歧点，就是南方尊重郑玄的《易》注，杜预的《左传》注，北方尊重王弼的《易》注，服虔的《左传》注。南北朝至隋唐间，所谓义疏之学发生，义疏者就汉儒经注再加以疏释之谓，就是注解的注解。两者合而言之，叫注疏，分而言之，“注”一类的东西，有传、记、笺、注、诂训、解诂、章句、章指、集解等；“疏”一类的东西，有义疏和正义。它们的体例是：注不破经，经不破注（按：应为“疏不破注”），注或迂曲，疏必繁称博引以说明之，但后来清人有些疏也纠正注的错误。义疏之学盛于唐，唐初孔颖达、贾公彦作五经注疏，为当时政府规定的经学标准。唐以科举取士，违反孔、贾义疏的就不予取录。孔氏所采经注以南学为主，将北学合并到南学里面，于是王弼、服虔之学散失，而唐之义疏风行于世。

宋儒讲经，不重视古注，各自发明义理，因研究方法的不同，终于形成了三派：一派以程颐、朱熹为代表，相当地采用归纳法；一派以陆九渊、杨简（慈湖）为代表，纯粹用演绎法；一派为批评派，以叶适（水心）、陈傅良（止斋）为代表，号称浙学，此派不空谈性理，而注意事功，再分为金华派（出于吕东莱）、永嘉派（出于陈傅良）、永康派（出于陈同甫）。宋儒理学虽系根据经书立说，实系自有体系，另详理学一章。元明两朝，因朱熹之学为朝廷提倡，取得正统地位，陆象山之学得王阳明继续阐扬，也为当时学者所信仰，他们两派都是借经学讲理学，本不以经典为主，降至末流，便将经学书搁置不读，专门空谈，所以经学因而衰落。清代儒生，因矫时弊而反对理学，提倡朴学，学术风气为之大变。

五五　清代的经学

清代思潮的变迁可分三期：（一）启蒙期。特点是对于明末理学的反动，主张匡救时艰的实学，但仍不完全摆脱理学的窠臼，尤其是都以为必须通经方能救时。开创清学的大师是顾炎武，他研究当时郡国利病，对实际问题有贡献，同时奠立了考证学的基础。其他考证的名手有胡渭、阎若璩。重苦行实践的有颜元、李塨；以史学为根据而注意时事研究的，有黄宗羲、万斯同；专治天文算学，开自然科学之路的有王锡阐、梅文鼎。（二）全盛期。特点是对理学不再攻击，也不因袭它，又不抱通经致用的观念，完全脱离实际而作书本上的考证，即为考证而考证，为经学而治经学（以上几点不适用于戴震），主要人物是惠栋、戴震、段玉裁、王念孙、王引之等，号称汉学正统派。（三）没落期。特点是正统派趋于没落，仅俞樾、孙诒让等一二大师守最后壁垒，而今文派康有为等，因晚清时局动荡，乃企图借经学为改良时政的工具，于是著《新学伪经考》，抹煞古文经传，根据《公羊》，创“孔子托古改制”说，又著《大同书》以表现自己的理想，虽救时的志愿可嘉，但其治学态度全凭主观，对于经学本身并没有什么成就，所以这一派也不能发展。

在这三期中的主要学派有四个：（一）浙东学派——黄宗羲（梨洲）创立，万斯同、毛奇龄等继之；（二）东吴学派——创自吴江惠氏祖孙三世，即惠周惕、惠士奇、惠栋（定宇），继之者有余萧客、江声（艮庭）、钱大昕、王鸣盛等；（三）皖南学派——创自婺源江永（慎修），其弟子戴震更光大之，继之者有胡培翚、段玉裁、王念孙、王引之等；（四）常州学派——从武进庄存与开始，继之者有刘逢禄、宋翔凤、魏源、龚自珍等。

上述东吴、皖南两派，都属于全盛期的考证学派；但吴派揭汉学旗帜，拘守汉人学说，毫无创造精神；皖派巨子戴震，并不自命为汉学，但使人从汉学以求新发见，其治学方法根本在“实事求是，无征不信”。所谓朴学，应该以皖派为中坚。因清之朴学，并不是东汉古文学的再现，而是具有进一步的发展的，在其极盛时期，种种专门学术如文字学、音韵学、金石学、史学、地理学、天算学等，都分途进行，而类书的编纂、丛书的校刊、伪书的辨明、佚书的搜辑以及古书的校勘，也是他们的业绩。常州学派颇注意于今文学的研究，为晚清今文学的先导者，继之者除康有为外，还有王闿运、廖平、皮锡瑞，以及近人夏曾佑、崔适。朴学正统，到最后还有章炳麟（太炎），新派有王国维（静安）、罗振玉。继章氏学者有黄侃（季刚）、吴承仕（检斋）等。

总而言之，清代经学凡三次变化，开始为汉宋兼采，乾嘉时期，东汉之古学全盛，晚清则西汉今文学再起。在此等变化中，有几次的理论斗争，即（一）汉学和宋学的斗争；（二）今古文的斗争。江藩著《国朝汉学师承记》，对正统派经学竭力推崇。方东树著《汉学商兑》，则代表宋学施行反攻。至于今古文的斗争，则从康有为与章炳麟两氏的著作中可以看到。

五六　经学的扬弃

冯友兰《中国哲学史》以汉至清为经学时代，并说在此时代中的思想家，都将新酒装入五经的旧瓶中，但到清末今文家把近代思想都装进去时，瓶扩大到破裂的程度，以后不能再装了，所以经学时代便告结束。这个譬喻相当地适合，但有人说他忽视了质的变化，只看到量的增加。其实所谓新酒是与旧酒有质的差异的，这在向来应用这譬喻者早已不言而喻。不过冯氏的解释还不够一点，似乎应该加一句：近代思想好像氟素之类，旧瓶是玻璃质的，自然没有装它的可能。总之，经学这个名词，到了现在，只应该是中国学术史上的，而不应该代表眼前学术的一部门了。因为五经或十三经的本身，应当作为古代史的史料处理；西汉今文学、宋学以及晚清的今文学，都只能作为汉、宋及晚清的思想史的内容看；至于东汉经学及清之朴学，则可以认为古文字学、古史学之一部分。有人说，经书的内容，有关于理、化、博物的，有关于数学的，有关于社会学的……学者应善为研究，其实各种学术都以现代为精，我们决不能舍今从古，经书中的什么什么，那都不过是给学术史的一种资料罢了。如果不把它当作史料，而闭着眼睛讲通经致用，想引用《春秋》断狱，靠半部《论语》治天下，那就走入了魔道。如果把现代思想或自己意见假托孔孟之名来说出，以六经为我注脚，那更是厚诬古人，欺骗今人。周予同说经学除今古文派、宋学派以外，还有一个新史学派（见周氏著《群经概论》），这是他的卓见。可是，如果说这些把经书当史料运用的新史学家就是现代的经学家，则过去所谓经学显然地已经或正在被新史学所扬弃。同时，因为经书中有一部分是古代的文学作品（《诗经》），有一部分是古代哲学（《易经》、"四书"等），这些史料又当为研究中国文学或哲学者的研究对象，这是不必再加讨论的。

第六章　史　地

五七　所谓正史

从前学者对历史研究也颇注重，史的地位仅次于经。史部典籍繁多，最占重要地位的就是所谓正史。正史是官修的，每逢朝代更易，新朝政府便简派一批人员（但从前并不一定是这样的），编撰上一代的全史，累积到清朝，这样的史书就有二十四种之多，叫作“二十四史”，兹将“二十四史”的书名作者列下：

1.《史记》	汉司马迁撰
2.《汉书》	东汉班固撰
3.《后汉书》	宋范晔撰
4.《三国志》	晋陈寿撰
5.《晋书》	唐房玄龄等撰
6.《宋书》	梁沈约撰

7.《齐书》	梁萧子显撰
8.《梁书》	唐姚思廉撰
9.《陈书》	唐姚思廉撰
10.《魏书》	北齐魏收撰
11.《北齐书》	唐李百药撰
12.《周书》	唐令狐德棻等撰
13.《隋书》	唐魏徵等撰
14.《南史》	唐李延寿撰
15.《北史》	唐李延寿撰
16.《旧唐书》	后晋刘昫等撰
17.《新唐书》	宋欧阳修等撰
18.《旧五代史》	宋薛居正等撰
19.《新五代史》	宋欧阳修撰
20.《宋史》	元托克托（按：即脱脱）等撰
21.《辽史》	元托克托撰
22.《金史》	元托克托撰
23.《元史》	明宋濂等撰
24.《明史》	清张廷玉等撰

以上“二十四史”至明代止，共三千二百四十九卷。清朝虽已过去，但官修的正史还没有完成。民国初年本来设有清史馆，由赵尔巽等主持其事，到民国十七年，编成了一部未定的史稿，共五百三十六卷，目录五卷，命名《清史稿》，曾草草付印，不久即被禁。开明书店印行“二十五史”，系将柯劭忞所撰《新元史》加入。

《新元史》于民国九年脱稿，经政府明令列入正史，内容比《元史》正确详备。又，《史记》《汉书》《后汉书》《三国志》，合称“四史”，为“二十四史”中最被人重视的一部分，过去读史者，“二十四史”不必全读，但这四史则在所必读，尤其是《史记》《汉书》，文章优美，不仅被人当史书读，也当文学作品读。就正史体例说，司马迁创立之，班固继承之，略加更改，以后作史者完全依样画葫芦，没有新形式，我们只需分析一下《史记》《汉书》，便知道一切正史了。

五八　正史的内容

正史不一定正确，但比较的详备，为研究史学者的主要材料。《史记》是最早的一部完备的史书，在他以前的重要史籍，有《春秋》《左传》《国语》《战国策》《世本》《竹书纪年》等。这些书，司马迁大概都参考过，只有《竹书纪年》叙事多与《史记》不合，恐怕司马不曾见过。《世本》内有《帝系》《世家》《传》等，大约就是《史记》体例的蓝本。首创史例的司马迁，编撰《史记》一书，是以人物做历史的中心，作十二“纪”以叙帝王，三十“世家”以叙公侯，七十“列传”以志士庶，共计一百一十二篇传记，形成全书的主要部分，此外有《平准书》《河渠书》《封禅书》等八“书”以纪政事，十个“年表”以贯岁月。《汉书》体例也差不多，只有“书”改称“志”，如《艺文志》《律历志》《食货志》等。又去“世家”名目，收入“列传”。《汉书》与《史记》不同的地方，就在于《史记》的性质是通史，而《汉书》则为断代史。《史记》包含的年代，上起黄帝尧舜，下至汉武帝；《汉书》则起于高祖，终于王莽之亡。自《汉书》以后，所有正史都是断代史，只南北朝时的一段，除各代分撰者外，还有通叙各代的《南史》《北史》。又《五代史》因年代短促，也没有再分。各书内容，差不多都仿《汉书》的形式编制。

正史虽是整理史料而编写的史书，但从现代观点看，仍不过一堆史料。读正史的方法，以分别选读为好。如要看政治上大事，当读“帝纪”，参以有关人物的传记。如要知道一代的典章文物，当读“志”或“书”。例如研究经济史，须读《平准书》《食货志》一类史篇。研究学术史，当读《艺文志》《经籍志》等，参以《儒林传》《道学传》之类的传记。

五九　编年史

编年史是按照年月次序排列，与纪、传、表、志体不同。最早的编年史本应算《春秋左传》（按：应为《春秋》），但因其被称为经，于是第一部编年史便轮到东汉荀悦所作的《汉纪》，这书就是模仿《春秋左传》（按：应为《春秋》）的体裁的。编年史最著名的是宋司马光的《资治通鉴》，这部书上起战国，下终五代，包括一千三百六十二年的重要史事。作者选材的主旨，专取“有关国家盛衰，生民休戚，其经验教训可资学习者”。宋神宗因其可作政治的参考资料，赐名《资治通鉴》。其他属于编年史的史书有《续资治通鉴长编》（李焘）、《九朝编年备要》《西汉年纪》《靖康要录》《两朝纲目备要》《宋季三朝政要》《元史续编》等，而朱熹所编的《通鉴纲目》尤为著名，与《资治通鉴》合称“两通鉴”。明清时人根据它们而编的简单历代史，名叫“纲鉴”，如袁了凡、王凤洲（按：应为吴乘权）所编之《纲鉴》及《纲鉴易知录》等。又清乾隆敕撰的《御批历代通鉴辑览》，及清毕沅的《续资治通鉴》也颇重要。

六〇　纪事本末

纪事本末体的史书亦称类史，创自宋朝袁枢的《通鉴纪事本末》，它不以人为中心，而以事为中心，分类排纂，每篇叙述一件史事，穷原竟委，前后分明，易于通晓，但缺乏史事间之横的联系。宋时仿袁氏体例的史书还有章冲的《左传事类始末》及徐梦莘的《三朝北盟会编》。明陈邦瞻撰《宋史纪事本末》及《元史纪事本末》，清合应泰撰《明史纪事本末》，高士奇撰《左传纪事本末》，与袁氏书合称“五纪事本末”。清魏源《圣武记》（记清代军事），马骕《绎史》（记上古至周末事），亦颇重要。

六一　别　史

别史是私家著作而体例和正史相类似的，如宋郑渔仲（樵）《通志》一书，有本纪、世家、列传等篇，俨然正史一样，所以史部分类，将它列入别史。其实《通志》的特点乃在于叙述历代典章文物的二十略，应当属于过去史部分目中的“政书”一类，与《通典》《通考》相联系，而在现在的分类，则当属之文化史或制度史。清蒋良骐所撰的《东华录》，述清初史事，起天命至雍正凡六朝，亦是别史中名著，后来王先谦将其内容扩大，并续编乾隆以下五朝，至同治止，称《十一朝东华录》。

《通志》一书，纪传由上古叙至隋止，礼乐政刑之类，则叙至唐止。其中列传，全仿史汉的分类的形式，而不采取个人的标题，其分类有后妃、宗室、外戚、忠义、孝友、义行、独行、循吏、酷吏、儒林、文苑、隐逸、宦者、游侠、刺客、滑稽、货殖、艺术、佞幸、列女、载记、四夷等。

《通志》二十略的名称是氏族、六书、七音、天文、地理、都邑、礼、谥法、器服、乐、职官、选举、刑法、食货、艺文、校雠、图谱、金石、灾祥、昆虫草木。其中氏族、六书、七音、谥法、校雠、图谱、金石、昆虫草木诸略，是郑氏创造的门类，不是前史所有，尤其值得注意。

清乾隆时又仿郑氏《通志》敕纂《续通志》及《皇朝通志》两书。《续通志》纪传从唐起，诸略自五代起，列传中增加孔氏后裔、贰臣、奸臣、叛臣、逆臣等传，而删并游侠、刺客、滑稽、货殖等，二十略则内容多有增补。《皇朝通志》二十略名称依旧，但将内容增减，纪传年谱则从省。

六二　政　书

纪述制度文物之沿革的史书，在过去史部子目中，称为政书。创造这种史书的是唐朝的杜佑。杜氏搜集上古以至唐肃宗、代宗时的材料，参考刘秩《政典》及《开元新礼》等书，分八类编纂，成《通典》一书。其八类次序是：（1）食货，（2）选举，（3）职官，（4）礼，（5）乐，（6）刑，（7）州郡，（8）边防。他自叙说：“夫理道之先，在乎行教化，教化之本，在乎足衣食。”可说是独具卓识。

清乾隆敕撰《续通典》，自唐肃宗至德元年，至明崇祯末年止，九百七十八年间的典章制度，颇能扼要叙述，又《皇朝通典》一部，记清朝制度。两书都依杜氏篇目，但刑典中析出兵典一种。

继杜佑《通典》而更加详备的同类著作，应推元马贵与（端临）的《文献通考》。马氏自序中说："门分类别：曰田赋，曰钱币，曰户口，曰职役，曰征榷，曰市籴，曰土贡，曰国用，曰选举，曰学校，曰职官，曰郊社，曰宗庙，曰王礼，曰乐，曰兵，曰刑，曰舆地，曰四裔，俱效《通典》之成规；自天宝以前，则增益其事迹之所未备，离析其门类之所未详；自天宝以后，至宋嘉定之末，则续而成之。曰经籍，曰帝系，曰封建，曰象纬，曰物异，则《通典》未有论述，而采摭诸书以成之者也。为门二十有四，卷三百四十有八。"

马氏书，乾隆时也有续编。一为《续文献通考》，叙宋、辽、金、元、明五代事迹，于马书郊社、宗庙内分出群祀、群庙，扩充到二十六门，内容有比马书详密处。一为《皇朝文献通考》，记载颇详，卷帙与马氏书差不多。

以上杜氏《通典》，马氏《通考》，与郑樵《通志》，合称"三通"，再加以清乾隆敕撰的续编六种，则称为"九通"。从前有一句话说：秀才不读九通，还只算不通。可见人们对这几部书的重视。"三通"内容虽不免重复，但亦各有其特点。《通典》简单扼要，《通考》详明周密，《通志》则别有剪裁，精于考订，其细微节目，有为前两种所不具备的。所以三种书同时流行。现在研究中国社会经济史、学术史等专史，当以它们为重要资料。

六三　杂史传记及其他

杂史是不以中央政权为纲领的史书，体裁和正史不相类似，但内容仍有体系，可与正史相参证。例如《国语》叙春秋时事，是分国叙述的，《战国策》讲战国时纵横捭阖的活动，也是分国叙述的。这两书是司马迁作《史记》的重要参考书之一部分。传记是指《孔子编年》《朱子年谱》《名臣言行录》那一类的书。清李元度所著的《国朝先正事略》，道光以前人物略具，是清代史的重要参考资料。其他史书，有所谓“载记”者，如《吴越春秋》《安南志略》《朝鲜志略》等便是。有所谓“史抄”者，如《两汉博闻》《通鉴总类》等便是。有所谓“职官”者，如《历代职官表》《百官箴》等是。有所谓“时令”者，如《岁时广记》是。有所谓“诏令奏议”者，如《两汉诏令》《历代名臣奏议》等是。这些书是次要的史料，在专门研究者是可以择要参考的。至于所谓稗官野史，大概是指私人笔记，记述掌故轶闻，可以补官书之缺，纠正官书之错误的，例如太平天国失败，它的本身记载，完全被清朝消灭，只民间有些零星笔记，保存其一部分真相。这类的野史，倒是可宝贵的资料。前代野史，如宋末有郑所南（思肖）《心史》，明末有《扬州十日记》《风倒梧桐记》等，曾激发民族意识，是世所共认的。

六四　学术史

学术史是四库史部中所没有的类名，但著作中除《汉书·艺文志》《隋书·经籍志》可作学术史读外，仍不缺乏完整有体系的学术史。

清初黄梨洲（宗羲）所著的《明儒学案》是最初的一部良好学术史，就明代各学派源流、代表人物及其学说内容，作一有系统的叙述。对于王（阳明）学各派，尤其说得精彩，如姚江、江右王门、泰州、东林、蕺山等案都是。梨洲对于各家的不同或相反意见，都能用客观的态度来叙述。这部书写成以后，黄氏又写《宋元学案》，未完成而逝世，经全祖望、王梓材两次续成。《宋元学案》的编制方法更进步，每一学案之前，先列一个表，详细说明那一派的师友弟子的关系，其次就是各代表人物的小传，再次就是学术精义的摘要叙述。不过这书末了所附《王安石新学略》不大好，因为编者含有门户之见，不能客观地叙述。清朝为学术发达时期，前半期的学术史，有江藩所著《国朝汉学师承记》及《国朝宋学渊源记》两书，至于全期学术史则梁启超及今人钱穆各有《中国近三百年学术史》的编著，梁氏还有一种《清代学术概论》，内容比较简单。钱氏颇赞扬宋学，对宋学一派叙述特详，梁氏的叙述比较完全，因为他很钦仰汉学家的考证工作，对今文派尤其说得有声有色，因为他自己出身于今文派。

六五　史　评

过去所谓史评，包括三种著作：（一）如刘知幾的《史通》，章学诚的《文史通义》，是评论作史方法的，可说是史学方法论；（二）如王船山的《宋论》《读通鉴论》，是评论史事的，就是借史事的讨论来表现他对于时事的意见，这可说是史论；（三）如王鸣盛的《十七史商榷》，赵翼（瓯北）的《廿二史劄记》，钱大昕的《廿二史考异》等书，以考证史书记载的异同，论述各时代史实的特征为主要内容，这种可说是史的考证学。

史论虽然可以帮助我们了解那些评论对象的内容，但这一点无关重要，还不如把它当作研究作者思想的资料。史的考证学对于史实的了解及史书的阅读都给予了实际的帮助，是我们读史的重要参考书。至于史学方法论著作，是关于史的本身的讨论，是我国固有的科学之一部门，而且是社会科学里面的一个重要部门，虽然还没有多大的发展，那仅有的几册书也值得阅读。

刘知幾是唐朝的史官，根据他的专门研究及工作经验，著《史通》一书，详论作史方法，分内外篇四十余篇，有独到的见解与锐利的批评。内篇开始的两篇，《六家》及《二体》，分析唐以前史书有六种体例，即尚书家、春秋家、左传家、国语家、史记家、汉书家，而其中只《左传》及《汉书》两体才可以为作史的标准。他所说的六家，正代表着记言、记事、编年、国别、通古纪传、断代纪传的六体。他所选择的就是编年与断代纪传两体。《春秋》虽然也按年月次序，但内容太简单，好像大事年表一样，所以不能算作标准的编年体。《史记》《汉书》虽然同是纪传，但《史记》是通史，对秦以前史实叙述又不甚详明，同时它所根据的经、子、史的古书，也多流传于世，因此刘知幾认为它不完备，欠条理，且和别的书重复，不如断代为史的《汉书》好。刘知幾提倡断代史而攻击通史，自现代史家看来，是显然错误的，但历朝官修史书，自以断代为最方便，因为它能够写得详细完备而不至于重复，这或者是刘氏从史官立场而得出的结论。刘知幾又主张记载事实的真相，不大赞同因褒贬而歪曲事实的春秋笔法。他有疑古的精神，对《论语》《孟子》及诸子书，都认为有些不可靠。

章学诚（实斋）曾过着游幕生活，曾修过地方志，他所著的《文史通义》分内外篇，内篇兼论文史及一般学术，外篇专论方志。他的论史有几个要点：（一）六经皆史；（二）史家分记注与撰述两种，记注是搜集并保存史料的，撰述则是史书的著作；（三）通史一体，足以通古今之变，成一家之言，如《史记》及郑樵《通志》等是（清修《四库全书》，将郑志入别史，未列通史一门，殊不了解通史的重要性）；（四）史学须分料，注意地方史的编修及史料的保存。

中国史书自《春秋》起，就有拿垂训借鉴为宗旨的一派，朱熹著《通鉴纲目》，于三国时一定要把刘备做正统，就是这种道理。但刘知幾、郑樵、章学诚、王鸣盛等都主张照事直书，不必强加褒贬，这可说是科学的史法。

六六　地　理

我国地理学书，一般人都以《禹贡》为第一部古典著作（清胡渭著有《禹贡锥指》，是研究《禹贡》的权威著作）。汉以后正史中有《地理志》。至以专书行世者有北魏郦道元的《水经注》（《水经》或系一种古书），唐人《元和郡县志》等，都不甚佳。宋时地理学较有进步，有《太平寰宇记》《元丰九域志》《舆地广记》等书及《南北对镜图》《混一图》等地图。西洋地理学于明代输入，有利玛窦、艾儒略诸人著作。清康熙年间，又派西洋教士测绘《皇舆全览图》，十年而成。但清末西学输入以前，我国地理学范围甚小，几乎全是沿革地理，仅足备读史的参考。章太炎曾在《国学概论》讲演中说过：“地理本应包括地质、地文及地志三方面，但我国过去只有地志。自然地志仅清乾隆时《水道提纲》较好，政治地志则以明末清初顾祖禹所著之《读史方舆纪要》（此书很著名，论军事形势极好）、《大清一统志》《乾隆府厅州县志》《李申耆五种》较佳。《元史》地名复杂，须看《元史译文证补》。”南北史地名亦难清楚，洪亮吉、吴增仅、杨惺吾有该时期地志或疆域图之著作。

六七　历史哲学

历史哲学是国学中所没有的名词，但从今人眼光去看，我国过去已有体系完整的历史哲学。汉朝大儒董仲舒所著的《春秋繁露》就是历史哲学的一部重要著作。其次是宋朝邵雍所著的《皇极经世》。董仲舒是用阴阳五行之说来解释整个宇宙的，他把阴阳五行的理论应用到历史的变化上，就创立了三统循环的学说。这就是说，世运有黑统、白统、赤统，循环交递，周而复始，如夏尚黑，商尚白，周尚赤，即三统的象征，继周的统治者又当为黑统。历代帝王创建新朝，必须改正朔，易服色，就是表示天命的改变，这和三统论有关联。邵雍的《皇极经世》，说天地之终始为一元，一元有十二会，一会有三十运，一运有十二世，一世有三十年，这样算起来，一元就是一十二万九千六百年，一元告终，天地坏灭，此后即另有新天地，照此公式，重新开辟。他这种推算，和六十四卦配合，其实是由一年十二月，一月三十日，一日十二时的数目类推出来的。他又说现在之世界，虽距天地之终尚远，但最好的时期已经过去，现在之世界，正如方已盛开之花，虽蕊瓣层层，而衰机已现，因为他认定尧舜时代是黄金时代，此后便一代不如一代了。

过去我国人大都相信这种退化观或循环观的历史哲学，但清末康有为根据《公羊传》春秋三世之说而倡进化观，说世界由据乱世进到升平世，再进到太平世，“孔子生当据乱之世，今者大地既通，欧美大变，盖进到升平之世矣，异日大地大小远近如一，国土既尽，种类不分，风化齐同，则如一而太平矣，孔子已预知之”（康著《〈论语〉注》）。

康氏的进化观虽然高明一点，但其玄想神秘，也和董仲舒、邵雍差不多。

六八　新史学的产生

新史学受外来影响而发生，对传统的历史观念有重要的改变，这可以拿梁启超氏的《中国历史研究法》做代表。新史家认为：（1）过去史书是写给帝王或贵族等少数人看的，现在则应以全民为读者对象。（2）过去史书是为死人作的，如帝王纪传，私家墓志家传等都是颂扬死人功德，现在则应为生人而作。（3）过去垂训的史法，使记录失真，现在应以客观记述为主。（4）史的范围应以收缩为扩张，过去史外无学，什么天文呀，历法呀，官制呀，典礼呀，刑法呀……通通包括在史书里面，后来分途发展，那些部门已成了独立学科，历史范围自应缩小。例如“廿四史”中的《天文志》，从《汉书》一直到《明史》，老是记载那些星座躔度，其实这都是天文学范围的事，史书不应容纳的，史书所应记载的是我国的天文学史，如何时发现中星，何时发明置闰，何时发明岁差，以及关于恒星、行星的辨别，盖天、浑天的争论等，这就是天文史，是史书所应记载的。这样，一方面历史书既把各科学术还给那些学术本身，另方面却须把每种学术以及我民族一切文化业绩的发展过程，分门别类地讲出来，所以是收缩也是扩张。（5）他们还觉得过去史书，无论是编年体，纪传体，纪事本末体，都不免是片断的记载，或缺乏纵的联系，或缺乏横的联系，我们现在则须注意紧密联系的著述。（6）过去史家缺乏进步观念，我们现在作史，则须有此观念。（7）过去偏重人名、地名的记载，偏重政治或惊人事变，现在则须注重一般的叙述。

梁氏书还有补编，专叙人物传记及文物专史的做法。梁著的缺点在于他还没有认清历史变化的客观规律，有时偏向于英雄造时势的观点，且有过分重视政治作用之处，其于垂训借鉴的旧套，也未能完全免除。但梁氏治史方法确是科学的，他这部著作是新史学的开路者。此外，蔡尚思的《中国历史新研究法》（中华书局）颇能提出更新的观点。

六九　新史学的业绩

新史学的工作有三方面可说：一是史料方面，过去帝王起居注一类的无意义史料，已经删除，另外却发现许多新的史料，例如：（1）殷墟甲骨文及古器物的发掘，孙诒让、罗振玉、王国维、董作宾、郭沫若等都有研究报告。如王之《殷虚卜辞中所见先公先王考》及《续考》，足证《世本》及《史记》的殷商帝系为实录，又王氏的《殷商制度论》也很重要（参看第三〇节）。（2）西域考古的种种发现，罗振玉曾根据它编成《鸣沙石室古籍丛残》三十种及《鸣沙石室佚古续编》。（3）清内阁大库档案的整理，此物首先是罗振玉氏在北平市肆中发现，正有一批档案已作废纸出卖，将运往造纸工场去做原料，罗氏出重价收买之，编《史料丛刊》十册。另一批未卖掉的归中央研究院历史语言研究所保存整理，曾编成《明清史料》三集，每集十册。（4）各民族文字的发现，中国史上若干民族的语文，现在已不可通晓，如辽、金、西夏文字，近年从北方各处石刻及地下发掘，逐渐发现，而且在西北各地发见了佉卢文、回鹘文、粟特（康居）文等。西南边疆民族文字，有丁文江氏《爨文考释》一书。（5）吉金文字的研究，见前第二八节。（6）无文字史料的采获，即各地发掘的铜器、陶器、石器等。

一是研究工具方面，比过去扩大加多，如地质学、考古学、古生物学、解剖学、金石学、语言文字学等科学，都能帮助我们鉴别种种史料。某次一德国地质学家在北平见市上有卖龙骨治病的，他买来研究，发见似乎是第三纪人类的化石，可见随处都是史料。

一是著作方面，综合性质的有新通史的编著，章太炎曾拟《通史略例》而未写，现有邓之诚、章嵚、吕思勉、周谷城诸氏先后发表的著作，分析性质的有学术史、文化史、经济史、政治思想史、音乐史、美术史、文学史、哲学史等等的专史产生，商务馆的《中国文化史丛书》，包括专史至四十余种，而社会发展史的问题，尤其引起中外人士的注意和讨论。

在五四运动以后不久，以疑古精神为中心的国故整理，对于中国古代史曾尽了一种开辟道路的职任。过去一般好古崇古的学者，无论是理学家或考证学家，都相信古书上三皇五帝尧舜的故事为完全真实，因为他们不敢怀疑经典。自顾颉刚氏《古史辨》的皇皇大著出版，许多迷信古书的人为之震惊。比方说“禹是虫”之类，这是过去考证家所不敢说的。这些疑古的学者，认为那些可作古代史料看的六经也不可靠，如《尚书》梅赜伪古文固不用说，即二十八篇之“真古文”，也没有信史的价值，至于《易经》乃是一部卜筮之书，更不能作上古史料看，因此对于唐虞夏商的历史，只好存而不论，要作史只可从春秋时代起。这种存疑的态度为另一派新史学家所不满，于是他们又开始运用科学的方法来进行中国原始社会史的研究。最初的一部著作就是郭沫若的《中国古代社会研究》，他利用《诗经》《书经》《易经》中的史料，又根据铜器铭文及殷墟甲骨文字的考证，旁采《山海经》《楚辞》《淮南子》等书里面的神话，而加以合理的解释，使那些荒诞不经的传说，都成为古代历史事实的说明。过去周秦诸子以至司马迁一直到清代朴学大师们都不曾理解三皇五帝时代的历史，因为他们都是用后世封建国家的制度去想象古代，而把古代传说描写成为帝王的故事。现在新史家根据社会由野蛮进文明的发展法则去分析那些传说，便知古代没有帝王，只是共财同居的部落的酋长。继郭氏而发表古史研究文字的是吕振羽，他应用旧石器、新石器时代的出土古物，配合着民俗学的知识，而同古书上的神话传说相印证，写出一部《史前期中国社会研究》（最近又有一部《中国原始社会史》出版）。郭、吕两氏的意见虽然还不足为定论，但比之仅仅存疑的学者们是进了一大步，是表现了更深刻的见解。

关于中国社会发展史的时期区分，各史家还没有统一的意见，如郭沫若把殷商看作氏族社会，西周看作奴隶社会，春秋以后看作封建社会，但吕振羽则认为殷商是奴隶社会，西周以后为封建社会，这是比较合理的两派，还有种种离奇的意见，兹不赘述。

总之，这些新史家的观点，与主张“六经皆史”的章实斋、章太炎诸氏以及怀疑古史不可靠的胡适之、顾颉刚诸氏，都有所不同，章氏过于相信古书，胡、顾则过于排斥神话传说，但郭、吕诸氏能以另一种眼光来观察那些荒诞的神话与不可靠的传说（参看第三四节）。他们的古书新读法，是从来一般国学专家所不曾发见的。

第七章　诸　子

七〇　诸子的学术派别

古时尊称男子为“子”，各派学术著作也多称“子”，如《孟子》《庄子》等，大概这种著作，多半是由门弟子记述其师说，编辑而成，书中常常说及其师而尊称之为子，后人便拿这个人名的“子”来作为书名了。刘歆、班固的群书分类中，有“诸子略”一类，包含九流十家（见第四〇节），大部分是春秋战国时代的著作。称为九流的九家是各有它的理论体系的，在九流之外的小说则没有什么特殊的理论，而只是九流中作通俗化运动的或民间讨论学术的零星著作。例如《虞初周说》九四三篇，据应劭的解释：“其书以《周书》为本。”《周书》是一种史书，现存有“汲冢”发现的本子，《虞初周说》大概就是集合民间传说写成的一部《周书演义》。又如《宋子》一书，是宋钘所作，宋钘的为人，“见侮不辱，救民之斗，禁攻寝兵，救世之战，以此周行天下，上说下教，虽天下不取，强聒而不舍者也”（《庄子·天下》篇），他极力陈说见侮之并不足为辱，以消灭人们的争斗心，并到处宣传反战，理论与行动是近于墨子，而宣传方式则是通俗的，大概采取了许多民间故事做材料。《汉书·艺文志》所载的小说家书，没有一部流传后世的，我们以后不再讨论它了。其余九家著作，多少还有一些存在，其中最值得注意的儒、道、墨、名、法五家，后面将要分别说明，因为这几家都有特殊的哲学思想。至于杂家著作，最重要的是《吕氏春秋》及《淮南子》，是集合几派学者编写的，所包含的思想不止一种，但我们从这种书可以得到各派思想的补充说明。阴阳家的著作已经失传，但他们的理论在旁的书上有零星的叙述，尤其是“术数”（关于自然现象的占验以及卜筮）、“方技”（医药）二“略”的书，及一部分“兵家”书，没有不是根据阴阳家的理论的，例如《黄帝内经》一书，是医家假托黄帝名义而写成的病理学，就是阴阳家学说的具体应用。阴阳家学说包含哲学上的宇宙论，及天文、数学等自然科学的理论，又发展为解释社会现象的历史哲学。就是儒家也受了阴阳家的影响，儒家在孔子时，本来不谈宇宙，也没有天人合一的理论体系，到战国时候，采取阴阳家的学说，方才大谈其宇宙，而有《易经》之作（采郭沫若氏的臆说），就是子思、孟子的发扬五行旧说（据《荀子》说），也未必不和阴阳家有相互的影响，到汉朝的儒家董仲舒以及著作谶纬之书的先生们，更充分地采取阴阳家的学说了。纵横家是春秋战国时代在国际上活动的策士和外交家，他们讲求纵横捭阖的手段和辩论说服煽动的言语技术，最著名的人物是苏秦、张仪，而孔子弟子子贡也相当著名（《史记》载，子贡一出，存鲁、乱齐、破吴、强晋而霸越。孔子也是倡纵横之术的，他说："不学《诗》，无以言。"又说："诵《诗》三百，授之以政，不达；使于四方，不能专对，虽多，亦奚以为？"他的教育科目中有"言语"一科，高材生为宰我、子贡）。现在流传的著作有《鬼谷子》一种，据说是苏秦所作。但这书还不如《战国策》足以代表纵横家。农家列于九流之一，不只是讲求农业技术，他们也有理论，在经济上主张重农，在政治上主张打破劳力劳心的界限，废除统治被治的分别，孟子所谓有为神农之言者许行，倡导贤者与民并耕而食的理想，反对"厉民而以自养"，这人即属于农家，其学说是从道家发展出来的。

七一　儒　家

儒家的开派大师是孔子，孔子的思想，可以《论语》代表之。孔子思想的特征是：（1）不信神怪，不谈宇宙本体，专讲人事；（2）因此在政治上就抛弃了上古的天道思想，而主张人治主义；（3）以伦理思想为中心，他的政治主张及逻辑方法都从他的伦理思想引申出来；（4）对当时的现状主张改革，但改革方法却是和平的，折衷主义的。孔子的伦理思想，是主张君仁、臣忠、父慈、子孝、夫义、妇顺、兄友、弟恭、朋友有信的，而以"仁"为根本观念。仁是爱人、救世的热情，而出发点则在于孝悌，这就是推爱己之心以爱人，推爱父母兄弟之心以爱一切世人。实行的方法则有所谓"恕"，就是"己所不欲，勿施于人"，而积极方面，则是"己欲立而立人，己欲达而达人"。孔子以为这样推己及人的仁爱，可以使五种人伦关系调整合理，而社会便能安宁发展。同时在政治上能够推己及人，即由亲亲而仁民，便能施行仁政，以德化民。孔子主张“以礼让为国”，凡在统治地位的一定要有道德，和希腊柏拉图以哲学家治国的理想相像。孔子推己及人的伦理道德学说，应用于逻辑上，便成了“问一以知十”“举一隅则以三隅反”的演绎法。同时孔子也应用归纳法，如“众好之，必察焉，众恶之，必察焉”，即注重观察事实，为应用归纳法的一例。

发扬孔子学说的有两派：一派是子思和孟子，一派是荀子。据郭沫若及王柏两氏考证，《易传》（十翼）、《大学》和《中庸》一样，都是子思的思想。子思哲学是观念论的，他发展了孔子的演绎逻辑，而以主观范畴的“诚”为宇宙本体，建立了天道与人性合一的体系。在政治上以正心诚意为基本，构成修齐治平的一系列程序。其在《易传》上，提出“阴阳不测之谓神”，在《中庸》上盛称“鬼神之为德，其盛矣乎！视之而弗见，听之而弗闻，体物而不可遗”，又赞美孔子为天下至圣，可以配天。这几处文字，颇有宗教化色彩，或系受了墨家的影响。孟子继承子思的思想，与杨朱、墨翟两派作理论争辩，其言论见于《孟子》七篇。孟子倡性善说，认为仁义礼智，是人类先天具有的“良知良能”，只要扩充这个良知良能，“人皆可以为尧舜”，因此又主张“存心”“养性”的修养方法。孟子与子思一样，有天人合一的思想，又自命为尧舜禹汤文武周孔的道统继承者。他表面上不讲功利，而标榜仁义，其实是以仁义为功利，如说“仁者无敌于天下”“不嗜杀人者能一之”（能一之即能统一天下）等话，处处都说出仁义的实效。孟子这种政治主张就是所谓王道，王道是开明专制，故尊重民意，强调“民贵君轻”之说，王道又是保育政治，故说“保民而王”。对于人民生计，他主张实现井田制的理想，“薄税敛，深耕易耨”，使人民有“恒产”，以“野人”养“君子”。

荀子名况，又称孙卿子，赵人。他的学说与子思、孟子不同，可说是发展了孔子的经验论一方面。荀子认为人性是恶的，须用人为的方法教育训练，方才可以为善。因此他很注重礼乐，注重教育，荀子书中的《礼论》《乐论》《劝学》诸篇，为大、小戴《礼记》所采用，可以证明他在儒家中地位的重要，但自宋儒尊孟黜荀以来，一般人都不研究荀子，儒家思想更狭隘了。荀子的无神思想，比孔子更进一步，他在《天论》篇指出："天行有常，不为尧存，不为桀亡。"又说："大天而思之，孰与物畜而制之？从天而颂之，孰与制天命而用之？"这即是主张利用自然、征服自然，颇有科学精神。荀子的《正名》篇，以实（存在）为名（概念）的主导，尤其是比较进步的逻辑，他凭借这个工具和"别墨"及诡辩家做斗争。荀子书以王先谦《荀子集解》本为佳。

七二　道　家

道家的主要人物是老子，著作有《道德经》五千言，据考证，这书是战国时环渊所编，环渊又叫关尹子，也是道家的要角。我们从《道德经》研究老子思想，便知老子认定宇宙的本体，是道或天，是自然的物质，又指出"反（矛盾）者道之动"，而运动过程则有几个阶段，所谓"道生一，一生二，二生三，三生万物"。又指出对待事物的相互转变，如"有无相生，难易相成"等。又因强弱、刚柔、动静可以转变，所以主张以弱胜强，以柔克刚，以静制动。他对于社会的评判，则说："天之道，损有余而补不足，人之道则不然，损不足以奉有余。"又说："民之饥，以其上食税之多，是以饥。”他谈到治事方法主张“无为”，即认为人类做事必须遵守自然的规律，不可违犯自然规律，任意妄为，所以又说“无为而无不为”。老子这些思想都很客观的。但是另一方面，他又主张静止，主张无中生有，主张复古，主张无知无欲，主张柔弱、不争，因而形成消极退让的人生观。他这种逃避现实的幻想，却是观念论的。老子书，王弼注本及魏源《老子本义》本较好。杨树达辑诸子论老子的话而成《老子古义》一书，是最好的参考书。

继承老子哲学的有关尹、列御寇、杨朱、庄周等。“关尹贵清，列子贵虚……杨朱贵己。”（《吕氏春秋·不二》篇）关尹的学说只从《庄子·天下》篇可以知道一点，他是认定人类的认识，必须如水或镜一样，采取纯客观主义的态度。列子与杨朱的学说，现在都只能从晋朝人编撰的伪《列子》书中去寻找。列子明白指出天地之初为一混沌的实体——“太易”，太易变化而生万物，完全是机械的运动，是有必然性的，又提倡无欲无我的客观主义，即“贵虚”。杨朱否认人死后还有灵魂存在，是一个无神论者，他认为“道”是活动的自然力，表现在人类中，就是嗜好情欲等，他主张“全性保真”，满足人类自然的欲望，是近乎希腊伊壁鸠鲁的快乐主义者。孟子曾指斥他的“为我”主义，说他“拔一毛而利天下，不为也”，但他说：“古之人损一毫利天下，不与也，悉天下奉一身，不取也，人人不损一毫，人人不利天下，天下治矣。”荀子及韩非子都有评判杨朱的话，可参看。

庄子与老子并称，而思想不相同。两子都尊重自然力，这是道家的根本思想，但老子尊重自然，是主张随顺自然之理以治事，其对于治国主无为而治，对于抗敌，主先以弱自处，都是入世的态度，所谓以无为有，以退为进也。庄子就不是这样，他因尊重自然力而主张委心任运，颇有出世思想，是将老子的消极一面特别发展了。庄子不能将有和无统一起来，因此把现象和本体也隔开了。他认为现象世界所谓大小、贵贱、寿夭等等的范畴，都因比较而生，即相对的，实际上是没有的。现象世界成为虚幻，那么我人所应把握的就是那个无差别的“道枢”了。这样，庄子的世界观就成了唯心论的，它和佛教大乘所谓“空”的原理相似。所以章氏太炎曾用佛学理论来解《庄子》，作《齐物论释》。章氏又说：庄子的根本主张是自由平等。他以为《逍遥游》篇是讲自由，真自由是“无待”，即超脱世俗对待比较的观念；《齐物论》篇是讲平等，真平等是我与物平，去是非的差别，化彼此的界限。《庄子》书说理很精，所以章氏非常推重。全书三十三篇，末篇（《天下》篇）评论各派学术，可考见古代学术源流。王先谦《庄子集解》，郭庆藩《庄子集释》，都好读，郭书载晋郭象注更全备，郭象本身也是一思想家，他作的注可作晋人哲学读。（《齐物论》一篇，傅斯年氏认为系慎到所作。）

七三　墨　家

墨家是春秋战国之间下层民众与商人中间的一个帮派，带宗教性，其领袖称为鉅子，鉅子对其徒众，可以执行严格的纪律。墨学开派大师是墨翟，现在的著作只《墨子》一书，编著者是墨氏门徒，且不出一人之手，其中最重要的是《尚贤》《尚同》《兼爱》《非攻》《节用》《节葬》《天志》《明鬼》《非乐》《非命》《非儒》等篇，因其叙述墨学中心思想。墨子站在新兴商人及大众的立场，所以主张短丧节葬，反对奢侈娱乐的贵族生活，反对那种容忍不良现状的命运观念，反对侵略性的战争，主张打破家族观念而博爱人类，主张选用贤能而废除世袭贵族的统治，主张集中意志（尚同）而造成和平的大一统。这些主张多半与儒家的主张不合，所以反对儒家。因为原始的大众组织多带宗教性，所以说“天”和“鬼”（即祖先的灵魂）都是有意志的。墨子之徒，刻苦耐劳，热心救世，团结坚强，曾因反侵略而参加抗战，对于军事、兵工的专门之学，也极有研究。《墨子》书中《备城门》等篇，都是谈军事的。墨学的消沉，比道家、名家等更早，大概是因为它偏于实用而缺乏形式工夫（如礼乐），即荀子所谓“蔽于用而不知文”的缘故。其实墨子“尚同”之说，即主张思想定于一尊，也很足以供后世帝王的利用。又墨家因为没有“天堂”“来世”的想象，也不能形成一种长期存在的宗教。《墨子》书文字通俗，但因时代过古，又失了传授，所以不容易了解。清毕沅有校本，孙诒让《墨子间诂》，则集清代治墨学者的大成。

七四　别墨及名家

《墨子》书中有《经上》《经下》《经说上》《经说下》《大取》《小取》等篇，是墨家中一派所谓“别墨”者的著作，其中包括有论理学（名学），数学及旁的科学知识，通常称为《墨经》，梁启超著有《墨经校释》，胡适《中国哲学史大纲》里面也有若干说明。“别墨”是墨家中专门研究名学的，我们不妨和惠施、公孙龙等名家者流一例看待。

论理学是各种学术的工具，所以周秦诸子都讲正名之学。儒家的荀子精于名学，前已说过。墨家除《墨经》所讲的以外，还有“三表法”，是他们的论证方法。又，《汉志》列在名家中的“邓析子”及“尹文子”，其实是法家而兼名家。纯粹讲逻辑学的名家，应推惠施与公孙龙。惠施的书已经失传，他的学说只能从《庄子·天下》篇看到一点。《公孙龙子》，《汉志》载有十四篇，现只存六篇，为仅存的名家有系统的著作。公孙龙以《白马论》著名，他的推论是：“马者所以命形也；白者所以命色也。命色者非命形也，故曰白马非马。”他还有《坚白论》，把坚、白的属性从石头的自体完全分离开来。战国时名家有“合同异”及“离坚白”两派。公孙龙属于后一派，惠施属于前一派。惠施说：“天与地卑，山与泽平。”又说：“南方无穷而有穷。”又说：“今日适越而昔来。”章太炎氏认为，是说一切空间或时间的区别都非实有。他又说：“大同而与小同异，此之谓小同异，万物毕同毕异，此之谓大同异。”章氏认为，这是说一切同异都非实有。别墨派也谈坚白同异之说，而主张“合坚白”，“离同异”，与公孙龙、惠施相反。当时名家具有辩证法的观点，如《庄子·天下》篇所谓“南方有穷而无穷”及“一尺之棰，日取其半，万世不竭”等命题，《墨经》上也有，都是说明有限与无限的矛盾的。

七五 法 家

法治主义起源于春秋时代，如管仲、子产所实行的就是，但形成一个学派却在尹文、申不害、商鞅、韩非的时代。他们所根据的哲学是道家的自然主义，因为自然界有一定的规律，人类行为也应有一定的规律，这种规律就是体现自然法而创制的人为法。他们以为有了法，便使人们的行动有客观的标准可以遵循，统治者以法驭众，不必多费心思，大可以无为而治。这也符合道家的旨趣。所以《韩非子》有《解老》《喻老》等篇，讲老子哲学。《管子》因有一部分讲道家哲学，《汉志》把它列在道家。同时他们和儒家、墨家也存有渊源的关系。儒家的礼治，据荀子解释，是给人们欲望以统制，也就是把物质分配，按照智愚、能不能的区别分级规定，这和法治已很接近。荀子又主张中央集权，主张“法后王”（即以目前政制为基础），这些理论都是法家所采取的。墨家主张中央集权，主张思想上同于天子，也是法家所采取的。法家有“术治”“势治”“法治”等派，而以法治派为正统。申不害主术治，术治是人君用权术来驾驭臣下，术是不公开的。慎到主势治，势治是用威权来统治，势是自然演成的，不是人类意志所能任意创造。商鞅、韩非主法治，法是公开的，可由人的意志创造的。但我们也可说法家是法术并用，法是官吏治民的工具，而术是人君驭下的工具，即统御官吏的方法。法家是反对人治主义的，儒家的以德化民，墨家的尚贤，都是法家所不赞同的。法家以为人治是主观的，不如法治的客观无私。人治以得贤人为条件，但贤君贤相只偶然的出现，不如法治有常度。人治使君主烦劳，不如法治的无为而治。法家论国家的起源，比墨家、儒家正确，儒家主家族起源说，墨家主民约说，法家则主权力起源说。法家说“令尊于君”，是强调法的尊严性。法家虽然主张中央集权，但不主张专制，因为他们认为君主也要守法。可是他们有一个大漏洞，就是主张立法权仍然操之于君主，君主既可立法，也可废法，自然可以任意胡为。所以荀子批评他们“民不议法”说的毛病，而提出“纂论（即继续的议论）公察则民不疑”的论点。法家书以《韩非子》为最精粹，王先慎《韩非子集解》本可读。其次是《管子》，清洪颐煊《管子义证》，戴望《管子校正》，章炳麟《管子余义》以及今人《管子今诠》诸本，同时参阅最好。此外有《商君书》《尹文子》《慎子》等，不及管、韩二子的重要。法家对后世政治颇有影响，汉朝的萧何、曹参、贾谊、晁错，三国的诸葛亮，都是服膺法家的。

七六　兵家及其他

兵家《汉志》不列于诸子，后世目录学家则列为诸子之一。兵家古籍流传到现在的有《吴子》《孙子》《尉缭子》等数种，以《孙子》为最重要。孙子为吴王阖闾的大将，著《兵法》八十二篇，魏武帝选辑其中最精粹的十三篇，加以注解，名《孙武子》，后人陆续注释的很多，通行本有《孙子十家注》。这书讲论战争原理及战略问题，有很精到的见解，即在现代，依然适用。又，汉以后儒家书，其不是注解儒经而能自成一家言的，向来也被认为诸子。如桓宽《盐铁论》，系根据汉时因盐铁业国营问题而起的辩论，扩充写成的，可以作为经济史的资料，张敦仁考证及王先谦校本都好。如贾谊的《新书》，刘向的《新序》《说苑》及《列女传》，陆贾的《新语》，扬雄的《太玄经》《法言》，隋王通的《文中子》等，则很少新见解。其中只扬雄颇足以注意，因其时阴阳家谶纬之学盛行，他能给以有系统的驳斥，使儒家学说与阴阳家分离，而与道家结合，开魏晋玄学之路。扬雄所根据的是《易经》与《老子》的自然主义宇宙观与人生观，并无新意。他写《太玄经》，仿效《易经》体例；写《法言》

则仿效《论语》。他论人性，与孟、荀两家不同，他在《法言》里说：“人之生也，善恶混，修其善则为善人，修其恶则为恶人。”此外儒家诸子，还有《孔丛子》及《孔子家语》，都是魏王肃所造，而假托周秦时代的著作。道家书有晋朝的《抱朴子》，葛洪所撰，颇足注意。这书分《内篇》《外篇》。《内篇》论神仙修炼，符箓劾治诸事，虽号称道家言，其实和老庄没有关系。《外篇》则论时政的得失，人事的好坏，大意是以黄老为主。所谓黄老之学，是汉时盛行的名词，文帝、景帝时代，贾谊、晁错等都是兼讲黄老之学的，这是根据老子的议论，而同时假托黄帝之说的，例如陆贾《新语》中有《无为》篇，批评秦代法令繁苛、刑罚酷虐的缺点，主张行宽大政策。这样看来，黄老之学，仍然是道家言，到了神仙修炼，就不是本来的道家言而是道家的变种了。杂家书前曾说过《吕氏春秋》（毕沅校本好）及《淮南子》（刘文典《淮南鸿烈集解》可看）二种，东汉初年大哲学家王充所著的《论衡》，后人也将它列入杂家，这部书非常重要，下节另加说明。

七七　王充之学

王充哲学属于道家一派，他的《论衡》一书，即根据道家自然主义的观点，来批评当时一般人的迷信。他驳斥阴阳家天人感应、灾异示警的学说，认为人死后没有灵魂，祸福是人自己所造成，不是鬼神主使的。他对于历史的见解，是今优于古的进化观，反对一般人贵古贱今的观念。王充的方法论颇符合科学，他立论必根据事实、证据，再以心意诠订之，是感性认识与理性认识的统一。他的人性论，认为人性有善有恶，但可随环境而变迁，所以要注重教育。他在《非韩》篇非难韩非，在《问孔》及《刺孟》篇，说明孔子、孟子的学说里也有矛盾，在《说天》及《说日》篇，非难邹衍及天文家的学说。他对于《论语》里面孔子教子贡去“食”存“信”一点，提出反对的意见道：“让生于有余，争生于不足。今言去食，信安有成？……夫去信存食，虽不欲信，信自生矣；去食存信，虽欲为信，信不立矣。”自孔子成为偶像以来，数千年来，没有人敢公开批驳孔子的议论，只除了王充和明朝的李卓吾两人。李卓吾书曾被人焚烧，王充的书幸获保存，这又可见汉朝虽尊崇六经为官学，民间的学术思想仍然自由，宋明以来，儒家的思想专制，方才变本加厉。清朝研究诸子的风气渐开，乃在参证经义的大题目下进行的，并不敢阐扬诸家绝学，与儒家分庭抗礼。因此王充之学，特别值得注意。《论衡·说日》篇说：“日之长短，不以阴阳……夏时日在东井，冬时日在牵牛。牵牛去极远，故日道短；东井近极，故日道长。”又说：“云雾，雨之征也。夏则为露，冬则为霜，温则为雨，寒则为雪。雨露冻凝者，皆由地发，不从天降也。”这又可见王充有丰富的自然科学知识与严格的科学精神，与充满术数观念的阴阳家及今文派儒家比较，真不知进步了多少！可是王充也有一个大缺点，就是认为个人的贵贱祸福，国家的盛衰治乱，都由命中预定，人力不能改变它。这仍是受了时代的限制，免不了世俗之见。

七八　魏晋时代的玄学

三国六朝时代，儒家经学衰微，拘牵文字，不讲大义，道家思想于是占了支配地位。当时的人称道家之学为玄学，称《老子》《庄子》《周易》为三玄。《周易》（即《易经》）虽是儒家经典，但经老庄派学者的注解，也道家化了。当时注解老庄的极多，差不多可以和儒家经传的注疏相颉颃。其中以何晏、王弼为代表，何晏的著作为《老子道德论》及《论语集解》，王弼的著作为《易注》及《老子注》。此外郭象的《庄子注》有许多独到的见解。何晏、王弼等的思想是继承庄子而不是继承老子的，以虚无寂灭、超脱现实为主。在此等思想影响下，产生了阮籍、嵇康、刘伶等的“清谈派”。阮籍著《达庄论》，阐明“万物一体”的学说，又作《大人先生传》，攻击“君子之礼法”。嵇康作《释私论》，指明“君子不以是非为念，但虚心率性而行，自然不违道”。刘伶作《酒德颂》，表现一种放荡不羁的人生观。当时有人伪托列御寇所作的《列子》，内有《杨朱》篇，也是说，只有快乐享受是人生之目的及意义所在（张湛作《列子注》，人们怀疑《列子》就是他编撰的）。此等哲学思想，表面上是乐观的，实际上是悲观厌世，消极，颓废。由清谈派再发展下去，便成葛洪一派的神仙修炼之术（《抱朴子》），这是逃避现实的最后归宿。就玄学时代的著作讲，以郭象的《庄子注》为最有价值，因其对于庄子的自然主义与神秘主义，都能充分发挥。郭象说无不能生有，天地万物都是“块然而自生”，即所谓“独化”之理。又说天地万物，“彼我相与为唇齿”，“凡所有者，不可一日而相无也”。又说：“治乱成败，遇与不遇，非人为也，皆自然耳。”“承百代之流而会乎当今之变，其弊至于斯者，非禹也，故曰天下耳。”这就是说，一件事的产生，乃整个客观环境所造成，不是一二特殊人物所能独创的。又说万物彼我“相反而不可以相无”，似乎就是说明对立的统一。他又说："天地万物，无时而不移。"讲到社会制度，则说"夫礼义，当其时而用之，则西施也，时过而不弃，则丑人也"。讲到人性，则说"人性有变，古今不同也"。这些见解都很透彻。至于神秘主义，就是所谓"至人"或"圣人"人格的解释，那就是忘彼我，统小大，齐死生，同是非，泯除一切差别的观念，俯仰万机，而淡然自若，所以章太炎氏说郭象承何晏"圣人无情"之说来解《庄子》，在他的笔下，"圣人竟是木头一般"。

七九　子学之兴起与消沉

中国学术菁华，全在周秦诸子，不但哲学思想高深微妙，远过于后世儒家（章太炎说宋明理学不如佛学的精微，但周秦诸子则包含了那样精微的哲理。冯友兰说理学是哲学之哲学，古代只有公孙龙子讲求这种纯理的学问。人们见解虽然像这样的不一致，但无论如何，不能不说周秦是中国哲学思想最发达的时期），即社会科学与自然科学，也都在那时萌芽了（如法家的政治学，名、墨、儒、法各家的逻辑学，墨家、阴阳家的数学，阴阳家的天文学，兵家、墨家的军事学等）。诸子时代的学风，有最可注意的数点，就是：（1）有创造性，不相剿袭；（2）为专家之学，易于求精；（3）后学阐扬前哲，不为旧说所限，易于进步；（4）各派互相驳辩，思想日益精密。但当时何以发生这种百家争鸣的学风？那就以社会剧激变化为主要原因。春秋战国时代，铁制农器已普遍使用，农业、手工业骤行发达，商业因而发生，大商人如弦高、计然、范蠡、吕不韦等人，不但富超王侯，而且操纵政治。但旧时贵族，反而有很多没落起来的，因此新兴豪强希望有中央集权政治的出现，结束纷争割据的局面，以便利商工的发展。而旧时贵族，则希望恢复封建初期大小诸侯和平共居的局面，因此形成新旧思想的对立。同时各封建诸侯国，因地利的不同，经济发展又不平衡（如齐有鱼盐之利，用国营方法而致富强；秦用商鞅的农战政策，开荒垦殖，普遍施行军事训练），造成了加紧兼并弱小的趋势，到后来七雄并立，斗争的规模更扩大，也更激烈，大家都想吸收人才来帮助自己。所以提倡讲学，奖进文化，已成了列国通行的政策。当时文化中心，如齐国的稷下等地，为人文荟萃之所，对于学术研究的鼓励，是相当大的。其次，就是知识的逐渐普及。因为过去知识全由封建贵族所垄断（所以《汉书·艺文志》说，诸子出于王官），由于贵族的没落，将知识带到民众中间去传播（如孔子在民间讲学），产生了许多新的知识分子；加以社会交通的频繁，首先是通商与外交的往来增多，打破了封建初期移徙住居的限制，使文人策士，也能自由奔走游说于各国，收互相观摩互相促进的效果。

诸子学说，无不为了“救时之敝”（《淮南子》），不过因其地位的不同，见解的各异，而造成种种不同的方案罢了。如墨家、法家以及儒家的荀子等，都是主张建立新的中央集权制的；如老子，是主张恢复旧时“小国寡民，民至老死不相往来”的状态的；如孔子，是主张当时霸主实行尊王攘夷政策来恢复并巩固封建旧秩序的。总而言之，他们对于当时现状都不满意，主张改良或变革一下。然而假使仅有纷争的局面，而没有新兴进步的社会层，如五胡十六国或五代十国的局面，那种活泼进取的现象也不会产生。因此，我们从诸子学之所以盛，可以推论到诸子学之所以衰的道理。

秦汉大一统之后，历代帝王尊重儒术，以利禄为提倡经学的工具，造成诸子百家的消沉，这自然是一个重要原因。但如三国六朝时代，儒学本身也很消沉，而结果仍然没有学术隆盛的气象。这因为社会生产力的停滞，社会阶层并没有新的发展的缘故。在秦汉之间，商业虽一度发展，但因生产方法没有进步，政府又厉行抑商政策，商业终于没有大的发展。到六朝以来，社会经济虽然略有进步，而进步很小，生产方法大体仍然和两千年前差不多，和我们接触的异民族，始终是一些文化较低的游牧部落，所以直到近世与西洋各国交通以前，学术思想再没有重振的可能。

周秦时代过去以后，只有后汉王充是一个特异的思想家，魏晋玄学不过使道家思想走向庸俗化，并没有什么成就，自此以后，诸子学已成绝响，直到清朝，才有人研究它，但这都限于训诂考订校勘，并没有注意到义理的发挥。今后整理国学，对于清朝人所谓诸子学，不能不有所改变：第一，诸子学不能成为一种科目，应当归属于中国哲学史，更确切点说，中国古代哲学史，或古代思想；第二，应当注意义理的探讨及时代背景的研究。至于从旧的传统中寻出创造民族新文化的基础，那自然也是题中应有之义，但不是初步工作所能办到罢了。

第八章　佛　学

八〇　初期的佛教

“佛”是佛陀（Buddha）的省称，原义是“大觉”，兼有自觉及觉他的意义。在印度，从来一切觉者，通称为佛，到释迦牟尼出生，集过去一切佛的大成，为未来一切佛所宗仰，于是成为佛教的教祖。印度有四大门阀，第一等为婆罗门族，即僧侣，第二等为王族，第三等为农商，第四等为贱族。释迦出身于王族，反对婆罗门教，认为外道，佛教于是成立。释迦为族姓名，牟尼为出家后之字。释迦于公元前五六二—前五五二年间降生于印度之迦毗罗皤窣都国，为净饭王的太子，曾纳三妃，生一子，但太子在青年时期，即悟到尘世苦恼，有解脱思想。年十九，出家修苦行，至三十五岁成道，到处说法传道，享寿八十而卒。释迦弟子很多，最著名的是舍利弗、目犍连、大迦叶、阿那律、须菩提、富楼那、迦旃延、优波离、罗睺罗、阿难陀等十大弟子。佛灭度后百年，佛徒内部相争，分东西二派。当佛生时及其灭度后二百年间，佛教传播区域，还不出恒河流域以外。当时信徒多系商业的富人，与商业发生关系的王族，及婆罗门的脱落分子。大约在公元前三五〇年至公元一五〇年（中国东周显王一九年至后汉桓帝和平元年）之间，是原始佛教思想生长之期。当时印度社会，大体上是奴隶制向封建制过渡的时期。代表此期佛教思想的经典是《阿含经》。《阿含经》所表现的思想颇复杂，除解脱哲学外，还夹杂有万有灵魂论、图腾主义、祖先崇拜等原始的宗教要素。就其解脱哲学看来，第一，是认定生存为苦恼（无常观），力求解脱，而争取“无老无死无忧愁戚无秽污无上安稳涅槃”（涅槃译言圆寂，即永寂不动的精神境界）；第二，是注重宗教的实践，而非难形而上学的思辨；第三，是以“诸行无常，诸法无我”（即一切生存的事物都随时生灭变迁，没有永恒性，而永恒存在的实体我，也是没有的），“因爱生苦”（爱即要求我的永恒之欲望），“无我（无爱）即无苦”为根本思想；第四，是以为“老死”的苦恼有一系列的条件（十二因缘），而最后为“无明”（即无知之意，指不明白佛理），佛教主旨在于断灭无明，解脱烦恼，而到达于无上安稳的涅槃；第五，所谓“诸法无我”，是说现实的我之中并没有常一主宰的我（灵魂），必须死后进入涅槃（即脱离轮回，不再投胎为人或变别的东西），然后才能到达于我的永远的生存；第六，有时又说“一切诸法均为实有”（“法”包括事物或思想等一切存在而言）。综上数点，可知原始佛教思想，是主观唯心论（认定精神的我可以永存），同时又掺杂了物心二元论（诸法也为实有）的成分。

八一　佛教的中国化

佛教到阿育王在位时，渐渐传播到印度以外，如缅甸、锡兰、阿富汗等地，阿育王以后三四百年，佛教渐盛行于上述各地及中国，而印度内地反衰。当公元第二三世纪之间，龙树比丘唱诸法皆空之说，为大乘空教之祖。第四五世纪之间，无著及其弟子先后阐扬大乘佛法，而创唯识宗。第六七世纪之间，陈那革新因明学（即佛教逻辑学），护法著《成唯识论》以发展无著、世亲的教义，其弟子戒贤继承之，而和他们对抗的则有继承龙树理论的法辨及其弟子智光。唐时中国玄奘大师到西域，对以上两派理论都有研究。同时到中国传佛教的，有菩提达摩、真谛、达摩笈多、法藏（贤首大师）等。公元八世纪，印度佛教渐衰，其时来中国传教的，有善无畏、金刚智、不空、实义难陀等，而中国义净法师游印度，留滞南海诸国，回国后颇有译述。

佛教东移，分两条道路，一条是北方路线，经新疆一带以入中国，一条是南方路线，由印度、缅甸、暹罗、安南等地入中国。后来又由中国传到朝鲜、日本。中国输入佛教在东汉明帝时，公元六十五年，明帝遣使到印度求佛经，结果得了佛像经卷，并和迦叶摩腾同回。自此二三百年间，印度及西域佛教家，到中国学汉文、传教、翻译的，很不少。自南北朝以至隋唐五代，佛教思想支配了中国学术界，当时第一流的思想家，都是佛学家。

当南北朝对立的时期，北方蛮族国家颇利用佛教以对抗南朝，于是中国儒者与道家曾有联合反佛的运动，如梁朝范缜著《神灭论》（论人死后没有灵魂），刘勰著《灭惑论》，宋朝顾欢著《夷夏论》，曾引起佛教徒的许多驳辩（载于《弘明集》及《广弘明集》）。另一方面，一般学佛的人，又多半用老、庄、《周易》的思想来说明佛教教理，即所谓以外典（非佛教的经典）释内典（佛教的经典），名叫“格义”。

“格义”是佛教中国化的开始。凡一民族接收外来的文化，常常拿固有的民族文化做基础，这就是佛教所以中国化的理由。中国人讲佛学时所加入的中国思想倾向，大致有几点：（一）中国古代哲学，都以为吾人主观之外，实有客观的外界，但佛学则说外界虚妄不实（空），中国人以为这说太怪，所以讲佛学者多半将佛学所谓“空”另加一番解释，使外界为“不真空”。（二）中国儒家主张在“自强不息”之中，求人格的最高境界，即富于出世色彩的庄子，也不以全然不活动的人为理想中的真人、至人，因此中国人对于佛之境界，也认为并非永寂不动，佛虽“不为世染”，而亦“不为寂滞”，所谓“寂而恒照，照而恒寂”。（三）因印度门阀的等级很严，故佛学中说有一种人没有佛性，但中国人却说“人皆可以为尧舜”，所以讲佛学时，认为人人都有佛性。又佛教中有轮回之说，认为今生修行的成就，可作来世修行的根基，如此历劫修行，积渐始能成佛。但中国人却说即在此生中可以“顿悟成佛”。以上数种倾向，在印度佛徒中也可能有，但中国人则特别加以发挥，如前所述龙树一派“诸法皆空”的原理，中国人因其近于老庄，颇容易接受，至于无著、世亲的“万法唯识”论，就和中国思想不大接近，引不起很深的兴趣。佛教中国化的发展，后来竟产生了禅宗、天台宗、华严宗等几个特殊的宗派。

八二　流传中国诸宗派

中国接受佛教思想的过程，可分三个阶段：第一阶段是东汉至魏晋，以纯粹翻译为中心；第二阶段是六朝时代，以格义的理解为中心；第三阶段是隋唐时代，这时印度旧有佛教各宗在中国既有新的发展，中国自身也建立了新宗，而形成中国特有的独创的佛教哲学。兹将隋唐前后佛教各宗在中国发展的情形，列一简表于下：

宗派	印度远祖	中国完成时代及完成或开创者	中印发展状态比较
毗昙宗	马鸣、坚慧、龙树	陈，杜顺大师	在印度为独立宗派，在中国六朝而后，即行衰落。
俱舍宗	世亲菩萨	唐，玄奘	在印度为独立宗派，在中国研究亦盛，但仅足供他派参考。
成实宗	诃梨跋摩	东晋，鸠摩罗什	在印度为独立宗派，在中国研究亦盛，但仅足供他派参考。
三论宗	龙树、提婆	隋，吉藏嘉祥大师	印度有而不盛，中国极盛。
四论宗	龙树、提婆		在印度为独立宗派，在中国转化为天台。
禅宗		唐，慧能	印度所无，中国独创，极盛。
涅槃宗	世亲菩萨		印度为独立宗派，在中国转化为天台。
天台宗		隋，智颤智者大师	印度所无，中国独创，极盛。
地论宗	世亲		印度为独立宗派，在中国转化为华严。

续表

宗派	印度远祖	中国完成时代及完成或开创者	中印发展状态比较
华严宗		唐，法藏贤首大师	印度所无，中国独创，极盛。
摄论宗	无著、世亲		印度为独立宗派，在中国合并于法相。
法相宗	无著、世亲	唐，玄奘、窥基	印度、中国均极盛。
净土宗	马鸣、龙树、世亲	唐，善导大师	印度极盛，中国次盛。
戒律宗	昙无德	唐，道宣	印度极盛，中国次盛。
密宗	龙树、龙智	唐，善无畏、金刚智	印度极盛，中国甚微。

上表中十五宗派，其中四论、涅槃、地论、摄论四宗，在印度本是独立大宗，在中国就丧失了独立地位；毗昙宗只盛行于六朝；隋唐为中国佛学成熟期，当时流传中国的宗派只其余十宗而已，而十宗之中，俱舍、成实二宗的地位，比较次要，因其仅足供他派参考。

八三　小乘诸宗

佛教的修行分声闻乘（闻者或弟子闻佛陀之声而决心修行，以自利为主，期得阿罗汉之果）、缘觉乘（亦称独觉乘，乃指不受教，以独悟进入解脱而言）及菩萨乘（以智上求佛道，用悲下救众生，自利而兼利他，以利他为主，期得佛陀之果）。小乘佛教以前二乘为主，尤其以声闻乘为主。大乘则以后一乘为主。小乘与大乘的形成，是由于公元前一百年左右，原始佛教分裂成为上座部与大众部两个系统。上座部系统是小乘佛教，大众部系统是大乘佛教。所谓小乘佛教的名称，乃是由于大乘佛教以其教理浮浅所加的名称（乘是车子，有载道之意）。就哲学上看，小乘、大乘同是解脱哲学，不过小乘大体上是以心物二元论为基础，故以我为空而法为有，但大乘则站在主观唯心论的立场，认为我法皆空。

中国属于小乘佛教的宗派有毗昙、俱舍、成实三宗。毗昙宗的思想是心物二元论，俱舍宗是不彻底的唯心论，成实宗是绝对唯心论。毗昙宗所依据的典籍为《四阿含》《十诵律》《六足论》及《发智论》以及《大毗婆娑论》（佛教典籍分经、律、论三种，总名三藏，律是讲戒律的，论是解经的，经与论，犹如儒家的经与传一样，毗婆娑是解释论的，又译作广论，中国佛学家解释论的著作，称为疏或记）。俱舍宗的主要典籍是世亲所著的《阿毗达摩俱舍论》（意译是对法藏论），相传世亲原属毗昙宗，因不满意于该宗“一切诸法均为实有”之说，乃另立一宗，所以俱舍宗可看作毗昙的修正派。成实宗的创始者诃梨跋摩，原来也信仰毗昙宗，后来因不满意诸法实有的命题，同时对于俱舍宗的承认心法、色法（心法即各种心理现象，色法即视觉、听觉、嗅觉、味觉、触觉所依的五根，及其对象五境，如颜色、声音等）为实有的主张，也认为不彻底，乃作《成实论》一书，阐明“一切万有皆为空虚”的理论。此宗与大乘接近。

八四　传自印度的大乘诸宗

大乘诸宗，从印度流传中国者，为三论宗、法相宗、净土宗、戒律宗及密宗。（一）三论宗所直接依据的典籍，是龙树著的《中论》《十二门论》及龙树弟子提婆所著的《百论》。此三论在六朝时由鸠摩罗什译成中文，隋代嘉祥大师作疏，自是以后，三论宗乃盛行。三论的主要内容，是一面批评外道（不知法我二空之理的叫外道）及小乘（毗昙知我空，不知法空，俱舍法空仍不彻底，成实已明二空，而照犹未尽），一面阐明大乘正义，即“空”的原理。此宗思想，导源于般若部诸经。（二）法相宗又名唯识宗，所依典籍有六经十一部论，而以《解深密经》《瑜伽论》《唯识三十论》为最重要，此宗中国人著述，则以玄奘的《成唯实论》、窥基的《成唯实论述记》及《因明大疏》为代表。此宗教义，就是主张宇宙万有，均为心之所变，而以站在自我人格背后的“阿赖耶识”（分识为八：眼、耳、鼻、舌、身、意、末那、阿赖耶。第七识时时思量有个我在，即执第八识为我）为显现万有的心的本体，本质上不外是纯粹的主观唯心论（说明方式与西洋的主观唯心论稍有差别，西洋的主观唯心论，认为一切外物都是感觉印象的集合，但唯识论却承认器世间在前六识感觉经验之外，而仍在第八识之中，不离识而存在）。（三）戒律宗，即律宗。佛教信徒所遵守的戒条，叫作戒律。戒律的解释，因宗派而不同，但是，一般所谓律宗的律，多系指小乘的戒律说的。这种戒律完全译成中文的有《十诵律》《四分律》《僧祇律》《五分律》等四种，而以《四分律》最为通行。《四分律》又分成了三派，其代表人物是：一、终南山的道宣律师；二、相州日光寺的法砺律师；三、洛阳西太原寺的怀素律师。以道宣派为最占势力，号称南山宗。道宣援引法相宗的教理来解释《四分律》，故该宗在哲学上无独立的意义。（四）净土宗，因教人信奉念佛法门，发菩提心，往生极乐世界，清净佛土，故名。念佛缘因出于《起信论》，后来龙树、世亲也论到过念佛。中国开宗，起于东晋慧远，他曾在庐山结莲社。魏时昙鸾继之，学长生于印度来华僧人菩提留支，留支授以净土教义。唐时道绰及善导又继续昙鸾，提倡专修净土法门。此宗哲学上也属于主观唯心论，而宗教性更浓厚，其主张念佛，系认为先验的虔诚，即菩提心的"称念"可以解脱罪恶，往生净土。重要经典为《无量寿经》《阿弥陀经》《观无量寿经》，称为"净土三经"。中国人的著作有昙鸾的《往生论注》，道绰的《安乐集》及善导的《观无量寿经疏》等。（五）密宗，又称真言宗，唐开元后始传入中国。此宗原分《大日经》与《金刚顶经》两派。《大日经》派善无畏东来，传道于中国一行禅师。《金刚顶经》派有印度人金刚智及不空两师弟来华，后传至惠果，即将两派合而为一。此宗行道作法，灌顶传授，过于神秘离奇，明朝特申禁令，不许传授，后来只有日本尚传此宗。哲学上此宗也属于唯心论，它认定主观与客观，心与物，是一体的，不但众生均具佛性，就是我们的肉体手足，也是佛陀的肉体手足。

八五　中国独创的大乘诸宗

（一）天台宗，萌芽于北齐朝，其时有慧文大师，读龙树《中论》，有所感悟，立"一心三观"法门，传授给南岳慧思禅师，慧思又传天台智者大师。智者大师名智顗，隋朝人，诵《妙法莲华经》而得法华三昧（三昧是奥妙的意思），著《法华玄义》《法华文句》《摩诃止观》三书，为天台一宗之祖。其弟子章安大师著有《涅槃经疏》，唐朝的湛然也有重要著作。又有《大乘止观法门》一书，不知何人作，颇足代表此宗哲学。此宗大致是以三论宗、四论宗及涅槃宗所根据的理论及龙树的《大智度论》为主，而以《法华经》为本经，对于《大品般若经》亦引用《法华经》解释之，故又称“法华宗”。天台宗说自性本具善恶等法，方能造十界因果。他宗专主性善，此宗兼主性恶，是与他宗大不同处。（二）华严宗，又名贤首宗，创始者系杜顺禅师，中间经过智俨，至法藏（贤首大师）而达于完成。其后有四祖澄观（清凉大师），五祖宗密。宗密原属禅宗，后来改宗华严，称圭峰禅师。此宗经典以《华严经》为主，并依据世亲的《十地论》。著作以杜顺的《法界观》，智俨的《搜玄记》，法藏的《华严探玄记》《金狮子章》《大乘起信论义记》，澄观的《华严疏钞》，宗密的《原人论》等为最重要。该宗立一恒常不变之真心，为一切现象之根本，其说为一种客观的唯心论（天台宗也相类似），与法相宗的主观唯心论不同，所以法藏判法相宗为始教（始即初步的意思），又于所著《十二门论宗致义记》及《大乘起信论义记》等书反驳法相教义。（三）禅宗，禅即梵语“禅那”的音译，其意义为坐禅或静虑。该宗传述的历史，说此宗直接受释迦佛的心传，“以心传心，不立文字”，至第十二祖菩提达摩传入中国（在梁武帝时），是为中华初祖。传至五祖弘忍，分为南北二宗，北宗以神秀为六祖，南宗以慧能为六祖。南宗更强调顿悟成佛的修行方法，加之慧能弟子神会，以其所学攻击北宗，结果倾动一时，南宗乃为禅宗的正统。禅宗不立文字，著作很少，今所传者有《六祖坛经》、敦煌本《神会语录》，及慧能之弟石头希迁所著《参同契》（仅二百余字）一篇。禅宗修行，以“无念”为主，所根据的教义仍是大乘法相教等，不过禅宗注重实行，不大谈宇宙论。此宗唐以后更盛行，因中国思想统系和它接近之故。

八六　佛学与儒学

六朝时代，学佛者多援引儒、道两家经典解释佛经，同时反佛者则强调儒、道思想与佛家思想的对立。前已说过，这种相迎相拒的情形，到唐朝还是继续着，不过稍有一些儿变动，就是在哲学上，佛学已经掌握了思想界的支配权，儒家虽然在政治及伦理方面排佛，但在哲学思想上，自觉的或不自觉的受了佛家的影响，甚至于暗用佛学来解释儒经，至于道家哲学则早已不为人们所注意。当时所流传的只是后汉张道陵所创的道教及葛洪的修仙之术，不外乎宗教迷信而已。当时排佛的学者有韩愈及李翱。韩愈思想，表现于《原道》《原性》《原人》《谏迎佛骨表》《与孟尚书书》等文字中，其阐扬仁义道德，推崇孟子，引用《大学》，提倡道统诸点，形成了宋儒思想的先驱，但其辟佛论据，不过严夷夏之防的旧套，并没有哲学的意味。李翱思想，可以他的《复性书》三篇为代表。韩愈及李翱的人性论，都系以性为先验范畴。而“性善情恶”说，尤其显然是出于佛家思想。韩、李所谓性，等于佛教所谓“本心”——唯识家所谓“慧”，其所谓情，则等于佛教所谓“无明烦恼”——唯识家所谓“智”。李氏所谓“灭情复性”，等于佛教断灭无明烦恼求返本心，或存慧去智的主张，所以章太炎说他们实际上相信佛理，可是表面上不肯承认。

唐朝另有两个思想家，柳宗元与吕才，比较有独到的见解。《柳宗元文集》中所载《送元十八山人南游序》《天说》《封建论》《曹溪第六祖赐谥大鉴禅师碑》《南岳大明寺律和尚碑》《送僧浩初序》等文，可为其思想的代表。柳氏驳斥宗教神话，反对君权神授说，近于无神论与唯物论，但另一方面，又认为佛道与孔子之道相合，而成了佛教唯心论的应声虫。吕才也是一个无神论者，他无著作传世，仅《旧唐书》本传中有些断片，但由于他那种对迷信神秘思想的反驳，产生在佛教唯心论的支配时期，使我们感到他的思想的特出。

佛教徒方面有一个宗密，对于佛教各宗思想及儒、佛两家思想的比较，颇有研究，他把他的研究结果，写成了《原人论》，这论中有许多见解，又给予宋儒以影响。宗密首先指儒、道两家的万物自然变化论为“迷执”，说它不能解释人何以秉无知之气而有知的缘故。其次分佛教思想为五等，由浅而深：（一）人天教——讲业执及持戒生天（免再堕尘世），但未能说出造业的是谁，受报的是谁。（二）小乘教——以色、心二法为世界人生之大本，即心物二元论，此宗说世界经成、住、坏、空四劫，周而复始，宗密将它比附儒、道两家学说。后来邵雍、朱熹等儒者的宇宙发生论，又受了宗密的暗示。（三）大乘法相教，即唯识宗，此宗所立之阿赖耶识，永不间断，比小乘教所说的心（思虑之心，可间断）进了一步。（四）大乘破相教，此宗即大乘空宗，认唯识之识亦是虚妄。以上四宗，宗密都认为“偏浅”，只有（五）一乘显性教，才算佛教了义，此宗系大乘性宗，以本觉真心为一切根本，即天台、华严所讲。宗密又以为儒、道及佛教中前四宗所持的见解，也都是真理的一部分，又立《会通本末》一章于《原人论》中，把它们综合起来。其中以“心”与“气”对举，似乎是程、朱理气二元论的根据，又说“气亦心之所变”，又似是陆、王“宇宙即是吾心”说的根源（参阅下章）。

八七　因明学

因明是佛教论理学或逻辑，而发生于佛教以前。印度古时以因明教儿童。释迦幼时，曾从婆罗门受因明学。《解深密经》最能表现他的论理思想。其后有龙树的《方便心论》、无著的《瑜伽师地论》、世亲的《如实论》，都谈到因明学，但仍因袭古法。至陈那出，创三支因明法，比较简明，为后人所遵用。

为什么论理学叫因明呢？“明”就是学术的意思，讲“立言所因”的学术，就叫“因明”。因明的目的，在于宣传教义，驳斥异说，使他人了解。建立正面的主张，叫作“能立”。驳斥反面的主张，叫作“能破”，反面的言论，叫作“似立”及“似破”，表示它似是而非。又因悟他以自悟为本，而讲现量智与比量智。现量智是不依赖语言文字而直接证知的方式，就是直觉。比量智是依文字语言推论而知。不正确的直证与推论，叫作“似现”及“似比”。能立的论式分“宗”“因”“喻”三支，与亚里士多德的三段论式相似，兹将两式列下以资比较：

三段论式
- 大前提（同喻体）　凡碳素物皆可燃
- 小前提（因）　金刚石是碳素物
- 结论（宗）　故金刚石可燃

因明论式
- 宗（结论）　金刚石可燃
- 因（小前提）　碳素物故
- 喻：若碳素物，见彼可燃（同喻体）
  如薪油等（同喻依）
  若不可燃，见非碳素物（异喻体）
  如冰雪等（异喻依）

因明将断案（即结论）放在前面，兼为立言之规则，因为要向他人宣传教义，就得首先提出主张的内容，然后加以证明。三段论法为纯粹演绎法，因明包含了归纳法，因为“同喻体”之下还有“同喻依”为实证，还有“异喻体”及“异喻依”来帮助。

八八　唯识论中的心理学

现代佛学家常说佛学包含心理学，如如来藏宗的心理学，即《楞伽经》与《大乘起信论》所讲的，以一心分为“真如”“生灭”二门。真如是真心即如来藏心之实体，是不生不灭、不增不减，无有差别的。生灭之心，有差别相，差别由妄念而生。若离妄念，而观“无念”，则仍为真如。真如生灭，本非二物，由觉、不觉而生分别。又如般若宗的心理学，即天台宗所讲的“一心三观”法门。三观是空观、假观、中观：空观破见思惑，证一切智，成般若德；假观破尘沙惑，证道种智，成解脱德；中观破无明惑，证一切种智，成法身德。总之此宗对心理现象不重分析，但说一切心行俱是虚妄。只有法相宗的心理学，对心理现象分析很详，和内省派心理学确实相似。按照唯识论的分析，心法有八种：一、眼识，二、耳识，三、鼻识，四、舌识，五、身识，六、意识，七、末那识，八、阿赖耶识。前五识是依眼、耳、鼻、舌和身发生出来的知识。至第六识，与普通心理学所谓意识略同。此种意识又分两种：一、独头意识，乃于离开五官感觉之后单独构成，略似心理学所说的“想象”；二、同时意识，乃依前五识之一或多与第六识同起作用。人类平常能觉察到的识，多半是第六识，如各种思想、感情等心理作用，这都是第六识的功用。但要了别色、声、香、味、触五尘境，非同时意识不可。第七识名末那，末那是梵语“意”，此即是意识（第六识）的根，犹如眼、耳等为前五识之根一样。末那又即是“恒审思量”的意义。“恒”是经常不断，“审”是决定不惑。第七识经常执第八识为“我”，因而发生我贪、我痴、我见、我慢（我慢是唯我至上）的“四惑”，要去惑须从第六识用功，消灭我执。第八识名阿赖耶，意义是“藏”。此识能将各种经验保藏无失，遇有机缘，即可复现，通常所有记忆想象的功能，就亏了有保藏作用的第八识才发生的。第八识不但能知，而且能变，有情（有情即动物）生命本身即第八识，此第八识内变根身（即生命本身），外变器界（器界是根身所依止之处，即本身之表面形躯，器界又指前六识境像所依之本质，即山河、大地等器世间，亦即康德所称“物自体”）。器世界山河、大地，除各人各动物之身外，纯粹是各个有情第八识所共变。这样，客观世界虽在同时六识之外，但仍在第八识之中，不离识而存在。所以说“万法唯识”。又，各识各有“相分”“见分”的分别。相分是所知的对象，见分是能知的作用。根身器界乃第八识相分，依此相分同时即有了知相分之见分，即“第八识见”。前面说第七识取第八识执为“自我”，即取“第八识见”执为自我。至第七识我执破除时，第八识方得舍弃藏识的名称，转成大圆镜智。前讲第八识变，其实是指依八识中所藏的种子（各种的潜能或潜势力）而变。个人虽死，世界虽灭，一切法之种子，仍可保持不失而继续存在。各人心识死时似断，其实仍不断，但在平常经验未易见到，须经戒、定、慧破脱了无明，得无分别智极显明之智慧才能见到云。由此看来，佛教心理学颇为神秘，并不是和普通心理学相同的东西。

八九　现时佛学的趋势

据太虚大师说，中国近千年来的佛学，大致可分两派，一派注重实践，包括净土宗、禅宗、密宗；一派注重理论，包括天台宗、贤首宗、法相唯识宗。近年来中国佛法有昌明气象，于此气象中重新兴起的有密宗及唯识宗两派。密宗在中国唐时颇盛行，唐以后失传而盛行于日本，近年世界交通，学者复由日本传归，叫作东密。又有由西藏、蒙古之喇嘛传来的，叫作藏密。他们所学所宗的同是佛菩萨的三密真言。唯识宗唐时最盛，以后渐衰，因唐疏失传，无可依据，清末佛学家杨仁山氏由日本取回唐疏多种，如《唯识述记》等，此学于是复兴（讲因明学的唐疏也曾失传，也是由日本取回的）。近今了解西洋哲学的佛学家，因为唯识论理论精密，颇足以与西洋唯心论抗衡，所以特别重视，如章太炎、太虚法师等，都是根据唯识学说阐扬佛法的。他们甚至认为唯识论超过了西洋哲学，即章太炎氏也说，西洋唯心论虽精，而仅有比量，不能实证，自不能比拟佛法。太炎又说，真如心非宋明理学家所能见，佛法奥妙，只周秦九流说过一些。他却仍以为研究佛法，需有儒学的帮助，才能免于狷狂。吕思勉氏则说，首先要懂得西洋哲学，然后研究佛学，才能免于堕入迷信。

第九章　理　学

九〇　宋明理学的产生

上章说过，隋唐时佛家思想的勃兴，使儒家也受了影响，如韩愈、李翱等，一方面吸收了佛家理论，另方面又要辟佛，这就是产生新儒学的先声。新儒学即在宋代开始建立的理学，它的特点是吸收佛家、道家的思想成分而发扬儒家的伦理思想与政治哲学。理学所吸收的佛、道两家思想，特别是运用在宇宙论与心性论方面，而这两方面又老早是儒、释、道三家混合的所在。如晋王弼拿道家的道理来解释《易经》，道教——是阴阳家假托道家之名而创造的；也拿儒家一部分的经典，主要的是《易经》，附会于道家的学说（在《老子》书中只附会少数的语句如“深根固蒂，长生久视之道”等）。佛教中的“格义”，是拿《老》《庄》及《周易》去解释佛经。这些混合的现象，造成了宋明理学的前提条件，而宋明理学则是将儒、释、道三家思想贯通之处整理成一体系。

宋明理学产生的另一前提，就是汉唐训诂注疏之学，烦琐无味，已经为有思想的儒者所厌弃。他们既然厌弃训诂，就不得不另找革新学术的途径。宋朝有学问的人物，如范仲淹、欧阳修、司马光、苏轼、王安石等，都是留心政治，拿经史的义理来配合实际问题的。当时学者又有自命不凡的气概，动辄要继承孔孟，讲内圣外王之学。尤其是宋初有胡安定、孙明复、石守道三个学者，讲求经世致用之学，开辟了一代的学风。安定教人方法，分经义、治事两斋，经义斋是“明体”的，治事斋是“达用”的，这可说是当时的新教育。在这种教育影响之下，出了不少的学术人才。

就当时社会背景看，手工业与商业有相当的发展，货币流通的范围相当扩大，南宋时甚至使用纸币。在这一经济活跃的状况之下，民间文化颇为发达，如印刷术的完成，书籍数量的增加，官学之外又有民间自由讲学的书院，设立于各地。自然科学方面，除印刷术外，罗盘针及火药的发明，也在宋朝。因此，一种新的哲学思想的产生，不是偶然的。

这种新的哲学，称为理学，又称为道学。因陆象山说“心即理”，故人们又称陆王一派的理学为“心学”，来和程朱一派的“理学”相区别，而以“道学”作为两派的总名（如冯友兰《中国哲学史》）。也有把“理学”的范围扩大，连周秦诸子之学甚至尧舜禹汤的思想都包括进去，但又和哲学对立起来的（如贾丰臻《中国理学史》）。我们依照历史的事实看，理学的名词创自宋时，所代表的只是宋明儒家学术，决不可广泛地应用到诸子思想上去；道学与理学两名词，所指也没有什么广狭。至于哲学一名词，可以应用到各种宇宙观与人生观，乃至谈历史法则，可以称为历史哲学，谈政治原理，可以称为政治哲学，实在包含很广，所以要说中国的诸子思想及宋明理学，与西洋哲学不一致，是可以的，若说中国只有理学而没有哲学，将理学放在哲学范围以外，是不可以的。

九一　周敦颐与邵雍

周敦颐，字茂叔，道州人，世称濂溪先生，著有《太极图说》及《通书》，是理学的开山祖。道教经典中本来有《太极先天图》（见于《道藏》中之《上方大洞真元妙经品》），濂溪所根据的大概就是这个，一说是道士陈抟所传授。濂溪取道士讲修炼的太极图来解释《易经》，成为一种宇宙发生论，他认为宇宙发生是由无极而太极，太极动静而生阴阳五行，阴阳五行化生万物。濂溪由太极宇宙论导出"主静，立人极"的人生哲学，又以"寂然不动"的佛说来解释《中庸》上面的"诚"，主张"无思""无欲"的修养方法，他在《通书》里面所写的道德论与政治论，即以"诚"为根本原理。

与濂溪同时的大学者有邵雍，字尧夫，卒谥康节，世称康节先生，著有《皇极经世书》《观物篇》《伊川击壤集》《渔樵问答》等书，以象数之学著称。濂溪的太极图，即是象学，但濂溪讲象不讲数，康节则兼讲象数。据史书载称，康节象数之学，传自李之才，而之才又得之于陈抟。康节学说，可分三部分：（一）先天学，这即是唯心论的宇宙观，以为万事万物生于心，心为太极。其所以称为先天学者，系因康节认《易经》卦说所说的八卦方位，是文王的后天八卦，而他自己由道家得来的《先天图》中所表示的八卦方位，是伏羲的先天八卦。除《先天图》外，他还创制了许多图，如《六十四卦次序图》《六十四卦圆图方位图》等。他认为天地万物之理，尽在图中。（二）经世论，即由阴阳五行（实际上已抛弃五行而采取佛家四大种及成、住、坏、空四大劫的思想）而生世运之说，由世运之说而生王霸之分，前已在历史哲学（第六七）一节中说过。（三）性说。康节主性善，认为性是无我的，性是物我无差别的境界，能以物观物而不以我观物，以我观物是“情”，情偏而暗，性公而明。

九二　张载及二程

与周、邵同时而略后者，有张载及程颢、程颐兄弟。张载，字子厚，长安人，世称横渠先生，著有《正蒙》（包括《东铭》《西铭》），《经学理窟》及《易说》，以《正蒙》为最重要。横渠学说可分几点：（一）太虚论。这是他的宇宙论，他认为宇宙本体是太虚一元之气，“太虚”又名“太和”，万事万物都由它生，而万物死灭时，仍散为太虚，太虚即气，并不是绝对空虚。横渠的“太虚”包含一与多，有与无的统一性，其发展为万物，也有一定的规律，如“有象斯有对，对必反其为”“物无孤立之理”“动非自外”“两不立则一不可见”“天下之物，无两个有相似者”“金铁有时而腐，山岳有时而摧，凡有形之物即易坏”“无常乃所以为常”等话，都是事物运动转变之法则的说明。他并且研究各种自然现象，对于寒暑、潮汐、日食、月食、风雨、雷霆以及动、植物等，都有所解释。总之横渠的宇宙观，即气一元论，是唯物的。（二）性说及天人合一观。横渠讲性，分天地之性与气质之性两种，似乎不知不觉的转入了二元论（但横渠说气有性，则天地之性是指整个气说的，气质之性是指个体说的）。横渠的天人合一观，更是孟子哲学中神秘主义的推演（《西铭》一文，最足以代表这种观念）。如他所谓“为天地立心，为生民立命，为往圣继绝学，为万世开太平”，即是天人合一的唯心论。

濂溪、康节、横渠都是理学的开创人物，至河南程氏兄弟，方才使理学确定成立。程颢比程颐长一岁，世称明道先生。程颐曾居伊水上，世称伊川先生。两兄弟均以濂溪为师，康节为友，又与横渠为戚属。二人著作，后人辑为《二程遗书》，因为从前认为是一家之学，没有加以分别，其实两兄弟思想不同，明道是唯心一元论者，他的学说是陆王一派的先驱；伊川是心物二元论者，他的学说是朱熹哲学的源泉。

程明道学说的要点：（一）是对于“性”与“仁”的解释，以为万物都受乾元一气而生，有生就有性，性即气，气即性，又以为仁就是元气，就是性，不过性是从元气静的方面看，仁是从元气动的方面看，仁者与天地万物为一体，学者要识得此理，而以诚敬存之。这就是孟子“万物皆备于我”的道理。（二）是确立了“理”或“天理”在道学上的地位。明道所谓“理”，是宇宙万有的普遍法则，是由主观方面“推”出来的，而属于客观的范畴。程氏的说“理”，与横渠的说“气”，在理学史上都很重要。（三）是分别了人心和道心。道心是指心的本性，道就是天理，为人欲蒙蔽时，就忘了天理。又以为道心就是元气，修养目的只在去道心的邪恶，故仍是道心一元论。

程伊川思想的特点在于：（一）理气二元论的宇宙观。即认为阴阳是气，“所以阴阳”的是道，道即是理，气是形而下者，道或理是形而上者。（二）动静、阴阳、善恶等相反又相需的观念。但这个观念不完全是科学的，他有时又说“形”由“心”生，“理”系实体。（三）格物致知说。这是主知主义的认识论，但也并不完全是科学的主知主义，因为他承认有“生而知之”的先验的认识，又轻视“闻见之知”，说“德性之知，不假见闻”。（四）知行合一说。这是以知为主的，与王阳明的以行为主不同。阳明是直觉主义，伊川是主知主义。（五）性即理说。伊川说性即理，所以叫作理性，理性无有不善，但因气有清浊，所以人有贤愚之不齐。因气有清浊，故穷理工夫不可少。穷理就是格物，格物须是一件一件的格，然后有贯通的可能。格物即是致知。所致的知，即吾人心中固有之知。所穷的理，即一物一物的理，也即是心中的天理。（六）居敬说。伊川说涵养须用敬，进学则在致知。敬是“主一无适”的意思，即心思专一。伊川的修养方法，居敬与致知并重，与明道的专存诚敬不同。

九三　集宋学大成的朱熹

朱熹字晦庵，徽州婺源人，父朱松因不附和议逆秦桧意旨，被贬为闽延平尤溪县尉，后罢官居尤溪，生朱熹（因此，宋学中所谓濂、洛、关、闽四大学派，朱为闽派，至于濂，是周敦颐，洛是二程，关是张载）。朱熹曾在闽、浙、赣一带做知府、知州官，又曾任枢密院编修。他所处的时代，民生困苦，外侮日亟，社会中比较进步的分子则反对和议，并主张改善民生。朱熹就是此中的卓著人物，他曾发表过主战论，又主张限制土地兼并，又创立调剂农村经济的社仓制度。在他以前，周、邵、程、张并留下了丰富的哲学遗产。二程以后，有谢良佐、杨时、吕大临、胡宏、李侗（延平）、张栻（南轩）继承着讲学。而谢、杨尤为程门二杰。朱熹受业于李侗又为杨时的弟子，所以他自己说河南程氏两夫子接孔孟之传统，而熹“亦幸私淑而与有闻焉”。晦庵生平著述很多，约二三十种，最重要的是《大学章句》《中庸章句》《论语集注》《孟子集注》《诗集传》《周易本义》《小学》(这是修身教本，不是文字学)、《近思录》《通鉴纲目》等，如果要看他的理学思想，须研究其后人的编纂，如《朱子语类》《朱子语录》《朱子文集》《朱子书节要》等。晦庵学说大致如以下数点：

（一）理气二元论。晦庵的宇宙论，系以周濂溪的太极图说做骨干，而以康节所讲的数，横渠所说的气，及程氏兄弟所说形上形下及理气的分别融合在内，所以是集以前各理学家的大成。他说凡有形有象的事物是“器”，是即所谓“形而下者”。所以为是器之理是“道”，道是“形而上者”。所谓“无极而太极”，即是无形而有理。天下之物，无论是天然的，或人为的，都有其所以然之理，而且这个理在物没有产生以前就早已存在。太极是天地万物之理的总和，又是天地万物的最高标准。这个太极又包含在每一事物之中，犹如月印万川，随处而见。理是生物之本（和希腊哲学中所说的“形式”相当），气是生物之具（和希腊哲学中的“材料”相当）。人物之生，必禀此理，然后有性，必禀此气，然后有形。如阴阳五行错综不失条绪，便是理。若气不结聚时，理亦无所附着。

（二）理在气先说。他说未有这事，先有这理。理与气本无先后之可言，然必欲推其所从来，则须说先有是理。冯友兰氏说，理是就逻辑言，为超时空而不变者，如尚未有舟车之时，舟车之理已先在。所谓发明舟车，不过发现舟车之理而依之以做出实际的舟车，即舟车概念之实例而已。这是晦庵学说的精确诠释。

（三）理全气偏说。晦庵所谓理，是完全的，但具体的事物所禀受之气，则每每偏而不全。人物之性，即人物所禀之理，理无不善，即性无不善。人物所禀之气，有清有浊，有多有少，有偏有正，有通有塞。得气之正且通者为人，偏且塞者为物（但他又说，以气言之，人与物不异，以理言之，人之性特别高贵）。就人而言，禀气清明者为圣人，浑浊者为愚人，因此他的心性说，是认为性是心之理，理与气合，方才有心之灵明。心又包含情与才，情是心之动，才是心之力，情之流而至于滥者，则为欲。性是天理，即“道心”。欲是人欲，即“人心”，或称为私欲。因此导出他的修养论，即去人欲，存天理。

（四）格物致知说。晦庵的修养方法有二方面：一方面是格物致知，一方面是居敬养心。格物致知，即是穷理。穷理之要，必在读书。要能穷究各种事物之理，才能使吾心中之知明朗化（他认为万物之理本已具备在人心中，仍不脱“万物皆备于我”的神秘思想），而去掉人欲的蒙蔽。居敬，只是整齐收敛这身心，不使放纵，并不是要闭目静坐，不接触事物。但他也教人静坐，使心思专一。又说日间所理会而得的，入夜即须涵养。他以为常存个敬在这里，则人欲自然来不得。他论政治，以为三代之治，完全合乎天理，汉唐之治，虽有暗合乎天理之处，而主要的是出于人欲之私，这就是王霸的分别。所以治国平天下，也以修养为本。晦庵的格物致知说，主要的意义确如冯友兰氏所说，是修养方法，不过附带有科学精神在内，因为他认定理在事物中，非穷究则不能明白。他的违反科学处，在于一方面认定万物之理客观存在着，另方面又误认万物之理具备于人心之中，误认圣人可以“生而知之”。所以有些人认为他是心物二元论者，又有些人认为他是唯心论者。但如说他是唯心论者，他的“即物穷理”又不合于唯心论，所以受陆王派的攻击。

九四　陆象山与杨慈湖

与朱晦庵同时而创立一新学派的是陆象山。象山名九渊，字子静，在十余岁时，即说过“宇宙即是吾心，吾心即是宇宙”的话。他创“心即理”说，认为穷理不必向事物上去求，只需明白本心的善，所谓格物，只是尽心，吾人做学问，只是除去此心的物欲之蔽，或意见之蔽，而恢复其本体，这就是“先立乎其大者”，就是“知本”。他的修养方法，就是安坐瞑目，存心养性，求认识自己的本心，本心既得把握，自然明理。所以朱晦庵是发展了《中庸》上“道问学”三字，陆象山则发展了“尊德性”三字。用现在哲学术语说，陆象山之学是主观唯心论，因为他认定宇宙万物，都在自己心中。他是注重“思”而不注重“学”的，曾说“六经皆我注脚”。他的著作不多，今存《象山先生全集》三十六卷。

象山曾被人邀请，与朱晦庵会于鹅湖，论辩理学问题，意见多不相合，最后晦庵道：“人各有所见，不如取决于后世。”于是无结果而散。后来和晦庵还通信辩论。所谓“朱陆异同”，在学术史上成为一重要问题。鹅湖争论的焦点在于为学的程序，晦庵主张首先纵观博览而后归之约，象山则主张先发现本心而后博览，结果朱以陆为太简略空疏，陆以朱为支离琐碎。后来通信，讨论的是太极阴阳等问题。晦庵认阴阳为形而下之器，阴阳之理则为形而上之道，象山则认阴阳为道；晦庵认太极是无形的理，故有“无极而太极”的话，象山则说上加“无极”是叠床架屋，宇宙间只有一个理（大约他以为气可包括在理中）。象山又说孔子并非“多学而识之”者，晦庵则说孔子“好古敏求”，未尝不多学，只不过其中有“一以贯之”之处，若只如此空疏杜撰，则虽有“一”而无可“贯”了。可见朱颇注重归纳法，陆则纯粹演绎法。朱学重经验，陆学重直觉。陆不承认理之外有气，又说心即理，显然是主张唯心一元论。

继续象山学说的有他的门人杨简等。杨简，号慈湖，著有《己易启蔽》，他的唯心论学说比象山更透彻，他不承认有“道”与“器”的分别，或“形上”与“形下”的分别，说“天地我之天地，变化我之变化，非他物也”，又混入佛教思想，以为一切都由意念转。杨氏以外，还有袁燮、舒璘等，不及杨氏的重要。

九五　浙东学派

南宋学术除朱陆两派外，还有浙东的事功派，反对空谈性命的理学，主张研究经世致用的实学。浙学又分三派：（一）金华派，出于吕祖谦（东莱），所著《左氏博议》颇有名，他的学问虽偏于史学方面，也曾研究性理之学，思想近于陆派（重良知及省悟）。（二）永嘉派，出于陈傅良，而叶适（号水心，永嘉人）继之。水心长于批评古今学术，对于古书正伪和道统之辨，多所考论。他说当时理学派性理太极之说，出于《易·系辞》，而《系辞》不一定是孔子作的，恐怕周、张、二程的学说，是接近佛学一些。著有《水心文集》等。（三）永康派，出于陈亮（字同甫，号龙川，永康人）。他说“为治之道，三代不必尽合天理，汉唐不必尽是人欲”。朱熹说这乃是“义利双行，王霸并用”之说。所谓功利派，以永康、永嘉两派为主。这个学派，又可说是理学的批评派。

九六　宋末至明初之理学

宋朝理学，到朱晦庵，已发展到最高峰，形成一个完备的体系。象山慈湖派，还没有完成一个体系，所以在王阳明未产生以前，还不能与朱学对抗，因此宋末至明初，还是朱学占绝对优势的时期。宋朝继续朱学的，除晦庵门人蔡元定、蔡沈、黄榦、陈淳等外，还有私淑（间接继承）朱学的魏了翁及真德秀。但了翁思想是绝对唯心论。元朝理学家许衡、刘因、赵复、吴澄都是属于程朱学派的，赵偕、郑玉是属象山一派的，但吴澄、郑玉都主张调和朱陆之争。明代理学，在王阳明以前，有河东、崇仁、白沙等学派。河东的代表人物是薛瑄（号敬轩），崇仁的代表人物是吴与弼（号康斋）及其弟子胡居仁（号敬斋），他们都属程朱一派。白沙的代表人物，是陈献章（新会白沙里人，著有《白沙子集》）及其弟子湛若水（号甘泉，学说有特别处，号甘泉学派），他们的思想是属于象山一派的，对于王阳明的学术思想不无影响。

九七　王阳明之学

阳明名守仁，浙江余姚人，因曾筑书屋于阳明洞讲学，被称为阳明先生，其学派称为姚江学派。他曾学朱晦庵格物，因格竹子的理，想出病来。至三十七岁时，因得罪宦官刘瑾，被贬到贵州龙场驿。一夜夜半，忽然大悟格物致知的方法，原不应在事物上面去探求，因为“圣人之道，吾性自足”。于是以“心即理”“知行合一”“致良知”三种学说教人，而良知说尤其是根本。阳明的著作，有《王文成公全书》三十八卷，其中一至三卷的《传习录》，系门人所记，为其哲学思想的结晶所在。阳明的（一）心即理说，是继承陆象山的主张，他说“心外无理，心外无事”，所以反对在心外“即物穷理”。（二）知行合一说，是由“心即理”说推演而来，他说“求理于吾心，此圣门知行合一之教”。又说“知是行之始，行是知之成”；“夫人必有欲食之心，然后知食，欲食之心即是意，即是行之始矣”；“未有知而不行者；知而不行，只是未知”；“知之真切笃实处即是行，行之明觉精察处即是知，知行工夫本不可离，只为后世学者分作两截用功，失却知行本体，故有合一并进之说”。（三）致良知说，是将《大学》上的“致知”，同《孟子》上的“良知”，拉在一起，他说“知是心之本体，心自然会知……此便是良知……常人不能无私意障碍，所以须用致知格物之功，胜私复礼，即心之良知，更无障碍”，“良知之在人心，无间于圣愚”，“但唯圣人能致其良知，而愚夫愚妇不能致，此圣愚之所由分也”。又说，“天地无人的良知，不可以为天地矣”。可见阳明所说的“良知”，一方面是先验的知识，一方面又是宇宙的本体。

阳明所谓良知，是直觉，有时又是本能或反射，所以知与行是一体。至于心即理，也就是以良知为本体的心，包含了万物的理，这和佛说“三界唯心，万法唯识”相似；尤其和禅宗的“顿悟”相似。他曾对一看花的人说“此花不在尔之心外”，很明显的表现着主观的唯心论思想。

晦庵哲学中本来包含了唯心论要素，阳明将晦庵著作中这一部分的言论搜集起来，强指为晦庵晚年成熟的见解，辑成《朱子晚年定论》，以证其与自己思想的一致。有人说阳明修正晦庵的学说，正和新康德派修正康德哲学一样，因晦庵与康德同为二元论者，阳明与新康德派都是唯心一元论者。与阳明同时有罗整庵（名钦顺）者，著《困知记》，指出阳明《朱子晚年定论》的曲解，认朱陆之学，实不相同。整庵自己主张气一元论，他说天地间“无非一气而已”，气的变化规律就是理。他的见解很高，可惜没有大加发挥。

王阳明之学，后来分为左右两派。右派以王龙豁（名畿）为代表，公然引用佛教禅宗的思想，主张无念无知，达到生死轮回的解脱，又认为儒、释、老三教可以贯通，儒家排斥异端为不合理，他把宋学以来的根本立场完全取消了。左派以王心斋（名艮，泰州人）为代表，他讲所谓“淮南格物说”，以己心为使天下国家方正的格式，心正则天下国家亦正。心斋将哲学常识化，以求实用，其行动颇不守一般礼法，喜在民间活动。他的门徒颜山农、何心隐都有游侠风，心隐卒因反严嵩事被害。左派王学的空想浪漫色彩，至李卓吾而达到极点，他曾为文反对儒者，斥名教累人，又说是非本无一定。他被人们指为名教罪人，著作数次被焚，本身也被杀害。

王学末流太近于禅，又多狷狂不守礼法，所以引起一般人的不满。明末东林学派高攀龙、顾宪成等，也研究理学，讲求静坐，但对王学有所批评。又有刘宗周（号念台）讲学于蕺山书院，虽出自阳明的传统，而兼主程朱之说。

九八　清初各大师对于理学的批判

清朝学风，最初因厌恶陆王派的束书不读，空谈冥想，而展开对王学的攻击与修正；后来连整个宋明理学都被认为空疏杜撰，而产生了实用派与考证派（所谓汉学）。这就是一般人所谓由程朱与陆王之争，一变而为汉学与宋学之争。当时死守程朱家法而攻击王学的，有陆桴亭（名世仪）、陆稼书（名陇其）等；虽属程朱派而自己另有建树的，有顾亭林、王船山等；虽属陆王派而对王学有所修正的，有孙夏峰（名奇逢）、李二曲（名颙）、黄梨洲（名宗羲）等。当时攻击理学的多半指斥其无补于实际政治，以致“武人俗士”专权，弄得“夷狄寇盗之祸”相继而起，“天下鱼烂河决，生民涂炭”。另一方面，就批评理学的研究方法不实际，理学家虽主张实行三代的王道政治，而不能从古籍中考见三代政治的真相。前一种思想的发生是由于清朝对汉族的压迫，后一种则由于西洋自然科学的略有输入。由于前一种批判而产生了实用主义派，由于后一种而产生了考证派，顾亭林的学术，兼有这两个特征，可说是清代学术的奠基者。

亭林名炎武，字宁人，江苏昆山人，有反清复明之志，曾游历北方各省，通观形势，阴结豪杰，晚年定居陕西华阴，以待时机。著作重要者有《日知录》《天下郡国利病书》《音学五书》等。他的思想的最大特点，在于客观实证主义与经世救时的实用主义，他批评阳明派说：“今之君子聚宾客门人数十百人，与之言心言性，舍多学而识以求一贯之方，置四海困穷不言而讲危微精一，我弗敢知也。”他还有“天下兴亡，匹夫有责”及“经学即理学”的两句名言。

王船山与顾亭林同时，名夫之，字而农，一号姜斋，湖南衡阳人，因晚年隐居于湘西之石船山，被称为船山先生。著作有七十余种之多，邓湘皋集为《船山遗书》，其中《读通鉴论》《宋论》《俟解》《诗文集》有单行本行世。船山极推崇张横渠、朱晦庵，而反对王阳明。其批评阳明，不是站在实用主义立场，而是从本体论与方法论立场来驳斥那种“恍惚空明之见”，比亭林等来得深刻。船山认为先有“器”而后有“道”；又反对佛氏“以见闻觉知所不能即为无有”之说；又说有无不过是聚散隐显的变化，而太虚不变；又说太极本体只有动，静也是一种动；又说体用一源，不可离“用”而另立一“体”；又说心不能离身而存在，己不能绝物：这些见解，比宋明各理学家要高超，确实能够克服佛家思想，所以李石岑氏曾说“船山在中国哲学上的地位，我看比朱晦庵、王阳明还要高，也比颜习斋、戴东原诸人来得重要”（《中国哲学十讲》三四三页）。

孙夏峰因为要补救王学的“虚病”，生平著作大半是文献的考证，资料的记载，而没有专谈哲学的。李二曲出身贫农，由自学成功，学说颇有平民色彩，他的哲学思想和夏峰相似，也是实用主义的。黄梨洲名宗羲，字太冲，生平因奔走国难，备尝艰苦，著作重要者有《宋元学案》《明儒学案》《明夷待访录》《南雷文定》等。他的哲学思想仍然遵守阳明的主观唯心论，但加以实用主义的修正，主张把阳明“致良知于事事物物”的“致”字作“行”字解，而不去静坐参悟，求见本体。他的《明夷待访录》一书，尤其重要。内面的政治学说，包含着明确的民主主义的精神，当时卢梭《民约论》还没有出现，而梨洲就有此卓越的思想，可算是中国学术史上的光荣。

九九　理学批判的最高发展

上述顾、王、黄、李等，还只是对王阳明学派的批判，后来发展到颜习斋、李恕谷以及戴东原的学说，就连程朱学派也一起反对，尤其颜李学派，竟根本连汉学的考据与宋明的性理，全部给以否定，可说是大胆极了！

颜习斋名元，生平很少离开他所住的乡村，二三十岁曾研究陆王及程朱之学，三十岁后，才完成自己的思想系统，他因为反对著书，所以著作只有《存学编》《存性编》《存治编》《存人编》四编，都是简短的小册子。《存学编》说孔子以前的教学成法，大旨在主张习行六艺（礼、乐、射、御、书、数），而对于静坐与读书两派痛加驳斥。《存性编》是他的哲学要义所在，大致宗孟子之性善论，而反对宋儒变化气质之说。《存治编》发表他的政治主张，如行均田，复选举，重武事等。《存人编》专驳佛教。此外还有门人纂集的几种书，都收在《颜李遗书》中。颜习斋反对“正其谊不谋其利，明其道不计其功”的两句话。又主张“习事见理”，不但“口中讲说，纸上敷衍”，还要“手格其物，而后知至”。他不赞同宋儒专由读书去穷理的办法，而主张动手实验。可是他不和培根一样能开创自然科学局面，因为他所要实验的仍不过是古代儒经上面所有的古代制度，而不是眼前的事物。习斋反对宋儒理善气质恶的说法，认为理即气之理，理善则气亦善，气恶则理亦恶，但仍遵守孟子的性善说。习斋反对宋儒的静坐法，而主张“习恭习端坐”，且说“端坐习恭，扶起本心之天理”，仍不脱理学家窠臼。

习斋弟子李恕谷，名塨，字刚主，生平广交游，以昌明师说为己任，他的著作比较多，他于习斋“习事见理”的主张之外，又强调“理在事中”，及道理出于实事的两点，反对理学家“理在事上”“理在事先”之说。因为颜习斋主张实行古代制度，李恕谷于是从事考古，这一点使颜李学派的实践精神大为减弱。

继颜李派而起的理学批判者为戴东原。东原名震，其著作讲义理之学者有《原善》《孟子字义疏证》。其关于考证学方面的著作及方法，在本书第一、二、五等章已说过。东原的批判精神，近于颜李，本体论思想可比船山，方法上与自然科学的联系，比亭林还精深。他的考证学，不像后来考证家的为考证而考证，琐碎支离，而是用以阐明哲学体系，所谓“深通训诂，将以明道”也。东原认为宇宙本体，为阴阳五行之生化流行，对于“形而上者谓之道，形而下者谓之器”两句话的解释，认为“形而上”即“形以前”，阴阳之未成形质者，叫作道，已成形质叫作器，水、火、金、木、土有质可见者属形而下，五行之气，则属形而上，因此反对程朱于气的世界之外另立一理的世界之二元论。他的理论和张横渠、王船山、颜习斋、李恕谷是属于同一立场的。他说老庄释氏“分形神为二本”，宋儒“别理气为二本”，是相类似的，他们是以无形无迹者（神或理）为“实有”或“得于天”，以有形有迹者（形或气）为“虚幻”或“私”而“粗”，一则以神为形之主宰，一则以理为气的主宰。其实“理”只是气化流行的必然之条理，不在事物之外。东原既认理系客观地存在于事物之中，于是又主张“察尽其实”，不可由主观方面“心出一意以可否之”。东原根据这种认识论，在伦理学中，又主张感觉论的道德起源论，以为人类求生存的欲望，正是道德产生的基础。他反对宋儒“去人欲而存天理”的说法，他说“理者存乎欲者也”，“欲之失为私”，“君子亦无私而已矣，不贵无欲”。晦庵说心具众理，象山、阳明说心即理，都违反了理是客观的一命题，东原的分别“理”与“意见”，认为理是客观的，公的；意见是主观的，私的。他觉得宋儒常常以意见为理，其结果以理杀人，“祸甚于申韩”。但东原的思想尚不能彻底，有时还说“人之材得天地之全能，通天地之全德”，有先验的知能。所以他还不能与晦庵、阳明匹敌而完成其另一体系。

一〇〇　宋明理学的没落与新理学的产生

在东原以后的那些正统派汉学家，根本不讲义理之学。道咸以后，曾涤生（国藩）颇有不满意汉学而推崇宋学的意思，但他对于理学并没有什么贡献。晚清今文学派盛行，宋学更没有人注意。所以在清朝，宋明理学始终没有重张旗鼓。就今文学派所谈的问题看，多半是关于政治方面的，和理学家所谈的性理天道，颇不一致，但谭嗣同《仁学》一书，谈到了宇宙本体，确是理学家的问题。嗣同的思想，力求冲破名教的网罗，颇有浪漫空想的色彩，他把科学知识和儒、佛、道三家学说混合在一起，而建立一天人合一的“仁”的本体，和陆王派理学思想相仿佛。但他的思想在客观上是唯物的。

完全有现代科学知识及对于西洋哲学作过有系统的研究，而又继承宋学传统，加以新发展的，要算最近发表《新理学》的冯友兰氏。冯氏之《新理学》是继承着程朱的传统而加以相当修正的。他的宇宙观仍是理气二元论的，理是形式而气是质料。理属于真际，属于逻辑的即形而上的世界，是超时空的。气属于实际，即形而下的世界，是在时空的。但在时空的实际的事物，又不只是气，而必须是由气依照理以形成的。他的“理”世界是不变的，而时时变化的实际世界，却要按照那“理”来变化，不过又不曾完全实现了那“理”。他的“理”是多样的，每一事物有其所以然之理。他的“理”是包含矛盾的，如他说事物依照理而有各类之性，有各个体之性，但个体之性与类之性可以有冲突。他修正了朱子“物物有一太极”之说，认为“太极”是一切理之总和，一物只能有一极（极是标准或极限的意思）。因而朱子“心具众理”说，也给修正了，他以为理是客观的范畴，一心不可能具众理。他的理学，不谈各种具体的理（各种事物之理，只能由各部门的科学去研究），而专谈抽象的理，所以不至于有因穷竹子的理而生病的结果。他对于“两仪”“四象”给了新的解释，对于历史、革命、道德等，都给时势的要素以重视。他也和程明道、谭嗣同一样，认为圣人的境界是与万物为一体（即“仁”），圣人是以“宇宙底心”为心，也可说是“为天地立心”，换句话说，就是“无私”“无我”，纯粹客观主义，自然主义。

第十章　诗赋词曲

一〇一　文学的范围与类别

我国过去所谓文学，范围与现代文学不相符合。如孔门四科（四科就是德行、言语、政治、文学，见《论语·先进》篇）中所谓文学，是包括礼乐而言，范围很大。孔子又说："兴于诗，立于礼，成于乐。"（《论语·泰伯》篇）他把诗、礼、乐三件事联系起来，但其中只有诗是我们现在所谓文学。秦汉以后，或者以一切文章为文学，或者以有韵的文章为文学，直到近人章太炎，文学的解释始终是和现代不同的。太炎氏说：著于竹帛谓之文，论其法式，谓之文学。如照太炎的定义，文学乃是文章法式论，就是文法、作文法与修辞学，不然就是文体研究。这是我们所不能同意的。

从前所谓词章之学，和现在所谓文学，大致相当，虽则讲词章之学的，偏重形式，但其中包含了真正的文学作品。四库书中，文学大概都在集部以内，但并不完全如此，一种文集，往往把议论文、考据文、应酬文和文学作品兼收并蓄，因此集部书中，有大部分文字不是文学，而是史学、哲学或日常应用文字，而集部以外，却又有文学作品，例如《诗经》，虽属经部，实际上是纯粹的文学书。在现代文学中占重要位置的小说，过去属于子部，而且只包括笔记琐闻，不容纳《水浒》《红楼梦》等白话小说。戏曲也不列入文学正宗。总而言之，语体的文学作品，向来是搁在文学范围以外的。

过去文学的分类，非常烦琐，如《昭明文选》分诗文为三十七类，诗一类又分二十二子目，又如古今诗体以题目分（如谣、吟、歌行、咏、操……），可得二十余类；以作者分，可得五十余体；文体姚鼐《古文辞类纂》分十三类，曾国藩《经史百家杂钞》分十一类，在《涵芬楼古今文钞》（吴曾祺编）中则于十三类下再分子目，共有二百十三目，在《今古文综》（张相辑）中分为四百五十五目。我们现在不采取那种无意义的类别，只大致分为诗、赋、词、曲、骈文、散文、小说、戏剧等部门来说。

一〇二　最早的诗总集

集部的书有总集与别集的分别。凡汇录多数作家的作品，叫总集，仅包含一人的作品，叫别集或专集。《诗经》可以说是我国最早的一部诗总集，这部书在我国文学史上的地位，相当于希腊荷马的《奥德赛》与《伊利亚特》。本来人类最初的文学是诗歌，其他的文学形式大致都从诗歌发展出来，我国的《诗经》是最早的一部纯文学书，后世各种文学都从它发源，正符合了文学发展的公例。

从《诗经》演变而为《离骚》，再挨次演变为汉朝的赋，为六朝的骈文，唐朝的诗，宋朝的词，元朝的曲，而骈文的反动，又产生唐宋的古文，都不是偶然的。

《诗经》分为风、雅、颂三部分，以风为最有文学价值。风是从民间采录的歌谣，包含了许多抒情诗以及表现生活痛苦的作品。至于雅、颂两部分，是当时朝中士大夫所写的，有些诗，篇中就把作者的名字写出了，如《小雅·节南山》篇有“家父作诵”句，《小雅·巷伯》篇有“寺人孟子，作为此诗”，《大雅·崧高》篇及《烝民》篇都有“吉甫作诵”句。在雅诗中，也有许多值得注意的作品，有的是美丽的神话与传说，有的是社会不安时期之沉痛的呼声。此外，则多是歌诵功德，夸耀国威的乐歌（参阅第四七节）。这些雅诗，可说是叙事诗，是史诗。颂也包含史诗，如《商颂》的《玄鸟》等篇是。《诗序》以风、雅、颂各部分的第一篇为代表作，称为“四始”，即《关雎》为《国风》之始，《鹿鸣》为《小雅》之始，《文王》为《大雅》之始，《清庙》为《周颂》之始。尤其《关雎》一篇，很受推崇，孔子曾说“《关雎》乐而不淫，哀而不伤”。就整个《诗经》说，孔子也说过“诗三百，一言以蔽之，思无邪”的赞美之辞。又，《国风》的开始两辑是《周南》《召南》，这“二南”列在各国之前，而背景却是江汉一带，即春秋战国时代的楚国地方。据说是南国被文王之化，而产生温柔敦厚的歌诗，比其他国风来得正派一些，所以列在最前，且有把它们从国风分出另作一类（而称为南、风、雅、颂）的。究其实所谓“南”就是南方乐歌之意，周召大约是采取南方诗的两个负责人，而“二南”即与“楚风”相当。因此，《诗经》并不完全是北方文学。

一〇三　楚　辞

《楚辞》是从前目录学家所认为最古的总集（在《四库全书》中，则在总集别集之外另成一类）。它是汉刘向所编辑的，包含屈原、宋玉、景差、贾谊、东方朔等人的作品。主要作者是屈原，其他作者不过仿效他的文体，所以一并附入。屈原是楚国人，和楚王同姓，楚怀王颇信任他，后来因为上官大夫在王面前说了坏话，被放逐于湘沅一带地方，屈原因楚国政治开倒车，不是秦国的敌手，有国破家亡的危险，于是忧愤而作《离骚》，“离骚”二字是“遭忧”的意思。他又根据湘沅一带祀神的巫歌而改作《九歌》，有《天问》《九章》《远游》《卜居》《渔父》等作。他后来投汨罗江而死。《楚辞》有东汉王逸注本，流传至今。

《楚辞》是由《诗经》发展而来的。《诗经》的“二南”，产生于江汉之间，屈原也生于江汉，在地理上，显然有密切的关系，即就形式上说，《楚辞》用“兮”字的地方很多，《诗经》用“兮”字的地方也不少。郭沫若认为，楚国文化是因殷民族南迁而产生的，无论南方北方，都以殷民族为文化渊源，所以《诗经》的《国风》不能以南北分，总之是《楚辞》的先驱。《楚辞》的形式与内容都有和《诗经》不同的地方。就形式说，《诗经》虽有三字、五字、六字、七字或九字一句的，但以四字句为最多，可说是四言诗，《楚辞》则以六字句（连兮字算则有许多七字句）为多，而且较参差较活泼，篇章也比较长些繁富些。就内容说，《诗经》的情感是温柔敦厚，《离骚》等篇，情感非常热烈，梁启超因此论及《离骚》的作风及屈原的投江，以为屈原的性格与一般讲中庸之道的中国人不同。《诗经》

中神话少，《离骚》中有丰富的神话，如羲和、望舒、飞廉、丰隆、宓妃、有娀、佚女等故事，这和希腊的荷马诗非常相似。如果拿祀神的《九歌》与《诗经》中的颂相比，后者所祀的神是祖先，前者所祀的东皇太一、湘夫人、山鬼、国殇，则多是离奇怪诞的鬼神了。屈原所歌唱的虽是神话，实在是深刻的现实反映。《离骚》一篇是他的主要作品，凡二千余字，是一篇伟大的叙事诗。《史记》上说：“《国风》好色而不淫，《小雅》怨诽而不乱，若《离骚》者可谓兼之矣。”可见《离骚》感人之深，远过于《诗经》。继屈原的诸作者中有一个宋玉，他所作《九辩》，以悲秋开始，情辞凄婉，也很有名。

一〇四　赋

赋是汉朝文学的代表形式，渊源于《楚辞》及战国的策士文。赋的形式在诗与文之间，班固说：“赋者，古诗之流也。”又说：“不歌而诵，谓之赋。”这就是说，赋是不能歌唱只能诵读的诗（就不能歌唱说，是文；就叶韵说，是诗）。赋的意义为“铺”，为“敷”，所以敷陈事实，铺展词采。《汉书·艺文志》分赋为四类：一为“屈赋”，二为“陆赋”，三为“荀赋”，四为“杂赋”。“屈赋”就是《楚辞》，汉代贾谊、淮南王刘安的赋，属于这一类，其特点是抒情。“陆赋”是汉陆贾的赋，属于这一类的还有枚皋、朱建、严助、朱买臣、扬雄等人的赋，现在除扬雄诸作外，都已失传。这类偏于辞说，为纵横策士文的变相。“荀赋”是《荀子》书中的“赋篇”，是以咏物为主的，《汉志》所列荀子以后诸家都不传。“杂赋”全部失传，内容无从知道。就这四类看，只有“屈赋”一类，可算是文学。除《汉志》所列者外，还有许多作赋的大家，班固自己就有《两都赋》的名作。单以赋出名的是司马相如，作品有《子虚赋》《上林赋》《大人赋》《长门赋》等。前两篇是描写田猎的，第三篇是描写神仙的，第四篇是替失宠的陈皇后抒写愁思以感动皇帝的，都是写的宫廷生活。相如生活浪漫，有与青年寡妇卓文君恋爱的佳话，后来成为汉武帝的文学侍从之臣。又东方朔，作有《七谏》《答客难》等篇，也是武帝的“宫廷供奉”。汉朝最早的赋作家以贾谊为最著，他的《吊屈原赋》《鹏鸟赋》都是抒写抑郁不平之作，最能表现个性。其他作家，如枚乘，以《七发》为代表作；扬雄以《甘泉赋》《羽猎赋》《长杨赋》等赋为最有名，但都是摹仿司马相如，没有创作精神；东汉除班固外，有张衡，他的《西京赋》，据说写了十年，颇有名；又蔡邕作有很多赋，以《述行》《短人》《释诲》等篇为最好。

汉赋大体上是宫廷文学，内容比《楚辞》低劣很多。形式上则堆砌辞藻，铺张事物，甚至把字典上的种种物名，尽量写进去（赋家多兼为字典编纂家），又喜欢用排偶句法，所以活泼的少，笨拙的多。这种文学的产生，是由于天下承平，君主想以文字来装饰太平，夸耀功德，并消遣闲暇，而用利禄奖励起来的。但因偏重形式，内容日益贫乏，魏晋以后，便很少好的作品，所以章太炎说，“自屈宋以至鲍（照）谢（灵运、惠连），赋道已极，庾信之作，去古愈远……赋之亡盖先于诗”。但六朝盛行的骈文，却是由赋蜕变而来的。

一〇五　乐　府

唐以前的诗被称为古体诗（唐人诗被称为今体诗或近体诗），古体诗又分为乐府与古诗两种。自汉武帝制定郊祀之礼，设立“乐府”——一个掌管乐歌的官署，以李延年为协律都尉，采诗夜诵——即征集民间歌谣及文人仿作的民谣，使延年领导歌唱，有时也制新歌曲，于是可歌的诗，称为“乐府”，其不可歌唱的诗，即称为诗，后世称之为“古诗”。汉以前，诗与乐不分，凡诗都是可歌唱的。汉时歌（乐府）与诗分开，而民间歌曲，却因此得以保存下来。后来凡文人仿作的民歌，或模仿古乐府而成但不能入乐的诗歌，也称“乐府”，或“新乐府”。

乐府虽然是武帝时设立的，乐歌则武帝以前老早就有，如汉高帝作《大风歌》，令沛中儿童百二十人歌唱，高帝好“楚声”，他的《鸿鹄歌》及唐山夫人的《房中祠乐》，都是“楚声”。武帝时既设立专官，又使司马相如等增制十九章之歌，又采集燕、代、秦、楚之民谣，采用箜篌、横吹等外国乐器，李延年又依胡曲而造新声，因此音乐大起变化，而乐府诗也由此盛行。但西汉到东汉初年，还是乐府的发生时期，到东汉末年及建安前后，方达全盛阶段，建安以后，则多摹仿之作，隋唐以后便逐渐衰落了。据郑樵《通志·乐略》载称，汉代制作的歌曲有《短箫铙歌》《相和歌》《郊祀歌》等十余种，每种有若干曲。相和曲中有《薤露》《蒿里》《陌上桑》《箜篌引》等，都采自民间，《陌上桑》及《箜篌引》歌词写得很动人。《郊祀歌》系邹阳、司马相如等文人作品。《短箫铙歌》是鼓吹曲，发声宏大，用于军中。东汉时乐府诗，如辛延年的《羽林郎》，繁钦的《定情诗》等，都很好。建安时代魏武帝、魏文帝及曹子建的乐府诗，如《短歌行》《燕歌行》《秋胡行》等，充满了颓丧的人生观。南北朝时，乐府又产生了许多新歌新曲。南朝的以《华山畿》

《子夜歌》等民歌最为流行，属于柔婉的“清商乐”。北朝乐府是刚健的胡声，歌词也比较质朴，有《琅琊王歌》《折杨柳歌》《捉搦歌》《陇头流水歌》等。

宋朝郭茂倩所编《乐府诗集》，所收歌诗，上自陶唐，下迄五代，其中有许多并不是乐府，但真正的汉魏乐府，亦可在这部集子中去找。

一〇六　五言诗

汉魏六朝间的诗，多半是五字一句的，而建安（汉献帝年号）时代，五言诗的创作尤其丰富而优美（因《昭明文选》内多五言诗，人们便称之为“选体”）。五言诗发生于汉，和乐府不无关系，如李延年之《北方有佳人》，蔡邕之《饮马长城窟行》，蔡琰之《胡笳十八拍》，无名氏之《孔雀东南飞》，以及前述的《羽林郎》《陌上桑》等篇，大致都是五言。但一般人多认李陵与苏武唱和诗是五言之祖，又有以《古诗十九首》为五言起源的。而作者是谁及在什么年代，则难以确定。五言诗虽不能确定创于何人，而起源于西汉，则无疑义。到东汉时，五言诗作家有班固，张衡，傅毅，徐淑、秦嘉夫妇，蔡琰（文姬）等。建安时代的主要作者是曹操、曹丕、曹植三父子，其次为孔融、王粲、徐干、陈琳、阮瑀、应玚、刘桢，号“建安七子”。在这些作家中，天才卓越的是陈思王曹植，他的作品著名的有《美女篇》《七哀》《名都篇》《白马篇》《驱车篇》《弃妇》诸篇。其余二曹，所作亦佳。七子中诗的佳作不多，只有陈琳的《饮马长城窟行》最为世人称道。建安时代的诗，除五言占主要部分外，也有四言（如曹操的《短歌行》）和七言（如曹丕的《燕歌行》）的。四言诗只是《诗经》形式的残余，七言诗则是一种新形式的创始（汉武帝建柏梁台落成，曾有七言诗的联句之作，号称柏梁体，但诗的内容不及魏文帝的好）。

建安时代的作风，渐渐由朴质而转向浮华，颇着重音节和词藻的美丽，已经开辟了六朝唯美主义的道路。直接继承建安风格的有阮籍（以《咏怀诗》著名）和嵇康，他们是所谓正始（魏主芳年号）文学的中心人物，同时又属于西晋的"竹林七贤"（七贤除阮、嵇外，还有山涛、向秀、刘伶、阮咸、王戎，都是清谈派文士）。西晋太康（武帝年号）时期的诗人还有三张（张载、张亢、张协）、二陆（陆机、陆云）、二潘（潘岳、潘尼）、一左（左思，字太冲，以咏史诗著名，又作《三都赋》，费时十载）等。他们虽然继承建安的传统，而风格已变，大都词旨浅薄，偏重对仗排偶的技巧。到南北朝时，风格更趋淫艳了。

一〇七　陶渊明与南北朝诗

东晋及南北朝的诗，形式上仍然是继承汉魏的体裁，以五言古体诗为主，七言古体诗次之，到最后才孕育了"律诗"的萌芽。风格则一天天走向纤巧艳丽。只有东晋末年的陶潜，是一个伟大的诗人，他的作风特别不同。东晋在陶潜以前，还有两个诗人，刘琨和郭璞，郭的《游仙诗》尤其著名，但都比不上陶潜。陶潜，字渊明，世称靖节先生，他不大高兴做官，乡居以诗酒自娱，与周续之、刘遗民并称为"浔阳三隐"。所作诗多以田园生活为题材，形式上不讲雕琢，风格恬淡自然，但也往往有深情的寄托，他的诗如《归园田居》《读山海经》《饮酒》《咏荆轲》等篇，都为人称道。渊明又长于辞赋，有《归去来兮辞》《闲情赋》等作。在陶潜以后不久，有诗人谢灵运（谢玄之孙，袭封康乐公），也喜欢歌咏自然，人们将他和陶潜并称（他们的诗称陶谢体），又称陶为田园诗人，谢为山水诗人，其实谢的诗不脱六朝习气，远不及陶诗的自然。后来唐朝有几个喜欢歌咏自然的诗人，孟浩然、王维（字摩诘）、储光羲、韦应物（做过苏州刺史）、柳宗元（字子厚，做过柳州太守），都是学陶诗的。

谢灵运与颜延之、鲍照（字明远）为宋元嘉（宋文帝年号）体的代表作家。灵运与其弟惠连都有文名，时人称为大小谢。灵运又与齐之谢朓（字玄晖，曾做宣城太守）并称为大小谢（灵运是大谢）。谢朓是齐永明(齐武帝年号)体的代表人物。齐武帝第二子竟陵王萧子良，好作诗，他所结纳的诗人有谢朓、任昉（字彦异）、沈约（字休文）、陆倕、范云、萧琛、王融、萧衍等，号称“竟陵八友”。萧衍后来做了皇帝（梁武帝），那八友又是梁的诗人，因此有所谓“齐梁体”的名目。梁代君主都是文学家，简文帝特别以艳诗著名，号称“宫体”。此外，还有江淹、何逊、吴均也是梁的名作家。梁代诗的形式，渐渐注重声调格律，而风格则日益卑下，到陈代，作风更趋于轻靡，著名诗人有徐陵（字孝穆）、阴铿、庾信（字子山）等。徐陵选辑汉魏六朝的艳体诗十卷，名《玉台新咏》，于是有“玉台体”的名称。以上都是南朝诗人。

北朝诗人较少，仅北魏的温子昇、魏收、邢邵稍著名，世人以温邢并称，又有“大邢小魏”之号，庾信渡江仕于北周，又有南徐北庾之称。隋朝统一南北，诗人有隋炀帝及薛道衡、杨素、虞世基、王胄等，仍上承徐庾的作风．但亦有豪健的作品，风格开始转变了。

南北朝时有女作家苏蕙，以回文诗著名。又，民歌中《子夜歌》为女子名子夜者所作。此外，谢道韫也是一女诗人（按：谢道韫为东晋人）。

一〇八 唐 诗

唐朝是旧诗的黄金时代，各种诗体都具备，各种风格都有。除继承了前代传统以外，还创造了所谓近体诗。诗人非常多，而且产生杜甫、李白两个数一数二的大诗人。所谓近体诗，就是“律诗”。律诗的特点，是要调平仄，讲对仗的。有五言律、七言律两种，都是以八句为一首，每两句为一韵，首句也有时叶韵，中四句必须做成两个对联，也有全部都对的。又有所谓“绝句”，是截取律诗的一半，有七绝、五绝两种。六朝时阴铿、何逊、徐陵都作过五言律，但没有确定为一种格式，这到唐朝沈佺期、宋之问才确定。唐代诗人除作近体诗外，还作古体诗——五言古诗，七言古诗——都是两句为一韵，句数多少不定，平仄对偶都没有限制，每句字数也可变动。唐诗有初、盛、中、晚四个时期的分别。初唐期约一百年，代表作家有王（勃）、杨（炯）、卢（照邻）、骆（宾王）“四杰”，及沈（佺期）、宋（之问）等，是继承陈隋绮艳作风的，又有陈子昂、张九龄，是主张素朴的风格的，可说是盛唐作风的先驱。这一时期中，成立了五、七言律，发生了五、七言绝，又产生了“排律”（扩大律诗的篇幅，任意增加对联句若干韵），诗体已很繁富。

盛唐及中唐可当一个时期看，自开元、天宝（都是玄宗年号）以至大历（代宗）、元和（宪宗）、长庆（穆宗）间，约百余年，是唐诗成熟时期。代表作家除李、杜外，有王维、孟浩然、高适、岑参、韦应物、韩愈、柳宗元、孟郊、贾岛、李贺、元稹、白居易等。王、孟、高、岑并称为“四唐人”。

王、孟长于歌咏自然，高、岑长于描写边塞战争生活。写边塞的诗人还有王昌龄、王之涣，昌龄有“诗天子”的称号。韦、柳风格近于王、孟。韩、孟（郊）、贾、李，格调奇僻，批评家有“郊寒岛瘦，长吉（李贺）鬼才”的考语。元、白是中唐健将，白居易（字乐天，号香山居士）尤其重要，他的讽喻诗最能深刻地反映现实，而又写得通俗，最为人爱读的有《秦中吟》及《新乐府》中的《新丰折臂翁》等篇。元稹（字微之）的《连昌宫词》与白居易的《长恨歌》，都是写天宝史事的名作。除元、白外，中唐诗人尚有刘长卿，是权德舆称为“五言长城”的。有刘禹锡（字梦得），取巴渝民歌，改作《竹枝词》，白居易等仿作，都不及他的原作。晚唐期诗人以温庭筠（字飞卿）、李商隐（字义山）为代表，其名作都是艳诗，又有陆龟蒙、皮日休等人，专作浅近的诗，词浅而意也不深，只有杜牧（字牧之，世称小杜，对杜甫来说）诗，艳中有豪气。温李诗，宋初杨大年等学它，称为“西昆体”。又，温李及另一诗人段成式俱排行十六，他们的诗又称“三十六体”。此外有一韩偓，也写艳诗，叫“香奁体”。晚唐可说是唐诗的衰落期。

一〇九　李白、杜甫

李白字太白，贺知章称他为“谪仙人”，后世因此叫他“诗仙”。他为人豪放不羁，颇有道家神仙一派的思想，当开元、天宝的盛世，为宫中供奉之臣，作品充溢着浪漫情调，不大受形式拘束。他在沉香亭即席赋《清平调》三章，歌咏杨贵妃，是有名的香艳诗。他又会写边塞风光，会拟古乐府，有些诗又充满了厌世观念（如《将进酒》），恰恰反映着颓废的贵族生活。

杜甫字子美，号少陵，遭逢安史之乱，过了多年的逃难生活，他的思想不如太白的超脱，所以作品能深刻的反映现实，如《北征》《述怀》《三别》《三吏》等，都是写内战时期民众愁苦的惨况，《石壕吏》一诗尤为世所称诵。晚年定居成都，风格转为闲适，所写的作品特别多。因为他有关心国计民生的热情，所写时事的诗特别动人，所以人家称他为“诗史”。又称为“诗圣”，则因为他的诗，无论形式内容，都有很高的造诣，他的造诣是从学问修养与生活实践而来，不是仅凭天才。

李、杜两大诗人，各有特殊的个性，各自反映一种时代背景，李白可说是六朝以来浪漫主义发展的最高峰，杜甫则是写实主义的开创者，后来白居易的诗，也是写实主义的。

一一〇　唐以后的重要诗人

唐以后的诗人很多，但他们的诗为唐诗的旧形式所限，很少新的发展，现在只说说最重要的几个人。（一）北宋的苏轼（字子瞻，号东坡居士）、黄庭坚（字鲁直，号山谷，为“江西诗派”之祖），南宋的陆游（号放翁，诗集名《剑南诗稿》），是宋时最大诗家。苏、黄以前，有林逋，以梅花诗著名，有杨亿、刘筠等，著有《西昆酬唱集》，有苏舜钦、梅尧臣，则以简淡高古之体，矫正西昆之浓艳。苏东坡诗学陶潜、李白，黄山谷则学杜甫。山谷与晁补之、秦观、张耒四人，被称为“苏门四学士”（或四君子）。师承山谷者则有陈师道、潘大临等。即陆游的诗也是从“江西派”变出来的。陆氏与尤袤、范成大、杨万里，号称“四大家”，四人中只有陆的作品，富于情感，又能写实，表现强烈的民族意识，陆游以后有所谓“四灵”（徐灵晖、徐灵渊、翁灵舒、赵灵秀）及严羽。尤可注意的是宋末的遗民诗——郑思肖、邓牧、谢翱及其他无名作者，诗集二卷，名《谷音》，慷慨悲歌，情感真挚。（二）辽金元明数代，没有一个伟大诗人，勉强算数的，则有金的元遗山（名好问），元的虞道园（名集，与杨载、范梈、揭傒斯合称“四大家”）、杨铁崖（名维桢，号廉夫，著有《西湖竹枝词》），明的高启、袁凯（以《白燕》诗著名，人称为袁白燕）等。（明代标榜名义的很多，如刘基代表越诗派，林鸿代表闽诗派，孙仲衍代表岭南诗派，孙蕡代表江右诗派，再加以高启代表的吴诗派，称明初五诗派。永乐中有杨士奇、杨荣、杨溥，号称“三杨”，所作诗称“台阁体”。因三杨诗太浅薄，就有李东阳首倡复古，其后继续复古运动的又有“前七子”“后七子”。前七子以李梦阳、何景明为主，后七子以李攀龙、王世贞为主。前后七子之间又有王慎中、唐顺之一派。复古运动没有什么成就，于是又有袁宗道的“公安派”，钟惺、谭元春的“竟陵派”相继发生，力求形式上的解放，但同样没有成就。）（三）清朝诗人，初期有钱谦益（牧斋）、吴伟业（梅村）——钱、吴与龚鼎孳合称“江左三大家”——王士祯（渔洋山人）、施闰章、宋琬（号称南施北宋）、查慎行、朱彝尊（朱与王士祯号称南北二大宗）等，以渔洋为最著名，他是主张诗贵神韵说的。清中叶有袁枚（他是提倡性灵说的）、赵翼、蒋士铨（以上三人称“江右三大家”）、沈德潜、翁方纲、黄景仁、厉鹗等。清末有龚自珍、陈三立等，号“同光派”，其诗重骨格而少生趣，其后“南社”诸人的诗，以民族主义为主题，比较有内容；黄遵宪以新名词入诗，则形式上也开始解放。

一一一　词

词是可以歌唱并和乐器配合的韵文，句法长短参差，不像诗那么整齐，并且由于文句的长短多少，构成多种的形式，比诗的体裁要丰富些。当唐朝诗的发展达到极点时，词已开始产生，这一新形式的文学，到宋朝更成为一代文学的主潮。词的种种牌子，都由乐曲而定，因为唐时输入了中亚细亚及印度以及朝鲜等地的外国乐曲，加以新声的创制，乐谱日益繁富，文人有研习音乐的，于是将诗句变换，以迁就乐谱，凡过去在五、七言绝句中所插的散声（是插在字间的）、和声（是插在句间的），都填以实字，这就叫填词。填词就是产生词的起源。李太白的《菩萨蛮》与《忆秦娥》两词，据说是最初的词，唐朝人继起作词的不少，但所作的都是短词，即所谓“小令”。那时候诗词还没有划分界限。晚唐及五代时，词才正式成立，赵崇祚把当时的词辑成《花间集》，共得五百余首，就是最早的词集。到宋时，于小令，及较小令略长的中调以外，更添长调，词体非常完备，作者如林，作品尤多绝唱，是为词的全盛时代（明毛晋编《宋六十名家词》九十卷，搜罗颇完全）。

词的初起时，多半是艳情或哀怨之作，用字有时很通俗，大概都是拿民间情歌改编的，或者仿情歌体而创作的。后来宋人创制长调，把篇幅加长，又有许多不懂歌唱的文人来写作，就把那作风改变了。在形式上，宋代的词有些散文化，或非形象化（议论）的，在内容上则有豪放派的产生。

宋代以下，词的全盛时代已过去，虽一般文人高兴填词，其中也有佳作，但都不能超过宋朝，并且渐与音乐分离，所谓依谱填词，完全成了一种无意义的形式功夫，而那种字数、平仄、韵脚的限制，徒然给文学创作以重重束缚罢了。

一一二　重要词人

晚唐温庭筠才开始于诗外另有词的创作，可说是第一个词人。五代时著名词人颇多，以南唐后主李煜为最伟大。李后主初期作品是艳情的，后期作品则为亡国哀怨之声，最为世人所激赏，如“四十年来家国，三千里地山河……最是仓皇辞庙日，教坊犹奏别离歌，垂泪对宫娥”“春花秋月何时了，往事知多少……”诸词，都极凄婉。南唐中主李璟，词亦作得好。此外，冯延巳也是南唐词人。除南唐外，西蜀也是词人产地，如前蜀的王建、王衍，后蜀的孟昶，都以国主而兼作家，其他作家以韦庄为最著名。

北宋词人可分四期说。开始是小词或令词时期，有晏殊、欧阳修、晏幾道等。次期为慢词（字数较多，即长调）时期，有柳永、秦观等。慢词是柳永收俚俗语言，依新乐曲编成的，后来发展而成“诗人词”，主要作者有苏轼、黄庭坚等。而精于音律作曲的“乐府词”人，则有周邦彦、李清照等。南宋也分两期。前期有朱希真、辛弃疾、陆游、刘过、刘克庄等，是现代人们所谓白话词派的作者；后期的姜白石、高观国、吴文英、史达祖、蒋捷、王沂孙、周密、陈允平、张炎等，则属于乐府词派。两宋词人，从风格上分，又有婉约词派（又称南派）

与豪放词派（又称北派）的分别，前者以姜白石为代表，后者以苏轼、辛弃疾为代表。又柳永与苏轼的作风，也是哀婉与豪放的对比，当时人批评说，柳氏的“杨柳岸，晓风残月”，宜十七八少女唱，苏氏的“大江东去”，须关西大汉唱。辛稼轩（弃疾）以军人而兼词人，多感时伤事之作，与东坡齐名，世并称“苏辛”。宋代有两大女词人，一个是写“莫道不销魂，帘卷西风，人比黄花瘦”的李清照，号易安居士，著有《漱玉词》，一个是写“月上柳梢头，人约黄昏后”的朱淑真，著有《断肠词》。北宋词人周美成（即邦彦），号清真，深通音律，他的《清真集》成为后人模仿的准则，南宋姜夔（著有《白石道人歌曲》）、吴文英（号梦窗）、周密（号草窗）等也受美成的影响，白石及草窗，喜欢雕辞琢句，引用典故，又有典雅词派之称。元明以后，词的时期过去，清朝词人虽多，可注意的只有纳兰性德（容若），他的词缠绵婉转，颇似南唐后主，其作品有《饮水词》《侧帽词》等。

一一三　散　曲

词发展到南宋，完全成了少数文人的消遣品。而且因为偏重形式的雕琢，便是文人想要表现真挚的情感，也不愿意再受它的束缚了。因此到了元朝，词衰落而曲盛行。曲是戏剧，它的产生是由于唐宋时民间已有简单的歌舞表演和歌舞戏，金国又产生了歌唱兼说白的董解元《西厢》，元朝人将歌唱、说白和动作（舞）合起来，表演故事，便形成了戏剧。戏曲以外，同时还有“散曲”。戏曲是表演故事，“散曲”却是单纯的诗歌，不过和词有些不同，它比词近于口语一些，又适应北方民族输入的新音乐，是仿照戏剧中唱词的体制而作的。当时文人不愿意受词的格律的拘束，于是便从大众文艺中采取了这种新的诗歌形式。“散曲”的代表作者为张可久（小山）、乔吉（梦符）、关汉卿、白朴、马致远（东篱）、郑光祖等。马的作风豪放，其余则都属于清丽一派。马有《天净沙》一曲，题目是《秋思》，很著名，全文如下：“枯藤老树昏鸦，小桥流水人家，古道西风瘦马。夕阳西下，断肠人在天涯。”明清两朝，“散曲”作者也不少，但因为逐渐趋重于音律与辞藻，所以元曲的精神便不能保持下去。

第十一章　散文和骈文

一一四　散文和骈文的分别

上一章所说的诗赋词曲，都是韵文，现在来讲非韵文。非韵文有散文和骈文的分别。散文的句法，长短不齐，比较接近于口语的组织，骈文的句法，要排比齐整，字义虚实相对。例如“老当益壮，宁知白首之心；穷且愈坚，不坠青云之志”，以一双四字句及六字句，两两相对，这就是骈文，其他不属于这种形式的普通文章，都是散文（郑振铎《文学大纲》，骈文也叫散文，将散文分为古骈二体，这个散文是现代意义的，对诗歌、小说、戏剧说的）。骈是对偶的意思，骈文句法常常以四字句、六字句相间成文，所以又称四六文，但一般骈文家对于骈文的定义，比较广泛，他们认为骈文包括“骈字”“骈句”“骈意”等形式，不仅四六文而已。所谓“骈字”就是两字重叠而成的语汇，例如“窈窕”“参差”“苗条”“流离”“关关”“夭夭”等，或则是双声相重，或则是叠韵相重，或则是同字相重，如果不重叠，音节就不明显，说起来就不好听。所谓“骈句”，不仅包括四六句，就是其他的排句也包括了，例如“城非不高也，池非不深也……”，这也算是“骈句”。至于“骈意”，则凡文字有几层意思，分数段平列写出的，都包括了。这样一来，不但韩柳欧苏那些散文大家的文章脱不了骈文的范围，便是白话文也有许多是骈文了。这个过于广泛的定义，我们不能赞同，我们认为，骈文虽不限于四六，但句法整齐，字义虚实相对这两个原则，必须具备，才算是骈文，例如“八股文”“对联”，都合于这两个原则，都可以算作骈文。至于其他的骈句，就不能叫骈文，骈字及骈意，更不能作为骈文的特点。清朝骈文大家阮元，曾著《文言说》一篇，说《易经》上的《文言》篇是骈文，作《文言》的孔子是骈文的老祖宗，他这样吹骈文的牛皮，来提高骈文的地位，自不能不采用极广泛的定义。但近人章太炎氏也主张同时述多人多事的文字，须用骈体，这个见解，就上了骈文家的当了。再说散文，自唐朝以来，一般散文家多半又叫它做“古文”，这个名词也很容易使人误会，因为我们看起来，过去的文章。无论骈文散文，都可以算作古文。但是你只要看清楚唐朝散文家的文体革新运动的时代背景，便不至于误会，因为唐朝承继六朝之后，骈文盛行，初期文学家如王勃等，都是骈文大家，就是中唐以后，刘知幾作《史通》，陆宣公写奏议，也都用骈体。那么，韩愈等想要改革当代文风，当然就不得不倡言回复到汉魏以前、司马迁时代去。所谓“古文”运动，其实并不是复古，而是带有浓厚的革新性。再则散文这个名词，过去和现在也不尽相同，现在的散文，只是抒情小品，不能包括小说，更不能包括文学以外的论说文，但过去所谓散文，是可以包括这些文字以及非骈体的应酬文的。不过依照古文家的“义法”，就有一部分文字，如语录体及报馆体的文言，应被排除于散文之外，至于白话文的不能算作文学，更不待说。

一一五　散文与骈文的分合

清朝文坛（如刘开、曾国藩等）有一种骈散统一的理论，认为汉魏以前文字，本来骈散不分，魏晋以后，骈散分离，唐宋以后，骈散对立，相互攻击，其实骈散二体，各有所长，亦各有所短，骈文有韵律辞藻之美而不免流于板滞晦涩，散文有擒纵开合之妙而不免过于质直枯燥，为什么不回复汉以前的文体，骈散兼行，用其长而补其短呢？章太炎氏也属于骈散折衷派，所以他说：“凡简单叙一事，不能不用散文，如兼叙多人多事，就非骈体不能提纲。以《礼记》而论，同是周公所记，但《周礼》用骈体，《仪礼》用散体，这因事实上非如此不可的。《仪礼》中说的是起居跪拜之节，要想用骈也无从下笔。”照他们这种讲法，自然可以使骈文散文争文学正统的问题得一个解决，但非用极广泛的骈文定义不可。如果照我们所采的骈文定义，则骈文是六朝产生的，周秦汉的文字，不过是散文中间有排比的句法，或韵语，或连续数节文字的结构偶然相类似，这与后世骈文不同。古代文书流传困难，常常要凭口耳相传，所以有可能把句子弄整齐些或做成韵语时，古人必定这样做，以便记忆及传诵，但这种构造并无一定格式，决不能和四六文或八股文相提并论。后世讲古文义法的，反对在散文中夹入骈语，虽然似乎太苛刻，但他们所指，还只是魏晋六朝人藻丽俳语，并不反对采用周秦文体，可见骈散的分离与对立，都是由狭义的骈文即六朝文所酿成，而不是散文家故意与一切偶句韵语作对。总之，当唐宋散文运动起来反对骈文的时候，散文运动是革新的进步的。但明清古文派把散文弄成一种空洞的形式，所以应有又一新的解放运动产生，这运动不是骈文派所能担任的，“选学妖孽”不能救济“桐城谬种”，它们双方都待“白话文学”来清算。

一一六　周秦汉的散文

文学的产生从诗歌开始，所以汉以前的纯文学只有诗歌，至于散文，则都是记事说理的实用文，其中文学优美的，可看作杂文学。梁刘勰《文心雕龙》认为五经是后世各种文体的根源，北齐颜之推所作《颜氏家训·文章》篇也说文章源出五经，韩愈、柳宗元一直到曾国藩，又都崇奉五经为古文的模范。照现在文学观点看，五经只《诗经》是纯文学，其他都是史书或卜筮之书，其中间包含了一些谣谚、故事或小品文，故仅可视为杂文学。经书以外，谈哲理的诸子，也被人当作文学书，特别是《庄子》，包含许多寓言，最为人们所推重。《战国策》一书，是纵横家的文章，以议论文而掺入许多故事譬喻，又有抑扬顿挫，为后世论说文的初祖，这可说是策士文学。在历史文学中，《尚书》时代较早，文体特别古奥，后来改为之乎者也的文体，就是改用当时口语的白话文运动，可说是古代的文学革命。《尚书》以后，《左传》及《国语》是历史文学中的早期佳作，汉朝则有西汉司马迁的《史记》和东汉班彪、班固、班昭（彪系固之父，昭系固之妹）陆续写成的《汉书》。哲理文学除《庄子》外，《论语》是孔门言行录，颇有文学意味，还有《荀子》《老子》《孟子》等，亦被后人推重，但《孟子》近于策士文，《荀子》则文章平实，更少文学意味。汉朝则西汉董仲舒、扬雄，东汉王充都写了很多的哲学散文，但只扬雄有文学天才。策士文到汉朝变成了辞赋与疏表论议之文，辞赋前章说过，疏表论议，如邹阳《上梁王书》，贾山的《至言》，贾谊的《治安策》《过秦论》（论秦朝的过失），晁错的论政治书，仍然有周秦文纵横驰骋的作风，又如董仲舒的《天人三策》，公孙弘的《贤良策》，主父偃的《谏伐匈奴书》，则作风变得平实了。西汉散文家除上述邹、贾等数人外，还有淮南王刘安、东方朔、刘向（著《新序》《说苑》《列女传》）、刘歆（著《七略》），而以司马迁为最伟大。东汉散文家还有蔡邕，而以班固为最著名。可是东汉的散文，形式渐趋于整齐，内容不及西汉文的生动，已经开了六朝文的端倪了。后世散文家推重司马迁为第一大作家，因为他所作的《史记》有三种特色：（一）富于情感；（二）善于描写人物；（三）文字不古奥（引用《尚书》等古史，都翻译成为当时通行的文字），并且采用俗语方言。

一一七　六朝文

三国时的吴，晋时的东晋，南北朝时的宋、齐、梁、陈，都建都金陵，偏安江左，称为六朝。六朝在江南风物秀丽的地方，士大夫习惯了浮华奢靡，在文学上于是形成了唯美主义的骈文时代。这一时代虽以六朝为代表，其实应当包括三国两晋南北朝的全部。而所谓标准的六朝文，即骈文，在三国两晋时，还没有完全成熟，应当以南北朝为中心。在骈文初起的三国两晋时期，有几个可注意的散文家，即写《前出师表》《后出师表》的诸葛亮，写《陈情表》的李密，写《归去来兮辞》（这是韵文）、《桃花源记》的陶潜，写《兰亭集序》的王羲之。南北朝也有几个散文家，如写《水经注》的郦道元及写《洛阳伽蓝记》的杨衒之。著名的骈文作家，是南朝的谢灵运、颜延之、沈约、任昉、徐陵，北朝的温子昇、邢邵、庾信、王褒等，而徐、庾尤其是六朝文的最高峰。在骈文时代，无论什么文章，如论说、书信、辞赋，通通用骈语写成，汉朝的赋，到这时候也变成了骈语的小品文。最著名的作品，是鲍照的《芜城赋》，梁元帝的《荡妇秋思赋》，江淹的《恨赋》《别赋》以及庾信的《枯树赋》《小园赋》《哀江南赋》等。就集骈文大成的徐、庾二人说，庾信的地位更高，因为他以南人而寄迹北朝，常有乡关之感，所以《哀江南赋》诸作，哀感动人。六朝文在唐朝初年，还足以支配文坛，著名作家为王（勃）、杨（炯）、卢（照邻）、骆（宾王）四杰，王以《滕王阁序》著名，骆以《讨武曌檄》著名。又燕国公张说及许国公苏颋，也是骈文能手，其文章号称“燕许大手笔”。

骈文时代的文艺思潮，是唯美主义的，艺术至上主义的，沈约提倡“为文必协宫商”，即注重音调之美，梁昭明太子萧统所编的《文选》，选文标准也只注重形式美，他在序文中说“事出于沉思，义归乎翰藻”，才可以算“文”。当时以骈文为“文”，诗为“文”，散文为“笔”，从“文”“笔”两个名词，也可以看出轻视散文的心理。这种唯美主义的产生，是由于魏晋玄学清谈派颓废思想的流行，超现实的佛教思想的输入，汉魏辞赋传统作风的发展，各种因素汇合而成，而胡骑南侵，政治上苟安江左，没有打开出路，更是促成这种思潮的要因。

一一八 唐宋八大古文家

骈文及古文两个名词都是唐朝文学革新运动中产生的。所谓唐宋古文八大家是明朝人所选定，唐占两家，即韩愈、柳宗元，宋占六家，即欧阳修、王安石、曾巩及三苏（苏洵及其二子苏轼、苏辙）。古文运动的主帅是韩愈（字退之，世称昌黎先生），后世说他“文起八代之衰”，八代系指东汉、魏、晋、宋、齐、梁、陈、隋。古文运动的产生，系因唐朝政治稳定以后，经济发展，社会事态趋于复杂，专讲形式之美而内容贫乏的骈文，不能适应客观的需要，加以佛学的输入，引起儒家的哲学兴趣，而经义注疏之学，又因政府提倡而兴起，这些说理或解释的文字，也不是呆板浮华的骈文所能担负。自东汉以至唐初，文学一天天向形式美方面发展，最后完全成为风云月露的文字游戏，与现实脱离。韩愈提倡古文，以“文以载道”的口号（这口号到后世变成了道学气的文学观念，妨害纯文艺的发展），打击唯美主义的文艺理论，并且以继续先秦、西汉的传统为号召，但他并不是主张制造假古董，曾提出“唯陈言之务去”的原则。实际上所谓古文，只是从骈体解放出来的自由活泼的散体文字，这种形式的解放，在北周时即已萌芽，如苏绰用朴素文笔作《大诰》是，后来隋文帝也下诏禁止浮艳文字，提倡实录，唐初陈子昂及李华等也是不满意骈文，并作过散文的，到了韩、柳时代，古文运动便成熟了。就韩、柳两人的文章看，韩的纯文学作品较少，论文较多，作风雄浑奔放，其抒情散文如《祭十二郎文》等亦甚好；柳的山水游记及寓言（如《郭橐驼传》《梓人传》《三戒》等）都是很好的散文，写得精致隽永，大约是受了《山海经》（周秦时记载传说故事的书）及《水经注》（北魏郦道元作的，描写风景很有趣致，为骈文时代的优秀散文作品）的一些影响。唐朝古文运动的人物还有李翱、张籍、皇甫湜等，作品不及韩、柳的好。宋朝第一散文作家是欧阳修，他的《泷冈阡表》《释惟俨文集序》《苏氏文集序》《江邻几文集序》《梅圣俞诗集序》《释秘演诗集序》《岘山亭记》等篇，都是很好的抒情之作。其余五大家，都是欧阳提拔出来的，但他们很少作文艺的散文，其中苏轼的作品比较好，但仍以论说文为多。三苏都长于论说，承继纵横策士的传统。苏轼最喜欢研究《孟子》《庄子》《檀弓》（《礼记》中的一篇），苏洵喜欢研究《战国策》及《韩非子》，当然受它们的影响。除这数人以外，柳开是宋朝古文运动最早的一人，其后又有苏舜钦等，至于文章做得好的，还有司马光、范仲淹等。宋朝还有程、朱等理学家的"语录"文字，用白话写的，明朝王阳明的《传习录》也仿这种体裁，后人称为"语录体"，这种文体原系佛家所创，古文家嫌其浅俗，相戒不采用。

一一九　明清两代的古文家

宋明间散文作者很少，只有金的元好问颇为有名。明清两代，散文作者很多。明初期有刘基、宋濂、王祎、方孝孺。稍后有三杨，所作文称台阁体。因台阁体凡庸肤浅，而有李东阳及李梦阳、何景明的两次复古运动。东阳主张复唐宋的古，李、何则主张复秦汉的古。后来有唐顺之、茅坤、归有光继起。顺之编印《唐宋八大家文钞》，茅坤更就唐氏所选之文加以圈点与批评。有光更进而评点《史记》，讲求所谓古文义法，替清朝桐城派开了一条路。归有光等对前后七子的复古运动不加赞同，另有徐渭（字文长），文章别具风格，理学家王守仁，文亦另成一家，都不附和七子。后来又有所谓“公安派”与“竟陵派”。公安派的代表人物是公安人袁中郎（名宏道）及其兄伯修（宗道）、弟小修（中道），世称三袁，作风幽怪诡异，浅俗诙谐。竟陵人钟惺（字伯敬）、谭元春认公安体太浅率，故意创造孤僻的文体，号竟陵体。近年新文艺家中的幽默派林语堂氏等，以“公安”“竟陵”的小品文为号召，创为一种文白夹杂的文体，喜插说俏皮话，其实这两派文学在文学史上并不怎样有地位。明朝的散文作家，只有归有光是举世公认的代表人物，他最长于写家庭生活，代表作品有《先妣事略》《思子亭记》《项脊轩志》《见村楼记》《野鹤题壁记》等。

清朝初年有几个作家，如王猷定、魏禧、侯方域等，因有明朝亡国之恨，写的散文颇动人。魏、侯二人与汪琬，世称“清初三家”，但汪琬是清朝的官，立场不同，文字亦不及魏、侯。其次为钱谦益、吴伟业、龚鼎孳，虽号称“江左三大家”，文颇华而不实。此外还有彭士望、邵长蘅、施闰章、姜宸英、朱彝尊等，散文也都有名。清朝中年的文坛，几乎为“桐城派”所独占。桐城派的名称产生于姚鼐（姬传）的时候，但它的历史是从方苞（望溪）开始。方苞是安徽桐城人，他讲求古文义法，写的散文平正温雅有条理，后来他的同乡刘大櫆、姚鼐继承他的作风，于是当时有“天下文章在桐城”的话。姚鼐是桐城派大师，他的文章以韩愈为初祖，而认归有光与方苞为近世模范，当他主讲钟山书院时，著名弟子有管同、梅曾亮、方东树、姚莹等，都学他的文章，并且将所学的传授门徒或朋友，因此桐城派文人到处都是。清末曾国藩也学习桐城派文章，但略有变化，后来还有吴汝纶、黎庶昌、薛福成以及译著家严复、林纾等（严氏文章比桐城派更古奥），继承桐城派。在清代中期和桐城派相对抗的还有“阳湖派”，以阳湖人恽敬为领袖，还有张惠言、李兆洛等数人，其势力不及桐城之盛。这派也是受桐城派的影响而产生的，和桐城主张没有不同之处，作品也差不多。可说自清中叶以至民国初年，大部分的散文作者都受桐城派的支配。但后期实在是曾国藩的影响。

一二〇　所谓古文义法

桐城派讲古文义法，系受唐宋人理论，特别是明朝人评点古文的影响。方苞曾说语录中之语，汉赋中板重字法，魏晋六朝人之藻丽俳语，诗歌中隽语，南北史佻巧语，皆不宜入古文，这就是消极方面的义法。姚鼐编了一部《古文辞类纂》（王先谦、黎庶昌各编有《续古文辞类纂》），他在序文中间说：“凡文之体类十三，而所以为文者八，曰神、理、气、味、格、律、声、色。神理气味者，文之精也；格律声色者，文之粗也。……学者之于古人，必始而遇其粗，中而遇其精，终而御其精者而遗其粗者。”刘大櫆说：“文多寡短长抑扬高下，无一定之律，而有一定之妙，可以意会，而不可以言传；学者求神气而得之于音节，求音节而得之于字句，则思过半矣。”姚、刘所说，是积极方面的义法。曾国藩更说得清楚，他认为作文以“行气”为第一条件，其次为“造句”，再次为“选字”，至于这三件事的标准则有两个，一是要“雄奇”，一是要“古雅”。他又指出三个条件的连贯性，说“未有字不古雅而句能古雅，句不古雅而气能古雅者；亦未有字不雄奇而句能雄奇，句不雄奇而气能雄奇者”。我们再从古文评点家所指出的古文笔法看，在篇章结构或修辞上有所谓起、承、转、合，有所谓起、伏、照应，有所谓抑、扬、顿、挫，并且定出了许多公式。章太炎是鄙视唐宋古文及桐城派，而提倡魏晋文的，但他的“古雅”主义比姚、曾还彻底，他写字必依《说文》，曾说作古文方法，是将可以省略的字尽量删削或改用最简单的字，最后必得高古的句法。这种种的义法，都是束缚人们的思想情感，使之不能自由发挥的桎梏，特别是因为近代社会事态的空前复杂，与欧美学术的输入的缘故，非打破古文义法的重重限制，采用活泼自由的文体，不能适应事实上的需要。古文在唐朝，原本是一种新鲜活泼的文体，但发展到桐城派，又变成了一种形式主义的僵硬物，成为文学革命的对象了。（按：曾国藩也说过“古文不宜于说理”。）

一二一　骈文的标准化及其支流

六朝时的骈文，形式不是固定的，是在变化发展过程中的，所以尚有雅丽自然的趣致。到唐朝时候，政府以诗赋取士，朝廷章奏也用骈体，于是骈文就定型化了，在声律上，对仗上，都有一定的规则，用典故的地方特别多，所以唐宋以后的骈文，比得上六朝文的很少。在唐朝，最可注意的是陆宣公（贽）的奏议，用骈偶的旧形式，写政事的新内容，而能够详尽畅达，不露骈偶的痕迹，如他代德宗写的罪己诏，有“长于深宫之中，暗于经国之务……天谴于上，而朕不悟，民怨于下，而朕不知”等句，颇真挚感人，而流畅如散文。宋朝骈文开始有“四六”的名称，北宋的作家就是欧阳修和苏轼那两个古文家，南宋则有骈文专家汪藻、王安中、周必大、綦宗礼、洪迈父子等，诗人陆游、杨万里，理学名臣真德秀，也会作骈文。汪彦章（藻）为隆祐太后作告天下诏，有“历年二百，人不知兵，传序九君，世无失德。虽举族有北辕之衅，而敷天同左袒之心”及“汉家之厄十世，宜光武之中兴；献公之子九人，惟重耳之尚在”等名句。一般人认为，宋四六的特点是散文化，而且议论多，长联多，典故多。因为当时博学鸿词科考试四六，有“以一联之工，擅终身之官爵”者，所以作者很多。明朝不大盛行普通的骈文，但考试用的“八股文”也是骈文的一支派。清朝除八股之外，一般骈文也有很多作者。胡天游、洪亮吉、汪中是清中叶三大家。此外有陈维崧、毛奇龄、袁枚、吴锡麒（著《有正味斋骈文》）、孔广森、纪昀、阮元、刘开、王闿运（著《湘绮楼文集》，曾用庾子山原韵作《哀江南赋》，写太平天国事，酷肖六朝人作，一般人称为假古董）、张之洞（著《广雅堂骈文》，模仿宋四六）等。民国以来，官绅应酬，还是以用骈文为客气，如黎元洪秘书饶汉祥，常作四六电报。清嘉庆时，陈球用骈文写小说《燕山外史》，全书三万余字，是古今最长的骈文。凡作骈文，必研究《昭明文选》，这种研究称为“选学”。作骈文必多用辞藻，多记典故，那些专家，平日读书，必搜集材料，如胡天游死后，人家发现他床后有材料十竹篓。这表示着骈文成了文字的游戏，和“灯谜”“酒令”“诗钟”一样。清朝文人对于各种文字游戏，本来都有许多优美成绩。“诗钟”及“对联”，是和骈文特别有关的。

一二二　八股文及对联

八股文又称“制义”，又叫“时文”，但宋朝王安石所创的“制义”，还不是“八股”，不过是用经书上的话命题，做一篇论说罢了，不一定对仗整齐，引证譬喻也不必废除，牵涉到题目下文，也不犯忌。八股文的格式，是明宪宗成化年间才确定的。顾亭林《日知录》中记载颇详。八股文的各部分有一定名称：（一）“破题”，即起首二句，说破题目的字面及其意义；（二）“承题”，申明破题的意思，限定三四句，至多五六句；（三）“起讲”，是一篇开讲之处；（四）“提比”，又叫“提股”，是起讲后入手之处；（五）“虚比”（虚股），是承接提比的，后人或用或不用；（六）“中比”（中股），须立柱分应，好像人体的胸腹部；（七）“后比”，把中比未尽之意再加发挥，或推开，或衬托，好像人体的两腿部分；（八）“大结”，是一篇的结尾。中间各部分所谓“比”，就是整段作对，每两个形式相似的段落就构成一比，所以八股文是骈文的变种，但破承题、起讲、大结，都是散文。周作人曾说，“八股不但是集合古骈散的精华，凡是从汉字特别性质演出的一切微妙的游艺，都包括在内”。八股文的题目，有时候短到一两个字，只有半个句子，有时候长到一篇文章，例如“学而到为政”，有时候把上句和下句的上半截合起来，叫作“截搭题”，例如“学而时习之不”。做文章的必须恰好按照题目的范围，例如上面这个截搭题，不许说到“亦说乎”的意思上去。这种种束缚，够消磨知识分子半生的光阴与精力。除八股文外，科举还得考试“试帖诗”和“律赋”。试帖诗是五言排律的体裁，篇末必须勉强凑上恭维皇帝的话，叫作“颂圣”。“律赋”是一篇有韵的四六文，所用的韵，由出题人限定。这几种作品，说也奇怪，虽然是有功令提倡的，仍向来不被文坛重视，各大家（无论古文家、骈文家）诗文集中，决不收进去的。

“对联”起源于五代，宋、元、明各代也稍稍流行，但到清朝，就很盛行。道光年间，梁章鉅著《楹联丛话》，收集了许多联语。郑燮（板桥）、纪昀（晓岚）、曾国藩都是联语的名作家。曾氏挽联尤为著名，例如他挽弟国华云：“归去来兮，夜月楼台花萼影；行不得也，楚天风雨鹧鸪声。”情韵岂减于六朝？与曾同时的彭玉麟，集唐人诗句题泰山云：“我本楚狂人，五岳寻仙不辞远；地犹邹氏邑，万方多难此登临。”对得何等工整，而又显得自然，文字游艺的巧妙，可见一斑。五四运动以后，提倡白话文的人也做白话对联，清华大学且曾以对对子考试学生，可见对对子已成了中国文人的积习。其实这是骈文遗留下来的纤巧作风，如果有提倡“文以载道”的韩愈再生，一定会反对这种人工雕琢的形式美的追求。

一二三　文艺论评

文艺理论及批评，可说是从魏文帝曹丕开始。丕的《典论·论文》篇，是著名的文评，世称“建安七子”就是从他创立的称号（七子）而来。晋朝陆士衡著《文赋》，是用辞赋来写文艺论文。又有挚虞，著《文章流别论》，分析各种文体。但有系统的专书，要从梁刘勰的《文心雕龙》开始。这部书内容是文学原理兼文学史和文学批评，是颇重要的著作，可惜是用四六文写的，有些晦涩芜杂的毛病。同时有钟嵘著《诗品》，品评汉魏以来的诗。任昉著《文章缘起》，说明各种文体的起源。北齐颜之推的《颜氏家训》有《文章》篇，也是文评之作。后来唐朝人司空图作《诗品》，泛论诗歌的各种风格；释皎然作《诗式》，是讲诗的形式与作诗方法；孟启作《本事诗》，是讲诗人逸事。宋朝人欧阳修作《诗话》；以后作诗话的多得很，只严羽的《沧浪诗话》最有条理。明朝人郎瑛的《七修类稿》，杨慎的《丹铅录》，胡应麟的《少室山房笔丛》，其中都有文学批评及文学考证的话，但都是“博而不精”。清朝人的“诗话”“文谈”也不少，如王士祯的《渔洋诗话》，施闰章的《蠖斋诗话》，徐钪编的《词苑丛谈》，都很好。袁枚的《随园诗话》，内容较杂。吕璜的《初月楼古文绪论》及刘熙载的《文概》，是专论文章的。清朝初年有一最可注意的批评家，就是金圣叹（原姓张，改名金人瑞，字圣叹），他把《水浒》《西厢记》和《庄子》《离骚》《史记》《杜诗》并称为六大才子书，见解与一般古文家不同。清中叶有一最可注意的文艺理论家，就是章学诚，他在《文史通义》一书内论文学，注重内容而不强调形式，例如讲诗，就注意诗的情感而不大着重声韵，他说诗文如果去其辞藻声韵，翻成俗语，还有其不可磨灭的内容在，便可以算是佳作，这比章太炎的有韵就是诗的见解，高明多了。清末的文艺批评家，最著者是王国维，他著的《人间词话》内容很好。

一二四　文体解放和文学观念的变动

晚清欧美思潮输入，文体趋于解放。首先发生变化的是龚自珍的文章，得有“剑拔弩张，全是霸气”的时誉。后来梁启超写政论，打破一切古文义法，输入许多外来语及外国语法，又写得通俗易解，成为所谓报馆体的文字。黄遵宪则用新名词写诗，打破过去的诗规律。到民国初年《新青年》杂志发表陈独秀的《文学革命论》、胡适的《文学改良刍议》，一方面反对雕琢、陈腐、迂晦、艰涩、阿谀贵族、脱离大众的旧文学，提出“八不”的主张：（一）不用典；（二）不用陈套语；（三）不讲对仗；（四）不避俗字俗话；（五）须讲求文法（以上形式方面）；（六）不作无病之呻吟；（七）不摹仿古人，须语语有个我在；（八）须言之有物（以上精神方面）。另方面，正式提出拿白话来代替文言，建立现代国语的文学，于是“桐城谬种”“选学妖孽”，都成了攻击的对象，而文体解放，也获得了伟大的成就。

在这个过程中，文学的观念也大有变更，过去以论说文为文学作品，而小说戏曲不能算作文学正宗，现在则采用西洋观点，以诗、小说、戏剧为文学正宗，散文仅承认抒情小品及讽刺杂文等为文学作品。而且认定一代有一代的文学，我们不必做旧诗，填词，写古文和四六，这都是制造假古董。我们对于古人作品的研究，只是文学史的探讨，以及风格、意境与描写手法的吸收罢了。

第十二章　新被重视的文学

一二五　戏曲的摇篮期

我国过去没有话剧，旧剧都是歌剧，每剧由几种乐曲合成，将说白与动作穿插进去，这种戏剧的建立在元朝，而剧本的创作，也成为元朝文学的重心。元朝以前，只有类似戏剧的歌舞。远溯到周秦时代，只有（一）民间祀神的巫歌，例如《楚辞》中间的《九歌》，就是祭祀"东皇太一""大司命""少司命"等神时所唱的歌词；（二）宫廷中的滑稽表演，例如楚国优孟化装扮着孙叔敖的样子，为叔敖的儿子说情，这种表演有时仅是讲讲笑话，目的是供国君娱乐，但也可讲时事，进讽谏；又（三）宫廷中的瞎子唱诗，用意和滑稽表演讲笑话差不多。此外民间的跳舞，如现在苗瑶的跳月一样，古代大约也必定流行的，跳舞时所唱的情歌，或即《诗经》中《国风》所包含的那些。但这些歌舞，都不表演故事。至于合歌舞以表演故事，直到南北朝至唐朝之间，才相当流行，如“大面”（或作代面，是戴假面具表演，创自北齐）、《钵头》（表演一人上山寻父尸的故事）、《踏摇娘》（表演一妇人受夫虐待的故事）、《樊哙排君难戏》（表演《鸿门宴》的故事）等，因为用歌舞表演故事，与普通歌舞不同，可以说是歌舞戏，但情节还是简单，以唱歌为主。敦煌石室又发现唐朝的通俗唱本，叫作“变文”，所唱故事如目莲救母等，是后世编剧本的根据。宋朝上流社会中流行一种“鼓子词”，最著名的是赵德麟的《元微之崔莺莺商调蝶恋花词》，系用十首《蝶恋花》词以咏《会真记》的故事，这种叠词，有管弦伴奏，且合鼓而歌，所以叫“鼓子词”，这种鼓子词只有歌唱而不配合跳舞，近于戏曲的清唱。另有配合跳舞的，叫作“传踏”（亦称“转踏”或“缠达”），演时由男女两队歌者带歌带舞。又有“曲破”“大曲”“鼓吹曲”“赚词”等，都兼歌舞，但用曲比较复杂。用曲更复杂的就是“诸宫调”，这种形式已接近“元曲”，在民间流行，对后来戏曲的影响颇大。

除歌舞外，宋朝已有“杂剧”，不过比元朝的杂剧简单。北宋杂剧还只限于滑稽嘲笑。到了南宋，杂剧就是搬演故事，有唱曲和说白，剧中角色也比较复杂，剧本据说二百八十余种，现在全部失传。金末有董解元的《弦索西厢》（又叫《西厢弹词》），也是元人戏剧的先驱。“弦索”是调名，创始于金，是由一个人弹琵琶，念唱白口及歌词，但没有舞。由董解元《西厢》变成元朝王实甫的《西厢》，就是配合了“科介”（动作）的剧本，而中国的戏曲便完成了。元以前的戏剧，都是叙事体，到元剧就进为代言体了。

一二六　戏曲的成长期

元明清三代是中国戏曲成长时期，而在文学上看，则以元朝的戏曲为地位最高。元朝戏曲的主要作者是关汉卿（代表作为《窦娥冤》等）、王实甫、白朴（代表作为《梧桐雨》等）、马致远（代表作为《汉宫秋》等）、郑光祖（代表作为《倩女离魂记》等）、乔吉等（关、白、郑、马称四大家）。现在最流行的《西厢记》是王实甫作，为元曲代表作品之一。元曲作品存有目录的有五六百本之多，全文保存的约百余本，《元曲选》所收为一百本。自董解元《西厢》以至这些“元曲”都是用北方方言写的，被称为“北曲”（金称“院本”，元称“杂剧”）。元末永嘉人高明（则诚）因南方人不懂北方方言，又创作《琵琶记》，称为“南曲”。到明朝，北曲衰落下去，唱法也失传，只有南曲盛行，一直到清朝。现在所谓“昆腔”，就是南曲的一个支派。昆曲系明朝嘉靖、隆庆年间，昆山人魏良辅为同邑梁伯龙《浣纱记》一剧制谱时所创，腔调的流丽悠扬，超过原有的南北曲，所以风行颇久，现在流传的“曲”的唱法，也就只有这一种，如《桃花扇》《长生殿》都是唱昆腔的。明代戏曲作家以徐渭、李月华、汤显祖、阮大铖等为最有名，代表作是汤显祖的《牡丹亭》（《玉茗堂四梦》之一），阮大铖的《燕子笺》。清朝的南曲著作，如孔尚任的《桃花扇》，洪昇的《长生殿》，也极有名，其次则有李渔、蒋士铨、黄燮清诸人的作品。

将南曲与北曲加以比较，大致可发现以下的数点区别：（一）北曲差不多都限于四折（折是剧中段落，南曲称出），南曲则不限制出数，可以多至数十出。（二）北曲全曲由一个主角独唱（限于正旦或正末），其他杂角只有说白。南曲则凡登场人物，均可唱曲。（三）北曲每折一调，一韵到底，南曲则一出不限一调，并且可以换韵。（四）北曲多用楔子，南曲不用楔子，只在第一出说明全篇大意，称为开场。（五）北曲篇末都有题目正名，南曲只有下场诗。（六）北曲的角色仅九种，南曲的角色则加多。

元曲亦称为杂剧，明清人的南曲剧本凡长篇的，称为“传奇”，又称“南戏”或“戏文”，短篇的也叫杂剧，或“南杂剧”，无论南北曲，都有所谓“小令”“散套”。这两种东西都不是剧本，因为没有科白，只有唱词。前面第一一三节所说的散曲，就是这两种东西。小令相当于曲中的一支（单调），篇幅很短，少有百字以上的，和“词”相像。散套是合若干单调而成，相当于曲中的一折，又称套数。

我国从前的戏剧，除“杂剧”“传奇”外，还有“地方戏”。清初民间盛行的地方戏，有所谓“二簧调”，又称“湖广调”，是湖北的地方戏，据说因黄冈、黄陂两县而得名。有所谓“秦腔”，又称“西皮”，又称“梆子”，是陕西戏。又有江西的“弋阳腔”，安徽的“徽调”。乾隆以后，各地方戏集中北京（今北平），变化为“京戏”（平剧），洪杨一役后，京戏代替了昆曲的地位，一直流行到现在。广东、福建的地方戏，则始终是独立的，没有加入京戏。京戏的剧本，大都是由昆曲略加修改而成，或全盘抄袭梆子腔的。只有余治的《庶几堂今乐》，是皮黄戏的创作剧本，原有四十种，现在流传的只二十八种，今日剧场中常常演着的《朱砂痣》，就是其中的一种。

一二七　唐以前的小说

周秦时代所谓小说（《庄子》有“饰小说以干县令”的话）内容究竟如何，不得而知，但诸子书中的寓言与神话、传说，多有像小说的。刘歆《七略》中开始有小说家的名称，但所列的书后世不传，大约是一些传说故事的记载。刘向所著《新序》《说苑》《列女传》等书，也许就是根据那些故事编成的，现在流行的《孟姜女故事》就包含在《列女传》里面。晋朝流行的《山海经》，是一种古小说，也许是周秦时代传下来的。又有一种名《穆天子传》，是在汲县魏安鳌王古墓里面发现的。这两种书，都有郭璞的注解，郭是晋代博学的人。晋以后托名汉朝人写的小说，有《西京杂记》《汉武内传》《飞燕外传》等。晋及南北朝人创作的有干宝的《搜神记》，葛洪的《神仙传》，刘义庆的《世说新语》等，前两种是若干传说故事的汇辑，《世说新语》是晋、宋间的名人逸事。这类的小说，到唐朝就演变而为“传奇”（这和戏剧中的传奇，同名而异实）。“传奇”的形式是短篇小说，内容多半是佳人、才子、英雄、侠客的故事，也有讲神仙故事的。代表作品有《虬髯客传》（作者或说是张说，或说是五代时杜光庭），写李靖遇见红拂妓与虬髯客的故事；《枕中记》（李泌撰），写神仙故事；《会真记》，写张生与崔莺莺恋爱的故事（元稹著，是《西厢记》的根据）；《柳毅传》（李朝威著），写柳毅代龙女传书的故事，都写得很好。唐代“传奇”的产量很多，比较有名的，还有《南柯记》《红线传》《章台柳传》《步非烟传》《长恨歌传》《李娃传》《霍小玉传》《梅妃传》《离魂记》等，其中典故常为后世文人所用。除“传奇”外，唐人还有笔记式的小说，如《集异记》《幽怪录》

之类。还有文集中的短篇小说，如韩愈的《毛颖传》，柳宗元的《梓人传》《种树郭橐驼传》等，从前是认为古文，不算小说的。至于算作小说的，都收入《唐代丛书》《唐人说荟》等集子。

一二八　宋元明的小说

一般地说，唐以前的小说都是文言的，是杂记式的，只不过间常有些可称为短篇小说的罢了。到宋朝才有白话长篇小说的雏形。从前的文坛看不起这一类的小说，所以《四库全书》小说一门，只有“杂事”“异闻”“琐语”三类，都是杂记式的文字，而没有结构复杂、篇幅巨大的新型小说的地位。本来通俗文学，起源于唐朝，如上述的“变文”以及敦煌石室所发现的散文、白话小说的断片，都是。不过到宋朝，才正式有普遍流行的“话本”。话本又称“评话”或“平话”，是“说话人”所用的底本。“说话”就是“说书”，又称“讲史”，又称“演史”。宋朝人的话本流传到现在的，有四种：（一）《大宋宣和遗事》，记徽宗、钦宗时事，《水浒传》中宋江等三十六人的来历，就包含在这部书里。（二）《新编五代史平话》，讲五代史事，清光绪年间发现影宋残本，才流传于世。（三）《京本通俗小说》，也是最近出现的影宋残本，存第十卷到第十六卷，其中包含若干短篇小说。（四）《大唐三藏取经诗话》，系罗振玉根据日本所藏宋刊本影印的，这书是《西游记》的根据。

宋朝的“平话”继续演化而成元朝的演义或章回小说，最重要的是《水浒传》和《三国志演义》，与《西厢记》《琵琶记》合称为“元代四大杰作”，这两种书流传的本子不止一种，大概经过许多人的陆续修改，世传施耐庵作《水浒传》，罗本（贯中）作《三国演义》，也许施、罗的本子是最后的修订本。到明朝，“平话”又继续发展而产生了《列国志演义》及《西游记》等书。明代章回小说多讲神怪故事，如《封神榜》写武王伐纣，《三宝太监西洋记》写郑和出使南洋，里面都夹杂了神怪故事，近人称为“神魔小说”。像宋朝《京本通俗小说》那样的小说，在明朝也很多，如《醒世恒言》《喻世明言》《警世通言》（以上都是冯梦龙所作，称为“三言”）、《拍案惊奇》《照世杯》等。这些小说，中国多已失传，而流传于日本，但另有一种选本，就是《今古奇观》。明朝小说作者，多半隐名。演义体小说仍有话本作用，“说书人”的专门职业还是有，例如柳敬亭，是明末清初的著名说书人。明代有一部写得很好的社会小说，就是《金瓶梅》，这书系取《水浒传》中西门庆与潘金莲的一段艳史，作为骨骼，再添几个人物，扩成百回，描写人情世态，富家生活，颇为深刻。元朝的《水浒》《三国》和明朝的《西游记》《金瓶梅》，合称“四大奇书”。

一二九　清代的小说

清代有一些小说，比元明更进步，一则所写的题材，多半是日常生活，与从前专讲稀奇古怪的故事不同；二则注重描写，与从前“说话”体不同。例如曹雪芹的《红楼梦》，写贵族的家庭生活，吴敬梓的《儒林外史》，写科举时代的文人生活，都写得很深刻。后来学《儒林外史》的有吴沃尧的《二十年目睹之怪现状》，刘鹗的《老残游记》，李宝嘉的《官场现形记》等，以刘书为最好，吴书次之。

又有韩子云的《海上花列传》，写妓女生活，也很逼真，是用上海话写的一部方言小说。这些写实派的小说，清以前只有《金瓶梅》可以比拟。此外有李汝珍的《镜花缘》，以女子做中心，并创造海外许多奇怪的地方，如“大人国”“小人国”“女人国”“君子国”“两面国”等，包含很深刻的讽刺。文康的《儿女英雄传》，也以女子做中心，写十三妹救安公子等故事。陈森的《品花宝鉴》，写士大夫玩弄男性优伶的变态性爱。石玉昆的《七侠五义》以及仿效它的《施公案》《彭公案》等，都是写侠客英雄传的传奇式小说，仍不脱宋元“说话”式的作风，其以续书而有独立的价值者，则有俞万春的《荡寇志》，这书是续《水浒》的，以女子陈丽卿为中心人物，写剿灭梁山泊诸英雄的故事。写妓女的还有俞达的《青楼梦》，魏子安的《花月痕》，都不及《海上花列传》，不过《花月痕》前半部还写得哀怨动人。清末的小说，除上述吴沃尧、刘鹗、李宝嘉诸人的作品外，还有曾朴著的《孽海花》，以洪钧及女子傅彩云为主人公，多叙当时文人逸事，也还写得真切。清朝尚有晋唐式小说，如《聊斋志异》《阅微草堂笔记》等。

一三〇　宝卷、弹词、鼓词

“宝卷”是明代及清初的一种唱本，内容是讲因果报应和佛教故事，属于劝善书类，而不少具有文学价值之作，可分为佛教故事、神道故事及一般民间故事三类。佛教故事如《目连救母出离地狱升天宝卷》《香山宝卷》是；神道故事如《蓝关宝卷》《吕祖度何仙姑因果宝卷》是；一般民间故事如《孟姜女宝卷》《白蛇宝卷》《正德游龙宝卷》是。“弹词”流行于南方，“鼓词”流行于北方，都是用乐器伴奏的唱本，现今都很流行的。弹词可分国音的及土音的两类。国音的如《凤凰山》《天雨花》《再生缘》《笔生花》等。土音的如吴音的《玉蜻蜓》《三笑姻缘》《珍珠塔》，最为流行。鼓词大部分是讲战争和国家兴亡的故事，如《杨家将》《三国志》《忠义水浒传》等，也有讲风花雪月的，如《珍珠塔》《宝莲灯》《蝴蝶杯》等。弹词演唱时以琵琶为主乐，鼓词则以鼓为主乐。这几种东西都是从唐朝“变文”演变出来的。变文的体裁是“讲”而兼“唱”的。讲的部分多用当时的白话，也有用骈体文的。唱的部分以七字句为多，也有夹杂着三字句的，五字句、六字句就很少见，所用韵式，现在还保存在弹词和鼓词里面。变文的讲唱，最初限于庙宇，内容只有佛教故事，后来讲唱历史故事或传说人物以及时事，却转入“瓦子”（游艺场）中去了（宋真宗时）。非佛教故事的变文，如《伍子胥变文》《王昭君变文》等，是讲古事的，如《西征记》，是讲时事的，《西征记》内容不佳，只是歌功颂德之作。从“变文”以至“弹词”“鼓词”，都是民间文学，它们都是受佛教影响的，就是讲兼唱的体裁，也受了印度文体的影响。

一三一　中国文学与东方诸民族的相互影响

从上节所说看，佛教对于我国俗文学的影响颇多，其实士大夫的文学也受了它的影响。第一，是文学用语的扩充。例如孟浩然诗，“导以微妙法，结为清净因”。柳宗元诗，“闲持贝叶书，步出东斋读”。白居易诗，“不如学无生，无生即无灭”。微妙法、清净因、贝叶书、无生无灭，都是佛教中的语汇。又如“塔”“僧”“忏悔”等字，用得更普遍。由汉至唐八百年间，佛经译述者所创造的语汇，包含三万五千多个词，有一部分是采缀华语而另给一新的解释，如“真如”“众生”“因缘”“果报”等，有一部分是音译梵语，如“涅槃”“刹那”等。这种语汇的增加对于文学自不能没有影响。第二，是语法及文体的通俗化。这是矫正绮丽及古雅的积习的药石。法护、鸠摩罗什等人所用的散文，大概是根据当时人的口语。又佛教的偈，质朴与民歌相似，唐朝且有寒山、拾得等白话诗人。禅宗语录更是宋儒语录的范本。第三，佛教文学极富于想象力，它给予晋朝到唐朝间的志怪与传奇小说之创作以刺激，就是明代的神魔小说，也和佛教有关。甚至描写社会现实的《金瓶梅》《红楼梦》等小说，也包含了佛教思想，如西门庆遗腹子孝哥的出家，贾宝玉跟随和尚、道士而去，都是看破红尘的出世观念之强调。唐宋诗人，思想受佛教影响的也不少，王维、苏轼等更显著。第四，我国音韵学的产生，显然是受了印度的影响，这件事对于骈文及律诗的成立，有密切的关系。除印度方面的影响外，西北胡人对我国文学也有相当的影响，如乐府中所收的民歌，有一部分是“五胡乱华”时期外来民歌的译作，例如《琅琊王歌辞》《陇头歌辞》《折杨柳歌辞》之类。南北朝时，文学作品的风格，显然不同，“江左宫商发越，贵于清绮；河朔词义贞刚，重乎气质”（《北史·文苑传》）。这种质朴刚健的作风就是西北民族输入的。后来唐朝诗人的边塞诗，也有这种气派。南北朝隋唐间的歌舞戏，也有外来的影响，如《钵头》是西域胡人的故事，《康老子》一戏与波斯有关系。又唐人《宣室志》里有陆颙入海求宝的故事，近人指为从阿拉伯输入的。中国的乐府诗及词曲文学，与音乐有密切关系，而音乐，自汉以来，即有陆续由西域或印度输入的新声与新乐器，如箜篌、琵琶、觱篥等乐器，都是外来的，特别是琵琶，占着主要乐器的地位，它是由阿拉伯辗转传来的。近代戏曲，又受金元的影响，如胡琴等乐器，亦自蒙古而来。

另一方面，中国文学，自隋唐时代，就给予高丽（朝鲜）及日本以影响。高丽人及日本人能作中国诗的很不少。日本人所辑《全唐诗逸》，载了许多高丽人的诗。俞樾所辑的《东瀛诗选》四十四卷，收日本五百余诗人的作品，元明以来的作者居多。元及清代，蒙古人、满洲人到内地来，接受了中国传统文化的影响，有些能创作汉文诗词的，如萨都剌、纳兰性德，是最有名的。但宋元时期，中国对日本、朝鲜，因交通阻隔，文化上没有关系，到明清时代，才恢复联络。在这一时期，中国文学不但对日本、朝鲜输出（同时又从日本取回一些失传了的书），而且影响到安南去，到琉球去。

一三二　中国文学与西洋文学的关系

中国人把西洋文学输入，是从清末开始，最主要的译述是古文家林纾，他译了小说二百余种，都是用古文翻译的，他自己不懂西文，是别人口述，由他笔述的。其次是伍光建，他译了《侠隐记》及《续侠隐记》。诗歌的翻译，则有王韬、马君武、苏曼殊、辜鸿铭等所译的《马赛歌》《拜伦：哀希腊诗》等。剧本有在光绪年间译的《夜未央》等数种。

中国文学名著译成西文的很多，如《诗经》《离骚》《史记》《红楼梦》《水浒》《三国演义》《元曲选》的大部分，及李白、杜甫等人的一部分诗歌，都有西文译本，多半是西洋人翻译的。

民国以来，中国文学交流的情形更为显著，而中国所受西洋的影响，尤其值得注意。我们在上章里面说过的文体解放和文学观点的变更，都是由西洋影响而来，因为在西洋诸国，言文是一致的，文艺多是用现代语，写现代题材，而小说、戏剧又和诗歌同样为文学的主要部门。这一种影响开始于清末，如林纾的翻译西洋小说，即可见一般人对小说的重视；清末许多创作小说的人，也不再是无聊消遣或作儒家道德说教及佛教出世思想的表现，而是把小说当作社会教育的利器。当时新派知识分子对戏剧也有这种看法，所以有春柳社等剧团产生。到五四运动时期，便更进一步尊重小说、戏剧的文学地位。同时在这种新的趋势之下，对过去中国文学的研究便成为文学史的研究工作，而不是旧时代文学作品的仿造。清末及民初的文学史著作以王国维的《宋元戏曲史》及鲁迅的《中国小说史略》为最足注意，因为他们是用新观点来看戏剧和小说，用新观点来看文学，在过去的中国文人中，没有把戏曲史或小说史的研究当作一种专门学问的。胡适的《白话文学史》以及后来郑振铎的《中国俗文学史》，更是把过去文人向来非常轻视的语体文与民间文学加以特别注意。我们如果想理解中国固有的文学，单单读读《昭明文选》或正续《古文辞类纂》之类，是不够的，必须读读王、周、胡、郑诸氏的这几部史书，才会有合理的认识。

第十三章　科学及艺术

一三三　自然科学在国学中的地位

向来讲国学的是把自然科学除外的，如清末士大夫主张“中学为体，西学为用”，即认为自然科学是西学，而中学则不过是经学、史学、理学、词章之学罢了，章太炎也说国学只包含经学、哲学、史学、文学，并不包含自然科学，这表现了我国自然科学在学术上地位的低微。其实我国并不是完全没有自然科学，不过是自然科学没有形成理论的体系，也没有分门别类的独立的发展，换句话说，即没有发展成为近代欧洲那样的自然科学罢了。在我国文化猛进的周秦时期，自然科学的发展相当快，但经过汉至清的两千年文化停滞时期，过去的科学传统已经衰微，近数百年欧洲科学发达的时期，又因为中西交通的隔绝而不能随时接受欧洲的影响，所以直到清末西洋科学输入以前，我国学术界没有给自然科学以重视。但在过去魄力较大的学者，对于自然现象的研究，也曾于研经习史的余暇加以注意，特别是与“敬授民时”有关的天文学，与制礼作乐有关的音乐理论（律吕学），以及与天文有关的数学，颇有人当作经学或史学范围内的专门之学来研究。所以中国社会如果有进一步的发展（指西学输入以前），自然科学就可能从经学、史学里面分化出来，而取得独立的地位。

我们现在研究我国固有的自然科学，主要的意义是把它当作文化史的一部分来考察，而不是要在这里面寻求现代科学所没有的东西。这正和我们研究中国文学一样，不是要学习作旧诗、填词、作曲，而是要研究中国文学的发展史。自然，我们在祖先的学术遗产中，仍然可以接受若干宝贵的经验，如文学上的表现手法等，而自然科学，虽则贫乏，也未必没有这种附带的收获的可能，例如医药学中的特殊疗治方法，也许可以补充现代医药学的缺陷。

一三四　天文学和历法

中国天文学的研究开始得很早。《尚书·尧典》上有“三百有六旬有六日，以闰月定四时，成岁”的话，证明在春秋战国时期以前（《尧典》大约是战国时人所作），我国人已经知道太阳历的一年，即三百六十六日弱，而对于依朔望计算日期之太阴历，采用闰月的补充，使其符合季节的变化。

我国古时决定季节的变化，是用夜间观察星辰的方法，所认为标准的星辰，有“参”“大火”“北斗”等。到周初以至春秋中期，则采用“二十八宿法”。这个方法，是将黄赤道附近一周天，按照月球的运动行程，以显著的星象为目标，区分成二十八个不等部分，称为二十八宿，然后由观测新月以后月的位置之变化，依照它的比例，从新月的位置倒数二日行程，而决定这个二十八宿的回溯点，为日月合朔时之月的位置，亦即太阳的位置。从这样认出的太阳的位置而知道一年间的季节，比较以前的观察是精确多了。在春秋中期又采用了“周髀”（髀者股也，直角用三角形底边为股）的日影观测法。这就是直立一棒而观察日午时的影长，而以最长、最短的距离为日至（冬至与夏至）。由这种观测而决定的节气，比以前的方法更精确。并且根据它而以冬至为一年之始，采用了冬至为正月的历法。到春秋后期，十九年七闰法成立，历法的时代正式开始。

战国时代，计算闰月，又采取了七十六年法。战国中期，开始用岁星纪年。五星运行的观测，恒星天的测定，星经的编纂，五行学说的倡导，都在战国时代。

前汉末年，天文家有“盖天”“浑天”的理论争执。盖天说者认为天在上，地在下；浑天说者认为天包于外，地居于中。前汉扬雄主张浑天说，后汉王充是一个盖天说者，而张衡是浑天说者。张衡曾创制浑天仪，又创地动仪以测地震。

唐宋时代曾出现过几次新的历法，但天文学没有可注意的发展。直到元朝郭守敬的《授时历》，测验才有些进步，据说是受了阿拉伯的影响。明万历至清康熙之间，欧洲教士利玛窦、熊三拔、汤若望、南怀仁等输入欧洲天文学（仍是地球中心说），才引起我国天文学的大进步，明天启、崇祯间，于是有徐光启所主持的《大统历》改革，清康熙帝因之撰《律历渊源》，梅文鼎又著《历算全书》。

一三五　数　学

数学是随着天文学与测量术而发展的，它在中国科学中是最完全独立发展的部门。大概在春秋战国时期就产生了数学，如别墨派遗留在《墨经》上的记载，就包含了若干几何学的定义和定理，如（一）平面的定义，（二）等长线段的求法，（三）圆的中心在于距圆周同长的点上，（四）圆至其中心同长，（五）不平行的二直线必相交，（六）正方形四边相等，四角相等等。又别墨派及公孙龙言论中都说过“一尺之棰，日取其半，万世不竭”的话，可以看出表示无限等比级数的概念。

清修《四库全书》时，戴东原所校订的“算经十书”，是现存的最古算书，这十种书是：

一、《周髀算经》　是前汉末至后汉初出现的，相传是周朝的书。

二、《九章算术》　是后汉时代出世的，相传为周公所作，其中载有分数，最大公约数的求法，百分法、开平方、开立方的算法，一次联立方程式的解法。

三、《海岛算经》　是测量术的书籍，著者是魏时的刘徵（按：应为刘徽）。刘徵对《九章算术》也作了注解，注解中包含根据几何学而解二次方程的方法，开平方、立方之小数计算，圆面积并圆周的算法，角锥体的体积算法等。

四、《孙子算经》　三国末期出现。

五、《五曹算经》　亦三国末期的书。

六、《夏侯阳算经》南北朝末期的书。

七、《张邱算经》　南北朝末期的书。

八、《五经算术》　北周甄鸾著。

九、《数术记遗》　题名汉徐岳撰，疑是甄鸾伪记。

十、《辑古算经》　相传为唐人王孝通作。

我国圆周率发明很早，前汉末年刘歆即使用过，经过后汉的张衡，魏的刘徽，到南齐祖冲之，乃定圆径比圆周为一一三比三五五，圆周率在三点一四一五九二七与三点一四一五九二六之间，这是五世纪时世界最精密的圆周率。

唐宋间算学没有什么进步。宋元间则有秦九韶的《数学九章》，李治的《测圆海镜》《益古演段》，朱世杰的《算学启蒙》《四元玉鉴》等书。我国很早发明的算木计算法，一直支配到元朝。李治的“天元术”（一元高次方程），朱世杰的“四元术”（四元方程）均用算木代表未知数。这种器械的代数学，到明朝已不能再发展，于是算盘代替了算木的地位而普及起来。“九九歌诀”也随着出现。

欧洲人利玛窦等及我国科学开创者徐光启等将欧洲的《几何原本》《八线表》等介绍到中国来，当时并没有为我国算学家所直接采用，到清初，才因这种影响而有符号的代数学之产生，而有梅氏兄弟的历法与算学的专著出现（梅文鼎著书八十余种，包含代数及三角等，开始用笔算演算），清圣祖御制的《律历渊源》和《数理精蕴》，也包含欧洲的历学与数学。

一三六　物理学及化学

物理学在周秦时代或者曾经一度发生，现存《墨经》中就有讲光学的，包含（一）光必直行，光入密室，经小孔，则下影在高处，高影在下处；（二）光的复射，使影模糊，木斜则影短大，木正则影长小；（三）镜上有端与光，则聚于“影库”（焦点）；（四）凸球面镜生虚像；（五）凹球面镜的影必倒立；（六）凹镜像之大小及正倒，因物件远近而异，鉴者近中（在球心焦点间或焦点内），则所鉴大，影亦大，远中（球心以外）则所鉴小，影亦小；鉴立影，一小而倒（球心外者），一大而正（焦点内者）诸点（详陈文涛《先秦自然科学概论》）。秦汉以后，此学中绝。明代西洋教士东来以后，西洋物理学颇有一二种著作介绍，如汤若望的《远镜说》，述远镜的用法、制法及原理；熊三拔的《泰西水法》，述取水、蓄水各种机械；王徵从邓玉函译成《奇器图说》四卷，第一卷讲重心、比重，第二卷讲杠杆、滑车、轮轴、斜面，第三卷讲应用原理以起重、引重、转重、取水及用水力代人力诸器械；邓玉函又著有同类的书。但此项介绍，竟没有引起中国学者的研究兴趣，形成像天文、数学一样的继续的发展。由晋至唐时期，道教的炼丹术，有一种是用水银炼制长生不老的药物，唐太宗高宗等许多皇帝都曾服过这种药，因中毒而死，这种炼丹术和西洋的点金术相类似，可视为化学的先驱，但西洋点金术变成化学，而中国炼丹术竟没有进一步的蜕变。物理及化学毫无发展，是中国自然科学幼稚的一大特征。

一三七 医 学

医学是我国人至今还有些儿自夸为国粹之一的。相传神农尝百草，黄帝咨于岐伯而作《内经》，都不足信。春秋时的扁鹊是一个名医，但流传下来的《难经》是不是真系他的著作，也是问题。现在国医所崇奉的古典著作，除《素问》《灵枢》《难经》《神农本草经》外，以东汉张仲景的《伤寒论》及《金匮要略》为最重要，《金匮》与黄帝《素问》，扁鹊《难经》，称为医学“三典”。《素问》大半是讲五行和运动的，《灵枢》是讲针灸的，都是《内经》的一部分，《难经》讲脉诀的，是《内经》的一部分撮要。东汉又有蔡邕著《本草》，涪翁著《箴经》。其后西晋时王叔和著《脉经》，亦为名著。唐朝有孙思邈著《千金要方》，于志宁与李勣修订《本草》，甄权撰《脉经》《针方》《明堂人形图》各一卷，其弟立言撰《本草音义》七卷、《古今录验方》五十卷。宋朝医学的编著很多，印行尤普遍，当时《本草》所载药物计九百八十三种。金之刘完素也有医学著作。金元之际，有李杲（东垣）著《内外伤辨惑论》《脾胃论》，颇有名。元有朱震亨著《格致余论》《局方发挥》《金匮钩玄》等书，当时医术研究乃渐盛，有人说是受了阿拉伯及欧洲医术的影响。明代名医很多，著述亦繁，其中有王履，整理仲景《伤寒论》而作《医经溯洄集》二十一篇，又著《百病钩玄》二十卷，《医韵统》一百卷。李时珍编著《本草纲目》五十二卷，增药三七四种，尤为名著。清朝医学重要书籍，则有乾隆帝敕编的《医宗金鉴》。总之中国医学，进展到汉晋时为止，以后进步很少。明朝西学输入时，西洋医学似乎没有被介绍。到清嘉庆时，种痘法输入，然后西洋医学才逐渐传来。

目前国医亦仿西医设校传习，似乎有将私人秘传改为公开研究的趋势，但对于人体解剖，细菌检验，药物分析诸事，仍然不加以注意，实在无法走上现代学术的道路。今后对于中国药物与固有治疗方案的探讨和整理，应由新旧医界共负其责，才有办法。

一三八　应用技术

中国为农业及手工业相当发达的国家，但对农工技术的研究，很少专家。从《汉书・艺文志》的书目上看，周秦时期还有人注意，以后就没有了。现存关于应用技术的书，除医书外，寥寥可数。最著者是《墨子》的第十四、十五卷，讲兵器，《考工记》讲一般工艺，北齐贾思勰的《齐民要术》，讲农业，以及明代徐光启的《农政全书》，宋长庚的《天工开物》，清代包世臣的《齐民四术》。《农政全书》六十卷，为我国讲农田水利、农器制造最完备的书，很受西法的影响。此外便只有西教士所著关于炮术与上述水力器械的几种书。但在世界文化史上，有若干重要发明都是中国人在先或完全是中国人的功绩，如陶瓷制造，养蚕缫丝，拱形建筑，火药，罗盘，纸，活字印刷等。中国隋唐五代时期，已有雕版印刷，到宋仁宗庆历中，平民毕昇发明活版，其时在十一世纪，但欧洲活字印刷的发明在十五世纪，比中国落后四百余年。总之，宋元以前，中国还走在欧洲前面，明清时代，逐渐落后，而最近两三百年，便愈隔愈远了。

一三九　科学与迷信

科学在未发达时期，通常和迷信混在一道，我国古代所谓阴阳家言，是对于自然现象之科学解释，后来又流为迷信，因为阴阳、五行、八卦等，都带有占星术的作用，而古代天文学则是和占星术相结合的。周秦时发生的以星象分野说，将中国各区域按星象分配，而占验吉凶，即是占星术的应用。后世儒家有日月食为上天警告人君的学说，又以所谓景星庆云象征治世，以山崩地震预兆乱离，而历代正史对于什么客星犯帝座，就表示严子陵足加帝腹；五丈原落星，就表示诸葛亮逝世这一类的话，均不厌烦琐地加以记载。古代医巫并称，近代国医也带有巫术的成分，如《验方新编》载有驱蚊法，系于端午日黎明，由一人持扇在室内向外挥扇，一人低声问："扇什么？"一人答："扇蚊子。"如是反复三次，不让别人知道，可保一年无蚊。这样和巫术差不多同类的方子不止一个。我国数学也有卜筮的性质，如清末流行的一种名叫《笔算数学》的书，内载一题，系算孕妇所怀的胎是男性抑女性的，其方法有一口诀："七七四十九，问娘何月有，除去母生年，再加一个九。"由此可见一斑。现在我们在研究国学以前，如不先受现代科学的洗礼，也将无法避免头脑之占卜星相化。

一四〇　艺　术

我国艺术现在已赶不上西洋，但在古代，则尽可与他们抗衡。我们的古代大建筑物亦多，可惜没有像古罗马建筑物一样好好保存到现代，令人瞻仰。例如秦之阿房，汉之未央、建章，隋之迷楼，这些有名的宫殿，六朝的浮屠等，现在徒然剩着史书的记载了。但如万里长城的伟大，及清代圆明园、颐和园建筑的壮丽，也曾令世人景仰。除建筑物外，现存的商周铜器——钟鼎彝器，秦汉的石刻，汉晋的铜镜及符，六朝的佛像——凿石窟造像，如敦煌莫高窟千佛岩，大同及龙门的石佛，都很有名，六朝尤其唐宋以来的书画，五代以来的瓷器，宋明以下的木刻，明以来的漆器，篆刻及器物雕刻，织物刺绣等，其中都有举世赞美的艺术品。可是过去我们的艺术品，大半专为帝王贵族或富家巨室所享有，或供士大夫的清玩，还没有十分民众化。而且除琴棋书画篆刻为士大夫消闲游艺外，其余如建筑、造像、雕刻等，都是委之工匠们之手的。这些传统的态度，今后都必须改变，艺术不应作为消闲之物而应用以表现大众的情感和时代思潮，艺术家必须有充分的现代知识和高尚的人格修养，这才能够促成伟大作品的产生。

一四一　绘画及书法篆刻

绘画在我国艺术中是造诣较高的一部门，书法篆刻则是由我国文字的特殊性而产生的特殊艺术。绘画的历史开始于上古无文字时代，在文字记载上亦开始于周秦，但古代作品遗传至今日者，最早仅有战国时的漆器彩绘（近年长沙古墓中发现）及汉朝的石刻（山东武梁祠及孝堂山），卷轴画最早的为晋朝顾恺之的《女史箴图卷》。汉朝石刻画风与埃及石刻、希腊瓶绘相近。佛教东来后，中国画颇受印度影响，在题材上有佛教人物故事的选取，且引起道教画的产生，在画法上也有如张僧繇采用印度阴影法的一类表现（僧繇与顾恺之、陆探微为六朝三大作家，同时批评家则有谢赫）。唐朝为绘画史最重要的时期，融化中国与印度的画风，技巧与理论均具有规模，人物、山水、花鸟各种画法，也确立基础。至宋代而更加完美。但元朝以后，画家一味摹仿古人，没有创造精神，就赶不上唐宋了。唐代画家，初期有阎立德、阎立本、尉迟乙僧等。乙僧为于阗国人，善作凹凸花，继张僧繇而提倡印度晕染的画法。当时画风仍承袭六朝细致刻画的传统，不甚流利活泼，题材仍以人物及道释两教为主。盛唐时期，画风变为雄健活泼，已参合西域画法与中土传统而形成了新形式，其时著名画家，画道释人物（壁画）的有吴道子，青绿山水则有李思训，明董其昌所谓北派之祖也。水墨山水则有王维，董其昌所谓南派之祖也。画马的则有韩幹。他们各立一派，分庭抗礼，可说是中国画史的全盛期。山水画自王维创水墨派后，张璪、王洽更进而创水墨写意一派，开辟了后世文人画的大路。晚唐画风进于纯美术化，花鸟人物，各有大家。五代时南唐西蜀，为绘艺中心，仍继晚唐作风。宋朝继西蜀南唐，设立画院，网罗画家。当时山水画，李成、范宽、董源，称北宋三大家，其后有米芾父子，而郭忠恕则以界画（楼台亭阁）自成一派。又有李公麟，长于人物素描，黄居寀、徐崇嗣长于花鸟。北宋画家，院内、院外都有，作风也差不多，到南宋则院体画派形成，有刘（松年）、李（唐）、马（远）、夏（珪）四大家，作风偏重富丽精细，而缺少活泼天趣。理论方面，唐以前著作真本失传，多系后人伪托，宋人著作都是真的，最著名的有郭思《林泉高致集》，韩拙《山水纯全集》，饶自然《山水家法》等，大致都主张注重气韵，不但要画得像，而且要传神，又极重文人业余之作，对于画匠，乃至画院中专门作画的文人，都瞧不起。这时期，宗教画已衰落了。而文人画中还有一种小品，如水墨画梅兰竹菊（从南宋起称四君子）的一种或数种，宋末郑思肖即以画兰著名。元赵孟頫是仿古的画派。从他起，便形成了元明清三朝的摹古画风。元朝山水画四大家，为黄公望、王蒙、吴镇、倪瓒（倪迂）。李衎（息斋）则以写意画竹子著名，著有《竹谱》为最佳的画法书。当时谈画理的，则大致都主张师古，要有古意。明代设有翰林图画院，造成一种院画风格，这种画是摹仿南宋的。但有一个林良，创立花鸟的写意画。临摹最广博的有戴进，为浙派的创始人，这派还有吴伟、蓝瑛。明代后期为文人画时期，以吴派为中枢，画家有沈周、文徵明、董其昌等。沈、文与院派之唐寅（伯虎）、仇英（十洲）称为明朝四大家。他们都是临摹古画的。明代画家临摹古人，不限一派，到清代临摹以黄公望、董其昌为正宗，画风愈不振，始终不过是软媚枯淡的吴派，代表者有所谓四王，即王时敏、王鉴、王翚（石谷）、王原祁，后两王更有力，后来学他们的形成虞山、娄东两派。此外还有恽格、吴历两人，也有名。清康乾间编印的绘画出版物有《佩文斋书画谱》及《佩文斋题画诗钞》两大部书，搜罗历代绘画史料，绘画理论，极为完全。其余论画著作还有百数十种，晚近流行的《芥子园画谱》，编制由浅入深，尤合于科学方法，颇便初学参考。

书法艺术化，开始于魏晋时期，魏之钟繇，晋之王羲之，是早期的书法大家。继之者南北朝有谢灵运等，隋朝有赵孝逸等，而唐朝尤为名家辈出，最著名的是虞世南、欧阳询、褚遂良、张旭、颜真卿、柳公权等。宋代书法家也多，以蔡襄、米芾、苏轼、黄庭坚等为最著。米、苏两人都以画家而兼长书法。元朝的赵孟頫也兼工书画，为一代宗主。明清画家也多兼长书法。最著者为董其昌。所以元明清有题画的风气，和唐宋画人将名字暗藏画中的习惯不同。明朝专以写字著名的有祝允明、王维登、王世贞、邢侗等。清朝著名书法家有刘墉、翁方纲、钱大昕、阮元、吴荣光、何绍基等。篆刻一艺，自元末王元章开始，为文人爱赏。明穆宗时，顾汝珍作《印薮》，集各种古印形式，流行于世。清朝镌印，初期有两名家，乾嘉间有七家，另有西泠六家，分为种种流派，近人乃作《印人传》，详加分析。

从前的人说书画是雕虫小技，以现代眼光看来，书法篆刻的确是小技，但绘画则是民众可以共同享有的艺术，它具有伟大的价值和无限发展的前途。今天西洋绘画已经输入，各种新型的画具和技巧，特别关于透视、阴影、色彩诸端的科学原理，可以供国画家的参考和汲取，可以补充过去国画的缺陷。我们的国画家大可以一扫元明清三代的仿古积习，恢复唐宋时代创造与写生的作风，融合中西画法的优点，写现代生动的题材，以创造新形式的国画，不必以“古意”和西画对立了。

一四二　音　乐

我国音乐尚不如绘画的进步，当然比现代的西洋音乐落后很多。可是我们古时的音乐水准，并不在西洋之下。西洋古希腊发明十二律的时候，我国也从五音、六律、七律而达到十二律的发明。五音即宫、商、角、徵、羽，代表ㄨㄛㄜㄧㄩ五个由低而高的声音，是歌唱时的音阶。六律是六支长短不同的竹管，可以吹奏六个高低不同的音，大约就是五音以外再加一个变宫。后来又加一个变徵，就是七律。这七个音的次序如果是从徵开始，即徵、羽、变宫、宫、商、角、变徵，则与风琴上 CDEFGAB 七音相同，半音都在第三、四音及第七、八音之间。不过我国古代是以宫为第一音的。十二律则系在此七音之间再插入五个音，好像风琴上七个白键之间插入五个黑键一样。十二律的名称和次序，是黄钟、大吕、太簇、夹钟、姑洗、仲吕、蕤宾、林钟、夷则、南吕、无射、应钟。这十二律是十二个固定的音，还可以加上长度加倍的一组（倍律）为低音部，长度折半的（半律）为高音部。战国时发明十二律旋相为宫，那宫、商等七音便成了多来米化似的唱音，可以从任何律开始，以形成高低不同的调式。据《管子》《吕氏春秋》《史记》等书记载，这十二律管的长度有一定比率，如四比三或三比二是，因之就有所谓"三分损益"的理论。三分损益包含减三分之一及增三分之一的两种关系，如以黄钟为基本律，依黄钟那根竹管的长度减三分之一，而成较短的林钟，就叫作黄钟下生林钟。再以林钟的长度作标准，增加三分之一，而做成稍长的太簇律管，就叫作林钟上生太簇。照这个样子，太簇又下生南吕，南吕又上生姑洗，姑洗下生应钟，应钟上生蕤宾，蕤宾又上生大吕，大吕下生夷则，夷则上生夹钟，夹钟下生无射，无射上生仲吕，仲吕下生半律黄钟。古希腊十二律也是根据三分损益的原则制定的，但系用弦定音，不用竹管。我国至西汉末年，京房也发明用弦定音。这种由三分损益原则而规定的十二律，包含大、小两种半音，半律黄钟也太高了，并不是纯八度音程，很不便于旋相为宫。所以到了南北朝宋元嘉中，何承天发明十二平均律，使每个半音相等，而高音黄钟恰好比黄钟高八度。但他还没有计算到十分精密。到明朝朱载堉，便将何氏理想完全实现，西洋人至一六九一年方才发明十二平均律，比何氏迟了一千二百年，比朱氏也迟了一百年。

我国雅乐中最重要的乐器，包括钟、鼓等敲击乐器，笙、箫等管乐器，琴、瑟等弦乐器三类。而最重要的是七弦琴。但七弦琴音过低，不便于在大庭广众中演奏。现在雅乐已不流行，仅文庙祭祀时采用它，并与古舞相配合，因为雅乐的传统在南北朝时已经中绝，唐宋以后，只知机械地师古而不能改进它，因此就不足重视了。南北朝时，因为阿拉伯琵琶经龟兹传入中国，我国音乐于是开始胡乐化，同时雅乐俗乐化。唐宋时代，音乐重心已不是雅乐而是燕乐。唐代燕乐即梨园乐，是伴奏歌舞及简单戏剧的，以琵琶为主乐。宋代燕乐，以觱篥为主乐，觱篥也是从龟兹传来的，是管乐器。元明以来，歌剧发达，伴奏音乐足以代表当时的国乐，而主要乐器也无不是外来的。元曲伴奏以三弦为主，南曲伴奏以笛为主，昆曲盛行后，无论南北曲，均用小工笛伴奏。皮黄戏之主乐为京胡，梆子戏之主乐为胡呼。笛系汉朝西域传来的“横吹”，三弦胡琴来自蒙古。近代昆曲与皮簧的盛衰，和音乐颇有关系。昆曲以乐曲迁就字音，违背了歌唱艺术的主要原则，所以失去了它的地位。皮簧代兴，牺牲字音以迁就乐调，颇有流畅自然之美，但乐曲只有几个固定的，变化太少。而昆曲与皮簧两种东西，都不能像西洋音乐一样，以音乐描写词句的意义，使人于未听词句以前，一闻音乐，就已大受感动。这尤其是我国音乐落后的表现。

我国器乐单奏，在周代即有俞伯牙《高山流水》的名曲，晋代亦有嵇康的《广陵散》。复音音乐也发生很早，《周礼》所称“奏黄钟，歌大吕”，即是短二阶的歌奏和声。西洋复音音乐产生于十世纪，在《周礼》出世后八九百年。然而在今天，西洋音乐大进步，而我国国乐水准还和数千年或数百年前一样，甚至退化了。我们在输入西洋音乐之余，是不是可以借助于西洋现代音乐，而改造国乐乐器与乐曲等，以成功新型的国乐呢？这就是新音乐家与国乐家的共同责任了。（国乐书籍有宋朝沈括《梦溪笔谈》，明朱载堉《乐律新书》，清陈澧《声律通考》等。）

本书参考书目

顾　实：《汉书艺文志讲疏》

姚名达：《目录学》

纪昀等编纂：《四库全书总目提要》

张之洞：《书目答问》

钱基博：《版本通义》

吕思勉：《章句论》

吕思勉：《经子解题》

何仲英：《训诂学引论》

胡朴安：《校雠学》

马　瀛：《国学概论》

章炳麟：《国学概论》

蔡尚思：《中国学术大纲》

王玉璋：《中国史学史概论》

周予同：《群经概论》

周予同：《经今古文学》

钱　穆：《中国近三百年学术史》

梁启超：《清代学术概论》

陈安仁：《中国上古中古文化史》

陈安仁：《中国近世文化史》

徐敬修：《国学常识十种》

梁启超：《先秦政治思想史》

冯友兰：《中国哲学史》

冯友兰：《新理学》

释太虚：《法相唯识学》

谢　蒙：《佛学大纲》

贾丰臻：《中国理学史》

胡　适：《胡适论学近著》

胡　适：《胡适文存》

陈望道等：《中国文法革新讨论集》

童振华：《中国文字的演变》

李侠文：《国学常识问答》

胡怀琛：《中国文学史纲要》

吴　烈：《中国韵文演变史》

向林冰：《中国哲学史纲要》

郭沫若：《中国古代社会研究》

王光祈：《中国音乐史》

俞剑华：《中国绘画史》

刘麟生：《中国骈文史》

陈　柱：《中国散文史》

章学诚：《文史通义》

章炳麟：《国故论衡》

章炳麟：《新方言》

王引之：《经传释词》

张世禄：《中国声韵学纲要》

孙德谦：《古书读法略例》

青木正儿：《中国近世戏曲史》

谢无量：《词学指南》

邵祖平：《中国文字学概说》

浦起龙：《史通通释》

曾国藩：《曾文正公家书》

郑振铎：《文学大纲》

杂　志：《学习生活》

《文化杂志》

《国文月刊》

《国文杂志》

《中学生》

以上各书，有一部分对于本书的编辑本非必须参考的，但因有些必须检阅的事项，在这个书籍不完备的环境里，不能不间接地从这些可能找到的书刊里面去查，所以也得参考。

《国学常识》校读记

蒋玉斌　墙斯

按:《国学常识》1947、1948年印行沪版时，就附有一张勘误表，修改正文错误6处及索引错误若干。三联书店重印时加校注1处，中华书局重印时加编按1处，并在正文中直接纠正原版一些明显的错讹。但该书内容庞杂，需校订的问题还有不少。我们粗略地校了一遍，就目力所及，发现比较明显的错误40余处。有的是原书错误；有的则是在作者的时代因为资料所限，不能算错或尚未得到正确认识的问题，以今天最新的学术研究成果来看，知道其说是错误的。后面这一种"错误"当然是书作者当时无法控制的。本着严谨的治学态度，传播正确的知识，校出这些讹误，以给当代读者尤其是初学者提供参考。

第一一节，《老子》"夫佳兵者不祥之器"，清人阮元提出"佳"乃"隹（惟）"之误。作者以此证明古书多有讹误而需要校订，是很好的例子。不过具体到该例本身，近年由于新材料的出现，情况可能已有改观："夫佳兵者"，汉帛书本作"兵者"，而汉简本则作"夫觟(佳)美"，与《史记·扁鹊仓公列传》引《老子》"美好者"义近。这个问题还需要进一步研究。

第一三节，谓"中"以口象四方，以丨为表示中央的符号。这一说法没有什么道理。古文字字形是在旗杆象形文的中间加圆圈，来指示中间这一抽象概念（或说为一种旗帜的象形）。

第一四节，甲骨文"象形字占绝大多数""最大多数"，实际上在解释甲骨文中，象形字大概仅占 1/4 左右[1]，包括曹氏在内的很多人说甲骨文中象形字多，恐怕是对其象形性较强的一种不恰当描述。

本节谓石鼓文"大约是秦朝初年的石刻"，实是春秋战国间的秦国铭刻。隶书是战国晚期在秦国文字的俗体基础上形成的。参看裘锡圭先生《文字学概要》（修订本）第四章（四、五）节。

第一六节，"后人所谓《十三经注疏》，是合汉人的注与唐人的疏而说的"。严格来讲是汉魏人的注和唐宋人的疏。

第二一节，说"赖""从剌字得声"，"剌"当作"刺"。

第二一节，举"《书经》借'麓'为'录'"，乃就《尚书·舜典》"纳于大麓，烈风雷雨弗迷"一句而言。其中"麓"字即山麓之义，作者所从之说虽也早已有之，但不可信。[2]

第二五节，"字母是唐朝末年守温和尚仿照梵文创造的，共三十六个"，中间宜加"经宋人扩充"。

1　参黄天树：《殷墟甲骨文形声字所占比重的再统计》，收入《黄天树甲骨金文论集》，学苑出版社，2014 年，第 54—131 页。

2　参顾颉刚、刘起釪：《尚书校释译论》，中华书局，2005 年，第 102—105 页。

第二六节，“韵母的产生在声母以前”，作者应该是就“韵母”“声母”的概念而言的，实际是要说古人对韵母的研究比对声母的研究要早。如从二四、二五节看过来，这句话不会有误解；但单独看此句，则显得表述不够严谨。

第二七节，说黄侃“分古韵为二十八部，这是古韵的最后结论”。后来又有王力先生分为二十九或三十部等。

第二八节，刘喜海《长安获古篇》，“篇”当依原书作“编”。

第三〇节，谈“福”字所举字形不确，本是“祼”字。

第三〇节，列甲骨学重要著作有“郭沫若之《甲骨文释》”，不知为何书。郭氏考释研究甲骨文的书有《甲骨文字研究》等。

第三二节“无文字的古物”节尾，三联版已出校记，参看导读所引。

第三三节，举罗振玉在安阳小屯所得石器，罗以为石磬而郭沫若以为石犁，“这就表示着他们两人学术范围有广狭之别”。原物当从罗说，是石磬。[1]这个例子举得不好，评价似乎并非客观公允。

第三四节，节尾补述中央研究院历史语言研究所的工作，“在考古学方面，除发掘小屯村外，还发掘了殷历谱、……汲县山彪镇、川康大司空村，……又在绥远、川康等地作了考古调查”。这段话“发掘《殷历谱》”、河南安阳大司空村前冠以“川康”（四川西康两省简称），均不可解。复核作者所引的朱家骅《抗战以来中央研究院概况》，原文说：“考古学方面，编著有：小屯村发掘报告、

1 这些石磬由罗振玉胞弟罗振常在小屯收集，参罗振常：《洹洛访古游记》，河南人民出版社，1987年，二月二十八日，三月初三日、十四日、十八至二十一日等条。另参罗振玉：《殷虚古器物图录》一卷坿坿说一卷，民国五年（1916）景石印本，第六至十一页及坿说。

殷历谱……汲县山彪镇发掘报告、绥远考古调查报告、川康考古调查报告、及大司空村发掘报告等。”大概作者仓促间补注此段，改写引文后未予精校，而出现错误。

第三五节，谓竹书是“用竹笔蘸漆书写，或用刀子刻的（《史记》称萧何做刀笔吏）”，书写简册主要还是用墨，而且一般不用刀刻。书写过程中可能会用到刀，那是因为写错了要用刀刊削。所谓“不刊之论”的字面意思，也就是不用刮削修改的论说。

又此处说“竹笔”，后文又说秦汉间因蒙恬已发明兔毛笔，也可在缣帛上书写，也是受到旧时误说的影响。毛笔早已有之。“笔”字的象形文早见于甲骨文，包含甲骨在内的商周遗物上屡见毛笔书写的字迹，战国秦汉毛笔书写的简帛更是层出不穷；在春秋晚期的曾侯乙墓以及战国楚墓、秦墓中，都出土了毛笔实物。蒙恬有可能改进了毛笔的制作方法，而毛笔在此之前已有较长的使用历史。

下文谈到蔡伦造纸，也是同样的情况。考古发现纸在西汉以前就已产生，蔡伦只是改进了造纸术。

云“甘肃敦煌千佛洞发现古时书籍多种，包括汉武帝时木简漆书”，王道士发现的藏书室中有“自汉至五代之书籍碑版”，亦有误会。如本书下文所言，“敦煌附近沙漠地带亦发见汉简”，但千佛洞中并没有。

第三七节，“装璜”当作“装潢”。

第四二节，云《四库全书》“民国九年赠予法国一部”，委实是骇人听闻。实情是时任法国总理班乐卫欲以庚款助中国印行《四库全书》，条件是印成后赠予法国数部印本。绝无将原七部（其实到民国时已仅剩一半）之任何一部赠予法国之事，而印行计划亦未施行，连印本也不存在赠予的情况。

“《逸存丛书》”，当依原书作“《佚存丛书》”。

第五四节，义疏之学的体例“注不破经，经不破注”，后句当作“疏不破注”。

第五七节，元托克托即今通用的元脱脱。托克托是民国时期翻译少数民族人名时的音译。

第五九节，“最早的编年史本应算《春秋左传》”，“左传”当删去。

第六九节，说“过去帝王起居注一类的无意义史料”，新史学已经删除。帝王起居注也是很重要的史料。

王国维之“《殷虚卜辞中所见先公先王考》”，“虚”字当删；“《殷商制度论》”当作“《殷周制度论》”。

罗振玉之“《鸣沙石室佚古续编》”当作“《鸣沙石室佚书正续编》”。

第一〇三节，“思无邪”之前，原出处有“曰”字。

第一〇七节，讲南北朝诗，云“此外，谢道韫也是一女诗人”。中华版已加“编者按：谢道韫为东晋人”。

第一二六节，郑光祖“《倩女离魂记》”，“记”字当删。

明代戏曲家中举“李月华”，当是李日华（作有《南西厢记》）之误。

第一三四节，《尧典》引文开头脱漏“朞”字。

第一三五节，“又别墨派及公孙龙言论中都说过‘一尺之棰，日取其半，万世不竭’的话，可以看出表示无限等比级数的概念”。

所引古语出自《庄子·天下》篇中辩者的言论[1]。墨家只是说过类似的话，即《墨经》及《经说》中的“非半弗斫，则不动。说在端”（长度持续取半至无法再分，就不能再动，到了端点）等。第七四节的表述就准确得多。

第一三五节，《海岛算经》作者、计算圆周率的三国魏数学家“刘徵”（三联版排印中又将“徵”转成“征”），实为刘徽。

所列“《算经十书》”中的错误还有：“张邱”，当作“张邱（亦作丘）建”；“《辑古算经》”之“辑”，当作“缉”。

第一四一节，花鸟画家“黄居窠”，当作“黄居寀”。

第一四二节，谓“笛系汉朝西域传来的‘横吹’”，其说虽有所本，但今天看来是不对的。在河南舞阳贾湖遗址墓葬中，就发现了八千多年前的骨笛。如果说后世中原的横笛受到西域的影响，这是很有可能的；但说横笛完全是从西域传来则靠不住。[2]

1 这些言论具体属于惠施还是公孙龙，历来是有争议的。参杨俊光：《〈庄子·天下〉篇的“辩者”学说》，见其《惠施 公孙龙评传》附录，南京大学出版社，1992 年，第 250—283 页。

2 参李纯一：《中国上古出土乐器综论》，文物出版社，1996 年，第 368—371 页。

状
元
及
第

北平歲時志

张次溪 编著
高辰 标点

北京出版集团公司
北京出版社

图书在版编目（CIP）数据

北平岁时志 / 张次溪编著；高辰标点 . — 北京 ：北京出版社，2018. 8

（北京古籍丛书）

ISBN 978-7-200-13454-4

Ⅰ . ①北… Ⅱ . ①张… ②高… Ⅲ . ①节令—风俗习惯—北京 Ⅳ . ① K892. 18

中国版本图书馆 CIP 数据核字（2017）第 266326 号

出版策划：安　东　杨良志
责任编辑：乔天一　张　帅
责任印制：宋　超　陈冬梅
封面设计：贾　昕

北平岁时志
BEIPING SUISHI ZHI
张次溪 编著
高　辰 标点

出　　版：北京出版集团公司
　　　　　北京出版社
地　　址：北京北三环中路 6 号
邮政编码：100120
网　　址：www.bph.com.cn
发　　行：北京出版集团公司
印　　刷：北京京华虎彩印刷有限公司
经　　销：新华书店
开　　本：889 毫米 ×1194 毫米　1/32
印　　张：10.25
字　　数：150 千字
版　　次：2018 年 8 月第 1 版
印　　次：2018 年 8 月第 1 次印刷
书　　号：ISBN 978-7-200-13454-4
定　　价：58.00 元

质量监督电话：010-58572393
如有印装质量问题，由本社负责调换

前　言

“北京岁时”系列三册，是“北京古籍丛书”的新品种，也是我们的新尝试。

“北京古籍丛书”是一部很有历史的丛书。1958年，北京出版社开始整理与北京有关的史地文献；1960年，出版了丛书的第一部：《长安客话》。屈指一算，至今已将一甲子了。在这些年里，北京出版社、北京古籍出版社的诸位前辈通过不懈努力，为广大读者奉献了八十多种与北京有关的古籍文献，涉及历史地理、典章制度、掌故轶闻、名胜古迹、诗词杂咏、人物传略、物产风俗等诸多领域。凡研究北京、喜欢北京的读者，可以说，没有不读“北京古籍丛书”的。

然而，出于为学术研究提供史料的考虑，“北京古籍丛书”的绝大多数品种是用繁体竖排形式出版的。对于大众读者来说，读起来未免有些不便。如果把这套丛书中趣味性较强的那些品种用简体横排的形式出版，是否能够为喜爱历史、喜爱北京的读者提供一些帮助呢？于是，就有了这个“北京岁时”系列。

“北京岁时”系列，共包括《燕京岁时记（外六种）》《北平岁时志》《北平岁时征》三种。之所以选了“岁时”这个题材打头阵，是因为北京的岁时文化太丰富、太悠久，也太有趣了。我们呈献给您的这三本书，写作时间从明代到民国，著作方式有自著也有编纂，但贯穿其中的一个不变的精神，就是向读者诸君介绍老北京人如何过日子，以及与之相伴而来的衣食住行、游戏娱乐、生活宜忌，诸如此类。

在这里，我们还需要小小纠正一个误解。说起“岁时文化”，很多读者第一时间就会联想到“欢欢喜喜过大年”，或者元宵节、端午节、中秋节等传统节日上去。当然，过年过节是传统岁时文化的一个重要组成部分，但北京岁时文化的范畴与内涵，要远比过年过节丰富得多。您翻开这三本书中的任意一本，都会发现：哎呀，北京人把那些非年非节的日子，居然也过得这么有滋有味！

有人说，北京人讲究多。其实，这种“讲究”，不外乎是想把日子过得更好，于是在有限的条件下，想着办法给自己找乐儿，今天吃这个，明天穿那个，花费不大，图的是个高兴。现在日子好了，无需过年过节也能吃好穿好，这种“吃尽想绝”的劲头也就不那么足了。然而，回顾一下以前北京人的生活方式，以及他们想尽办法把日子过出滋味来的那种精神，还是很有意义的。

“北京岁时”系列将要出版，编辑部全体同仁借此戋戋短幅，恭祝各位读者年年顺心、岁岁如意！

北平岁时志序（林序）

忆儿时读《诗·豳风》《礼·月令》，辄易成诵，岁时节物感人之深则然也。他如《大戴记·夏小正》《汲冢周书·时训解》《吕氏春秋·十二月纪》《淮南子·时则训》，又纬书中《易通卦验》等，世所传纪候之书，语其大则体国经野、布政授时之所系，语其小则虫鱼鸟兽草木之化、工虞农圃之务，于以详纪。唐以后，犹有明堂读时令之礼，其关系人事也，讵不重哉。其衍为宗懔《荆楚岁时记》诸书，则杂摭里闾流俗旧闻故实，所涉弥广。斯籍代有作者，迨于今而吾复见东莞张君次溪《北平岁时志》之作，书得十二卷，卷以月分，史乘笔记旁征博采，称为赡洽。每月兼及日次，以视《岁时广记》（宋陈元靓撰）之仅纪嘉辰令节者为详。

一月分三十日，而不尽每日为记，其日次随事实为详略，则仍宗氏《荆楚岁时记》之例也。顾宗氏书间有缺略，如八月仅记一日、十四日，而独缺中秋（中秋唐开元以前无闻，故宗氏书不之及），此书则中秋所记多至二十三则，正可补前人所未备。又宗氏书记屠苏、辛盘、桃符、华胜、迎紫姑、斗百草、寒食禁火、曲水流杯诸故事，各地习见，非为荆楚所特有，此书则所记如正月大小填仓、二月龙抬头之类，皆北平旧俗，异地罕见，即如端午、重阳南北所同，而此书之端午游南顶、重阳登五塔金刚宝座台，则仍为北平所独，似此之类，所载皆不伤泛滥。又如正月十九之为燕九节，而或曰淹久，曰烟久，曰阉九，曰宴丘，曰筵九，诸名杂出，此书罗列群籍，作燕九者有《酌中志》《帝京景物略》《帝京岁时纪胜》《宸垣识略》《郎潜纪闻》《大兴县志》《北京指南》等。余如淹久诸名皆片辞孤证，殆无可取。又花朝有二月二日、十二日、十五日，各地不尽同，此书据《帝京岁时纪胜》诸书只记十二日及十五日，足知北平自来即无二月二日花朝之说，此皆有关考据者也。其不列闰月，则《日涉编》（明陈阶撰）之例也。不取绮靡词赋，则《玉烛宝典》（隋杜台卿撰）之例也。间亦列及诸神降诞之类，则《月令广义》（明冯应京撰，戴任续）诸书，已开其先，顾此虽民俗所关，而究属荒怪难信，是则可商者已。

北平为元明以来旧都，其时节有关宫廷礼俗者，书中亦略有所纪。今者京师沦为边隅，盛典俱成陈迹，而年时故俗之流行民间者，虽于夏时已革，大命方新之际，犹踵事循衍而不绝，是则荐麦瓜于祖祢，取蝼蛄以治病，制圆剂，曝衣裳，凡诸习俗，所详载于《四民月令》（《四民月令》引见陈元靓《岁时广记》）者，今古初不甚相远，而其相沿广布，或较朝章典故，特为悠久也。顾当兹四郊多垒，水旱迭乘，叹物候之推移，感韶华之并歇，所谓岁时伏腊，斗酒相劳者，连年乱荒之余，能得此乐者，有几人哉。昔东莱吕氏原明，在历阳时，与子孙讲诵，遇节日则休，学者杂记风俗之旧，然后团坐饮酒以为乐，久之遂成《岁时杂记》一书。先哲风规，承平气象，以今视昔，诚使人睹代序而兴身世之感。次溪此编既成，征序于余，会有所触，书此归之。后之读者，其亦不能无慨于中也乎？

民国二十五年六月闽县林志钧时客北平

北平岁时志序（郭序）

清修四库全书，史部以时令、地理为二类，而其间颇有相出入者。如时令诸书，自以本天道之宜，立人事之节为正，而承流撰述者乃以农家日用闾阎风俗为多，与《礼经》所载已属小异。地理诸书以志方域山川，而风俗必详，又多假借夸饰，其杂记类所录岁时风土诸记，与时令类所存《广记》《汇记》诸书，体例乃无大殊异，至孔东塘《节序同风录》，则直仿梁宗懔氏《荆楚岁时记》为之，以十二月为纲，以嘉辰令节分列为目，所载风俗事宜，尤为详备。然则二类之隶属，何去何从，诚目录学家待决之一问题矣。宗氏《岁时记》为记岁时者最古之书，其自序谓率为小说，以录荆楚岁时风物故事，自元日至除日，凡二十余事（“二十”字应作“三十”，见提要）。其后踵作者，如段公路《北户》之录，以载风土而兼物产，莫休符《桂林》之记，以谱民风土产而或略岁时，自余袭宗氏之例而勒为成书者非一，尤以宋世孟元老、耐得翁、吴自牧、周密诸家，为能抒怀旧之蓄念，发思古今之幽情，如班氏所云，而非徒以侈见闻、夸靡丽为事者比也。

仆生长旧京，自幼而壮而老，上下六七十年间，所历大劫者二，小劫者七八，凡所见所闻所传闻，事变非一，皆历历悬诸心目间，常思泚笔记其厓略，然大而朝章国故，细而微物琐闻，苦于书不胜书，欲作旋辍。共和以来，所阅时贤记载北平遗事及清室旧闻者，每多流闻失实，与吾所见相去绝远。亦有数家之书，颇能翔实，间又语焉弗详，或不免一二讹误，辄为忾息者久之。

东莞张子次溪，绩学士也，生长旧京，多习往事，以任职北平研究院，犹勤考索。其已卒业者，如《北平天桥志》《清代燕都梨园史料》诸书，皆几经搜讨，加以参稽，始成印本。谬目仆为识途老马，辄以北平旧事时时咨询，有所辑录，亦相商订，嘉其载笔之勤，宅心之挚，每为倾筐倾箧以告语之。盖虽不贤识小，亦思假以流布，免于坠地也。近复出所纂《北平岁时志》十二卷见示，盖用宗氏之例，而以月为纲，以节为目，则近于东塘，月各一篇，先属词以寄意，复证实于群编，几无一字无来历焉。雒诵既周，间献所疑，用相质正，惟出版期促，未获一一参订，延叙而归之，尤觉感不绝于余心云。

武清郭家声识

凡　例

一，本志采辽金以来谈北平风物之书，择其记述当地事物，有涉岁时者，依其月日，分条排比。

一，所采各书，以撰者之先后为序。如《辽史》为先，《金史》次之，《野获编》为明人所作，又次之。

一，每月先抒己说，以为总述。次即诸家，逐日附载。

一，两书所载，即同属一事，亦并存之。以其所记，间有异同，亦足以事证事也。

一，岁时例期，多依原书，原书作某日，而不及前后各日者，本志即附入是日。若历期较长，则依其首日为断。如同一岁时，甲书记为初五，本志即以之搅入初五，乙书记为初六或初七，则于初六、初七，亦各系录，从无割爱。又如某书云十四日以后有某事，或某事为十四至十七日，本志则以之入十四日，以符首日之例。如同此岁时，而某书或又指定十五或十六一日而弗及他日者，本志系日亦如其书。

一，岁时之有成例，而无定期者，本志各依其月，分系月尾，示与诸有定日者别。例如立春、春分、清明是。

一，应时庶事，如冠裳簪珥、嬉遨燕乐，以为月令点缀者，悉萃诸杂事一门，以志嘉兴。

一，本志专志民间风俗，正史所载，自《辽史》《金史》偶有一二外，余皆国家大典，其涉及民间者盖寡，故弗录。

一，本志所采各书，既依著成之年月以为次第，则俗尚变迁之序，亦自如之。故凡所徵引，俱不复纯以类属。阅者可因时覆按也。

一，所取各书，俱系节录，字句则一仍其旧，不稍增削，以存其真。

目录

正　月

二　月

三 月

四　月

五　月

六　月

七月

八　月

九 月

十　月

十一月

十二月

正月

卷一

有所谓“龙躔肇岁”，即有所谓“凤纪书元”。人事天时，自相关合，伊古已然，不昉自今世也。元月既属岁首，自必人所重视，而北平为尤甚。再远无论矣，千年以来，不乏可纪，旧历今虽废止，月令依然奉行，月月佥同，非第斯月而已也。兹既以月份为前后，亦并以成著为连锁，吾故循吾所考，而首及夫正月，较诸自余各月，且特予详尽焉。正月首重者何，一元旦，一灯宵耳。羯鼓喧阗，巷祝衢讴，《西神脞说》诸书，可历案也。

糯米和羊，为丸而掷，鸣铃执箭，饮宴歌呼，而以厥偶奇，较彼高下，窗帐之间，允饶骁勇，名之曰惊鬼居，实乃一尚武术。夫元旦行乐，年只一日，一日之乐，且不许轻涉文靡，辽本起自边塞，奚怪雄风若是，迄今遐想，虎虎犹有生气，此则殊俗，今所无也，《辽史》所载，当不为诬。

至于初一才临，五更即起，以门闩或木杠，移诸院地，三度抛掷，而饰其号为跌千金，此则明俗，今亦鲜闻，固犹是右武之义也。《酌中志》乃明人著述，亦自可信。

《志》云："饮椒柏酒，吃水点心。"水点心者，扁食也，一称未改，名到于今，北平所谓煮饽饽者，其别名耳。若暗包财币，卜食者终年之吉，若以百事大吉盒，祝享者诸盘顺遂，则成习相沿，已无足异，除却"酌中"一志，即弗考他书，而耳濡目染，亦可历历置数；独以驴为鬼，以吃驴头为嚼鬼，隘盒相馈，其愚可哂，而俗之所尚，亦遂视同例行。在神权鼎盛之世，寖假而畏鬼成风，驴亦物尔，又安所恃以为祟，然福吉之求，人所同盼，事虽不经，义自有取，抑又不足重嗤也。三百年前陋俗，今已阒然，《酌中志》不言，谁复言之，惜乎尔日之无人纠正也。

五鼓之时，不卧而嚏，嚏则急起，或不及衣，不卧而语言，户外呼则不应，以为卧嚏者病，呼者乃鬼。崇祯季年，此俗犹盛，明人《帝京景物略》载之綦详。此等迷信，吾姑不论。

至如拜年辞岁，爆竹桃符，四境所同，何啻燕市，然而琐闻杂事，今昔有异同焉，豪侈简陋，贵贱有差别焉，自除夕接神，以及百官驱贺，百姓投刺互答之外，祀祖考，礼天地，簪彩胜，吃年糕，乃至竿标楼阁，松柏家家，瀓月天灯，晶莹高照，此在偏鄙，亦有恒睹，诸书所记，大抵无殊，自《帝京景物略》《帝京岁时纪胜》而下，若《寓圃杂记》，若《宛署杂记》，若《藤阴杂记》，若《水东日记》，若《燕京杂记》，若《燕京岁时记》，若《天咫偶闻》，若《北京指南》皆是。不过互徵有无，互见详略而已。

自元旦暨灯节，尽此一旬有半，吉语喧腾万方，亦不仅北平一隅也，然有万方所无，而在北平独著者焉，看象舞，听韶乐，曹公观演教势，白塔寺打秋千，兔儿山，刘元塑，元都圣境，玉蝀金鳌，南则万善殿，北则五龙亭，昭景门东，承光殿下，楼台隐约，宫阙巍峨，即元月之空闲，饱上林之眼福，《纪胜》所记，斯为首胜。鼎革以还，象舞韶乐，已归乌有，即使存在，奚裨民俗。

此外，游琉璃厂甸，则自元日至十五日；趋白云观，则更至十九焉。兹先沥述厂甸，百货云集，万灯齐上，图书充栋，珍玩填街，香车宝马所驱，岁不乏秦楼楚馆之辈，商贾仕宦，悉所依依，火神庙土地祠，各极其胜，而初六日起，游者始众，庙祠棚贩，亦必自是日始，始陈列焉。彝鼎珠玑，足使目为之眩，而书籍法绘之所聚，近年则略有播迁。书以海王村公园西邻为胜，画移和平门之外稍南地区，公园以内，则食品居众，小型玩物亦夥，此与吕祖祠前，皆童稚争骛之所也。公园之背多货风筝，其面则豌豆、豆汁，诸摊盘据，山查圈套，大糖葫芦各贩，且徘徊求购焉。南新华街东西便路，赝鼎丛丛，破旧物品之冷摊无数，则又棋布星罗，匝地皆是矣。

吾统忆厂甸之会，盖以初十左右为全盛，其为期向达半月，十五已后，更有多延半日者。今则以易朔故，由新历年起，再益半月。虽新旧各限，等量平分，而比岁所经，旧者实胜，是固积习为之，一时不易骤夺，此又诸书所未尽详，而重有待乎补苴者，吾固不惮其烦，而乐为之述也。

至所售各物，儿童玩具，自属常品，而一搬指，一翎管，值动万金，在昔豪富所为，亦殊无谓，即此一端，他亦可想，然而语其奢靡，今或过昔，且亦不止北平也，惟其地旧既有公艺一局，又曾设工商改进会、商品陈列所，历借年节点染，以引人注意国货，皇皇盛举，深示与岁俱新，原不必鼓舞游乐，意诚至善。今则并此而无，借曰有之，亦无如市面之萧瑟何也。

寺宇则白云观以次，大钟寺会期较长，《燕京岁时记》则曰十日，《北京指南》则曰十五日，今多于昔也。再次则东便门之三忠祠，东直门外之铁塔寺，东四牌楼之三官庙，北新桥之精忠庙，虽均期止一日，然香火并盛。而号称东庙之隆福寺，号称西庙之护国寺，自是月起，更属平民杂沓之所。若曹公观，则自改建陆军大学，往时胜会，已付东流，而徒作故事传矣。

他如灯景之富丽，烟火之精巧，此则北平特长，外省或尽不及，独破五前禁妇女来往，恶俗所在，不易删除，他乡未必至此也，初六归宁之例，现未尽破，而是夜走桥摸锁，则以庚子岁正阳门被灾之故，其习全破。

初二祭财神，亦一通典，则以北平既商肆林立，故不但竞耀灯彩，同申庆祝之意，而求财之念，自亦万户雷同，首祀财神，固其所也。恐更阅岁年，亦恐难予禁绝。而彰仪门外财神庙，是日香火尤盛，子夜候门，香争头股，虔诚所到，直欲斩关。自翌晨以迄亭午，成人则元宝借得，小儿女则手执风车纸鱼，欢戴绒花而返。彰仪门径抵菜市，人马喧阗，盖香及元宝诸物，摊贩重重，近庙俱是，专所以供人还愿也，过午则冷落矣，初七占晴，初八祭星，虽事出术数，无甚奥义，而打鬼之俗，则番僧之特举也，初九斋戒，胜朝则然，官宴禁，馆戏止，此又不同今日者也。

九曲之制，外省亦多，百戏之陈，诸县亦有，僻壤间较诸北平，或竟具体而微，十四日之束草姑娘，亦所以卜休咎，意则不恶，而心理之幼稚，则未免见诮于人，或者前人留此，亦借作游戏之一欤。

赏灯看火，并属殊恩，西苑则存，旷典则废，更非所语于今日也。而灯市规模之大，悬灯处所之多，今且不逮昔焉。其内臣宫眷，应节变换冠裳，此则前代独有，今所绝无。元夕妇女群游，庚子以后，其风竟绝。《帝京岁时纪胜笺补》且言之凿凿，而今则娱乐场所，名媛闺秀，几于无夕无之，又何限一元夕耶？则是维新之中，反成复旧之举矣。

总计元旦后两旬之内，城里繁盛，自不待言，城外集会，则仍无过白云观者。自明以来，王侯而下，倾城空巷而趋，而十三四日始盛，十八九日为极，盖厂甸毕会，游人乃逐渐移往也，燕九一节，暨于今不少废，而同一时节，一书所述，已多歧异，群籍所记，更难强同，或则云：火树星桥，甫收声采，称曰烟九，正以烟火得名。或则云：灯事阑珊，不忍遽舍，取淹留之义，故又名淹九。或则又云：丘道人以是日就阉，故复名阉九。此则见诸《野获编补遗》者也。然《酌中志》《帝京景物略》亦并明代之作，则又均以燕九称之，而宴丘之别称，亦见诸《景物略》注，此外《大兴县志》也，《岁时纪胜》也，《宸垣识略》也，《郎潜纪闻》也，以至近人《北京指南》，亦靡不记以燕九，而《燕京岁时记》则又曰筵九。独《天咫偶闻》，袭《野获编补遗》之旧，有俗称阉九之语，且证以群阉趋附云云，则更信而有徵，补所未补者也。

前代开印之期，靡有定日，例在十九以后，今亦徒成掌故矣。二十三日之小填仓，仅见《纪胜笺补》，以前无考，而按其节期，较外省似迟三日。二十五日之大填仓，无异外省，《酌中志》记载，可知明代已然，《大兴县志》而下，各书所记，亦半相同，醉饱饮乐，则犹是古往遗意也。至于迎春、立春、鞭春、打春，意在劝农，古已行之。辽时其制独异，《酌中志》所记特简，仪礼之隆，明或逊清，帝王所在，自非封疆僻境所得拟其万一。此在昔日久成惯例，而今则与帝祭各坛之礼俱已一扫而空，得见崇典者，且将日感其稀，有似晨星硕果矣。咬春之俗，迄今仍在，进春之典，则早削除，而妇女食萝卜以却春困，语亦似乎不经，无足究也。

自灵佑宫灯市罢后，金鱼池迤西之精忠庙，士女云集，是月烟火亦盛。祭武穆，烧秦桧，忠佞之际，游者多厘然在怀，此在今日，诚鼓舞国人之好俗，不能不郑重其事也。此外转糖盘，倒掖气，仅属儿戏，烧狮牙，散灯盏，亦甚无稽。若灯谜，若商肆之自置金革丝竹，礼聘票友清唱，即闲暇之月，申庆祝之典，升平粉饰，亦成具文。此等点缀，各省正多，不止北平，亦不自北平起也。

至如跳百索，放纸鸢，踘蹴拔河，尽属运动，在今已不为奇，在昔则立意至美，虽嬉戏，实佳课焉。

花市之假花，花厂之鲜花，乃至鲜蔬供馔，尤是北平妙品，输诸外市，厥值奇昂，甚非他处所得而产。此在北平，亦早年所无，《燕京岁时记》谓为“预支月令，巧夺天工”，信非虚誉也。当世农植专家，发明正夥，果以其旧术，勒为新著，极深研几之余，使妙用不穷，范畴扩大，由北平以推及天下，则裨益民生者，正未有艾，不止花木蔬菜然也。

妇女掷骰拈牌，在今日赌禁之下，予亦未尽访查，此风或可销减。事虽消遣，亦关政令，无间男女，予固不得而苛言之矣。

至于元旦不花钱，不吃油炸火烤之物，刀剪裁割，扫除倒水，禁忌既多，悉属无谓。而布一食品，且须以方言相叶，吉语频随。一柿饼耳，则必曰："事事如意。"一核桃耳，则必曰："和和气气。"更合枣栗、花生、桂圆而曰："早生贵子。"意虽互祝，实则浮文，此与赐小儿压岁钱，其由来也固同久矣。

旧俗初十以里，皆以晴朗为吉，此又源出东方曼倩，非北平所创。独年礼一事，以处此海禁大开，交通特便之世，凡百新品，来自万国，北平既数百年首都，昔所留遗，已称隆盛，今所增益，更觉豪华，盖非五十年前比矣。统览诸家，除已援用者外，若《六帖》，若《谭往》，若《人海记》，暨《顺天府志》《日下旧闻考》所引群书，《琐谭》也，《事物原始》也，《甲乙剩言》也，《留青日记》也，《燕京游览志》也，虽历有繁简，而故实都关。

有若诸家所未及者，则菊部之岁时焉，吾

是以补述梨园。元旦既届，戏园向多一例开演。故例，在是月内，所演剧目不书于门，而元旦尤然。所写出者，亦只“各样新戏”数字，此三十年前旧规也。尔时戏开以前，循例后台必击鼓鸣金，舞台之上，坐以两桌，桌上胪陈令箭笔架及印匣诸事，其前悬以矮帐，而尖角绣龙之黑白青赤五大旗，亦同时插向台栏，并张以红黄宝伞各一，以壮观瞻，谓之摆台。往代岁岁皆然，此固一年之始，而制则终岁不改者也。金鼓音节，率以高腔，少选更击，则易皮黄，节奏微舒一度，即吹作《水龙吟》矣。于时检场人上台，去其陈设，是曰打通，过此则日日然也。三通告罢，厥戏乃开，凡坐客之于末通以前入者，例不出资，菊部所谓财神座也。此等优遇，平日不能，只元旦一日可耳。元旦首场乐具，先用者为走马锣鼓，且先露以净角，灵官盔靠，赤面三目，口必红须，胸必赤心忠良牌，灵官鞭到手，即跳踉勇舞而出，其所扮者，盖豁落火车正乙灵官王元帅也。虽然，亦有不尽尔尔者，灵官盔甲，或有或无，脱无是焉，亦有所代。红色靠，紫金冠，邱陈钟白，吴鲁桓刘，分头扮演，于所谓王元帅者，均可以代之继之，第数必以五。道家五灵官之说，此实遵之。跳罢灵官，加官随办，红服相貂，圭笏而至，而加官脸子，尤所必备，实乃一假面具耳。装扮则老生，动作则似丑，手持红幅，大书“指日高升”，翻之则“天官赐福”，略一现身，随即迤逦而入。外此所见，则增福财神，而服饰容颜毕异庙像，金花金面，副以蓝眉，系带绿袍，木盘在掌，盖所以贮金锭者，洪锣响奏，仪态万分，大吕黄钟，千夫倾耳。场合更番，煞见得充满吉利，此则在昔尤甚，而外省迄今依然俗尚者也。财神出台之后，骄态层出不穷，巨金旋掷，直入后台，各伶伺接于下场门里，得者矜为大利，财神行过檀波罗密，随有仙童一双，同行洒扫，而天官财福，亦遂接以登场矣。武行例演《英雄会》，借取吉意。正生正旦，则《打金枝》，或易以《御碑亭》。未抵黄昏，即并止演，纵多名伶，绝少佳戏。是日各伶披青龙分，镇日所得，例止十钱耳，此固往昔情况，今也则否。

初二日起，派戏虽无复禁忌，而是日武戏演《青石山》，亦几成定例。盖戏园旧制，每于对台楼栏之上，龛祀所谓三财，三财者，左正乙龙虎玄坛金轮如意真君，右增福财神，其中则关圣帝君也。《青石山》者，正乃关圣故事。北平市习俗，又奉关圣以为财神，故继元旦演之，以赓续吉意耳，此光绪以前例也。光绪之后，各班或不娴习于《英雄会》，于是避生就熟，所谓《青石山》者，竟移演于元旦矣。宣统辛亥，同庆部在广和楼，双庆部在文明园，均于元旦演此，即其创例。灯节前厂甸之会，壬寅以后，各伶恒亦游到，以团拜之戏日稀，遂尔得此暇豫，其自丽风雅者，每趋火神庙，选买书画古董，鉴别精者，几过士夫。其下者，则土地祠前，席地露天而食，艾窝窝，糖煮豆，以迄灌肠，并若辈所喜也。

初九日之白云观道场，诸伶亦多参与，清末高仁侗主观时，到者尤夥。以伶人泰半属其弟子也。观有特典，厥为祀星，其礼多在正月，且必于太岁大殿，伶人既多奉道教，往而祭者遂甚络绎。观外马道，旧有赛车之习，伶之豪侈者，亦每驰骤骏骡，或且躬执鞭揽辔之事，笑乐以骋，今则鲜矣。灯节在三十年前，例无晚演，而十五一日，则必演灯彩，以应斯节令。往时所演如《甲子图》《跳骨牌》，并鱼龙曼衍，灯景辉煌。闻以科班童伶，为最合其度；至名班屏绌之伶，则恒趁正月，自组班社，初一甫开，十五以后即渐散，间有勉力支撑，演过二月者，前者曰元宵班，后者则青草班也。北平商铺，向有行别，昔之各行，今之公会，财神而外，诸行各有主祀之神，以故行必献戏，戏必如期，此例迄今，未或少替也。

北平元日，民户向多茹素，而商肆在初五以前，其户牖例不得启，即有关日用饮食之零货店铺，亦只门辟一洞，以出纳货财，昔年此例必循，近亦名存实改，为不碍营业计，初六内大事开放者，已属比比。商民终岁栗鹿，或且胼胝手足，所得以稍资舒适者，只此五日之期，杜门休养，亦自人情。比年穷困所极，竟并此微暇多弗可得，货殖至此，亦诚苦已。

若乃童赛纸炮，户吃汤圆，十锦火锅，诸品茶盒，此并遐迩无殊，何限北平一市。蜜供一事，虽北平所制独精，然并于宏旨无关，吾故述之稍后云。

总之计北平全市，亘匝月之久，几日以粉饰往还，宴乐嬉遨为事，元旦开始之后，新衣履，肃珮带，参药庙，谒影堂，自椒盘柏酒，百援故例而外，或山珍海错，或市点家肴，而鲜果名茶，尤力稍逮者所必具，纵非亲厚，亦行款洽，若至戚忘情，更无妨烂醉。富则鸣珂响屧，竟日追欢，贫亦遣闷排愁，终宵笑语。走千家不如坐一家，正难怪有此流谚，实乃如斯，亦非《纪胜》诸书之故炫其说耳。至于今昔之同异，贵贱之差别，愈经演变，愈无所逃于市肆之间者，则以民力日蔽，不景之气太深，于是乎有钱有闲两阶级，愈呈显著之象，而究之平等云者，名亦仅存，匪第此一月然也，因念陵谷沧桑，代有迁变，十百年后，正不知伊于胡底，岁时亦然，吾所以必志也。属辞既竣，附列群书，逐日胪陈，月以为例。

一日

正旦国俗，以糯饭和白羊髓为饼，丸之若拳，每帐赐四十九枚。戊夜各于帐内窗中掷丸于外，数偶，动乐饮宴，数奇，令巫十有二人，鸣铃执箭，绕帐歌呼。帐内爆盐，垆中烧地拍鼠，谓之惊鬼居，七日乃出。（《辽史》五十三卷十二页）

正月初一，五更起，焚香放纸炮。将门闩或木杠于院地上抛掷三度，名曰跌千金，饮椒柏酒，吃水点心，即扁食也。或暗包银钱一二于内，得之者，以卜一年之吉。是日亦互相拜祝，名曰贺新年也。所食之物，如曰百事大吉盒儿者，柿饼、荔枝、圆眼、栗子、熟枣，共装盛之。又驴头肉亦以小盒盛之，名曰嚼鬼，俗称驴为鬼。（《酌中

志》卷二十第一页）

五鼓时，不卧而嚏，嚏则急起，或不及衣，曰卧嚏者病也。不卧而语言，或户外呼，则不应，曰呼者鬼也。夙兴，盥漱，啖黍糕，曰年年糕。家长少毕拜，姻友投笺互拜，曰拜年也。烧香东岳庙，赛放炮仗，纸且寸。东之琉璃厂店，西之白塔寺，卖琉璃瓶，盛朱鱼，转侧其影，小大俄忽。别有衔而嘘吸者，大声唪唪，小声唪唪，曰倒掖气。旦至三日，男女于白塔寺绕塔。旦至晦日，家家竿标楼阁，松柏枝荫之；夜灯之，曰天灯。（《帝京景物略》）

正月元旦，民间焚香礼天地，祀祖考，拜尊长及姻友，投刺互答，曰拜年；放爆竹，点天灯，簪彩胜。（《大兴县志》传钞本）

正月元旦，五鼓时，百官入朝行庆贺礼。民间亦盛服焚香礼天地，祀祖考，拜尊长及姻友，投刺互答拜年。比户放爆竹，彻书夜，竿标灯楼，揭以松柏枝，夜然之，曰点天灯。市井男女，以松穿乌纸，画彩为闹蛾儿，簪之。（《宛平县志》传钞本）

除夕之次，夜子初交，门外宝炬争辉，玉珂竞响，肩舆簇簇，车马轔轔，百官趋朝，贺元旦也。闻爆竹声如击浪轰雷，遍乎朝野，彻夜无停；更间有下庙之博浪鼓声，卖瓜子解闷声，卖江米白酒击冰盏声，卖桂花头油摇唤娇娘声，卖合菜细粉声，与爆竹之声，互为上下，良可听也。士民之家，新衣冠，肃珮带，祀神祀祖，焚楮帛毕，昧爽，阖家团拜，献椒盘，斟柏酒，饫蒸糕，呷粉羹，出门迎喜，参药庙，谒影堂，具柬贺节，路遇亲友，则降舆长揖而祝之，曰新禧纳福。至于酬酢之具，则镂花绘果为茶，十锦火锅供馔；汤点则鹅油方补，猪肉馒首，江米糕，黄黍饦；酒肴则腌鸡腊肉，糟鹜风鱼，野鸡爪，鹿兔脯；果品则松榛莲庆，桃杏瓜仁，栗枣枝圆，楂糕耿饼，青枝葡萄，白子岗榴，秋波梨，苹婆果，狮柑凤橘，橙片杨梅；杂以海错山珍，家肴市点。纵非亲厚，亦必奉节酒三杯，若至戚忘情，何妨烂醉又。俗说新正拜节，走千家，不如坐一家，而车马喧阗，追欢竟日，可谓极一时之胜也矣。（《帝京岁时纪胜》“正月元旦”第一页）

琉璃厂，在正阳门外西，厂制东三门，西一门，街长里许，中有石桥，桥西北为公廨，东北楼门上为瞻云阁，即窑厂之正门也。厂内官署作房神祠之外，地基宏敞，树林茂密，浓阴万态，烟水一泓。度石梁而西，有土阜高数十仞，可以登临眺远，门外隙地，博戏聚焉。每于新正元旦至十六日，百货云集，灯屏琉璃，万盏棚悬，玉轴牙签，千门联络，图书充栋，宝玩填街；更有秦楼楚馆遍笙歌，宝马香车游士女。此外游览之地，如内城驯象所看象舞，自鸣钟听韶乐，曹公观演教势，白塔寺打秋千者，不一而足。至若皇城内，兔儿山，大光明殿，刘元塑元都圣境，金鳌玉蝀桥头南望万善殿，北望五龙亭，承光殿下，昭景门东，睹宫阙之巍峨，见楼台之隐约，如登海外三山矣。（《帝京岁时纪胜》“琉璃厂店”第三页）

元旦，不食米饭，惟用蒸食米糕汤点，谓一年平顺无口角之扰；不洒扫庭除，不撮弃渣土，名曰聚财。（《帝京岁时纪胜》第九页“禁忌”）

京师风俗，每正旦，主人皆出贺，惟置白纸簿并笔砚于几。贺客至，书其名，无迎送也。（《寓圃杂记》，见《日下旧闻考》卷一百四十七“风俗”第五页）

燕城元日，以阡张供祖考之前，三日后撤而焚之；佛前则供以果、面、阡张，至元宵后乃焚之；阡张凿纸为条，与冥钱同类。（《宛署杂记》，见《日下旧闻考》卷一百四十七“风俗”第六页）

京师元旦贺岁，奔忙可笑，然礼设已久，台垣虽门贴概不贺节公约，而不能止也。（《藤阴杂记》卷五“中城

南城”第八页）

不问贵贱，奔走往来者数日。（《水东日记》，见《顺天府志》卷十八第七页）

贵戚家县神荼郁垒，民间插芝梗柏叶于户，小儿女剪乌金纸作蝴蝶戴之，名曰闹嚷嚷。（《北京岁华记》，见《顺天府志》卷十八第七页。又《顺天府志》案曰：“《余氏辨林》：今京师凡孟春之月，儿女多剪采为花，或草虫之类，插首曰闹嚷嚷，即古所谓闹装也。嚷与装音相近，故讹也。”唐白乐天诗：“贵主冠浮动，亲王辔闹装。”是已。）

元旦祀神及先祖，剪纸不断至丈余，供于祖前，谓之阡张，焚之。正月初旬，拜年者踵门，疾呼接帖，投一名刺，匆匆驰去，多不面晤主人，司阍者，记其姓名于册，多有不识者，倘无司阍者，客到嫌于启门，贴一纸囊于门外，外写“请留尊柬”四字，拜者投刺于中即去。浮文无当，一至于此。又元旦至初五日无屠炙，初六日始有卖物者。（《燕京杂记》第一页）

京师谓元旦为大年初一，每届初一，于子初后，焚香接神，燃爆竹以致敬，连霄达巷，络绎不休。接神之后，走谒亲友，谓之道新喜，亲者登堂，疏者投刺而已。是日无论贫富贵贱，皆以白面作角而食之，谓之煮饽饽；富贵之家，暗以金银小锞及宝石等藏之饽饽中，以卜顺利，家人食得者，则终岁大吉。（《燕京岁时记》第一页“元旦”）

白云观在阜成门外西南五六里，其基最古，自金元以来即有之，观内“万古长春”四字尚存，为邱长春所书。每至正月，自初一日起，开庙十九日，游人络绎，车马奔腾，至十九日为尤盛，谓之会神仙。相传十八日夜内必有仙真下降，或幻游人，或化为乞丐，有缘遇之者，得以却病延年。故黄冠羽士，三五成群，趺坐廊下，以冀一遇，究不知其遇不遇也。观内老人堂一所，皆道士之年老者居之，虽非神仙，而年过百龄者时所恒有，亦修养之明征也。观后有亭园一区，乃近年所构，其先无之。（《燕京岁时记》第十一页“白云观”）

曹老公观，在西直门内路北，每至正月，自初一日起，开庙半月，游人亦多。惟殿宇坍塌，墙垣不整。（《燕京岁时记》第十二页“曹老公观儿”）

厂甸在正阳门外二里许，古曰海王村，即今工部之琉璃厂也。街长二里许，廛肆林立，南北皆同，所售之物，以古玩字画纸张书贴为正宗，乃文人鉴赏之所也。惟至正月，自初一日起，列市半月，儿童玩好在厂甸，红货在火神庙，珠宝晶莹，鼎彝罗列。豪富之辈日事搜求，冀得异宝。而红货之内，以翡翠石为最尊，一搬指翎管，有价至万金者。翡翠之外，并重料壶，然并须官窑古月轩者，方为上品，新料不足道也。盖玩好之物，风尚不同，乾隆间重珊瑚，贱碧霞玺，后又重碧霞玺，近更重翡翠石及料壶。风雅之士，亦间有重旧玉者，笛头剑隔，古色盎然，而真伪殊不易辨。故予尝曰物而能言，免去许多聚讼，盖指此也。至于旧磁一类，甚属寥寥，已多为外洋买去矣。（《燕京岁时记》第十二页“厂甸儿”）

大钟寺，本名觉生寺，以大钟得名，盖岁时求雨处也。每至正月，自初一日起，开庙十日；十日以内，游人坌集，士女如云。长安少年多驰骡车马以为乐，超尘逐电，劳瘁不辞，一骑之费，有贵至数百金者，岂犹有金台市骏遗风欤。（《燕京岁时记》第八页“大钟寺”）

正月元日至五日，俗名破五，旧例食水饺子五日，北方名煮饽饽；今则或食三日二日，或间日一食，然无不食者，自巨室至闾阎皆遍，待客亦如之。又有蜜供，则专以祀神，以油面作荚，砌作浮图式，中空，玲珑高二三尺，五具为一堂，元日神前必用之；果实蔬菜等亦叠作浮

图式，以五为例，此人家所同也。（《天咫偶闻》卷十第十五页）

旧俗元日至上元，各店例闭户半月，小肆亦闭五日，此五日中，人家无从市物，故必于岁底烹饪，足此五日之用，谓之年菜，近年各肆多不如前，初二日即交易，或初一日即然，谓之连市，然不开门，买者叩门而入；盖此半月中，贾人或拜年，或出游，肆中人少在者故尔。（《天咫偶闻》卷十第十一页）

正月初一日，子刻后祀神，谓之接神；遍至戚友家，拜于堂，谓之拜年。（《天咫偶闻》卷十第十一页）

人家元日，陈几于庭上，列素肴干果之属，名曰天地桌，或五日而撤，或半月始撤，内城家家如是，不知何所起。（《天咫偶闻》卷十第八页）

琉璃厂，元日开始，任人游览；若古董字画，须过初三后，陈列始多，厂系辽海王村故址，因窑制琉璃得名，俗又呼曰厂甸；今则仅存其名，窑已无遗迹，惟书肆林立，陈设古董字画而已。内务部就厂中隙地建海王村公园，为附近儿童游戏之场；一年中，最热闹为新春正月，近虽改用阳历，此风犹不稍衰。近年较往年益形宽阔，昔之土地祠，高等师范等处，皆已拆让一半，北至西河沿，盖预备建筑南通香厂大路也；故厂中各处，多有变更，惟工艺局洋楼独存；现改为工商改进会商品陈列所，每逢年节，门前扎五彩牌楼，上嵌“通商惠工”等字，盖借游乐之中，以引起注意国货之观念，其意良善。开放三日，不取票资，由是观者如堵，拥挤不堪，门两侧，搭有席棚，陈卖各物，以人造花卉最能销售，然较儿童玩物，尚不及百之一也。露天茶桌，因地势宽广，较昔增加，除有棚之茶肆两座外，余皆搭一二尺高之木板，且划分地界，有如井田，四周皆可通行，上标男女分座，实则杂乱无章。一棚之内，妇女逾多，生意愈盛，茶之佳否，则置诸不问；而茶役则高立板上，大声疾呼：这里得瞧，这里瞧得清楚。无意识之言，不绝于耳。其间妇女来游者固多，而茶桌上，陆离光怪，以出风头者，仍属青楼姊妹，良家尚不多见；间有本地住户，亦属寥寥。因不如公园幽雅，故来者周游即去，咸不愿在此喝西北风也。厂之东侧有吕祖祠，香火最盛；祠中道士以正月为进款最多时节，手持香盘，追求游人布施。厂西隅为杂耍场，内有变戏法者，有唱嘣嘣戏者，有列奇禽异兽以供人观览者，锣鼓喧天，异常热闹。口外有出售梅花、兰花之花担，惟佳品甚少，不如各处庙会，盖游者非为购花而来，卖者亦知其心理，不为供过于求，故贩来亦不多。厂向为古董、字画、书籍之荟萃地，每届新年，字画为大宗售品，土地祠、火神庙皆悬挂无余地，人至此间，目为之眩，一般考古家、文学家，咸集于此，品评真伪。其间固不乏佳者，然以俗品及赝鼎为多。（《北京辎轩录》稿本）

白云观每届旧历元旦，辄开庙以招游人，至二十日而毕；士女摩肩接毂，比之厂甸，殆犹过之。正月十七八两日，为极盛之期，盖厂甸自年初一至十六为会集期，白云观则自初一直至二十；故十六以后，既无厂甸可游，而游人遂争趋白云观矣。且十七日观中于夜间行打鬼之礼，而十八日则为神仙大会，尤观中全盛之日也。十八日，观内方丈预先招集道教会二三百人，于夜十二钟，开神仙大会，分班诵经。（道士谓天上神仙，亦于是日同时降临，故曰神仙大会。）而夜间壁上遍悬画灯，光耀如昼，经声琅琅，杂以铙鼓，尤使人别有洞天之感，观有养老堂，堂中小室内，有老道卧床上，床前置一破篮，乞人赐钱，妇女多有掷钱于此篮内者。又有养豕猪之所，豕甚多，乡民相指告曰：此豕不可食，食之造孽。其愚真不可及也。又大门内牌楼之后，大庭之中，有一石桥，桥左右各有池一方，池已涸，而墙壁两面中空，各有一道士，闭目静坐。又制大纸钱数个，悬于墙壁及池上，游人争以铜元掷此钱，能中者，即为今年佳运之兆，故掷钱者颇多，而掷中者极少，愈不能中，则愈欲掷，必中而后已；于是争前投掷，而池中铜板铿然，不可数矣。观右京汉铁路堤下，有地可跑马，故此期内跑马者甚多，马走如飞，旁观者多为喝彩。跑马处两旁皆搭茶棚，士女啜茗凭栏而观，亦足乐也。（《北京辎轩录》稿本）

居民有于五更即起而祀神者，焚香，放鞭爆，供饺子，事毕阖家食团圆饭，饮柏酒。（饭即面角，并备干鲜果品肴馔以佐酒，而杂拌一项尤不可少，盖杂合各干果及糖蜜食品，盛于一盘，年终即有售者。）是晨，食黍糕，佛前亦供之，曰年年糕。信佛者至东岳庙拈香，归而祀祖；供品多用饺子，祀毕焚纸锞，阖家互拜新年，乃出而贺人，则一揖，亦有屈一膝为礼者（旗礼）；更以新禧新禧、多多发财、顺顺当当、一顺百顺、吉祥如意等吉语相祝。于至戚至友，则登堂叩头。主人饷以百事大吉盒，中置柿饼、荔枝、桂圆、核桃、枣栗等品，每布（赠人食物，平谬曰布）一品，必佐以吉语，柿饼曰事事如意，核桃曰和和气气，更合枣栗、花生、桂圆，而曰早生贵子。卑幼拜尊长，则与之钱，曰压岁钱。是日禁刀剪裁割、扫除倾水等事，肴馔大率为素。（《北京指南》第二编“礼俗”第四页）

正月初一日，东便门外三忠祠，东直门外铁塔寺，东四牌楼三官庙，北新桥精忠庙均开庙一日，香火极盛。德胜门外大钟寺开庙十五日，寺有高楼，楼有悬钟，即华严钟也。钟纽下有眼，悬小锣，以钱投之，中者声铿然，曰打金钱眼，游人争登楼掷钱击之。寺外多驰车赛马之少年。西便门外白云观开庙十九日，至十八日，游人尤盛，谓之会神仙，亦曰燕九。西直门内曹老公观亦开庙十五日，昔甚繁盛，儿童玩物及各种杂技皆集此，内城居民，率以此为娱乐之所；今即其址建陆军大学，庙会已无。初一日至十七日，琉璃厂甸盛列儿童玩物，而琉璃喇叭、沙雁为尤多，近并设临时茶肆，妓女亦有至者。（《北京指南》第二编“礼俗”第九页）

二日

初二日，致祭财神，鞭炮甚多，昼夜不休。（《燕京岁时记》第二页“祭财神”）

广宁门外财神庙报赛最盛，正月二日，九月十七日，倾城往祀，商贾及勾阑尤多。庙貌巍焕，甲于京师，庙祝更神其说，借神前纸锭怀归，俟得财，则十倍酬神；故信从者益多，而庙祝之利甚溥。（《天咫偶闻》卷九第三页）

按广宁门外之财神庙，香火最盛，嘉庆六年俞梦厂蛟所撰《春明丛说》中之《五哥庙记》，述当时情景甚详。

文曰："彰义门外有神祠三楹，俗呼五哥庙，塑五神列坐，皆擐甲持兵，即南方之五通神也。好事者高其闬闳，廓其廊宇，以纸作金银锭，大小数百枚，堆垒几上；求富者斋戒沐浴，备牲醴，而计其所求之数而怀纸锭以归，谓之借；数月后，复洁牲醴，更制纸锭倍前所借之数，纳诸庙中，谓之还，或还或借，趾错于途，由来久矣。一日，余执途中奉纸锭赴庙者而问之曰：'所借得乎？'曰：'未也。''未得，何以还？'曰：'未得而还，神或鉴其诚，可冀他日之得；倘以未得，遂吝牲醴之献，是心存观望，与神斤斤较有无也，恐终身无所得也。'余笑曰：'子之说诚然，而子之心苦矣。'有陈姓者，屡祷于神，经岁无所得，而诚不杀。夜梦五哥语之曰：'求富之诚，遍京国莫子若矣；倘不为子谋，人将疑予之无灵，且笑子之愚也。子试于某日赴庙，必遂所欲。'如期而往，徘徊顾盼，至日中，有群妇入庙，拜毕，坠钗于地，陈曰：'此神之贶我也。'私拾而归，售之，核一年祷祝之费，微有羡焉。嗟乎，举世孰不愿图利以致富，倘尽祷于神而可得，则天下皆丰衣足食，无啼饥号寒者矣。语曰：'富贵在天。'五哥何神而能主之乎。乘人之遗，使拾之以塞责，伎俩亦可知矣。而鹿鹿终年，一无所拾者何限，又将何以为情耶，余羡五哥享无功之祀，而又悯世人求富之愚也，故记之。"观夫此，则当时笃信五哥之灵者，已如是矣。

是日晨，居民商店均祀财神，焚香放爆，以羊鸡鱼供之，曰三牲。又燃火酒杯中以供神，燃尽，奉财神马（以纸绘神像，曰神马。）出庭，置松柏枝于芝麻秸上，加黄钱、阡张、元宝而焚之。有诣财神庙焚香借元宝者，谓之借则财旺，次年倍还之。（《北京指南》第二编“礼俗”第六页）

初二日及祭财神，是日多吃馄饨，谓之元宝汤。（《帝京岁时纪胜笺补》稿本）

彰仪门外有财神庙，每年正月初二日开庙，有庙会，是日游人极多。所谓借元宝者，其人在财神前焚香祈祷后，偷取神前之纸元宝，包回家中，用红绸或红布、红纸包之，藏佛龛中或床上，俟发财后，择日还元宝若干，并上供焚香，亦有俟次年正月初二日还愿者，无一定也。（《帝京岁时纪胜笺补》稿本）

三日

初三日至十七日，陈百货于琉璃厂，书画金玉，骨董，均设地摊，而火神庙尤甚，游人杂沓，名曰逛厂。（《藤阴杂记》，见《顺天府志》卷十八第七页）

五日

初五日谓之破五，破五内不得以生米为炊，妇女不得出门。（《燕京岁时记》第二页“破五”）

初五日名破五，以前五日禁妇女往来。（《天咫偶闻》卷十第十一页）

初五日谓之破五，妇女自元旦至是日不出门。（《北京指南》第二编“礼俗”第六页）

六日

初六日，则王妃贵主，以及各宦室等，冠帔往来，互相道贺，新嫁女子，亦于是日归宁。春日融和，春泥滑汰，香车绣幰，塞巷填衢，而阛阓诸商亦渐开张贸易矣。（《燕京岁时记》第二页“破五”）

初六日归宁，琉璃厂开市。（《天咫偶闻》卷十第十一页）

初六日，妇女始出门贺亲友。（《北京指南》第二编“礼俗”第六页）

初六日，家家接姑奶奶归宁，并请吃春酒，是夕有放烟火者。近年市面困难，只有酒食，而无烟火之娱乐矣。（《帝京岁时纪胜笺补》稿本）

七日

人日，凡正月之日，一鸡，二狗，三豖，四羊，五马，六牛，七日为人。其占，晴为祥，阴为灾，俗煎饼食于庭中，谓之薰天。（《辽史》卷五十三第十二页）

初七日，人日，吃春饼和菜。（《酌中志》卷二十第二页）

人日，天气晴明，出入通顺，谓一年人口平安。（《帝京岁时纪胜》第九页“禁忌”）

初七日，谓之人日，是日天气清明者，则人生繁衍。（《燕京岁时记》第二页“人日”）

八日

八日至十八日，集东华门外，曰灯市。贵贱相沓，贫富相贸易，人物齐矣。妇女着白绫衫，队而宵行。谓无腰腿诸疾，曰走桥。至城各门，手暗触钉，谓男子祥，曰摸钉儿。击太平鼓，无昏晓，跳百索，无稚壮，戴面具，耍大头和尚，聚观无男女，有以诗隐物，幌于寺观壁者，曰商灯，立想而漫射之，无灵蠢。（《帝京景物略》卷二第三十九页“春场三”）

太祖初建南都，盛为彩楼，招揽天下富商，放灯十日，今北都灯市，起初八，至十三而盛，迄十七乃罢也。灯市者，朝逮夕，市，而夕逮朝，灯也。市在东华门东，亘二里，市之日，省直之商旅，夷蛮闽貊之珍异，三代八朝之骨董，五等四民之服用物，皆集。衢三行，市四列，所称九市开场，货随队分，人不得顾，车不能旋，阗城溢郭，旁流百廛也。市楼，南北相向，朱扉绣栋，素壁，绿绮疏，其设氍毹帘幕者，勋家，戚家，宦家，豪右家眷属也。向夕而灯张，（灯则烧珠，料丝则夹画、堆墨等，纱则五色、明角及纸及麦秸，通草则百花、鸟兽、虫鱼及走马等。）乐作，（乐则鼓吹、杂耍、弦索，鼓吹则《橘律阳》《撼东山》《海青》《十番》，杂耍则队舞、细舞、筒子、筋斗、蹬坛、登梯，弦索则套数、小曲数落、打碟子，其器则胡拨四、土儿密失、乂儿机等。）烟火施放，（烟火则以架以盒，架高且丈，盒层至五，其所藏械：寿带、葡萄架、珍珠帘、长明塔等。）于斯时也，丝竹肉声，不辨拍煞，光影五色，照人无妍媸，烟罥尘笼，月不得明，露不得下。永乐七年，令元宵节赐百官假十日。今市十日，赐百官假五日。内臣自秉笔篆近侍，朝臣自阁部正，外臣自计吏，不得过市，犹古罚幨幕盖帏意。其他，例得与吏士军民等过市。楼而檐齐，衢而肩踵接也。市楼价高，岁则丰，民乐。楼一楹，日一夕，赁至数百缗者。童子捶鼓，傍夕向晓，曰太平鼓。二童子引索略地，如白光轮，一童子跳光中，曰跳白索。妇女相率宵行，以消疾病，曰走百病，又曰走桥。金元时，三日放偷，偷至笑遣之，虽窃至妻女不加罪，夷俗哉。（《帝京景物略》卷二第十二页“灯市一”）

八日至十七日，商贾于市集灯花百货，珠石罗绮，古今异物，贵贱杂沓贸易，曰灯市。元宵前后赏灯，夜饮，金吾禁弛。民间击太平鼓，跳百索。妇女结伴游行，过津梁，曰走百病。以诗词隐语黏于屋壁，曰商灯谜。以小盏点灯，遍散井灶门户，曰散灯。（《大兴县志》传钞本）

八日至十六日，商贾于市集灯花百货，珠石罗绮，古今异物，贵贱杂沓贸易，曰灯市。旧在东华门外灯市街，今散置正阳门外及花儿市、菜市、琉璃厂甸诸处，惟猪市口南为盛。元宵前后，金吾禁弛，赏灯夜饮，火树银花，星桥铁锁，殆古之遗风云。民间击太平鼓，跳百索，耍月明和尚。男女率于是夕结伴游行，亲邻相过从，至城门下摸钉儿，过津梁，曰走桥儿，又曰走百病。数日中，有以诗词隐语黏于屋壁，令人破其谜，曰商灯。至夜，各家以小盏点灯，遍散井灶门户砧石，曰散灯。（《宛平县志》传钞本）

京师灯市，始正月八日，至十三而盛，十七而罢，市规也，张灯亦如之。张灯之地，以正阳桥西廊房为最，巷有五圣祠，康熙癸卯，里人燃灯祀神，来拜观者如堵，因广衍为阛巷之灯。巷隘而冲，不容并轨车、旋辔马，仕商经之者，十率八九。向夕灯悬，远近游观，不下万人，施放烟火，鼓吹弦索，走桥，击唱秧鼓，妆耍大面具，舞龙灯诸戏，亦趁喧杂，蚁聚蜂屯，纷沓尤甚。巷多楼居，灯影上下参差，辉灿如昼。灯之类，流珠、料丝、画纱、五色明角、麦秸、通草、百花、鸟兽、虫鱼、水墨、及走马鳌山等，巧变殆尽。又巷俱业贸迁者，日则交易百货，夕即戏以所业，剪纸为灯，悬门楹记焉。更阑后，他巷陌游人散尽，独此烛影歌声，沉沉昧旦也。余家此逾三十年，岁睹其盛，会占一联：“宝炬曙阳春，现北阙深云西山霁雪之画图，点缀太平帝里；衢歌曾夜月，祝东郊甘雨南囿和风之景兆，偕游熙皞尧天。”附著以博大雅之粲。（《都门元夕张灯记》，见《宛平县志》传钞本）

灯市向设于五凤楼前，后徙东华门外。灯市先为灯设也。正月起于初八，至十八再过晚始散。灯贾大小以几千记，灯本多寡以几万计。自大内两宫，与东西两宫，及秉刑司礼、世勋现戚、文武百僚，莫不挟重资往，以买之多寡较胜负，百两一架、廿两一对者比比。灯之贵重华美，人工天致，必极尘世所未有，时年所未经目者，大抵闽粤技巧、苏杭锦绣、洋海物料，选集而成，若稍稍随俗无奇，不敢出也。至珠宝古玩、香绸磁锦等货，贸易售市，动经千百，豪华局面，富贵气象，人钦帝都如此。自世道变古，将三厘银置一盏梅花纸灯，堂前清供，家无优宴，夜不设席，自以为道心不乱，冰操可掬。灯贾由是解体，灯本逢此亏折，皇店酒楼气索神冷，止舞大头和尚，以闹街遣兴，此非朴茂，乃衰薄也。所谓金吾不禁、彻夜游行之事无有矣。灯市穷，京师遂愀然无色。（《谈往》第六十页“灯庙二市”）

初八日，传为诸星下界，燃灯为祭。燃数以百有八盏为率，有四十九盏者，有按《玉匣记》本命星灯之数者。于初更设香楮，陈汤点，燃而祭之。观寺释道亦将施主檀越年命星庚记注，于是夕受香仪，代具纸疏云马，为坛而祭，习以为常。（《帝京岁时纪胜》第三页“星灯”）

灯市在东华门王府街东，崇文街西，亘二里许，南北两廛，凡珠玉宝器，以逮日用微物，无不悉具，衢中列市棋置，数行相对，俱高楼，楼设氍毹帘幕，为宴饮地，一楼每日赁直至有数百缗者，夜则燃灯于上，望如星衢。市自正月初八日起，至十八日始罢，鬻灯在市西南，有冰灯，细剪百彩，浇水成之。按宋时灯市乃从九月菊灯始，今止正月内数日耳。（《燕都游览志》，见《日下旧闻考》卷四十五第五页）

初八日，弘仁寺打鬼。其制以长教喇嘛，披黄锦衣，乘车持钵，诸侍从各执仪仗法器拥护。又以小番僧名班第者，衣彩胄，带黑白头盔，手执彩棒，随意挥洒白沙，前以鼓吹道引，众番僧执曲锤柄鼓，鸣锣吹角，演念经文，绕寺周匝，迎祥驱祟。（《帝京岁时纪胜》第三页“喇嘛打鬼”）

初八日黄昏之后，以纸蘸油，燃灯一百零八盏，焚香而祀之，谓之顺星。十三日至十六日，由堂奥以至大门，燃灯而照之，谓之散灯花，又谓之散小人，亦辟除不祥之意也。（《燕京岁时记》第二页“顺星”）

初八日夜，以油灯百八盏祀星。（《天咫偶闻》卷十第十一页）

初八日为顺星日，薄暮祭星神，供元宵，（亦有兼供面角者。）又有以绵纸拈成花形，拌以油，曰灯花。祭时散置庭户而燃之，光花四散，满地皆星，谓之散星。乃奉星神马出庭，置松柏枝于芝麻秸上，加黄钱、阡张、元宝而焚之。（《北京指南》第二编“礼俗”第六页）

九日

初九日之后，即有要灯市买灯，吃元宵。其制法，用糯米细面，内用核桃仁、白糖为果馅，洒水滚成如核桃大，即江南所称汤圆者。（《酌中志》卷二十第二页）

初九日为天诞，禁屠宰，大高玄殿建皇坛，各道观设醮拜朝天忏，锡福解厄。（《帝京岁时纪胜》第三页“天诞”）

人家用粉糁，寒具馈送，遍市鬻之，五花帚为号；宴席间尚王瓜、豆荚，一瓜之值三金，豆一金；点茶用椿芽、蒲笋，发之冰下，牡丹、芍药、蔷薇俱有花，较春时薄小，一瓶值数千钱，贵戚倡家插茉莉花。（《北京岁时记》，见《顺天府志》卷十八“风俗”第八页）

清时，是日斋戒，官禁宴会，戏馆停演。（《帝京岁时纪胜笺补》稿本）

十日

正月十日至十六日，结灯者各持所有，货于东安门外，名曰灯市，价有至千金者，商贾辏集，技艺毕陈，冠盖相属，男妇交错，市楼赁价腾涌。十四日夜试灯，十五日正灯，十六日罢灯。（《宛署杂记》，见《日下旧闻考》卷一百四十七第六页“风俗”）

十一日

十一日至十六日，乡村人缚秫秸作棚，周悬杂灯，地广二亩，门径曲黠，藏三四里，入者误不得径，即久迷不出，曰黄河九曲灯也。（《帝京景物略》卷二第三十九页“春场三”）

十三日

十三日，家以小盏一百八枚，夜灯之，遍散井灶门户砧石，曰散灯也。其聚如萤，散如星。富者灯四夕，贫者灯一夕止，又甚贫者无灯。小儿共以绳系一儿腰，牵焉，相距寻丈，迭于不意中拳之以去，曰打鬼，不得为系者儿所执，执者，哄然共捉代系，曰替鬼。更系、更击、更执、更代，终日击，不为代，则佻巧矣。又绳以为城，二儿帕蒙以摸，一儿执敲城中，辄敲一声，而辄易其地以误之，为摸者得，则蒙执敲儿，曰摸虾儿。（《帝京景物略》卷二第四十页“春场四”）

自十三日至十六日四永夕，金吾不禁。悬灯胜处，则正阳门之东月城下、打磨厂、西河沿、廊房巷、大栅栏为最。至百戏之雅驯者，莫如南十番。其余装演大头和尚，扮稻秧歌，九曲黄河灯，打十不闲，盘杠子，跑竹马，击太平神鼓，车中弦管，木架诙谐，细米结作鳌山，烟炮攒成殿阁，冰水浇灯，簇火烧判者，又不可胜计也。然五夜笙歌，六街骄马，香车锦辔，争看士女游春，玉珮金貂，不禁王孙换酒。和风缓步，明月当头，真可谓帝京景物也。（《帝京岁时纪胜》第四页“上元”）

十三日至十六日，内城衙署悬灯，而户兵二部尤甚。外城廊房胡同及各大街，均有灯彩、流星、花爆之属。（《都门杂记》，见《顺天府志》卷十八“风俗”第八页）

自十三以至十七，均谓之灯节。（《燕京岁时记》第四页“灯节”）

十三日试灯，黄寺打鬼。（《天咫偶闻》卷十第十一页）

十三日至十七日为灯节，商店庙宇，咸悬画灯，上绘小说及神怪故事，工至精细。或以冰成之山古人物楼阁瓜果，燃灯于中，曰冰灯；又有以麦苗和棉絮扎成人物鱼龙，上置灯烛，曰麦灯。清光绪庚子以前，官署亦悬灯五日，以户部、兵部、工部之彩灯为最。此五日中，每薄暮，游人杂沓，谓之逛灯。（《北平指南》第二编“礼俗”第六页）

十四日

望前后夜，妇女束草人，纸粉面，首帕衫裙，号称姑娘。两童子掖之，祀以马粪，打鼓，歌《马粪芗》歌，三祝，神则跃跃，拜不已者，休，倒不起，乃咎也，男子冲而仆。（《帝京景物略》卷二第四十页“春场四”）

西苑张灯，至正月十四夜起，至十六夜止，癸未上元前二日，有旨：查升、查慎行、汪灏，自明日为始，连夕俱至西厂看放烟火。至十四夜酉刻，内侍一人导余辈三人自小南门入，沿河北行里许，经勤政楼下，穿网城，西渡板桥，宽数百亩，壤平如削；当楼之正面，设灯棚一架，高起六丈余。稍南为不夜城，中列黄河九曲灯，缚秫秸作坊巷胡同，径巷回复，往往入而易迷。灯之数不知其几，每一灯旁植一旗，五采间错。日初落，数千百灯，一时先然，其北列栅，方广约五六里，散植烟火数百架。黄昏上御楼，西向坐，先放高架烟火，谓之合子，最奇者为千叶莲花合子。既毕，人气尤静，须臾桥东爆竹发，药线从隔河起，飞星一道，倒曳有声，倏上倏下，列入栅中，纵横驰突。食顷，火光远近齐著，如蛰雷奋地，飞电掣空。此时月色天光，俱为烟气所蔽，观者神移目眩，震撼动摇，不能自主。移时烟焰尽消，而九曲黄河灯犹莹莹如繁星也。内官舞龙灯者至楼前伺候，余辈乃出宫，漏下二鼓矣。十五十六两夜皆然，其后岁以为常，但取道苑北门，不复从南门入矣。（《人海记》卷下第七十六页“西苑烟火”）

十四至十六日，朝服三天，庆贺上元佳节。是以冠盖蹁跹，绣衣络绎，而城市张灯。（《帝京岁时纪胜》第四页“上元”）

燕都灯市，十四日，群儿牵绳为圆城，空其中方丈。

城中两儿，轮以帕蒙目，一儿持木鱼，时敲一声，旋易其地以误之；蒙目者听声猜摸，以巧遇夺鱼为胜，则拳击执鱼者，出之城外，而代之执鱼，又轮一儿，入摸之，名曰摸瞎鱼。至十六日，小儿群集市中为戏，首以一人为鬼，系绳其腰，群儿共牵之，相去丈余，轮次跃而前，急击一拳以去，名曰打鬼，若为系者所执，谓为被鬼执，欣然共笑，捉以代系者，名曰替鬼；又有以长緪丈许，两儿对牵，飞摆不定，令难凝视，若百索然，其实一索也。群儿乘其动时，轮跳其上，以能过者为胜，否或为索所绊，听掌绳者以绳击之，示罚，名曰跳百索。其夜妇女群游，祈免灾咎，前一人持香辟人，名曰走百病。凡有桥处，三五相率以过，谓之度厄。（《宛署杂记》，见《日下旧闻考》卷一百四十七“风俗”第八页）

十五日

十五日曰上元，亦曰元宵。内臣宫眷皆穿灯景补子蟒衣。（《酌中志》卷二十第二页）

灯市旧在内城东华门外，今移正阳门外灵佑宫旁。至期结席舍，悬灯高下，听游人昼观，盖京师坊巷，元夕不放灯也。（《人海记》卷下第十七页“灯市”）

烟火花炮之制，京师极尽工巧，有锦盒一具，内装成数出故事者，人物像生，翎毛花草，曲尽妆颜之妙。其爆竹，有双响震天雷，升高三级浪等名色，其不响不起、盘旋地上者，曰地老鼠；水中者，曰水老鼠；又有霸王鞭、竹节花、泥筒花、金盆捞月、叠落金钱，种类纷繁，难以悉举。至于小儿顽戏者，曰小黄烟；其街头车推担负者，当面放大梨花、千丈菊。又曰："滴滴金、梨花香，买到家中哄姑娘。"统之曰烟火。勋戚富有之家，于元夕集百巧为一架，次第传爇，通宵为乐。（《帝京岁时纪胜》第五页"烟火"）

元夕妇女群游，祈免灾咎，前一人持香辟人，曰走百病；凡有桥处，三五相率以过，谓之度厄，俗传曰走桥；又竞往正阳门中洞摸门钉，谶宜男也。（《帝京岁时纪胜》第六页"走桥、摸钉"）

元宵杂戏，剪彩为灯，悬挂则走马盘香、莲花荷叶、龙凤鳌鱼、花篮盆景；手举则伞扇幡幢、关刀月斧、像生人物、击鼓摇铃。迎风而转者，太极镜光、飞轮八卦；系拽而行者，狮象羚羊、骡车轿辇。前推旋斡为橄榄，就地滚荡为绣球。博戏则骑竹马、扑蝴蝶、跳白索、藏朦儿、舞龙灯、打花棍、翻筋斗、竖蜻蜓。闲常之戏则脱泥钱、踢石球、鞭陀螺、放空钟、弹拐子、滚核桃、打尜尜、踢毽子。京师小儿语："杨柳青，放空钟；杨柳活，抽陀螺；杨柳发，打尜尜；杨柳死，踢毽子。"都门有专艺踢毽子者，手舞足蹈，不少停息，若首，若面，若背，若胸，团转相击，随其高下，动合机宜，不致坠落，亦博戏中之绝技矣。（《帝京岁时纪胜》第七页"岁时杂戏"）

上元设灯谜，猜中以物酬之，俗谓之打灯虎，语甚典博，上自经文，下及词曲，非学部渊深者弗中。（《燕京杂记》第一页）

燕京上元节，用乌金纸剪成飞蛾，以猪鬃尖分披片纸贴之，或五或七，下缚一处，以针作柄，妇女戴之，名曰闹蛾儿，此古之遗俗也。（《琐谭》，见《顺天府志》卷十八"风俗"第九页）

每至灯节，内廷筵宴，放烟火，市肆张灯。而六街之灯，以东四牌楼及地安门为最盛，工部次之，兵部又次之，他处皆不及也。（兵部灯于光绪九年，经阎文介禁止。）若东安门，新街口，西四牌楼，亦稍有可观。各色灯彩，多以纱绢玻璃及明角等为之，并绘画古今故事，以资玩赏。市人之巧者，又复结冰为器，裁麦苗为人物，华而不侈，朴而不俗，殊可观也。花炮棚子制造各物烟火，竞巧争奇。有盒子、花盆、烟火杆子、线穿牡丹、水浇莲、金盘落月、葡萄架、旗火、二踢脚、飞天十响、五鬼闹判儿、八角子、炮打襄阳城、匣炮、天地灯等名目，富室豪门，争相购买，银花火树，光彩照人，车马喧阗，笙歌聒耳。自白昼以迄二鼓，烟尘渐稀，而人影在地，明月当天，士女儿童，始相率喧笑而散。市卖食物，干鲜俱备，而以元宵为大宗，亦所以点缀节景耳。又有卖金鱼者，以琉璃瓶盛之，转侧其影，大小俄忽，实为他处所无也。谨按《日下旧闻考》称，灯市自初八日起，至十八日止，乃十日，非五日也。至百货坌集，乃合灯与市为一处；今则灯归城内，市归琉璃厂矣。（《燕京岁时记》第四页“灯节”）

每上元五夕，西马市之东，东四牌楼下，有灯棚数架。又各店肆高悬五色灯球，如珠琲，如霞标，或间以各色纱灯，由灯市以东，至四牌楼以北，相衔不断。每初月乍升，街尘不起，士女云集，童稚歌呼，店肆铙鼓之声如雷霆。好事者然水浇莲、一丈菊各火花于路，观者如云，九轨之衢，竟夕不能举步，香车宝马，参错其间，愈无出路，而愈进不已，盖举国若狂者数日。此外地安门、东安门外，约略相同。六部皆有灯，惟工部最盛，头门之内，灯彩四环，空其壁，以灯填之，假其廊，以灯幻之。且灯其门，灯其室，灯其陈设之物，是通一院皆为灯也，此皆吏胥匠役辈为之，游人阗咽，城内外士女毕集，限为之

穿。近日物力消耗，渐不如前，灯景游尘，皆为减色矣。（《天咫偶闻》卷三第十七页）

查初白诗云："才了歌场便卖灯，三条五剧一层层，东华旧市名空在，灵祐宫前另结棚。"此国初事也。盖内城分住八旗，将灯市移于灵祐宫前，后又移于琉璃厂，今此两处皆无灯，鬻灯者在廊房头条胡同。然止日间有之，不复放灯于夜。（《天咫偶闻》卷七第四页）

十五日为元宵，薄暮，居民供元宵于佛前，阖家食之，并放烟火。清时是夕童子多擂太平鼓，鼓乃一大铁圈，上蒙以皮，柄有环十余，擂时摇柄，环鼓皆响，今则无之。（《北京指南》第二编"礼俗"第六页）

十五日乃上元节日，上自大内，下至王公百官绅民，皆于是夕供元宵于神佛及祖先前。自大内以及富商，皆放烟火、花炮盒子、花盆、蒲桃架、八角太平花、手把花，如大洋货店、茶叶铺、绸缎铺，放花炮者亦多。大内各宫有灯，工部、吏部、兵部皆有灯，尤以工部为最精巧。京中各人家及店铺皆悬灯。前门大街、后门大街、东西华门大街、东四西单牌楼之大街、观音寺，大栅栏各铺之灯，争奇斗胜；西四东单两大街次之，至廊房头条、二条胡

同，皆出售纱灯之处，无不利市三倍也。（《帝京岁时纪胜笺补》稿本）

大内之灯由造办处造，花炮则由花炮局造，亦有向商店购买者，亦新奇之品。（《帝京岁时纪胜笺补》稿本）

烟火之盛，莫如京城，而最盛莫如慈禧太后垂帘时代。盖彼时正值嵩申、师曾、立山始为总管内务府大臣，逢迎上意，令造办处、花炮局向江西招工来京督造，自此遂有南式花盒。又在交民巷德商祁罗福订购外洋花炮。每年灯节，在中海冰上燃放。是日，王、大臣及蒙古王公，皆有蒙恩赐宴及赏看烟火、入座观戏者。（《帝京岁时纪胜笺补》稿本）

元夕妇女群游，祈免灾咎，自咸丰庚申以后行之者少，至庚子后，此风竟绝。（《帝京岁时纪胜笺补》稿本）

元宵杂戏，今昔不同，走马灯之外，有马尾提线灯，近时船灯、飞艇灯、火车灯、麦子龙灯、水月电灯、活动电灯、手提电灯，又有泥作之鹤儿，从口中吐火作青光。小儿玩物，有轻气球，有空竹，有地空竹，有猴儿扒杆、飞蝴蝶，下有小鼓、轮动鼓、响纸球，亦能拍掷，转铁环，跳绳，吹琉璃喇叭、噗噗等。又有倒流手弹者，有口琴、滚桃核，今改为弹琉璃球，转糖得彩，吹糖人，抽糖人，抽糖葫芦。若打太平鼓，解九连环，解万寿字，近则无买之者矣。（《帝京岁时纪胜笺补》稿本）

十六日

灯市至十六更盛，天下繁华咸萃于此。勋戚内眷，登楼玩看，了不畏人。（《酌中志》卷二十第二页）

正月十六日夜，妇女俱出门走桥，不过桥者，云不得长寿。手携钱，贿门军，摸门锁。云即生男。（《北京岁华记》，见《日下旧闻考》卷一百四十七第七页）

十六夜女子出游，谓之走百病。烧金鳌玉蝀石狮牙，疗牙痛。（《郎潜纪闻》卷十二第四页）

十七日

十七日至十九日，御前安设各样灯，尽撤之也。（《酌中志》卷十二第四页）

十九日

京师正月灯市，例以十八日收灯，城中游冶顿寂。至次日，都中士女，倾国出城西郊所谓白云观者，联袂嬉游，席地布饮，都人名为耍烟九。意以为火树星桥，甫收声采，而以烟火得名耳。既见友人柬中称为淹九，或云，灯事阑珊，未忍遽舍，取淹留之义，似亦近之。既得之都下耆旧，则云全真道人邱元清以是日就阉，故名阉九。邱初从黄得祯出家，洪武初，以张三丰荐，为五龙宫主持；有司又以贤才荐为御史矣，上以二宫人赐之，邱度不能辞，遂自宫。今观其遗像，真俨然一妪也。后转太常卿，封三代，殁于京师。邱之事迹甚著，但自宫之日月不可考。然京都是日不但游人塞途，而四方全真道人，不期而集者不下数万，状貌诡异，衣冠瑰僻，分曹而谈出世之业，中贵人多以是日散钱施斋。闻京师无赖亦有趁此时腐其童稚者，则阉九之说，亦似不妄。全真有南北二宗，起于海陵王中孚，其后有谭马邱刘之属，其教始盛，大抵以收摄精气为主，今并阳具去之，不知何以谋长生也。京师自此日后，冠绅闺阁，寻春选胜，继以上冢踏青，宝马钿车，更番杂沓，竞出西闉，水边林下，壶榼无虚日，至端午射柳南郊，而游事渐歇矣。（《野获编补遗》卷三第十五页“淹九”）

十九日，名燕九是也，都城之西南有白云观者，云是胜国时邱真人成道处。此日僧道辐辏，凡圣溷杂，勋戚内臣，凡好黄白术者，咸游此访丹诀焉。（《酌中志》卷十二第三页）

十九日集白云观，曰耍燕九，弹射走马焉。（《帝京景物略》卷二第四十页“春场四”）

白云观，元太极宫故墟，出西便门下上古隍间一里，麦青青及门楹者，观也。中塑白皙皴皱无须眉者，长春真人像也。观右有阜，藏真人蜕。真人名处机，字通密，金皇统戊辰正月十九日生。今都人正月十九日，致浆祠下，游冶纷沓，走马蒲博，谓之燕九节。（又曰宴丘。）相传是日真人必来，或化冠绅，或化游士冶女，或化乞丐。故羽士十百，结园松下，冀幸一遇之。（《帝京景物略》卷三第七十八页“白云观一”）

十九集白云观，弹射走马，曰耍燕九。（《大兴县志》传钞本）

白云观建于金，旧为太极宫，元改名曰长春宫，明正统间重修，改名白云观，出西便门一里，观中塑邱真人像，白皙无须眉。考元大宗师长春真人邱处机赴元太祖召，拳拳以止杀为戒；时有事西征，则云一天下，在不嗜杀人；大猎山东，则云天道好生，数畋猎非宜；念西河流徙，则持牒招来，全活不下三万人。本朝有圣祖御题额四，曰紫虚真气，曰大智宝光，曰驻景长生，曰琅简真庭，其所以受国朝之旌祀而立庙貌于无穷者，岂异说纷纭，飞升黄白之流，可拟比于万一也。真人生于宋绍兴戊辰正月十九日，故都人至正月十九日，致酹祠下，为燕九节。车马喧阗，游人络绎，或轻裘缓带簇雕鞍，较射锦城濠畔；或凤管鸾箫敲玉版，高歌紫柏村头；已而夕阳在山，人影散乱，归许多烂醉之神仙矣。（《帝京岁时纪胜》第八页“燕九”）

白云观在西便门外一里，元太极观故墟，中塑邱真人像，白皙无须眉。都人正月十九日致酹祠下，谓之燕九节。（《宸垣识略》卷十三第十五页“郊坰二”）

十九日集邱长春庙，谓之燕九。（《郎潜纪闻》卷十二第四页）

十九日谓之筵九。每至筵九，皇上幸西厂子小金殿筵宴，看玩艺、贯跤，蒙古王公请安告归。臣工之得著貂裘者，尽于是日脱去，改穿白锋毛矣。民间无事可纪，游赏白云观者，谓之会神仙焉。（《燕京岁时记》第六页“筵九”）

开印之期，大约于十九、二十、二十一三日之内，由钦天监选择吉日吉时，先行知照，朝服行礼，开印之后，则照常办事矣。（《燕京岁时记》第六页“开印”）

白云观，元之长春宫也，昔在城中，今则为城外巨刹，犹冠京师。正月十九日，俗称阉九，前数日，即游人不绝，士女昌丰，而群奄尤趋附，以邱长春乃自宫者也。（《天咫偶闻》卷九第九页“郊垧”）

十九日为燕九节，人家食品，或面角，或春饼。西便门外白云观，走马博塞，游事最盛，富家士女，多留宿者，曰会神仙。盖以是夕有神仙下降，度化凡人，所幻之状，男女贵贱均有之，迷信者冀得一遇也。（《北京指南》第二编“礼俗”第六页）

二十三日

德胜门外黑寺，自二十三至二十五日打鬼。届期商贾纷集，士女杂沓，亦有走马驰车以为乐者。（《北京指

南》第二编“礼俗”九页）

俗传二十三日为小填仓。（《帝京岁时纪胜》笺补稿本）

二十五日

二十五日曰填仓，亦醉饱酒肉之期也。（《酌中志》卷二十第四页）

二十五日，大啖饼饵，曰填仓。（《大兴县志》传钞本）

念五日，为填仓节，人家市牛羊豕肉恣餐竟日，客至苦留，必尽饱而去，名曰填仓。惟是京师居民不事耕凿，素少盖藏，日用之需，恒出市易，当此新正节过，仓廪为虚，应复置而实之，故名其日曰填仓。今好古之家，于是日籴米积薪，收贮煤炭，犹仿其遗意焉。（《帝京岁时纪胜》第九页“填仓”）

二十五谓之填仓日，大小之家，俱治具饱食。（《郎潜纪闻》卷十二第四页）

每至二十五日，粮商米贩，致祭仓神，鞭炮最盛。

居民不尽致祭，然必烹治饮食，以劳家人，谓之填仓。（《燕京岁时记》第八页“填仓”）

二十五日粮商祭仓神，居民亦均治饮食，谓之大填仓。（《北京指南》第二编“礼俗”第六页）

二十五日为大填仓，京中人是日宴乐而已。若在乡农，则购米面入囤，犒长工，杀猪羊，敲年鼓，醉饱而歌，尽欢而散。（《帝京岁时纪胜笺补》稿本）

立春

妇人进春书，刻青绘为帜，像龙，御之，或为蟾蜍画帜，曰宜春。（《辽史》卷五十三第十二页）

立春之前一日，顺天府于东直门外迎春。凡勋戚内臣、达官武士，赴春场跑马，以较优劣。至次日立春之时，无贵贱皆嚼萝卜，曰咬春。互相请宴，吃春饼和菜，以绵塞耳，取其聪也。（《酌中志》卷二十第二页）

东直门外五里为春场，场内春亭，万历癸巳府尹谢杰建也。故事先春一日，大京兆迎春，旗帜前导，次田家乐，次勾芒神亭，次春牛台，次县正佐、耆老、学师儒，府上下衙，皆骑，丞尹舆，官皆衣朱簪花迎春，自场入于府。是日塑小春牛芒神，以京兆生舁入朝，进皇上春，进中宫春，进皇子春。毕，百官朝服贺。立春候，府县官吏具公服，礼勾芒，各以彩仗鞭牛者三，劝耕也。退，各以彩仗赠贻所知。按造牛芒法，日短至辰日，取土水木于岁德之方，木以桑柘。身尾高下之度，以岁八节四季、日十有二时。踏用府门之扇，左右以岁阴阳，牛口张合，尾左右缴。芒立左右，亦以岁阴阳，以岁干支纳音之五行三者色，为头身腹色，日三者色，为角耳尾，为膝胫，为蹄色。以日支孟仲季为笼之索、柳鞭之结子、之麻苎丝。牛鼻中木，曰拘脊子，桑柘为之，以正月中宫色为其色也。芒神服色，以日支受克者为之，克所克者，其系色也，岁孟仲季，其老壮少也。春立旦前后五日中者，是农忙也。过前，农早忙，过后，农晚闲也。而神并乎牛，前后乎牛分之，以时之卯后八曰燠，亥后四曰寒，为掩耳之提且戴。以日纳音，为髻平梳之顶耳前后，为鞋袴行缠之悬著有无也，田家乐者，二荆笼，上着纸泥鬼判头也。又五六长竿，竿头缚脬如瓜状，见僧则捶，使避匿，不令见牛芒也。又牛台上，花绣衣帽，扮四直功曹立，而儿童瓦石击之者，乐工四人也。考汉《郊祀志》，迎春，祭青帝勾芒，青车旗服，歌《青阳》，舞《云翘》，立青幡，百官衣皆青，郡国县官，下至令史，服青帻。今者朱衣。唐制，立春日，郎官、御史、长贰以上，赐青罗幡胜，宰臣、亲王、近臣，赐金银幡胜，入贺，带归私第。民间剪彩为春幡簪首。（《帝京景物略》卷二第三十七页“春场二”）

立春前一日，迎春于东郊，次晨鞭土牛，遵古送寒气之意也。具小芒神土牛，官生舁献，曰进春。（《大兴县志》传钞本）

立春前一日，迎春于东郊春场，鼓吹旗帜前导，次田家乐，次勾芒神亭，次春牛台。引以耆老师儒，县正佐官，而两京兆列仪从其后。次晨鞭土牛，遵古送寒气之意也。是日五鼓，具数小芒神土牛，官生舁献大内诸宫，曰进春。（《宛平县志》传钞本）

立春日，各省会府州县衙，遵制鞭春，京师除各署鞭春外，以彩绘按图经制芒神土牛，畀以彩亭，导以仪仗鼓吹；交春之刻，京兆尹帅两学诸生，恭进大内。（《帝京岁时纪胜》第二页“进春”）

新春日，献辛盘，虽士庶之家，亦必割鸡豚，炊面饼，而杂以生菜、青韭芽、羊角葱，冲和合菜皮，兼生食水红萝卜，名曰咬春。（《帝京岁时纪胜》第二页“春盘”）

立春日，都人多买萝卜生食之，谓之咬春，又作春饼。（《燕京杂记》第一页）

打春即立春，在正月者居多。立春先一日，顺天府官员至东直门外一里春场迎春。立春日，礼部呈进春山宝座，顺天府呈进春牛图，礼毕回署，引春牛而击之，曰打春。是日，富家多食春饼，妇女等多买萝卜而食之，曰咬春，谓可以却春困也。谨案礼部则例载立春前一日，顺天府尹率僚属，朝服迎春于东直门外，隶役舁芒神土牛，导以鼓乐，至府署前，陈于彩棚。立春日，大兴宛平县令设案于午门外，正中，奉恭进皇帝、皇太后、皇后、芒神土牛，配以春山，府县生员舁进，礼部官前导，尚书、侍郎、府尹及丞后随，由午门中门入，至乾清门慈宁门恭进，内监各接奏，礼毕皆退。府尹乃出土牛环击，以示劝农之意。（《燕京岁时记》第三页“打春”）

立春日多食春饼。（备酱熏及炉烧盐腌各肉，各色炒菜，如菠菜，韭菜，黄芽菜，干粉，鸡蛋等。而以面粉烙薄饼卷而食之，故又名薄饼。）妇女多食萝卜，曰咬春，谓可却春困也。（《北京指南》第二编“礼俗”第六页）

杂事

斯时所尚珍味：则冬笋、银鱼、鸽蛋、麻辣活兔、塞外之黄鼠、半翅、鹖鸡，江南之密罗柑、凤尾橘、漳州橘、橄榄、小金桔、风菱、脆藕、西山之苹果、软子石榴之属，水下活虾之类，不可胜计。本地则烧鹅、鸡鸭、猪肉、冷片羊尾、爆炒羊肚、猪灌肠、大小套肠、带油腰子、羊双肠、猪膂肉、黄颡管儿、脆团子、烧笋、鹅鸡、炸鱼、柳蒸煎爟鱼、卤煮鹌鹑、鸡醇汤、米烂汤、八宝攒汤、羊肉猪肉包、枣泥卷、糊油蒸饼、乳饼、奶皮。素蔬则滇南之鸡枞，五台之天花、羊肚、菜枞、鸡腿、银盘等蘑菇，东海之石花海白菜、龙须、海带、鹿角紫菜、江南蒿笋、糟笋、香蕈，辽东之松子，苏北之黄花金针，都中之山药、土豆，南都之苔菜，武当之鹰嘴笋、黄精、黑精，北山之榛、栗、梨、枣、核桃、黄连茶、木兰芽、蕨菜、蔓菁、不可胜数也。茶则六安松萝天池，绍兴岕茶、径山、虎邱茶也。凡遇雪则暖室赏梅，吃炙羊肉、羊肉包、浑酒、牛乳。（《酌中志》卷二十第二页）

十五日上元，七月中元，十月下元，为三官圣诞，曰天官赐福，地官赦罪、水官解厄，设坛致祭，有素食者，正、七、十，斋居三月。（《帝京岁时纪胜》第五页“三元”）

服制之家，不登贺，不立门簿，虽有亲宾来拜谒者，亦不答拜，初五后，始往叩谢，名曰过破五。春戊寅日为天赦，新葬坟墓，于戊寅前期祭扫，谚云：新坟不过赦。正月不迁居，不糊窗槅，为善正月。谚云：正五九，没处走。（《帝京岁时纪胜》第九页“禁忌”）

正月荐新品物，除椒盘、柏酒、春饼、元宵之外，则青韭卤馅包、油煎肉三角、开河鱼、看灯鸡、海青螺、雏野鹜、春橘金豆、斗酒双柑。至于梅萼争妍，草木萌动，迎春、探春、水仙、月季，百花接次争艳矣。（《帝京岁时纪胜》第十页“时品”）

余尝于灯市见一灯，皆以卵壳为之，为灯为盖，为带为坠，凡计数十百枚，每壳必空四门，每门必有榱栱窗棂，金碧耀耀，可谓巧绝，然脆薄无用，不异雕冰画脂耳。（《甲乙剩言》，见《日下旧闻考》卷一百四十七“风俗”第九页）

今时小儿，以铅锡为钱，装以鸡羽，呼为毽子，三四成群，有里外廉、拖枪、耸膝、突肚、佛顶珠、剪刀抛之名色，亦蹴鞠之遗事也。（《事物原始》，见《日下旧闻考》卷一百四十七第九页“风俗”）

纸鸢，古传韩信所作，按《六帖》云，五代汉季，李业与隐帝为纸鸢，于宫外放之。今春时小儿纸鹞是也。（《事物原始》，见《日下旧闻考》卷一百四十七第九页“风俗”）

今小儿两头曳索，而对挽之，力强者牵弱者而仆，以为胜负笑乐，此唐清明节拔河之戏也。（《留青日记》，见《日下旧闻考》卷一百四十七“风俗”第九页）

李绅《周员外席上观柘枝》诗：“画鼓拖环锦臂攘。”今京师迎年鼓制施两铜环，以手擎之高下，环声索索，鼓声相间，即其遗制。（《西神脞说》，见《日下旧闻考》卷一百四十七“风俗”第九页）

燕城烟火诸制：有声者曰响炮，高起者曰起火，起火中带炮连声者，曰三级浪，不响不起，旋绕地上者，曰地老鼠。筑打有虚实，分两有多寡，有花草人物等形者。花儿名百余种，别以泥函者曰砂锅儿，以纸函者曰花筒，以筐函曰花盆，统名曰烟火。勋戚家有集百巧为一架，分次第传爇，通宵以为乐。（《宛署杂记》，见《日下旧闻考》卷一百四十七第十页）

金鱼池西精忠庙，祀岳忠武，自灵佑宫灯市罢后，庙设烟火，人竞往观。又土塑秦桧，以煤炭燔之至尽，曰烧秦桧，盖仿火判之形也。（《藤阴杂记》卷五“中城南城”第九页）

上辛日，朝廷祈谷至天坛，御辇高丈余，十六人舁，以象驮祭器。（《燕京杂记》第一页）

每至元旦，凡内廷行走之王公大臣，以及御前侍卫等，均赏八宝荷包，悬于胸前，部院大臣不预此例。（《燕京岁时记》第一页“八宝荷包”）

打鬼，本西域佛法，并非怪异，即古者九门观傩之遗风，亦所以禳除不祥也，每至打鬼，各喇嘛僧等，扮演诸天神将，以驱逐邪魔，都人观者甚众，有万家空巷之风。朝廷重佛法，特遣一散秩大臣以临之，亦圣人朝服阼阶之命意，打鬼日期，黄寺在十五日，黑寺在二十三日，雍和宫在三十日。（《燕京岁时记》第七页“打鬼”）

西庙曰护国寺，在皇城西北，定府大街正西。东庙曰隆福寺，在东四牌楼西，马市正北。自正月起，每逢七、八日开西庙，九、十日开东庙。开庙之日，百货云集，凡珠玉绫罗、衣服饮食、古玩字画、花鸟虫鱼，以及寻常日用之物，星卜杂技之流，无所不有，乃都城内之一大市会也。两庙花厂，尤为雅观，春日以果木为胜，夏日以茉莉为胜，秋日以桂菊为胜，冬日以水仙为胜，至于春花中如牡丹、海棠、丁香、壁桃之流，皆能于严冬开，鲜艳异常，洵足以巧夺天工，预支月令。其于格物之理研求几深，惜未有著书者耳。（《燕京岁时记》第十三页“东西庙”）

土地庙，在宣武门外土地庙斜街路西。自正月起，凡初三、十三、二十三，有庙市。市无长物，惟花厂鸽市，差为可观。（《燕京岁时记》第十四页“土地庙”）

花儿市，在崇文门外迤东。自正月起，凡初四、十四、二十四日，有市。市皆日用之物，所谓花市者，乃妇女插戴之纸花，非时花也。花有通草、绫绢、绰枝、摔头之类，颇能混真。花市之外，亦有鸽市，在廛北小巷内。（《燕京岁时记》第十五页“花儿市”）

小药王庙，在东直门内路北。北药王庙，在旧鼓楼大街。自正月起，每朔日、望日有庙市。市皆妇女零用之物，无甚可观。（《燕京岁时记》第十六页“小药王庙北药王庙”）

京师谓鼠为耗子。耍耗子者，木箱之上，缚以横架，将小鼠调熟，有汲水钻圈之技，均以锣声为起止。耍猴儿者，木箱之内，藏有羽帽乌纱，猴手自启箱，戴而坐之，俨如官之排衙。猴人口唱俚歌，抑扬可听。其余扶犁跑马，均能听人指挥，扶犁者，以犬代牛；跑马者，以羊易马也。苟利子，即傀儡子，乃一人在布帷之中，头顶小台，演唱《打虎》《跑马》诸杂剧。跑旱船者，乃村童扮成女子，手驾布船，口唱俚歌，意在学游湖而采莲者，抑何不自丑也。凡诸杂技，皆京南人为之，正月最多，至农忙时，则舍艺而归耕矣。（《燕京岁时记》第十六页“耍耗子、耍猴儿、耍苟利子、跑旱船”）

是月也，富贵妇女，以掷骰拈牌及食瓜子糖品为乐，而风筝、口琴、琉璃喇叭更为应时玩物。风筝之大者，上缚弓弦锣鼓，风激之则声响齐发，真疑为天上奏乐也，商店于元旦闭户，初六始开，间有迟至元宵者。此半月以内，非贺年游玩，即于肆中敲锣击鼓以为乐。填仓以后，居民辄以佛前供品相馈送，其品或蜜供或月饼，谓之送供尖。（《北京指南》第二编“礼俗”第六页）

京俗元旦不花钱，日用流水账簿必须写有：“前账移来，下存银钱若干。”新年门簿第一页用红纸，其第一行写吉利语，如利见大人、指日高升、富贵吉祥、一品当朝、吉星高照等字。是日不吃油炸火烤之物，蒸煮皆可。（《帝京岁时纪胜笺补》稿本）

初一至初十日，皆以天气清朗、无风无雪为吉；如遇大风大雪，则于其日之所主不宜，说见东方朔《岁占》。一鸡，二犬，三猪，四羊，五牛，六马，七人，八谷，九果，十菜。（《帝京岁时纪胜笺补》稿本）

新年送礼，近则比前五十年不同，如稻香村所卖苏州年糕、板鸭、火腿，复有罐头食物、洋酒、纸卷烟、吕宋烟、各种洋点心、洋糖、果子酱、山货有鹿肉、山鸡、石鸡、沙鸡、野兔、野猪、黄羊，松花江之白鱼、鲟黄鱼，此数种则从前亦有也。（《帝京岁时纪胜笺补》稿本）

近六十年来，丰台花匠，以暖室薰黄瓜、扁豆、茄子、冬瓜、香椿、水红莱菔。铁路交通既便，南方之冬笋、橙柑、香蕉、柚子、椰子皆能输入。至轮船入口，则有花鱼、海蛎、蚶子、青蛤，山东福山之苹果、香梨，天津之银鱼、子蟹。点缀年景，唐花中则牡丹、腊梅、山茶、海棠、木笔、榆叶梅、红梅、白梅、粉梅、小松树、小竹子、天竺豆、春兰。民国以来，花厂筑有玻璃温室，东西洋花木亦可种植，如四季海棠、文竹、电线草，则早年所无也。（《帝京岁时纪胜笺补》稿本）

二　月

卷二

正月告终，诸月随至，中和一节，实有以承启之，制出唐代，辽亦沿袭，语其倡始，于北平无与也。是日祭太阳，久属通典，太阳宫盛会，全境终岁只此一日，太阳既称重焉，太阳鸡糕，亦遂通衢达巷，售者络绎矣。太阳之外，厥祀惟井，赏犒水夫，尤为惯例。一日之内，祀事孔繁，教曰多神，信不虚已。

初二薰虫之俗，他处少闻，若群籍所记，亦互有出入，龙抬头之谚，创者未尝无义，导之以引龙回，殿之以食且饮，凡品上口，名悉以龙，此等附会，乡曲亦所恒有。意者寒尽暖来，风雪渐化雷雨，借点清时令之言，寓风调雨顺之祝。斯旨也，容或有之。独怪万夫吞噬，初不惜食罄全龙，而闺阃针黹之禁，则又以恐伤龙目、伤者必瞽为戒。若按图索骥，并其所食所护而揆察焉，则似既指龙矣，忽又指人，人即龙欤，龙即人欤，矛盾混淆，莫此为甚。俗之所演，竟使人百思而不得解也。占鳌头一语，偷懒之中，颇存鼓舞意，往代虚荣，今且不论。而卢师山登眺，亦即日行之，北平游览之所，固有累月难穷者矣。

初三祭文昌，民国以来，外省犹行者不乏，北平祀典，则首先废除，此则几与科第相终始也。

涿州进香，成俗已渺，昔年车马之盛，原自可惊，亦北平重典也。佛诞之说，虽仅见《辽史》，而虔诚顶礼，则环市皆然，更朔以来，其茶香诸会，迄少零落，甚或衰者重兴，兴者益盛；而道家坛坫，在北平亦不为弱，太清道院特其首著者耳。即胜朝末禩，而斋戒之牌，虽上帝至帝室，犹所改备。大内以次，更无待言。而屠宰牛羊，并于例禁，教力之大，从可遐思，而今固开放矣。北平寺观，本可以千百数，佛宇之外，观音寺实居大部。今不特经会依然，人家妇女之信持斋戒者，且比比是。男子更勿论矣，北平释道之盛，洵可纪述。

花朝令节，古只一日，北平市则有两日，不知何昉。岁值早春，秾葩艳绽，不须剪彩，已足醉倒流霞。地本文雅之薮，觞咏所荟，花事频番，香冢累累，更不少异时胜迹，红粉骷髅，落英伴瘗，竟可同一不朽矣。今岁所流连，或即他年所凭吊，幡铃矜护，我亦同情，一调《清平》，正不恤留作《花史》观也；因念一墙之茨，且到于今，金带玉环，穷乡亦产，借曰绝世，谁复传之？花亦有幸有不幸耳。

宫中祠庙，前代于春分前后祀典虽多，现已寂然，世族祭宗祠，此则人情所系，繁简复称其有无，不易废也。

自余杂事所具，并可摘要而谭。清明倘在是月，上冢自如成例；芦芽汤，桃花鲊，一饮一啄，时令攸关，由明以迄今兹，要不必家家若此也，舍命吃河豚，有河豚处，人所易晓，此与煮过夏酒，兼涉常识。杨柳各谣，陀螺诸玩，既徵天籁，亦见天真，数百年来，留存未失，古风所在，犹令人遐想升平。事虽儿戏，都足以活泼性灵，创此术者，讵无义耶？

惜字首次之会，例在此月，献戏拈香，人辄千万，其称盛也，无判今昔。至若踏青斗草，士女酣嬉，弄乐听莺，肩毂摩动。王孙以降，一样流连，在昔建都之世，治安既久，必有胜于今日者矣。此外腾空旋舞，杂技惊人，此在曩时，却为高梁桥生色不少，其所以求神人共悦者，要自无微不至，此一例也。

乳鸡、乳鸭，北平巨产，鱼虾、蛤蜊、笋蔗，逐一齐来，土菜之外，外蔬亦到，富者尽可尝之，贫者谈何容易，然而统核全境，窭人正多，即使年事已高，饫闻鲜美，而生计所迫，苦谋啖饭之不暇，又奚暇目击甘旨，一一求详，而强作老饕之幻想耶。充饥画饼，吾觏已多，回思二十年前之熙来攘往于北平市上者，真要羡若天上神仙，而直替无量数人痛哭矣。

佛事自二月起，渐见其盛，香火饱受，初由于我佛慈悲，然而生佛即在，恐亦不奈此芸芸万家之无地立锥何也。

故俗，各戏馆一入此月，例都开始贴戏，题彼剧目，榜诸门首，为广招来，亦无他义，所谓贴戏，如是而已。此在今日已成通例，而尔日之名班伟社，则非所屑为；即班份藐小，剧目之外，亦鲜书及其他。闻自庚子而后，方增写脚色，故老所谓猛一着眼，恍若泥金喜报者，今固人所毕睹，靡足称怪。不但园门也，比年海报满街，不又行者所共谂耶。其元旦贴戏之例，据各家所述，则肇自壬子年云。

一日

二月一日中和节，国舅族萧氏设宴，延国族耶律氏，岁以为常。（《辽史》卷五三第十二页）

初一日为中和节，传自唐始，李泌请以二月朔为中和节，赐民间囊盛百果谷瓜李种，相问遗，号献生子，令百官献农书。京师于是日以江米为糕，上印金乌圆光，用以祀日，绕街遍巷，叫而卖之，曰太阳鸡糕。其祭神云马，题曰太阳星君。焚帛时，将新正各门户张贴之五色挂钱，摘而焚之，曰太阳钱粮。左安门内有太阳宫，都人结侣携觞，往游竟日。考春分祭日，秋分祭月，乃国之大典，士民不得擅祀，若以照临恩当思报之，习俗云可。（《帝京岁时纪胜》第十页“二月中和节祀日”）

二月初一日，街上卖太阳糕，岁一次，买之以祀日也。（《燕京杂记》第一页）

二月初一日，市人以米面团成小饼，五枚一层，上贯以寸余小鸡，谓之太阳糕，都人祭日者买而供之，三五具不等。（《燕京岁时记》第十六页“太阳糕”）

二月一日，太阳宫进香，人家以米糕祀日，糕以彩面

作鸡形。（《天咫偶闻》卷十第十一页）

二月初一日，市人以米粉团之成小饼，上贯寸余小鸡，曰太阳糕，居民以之为祭日供品；是日崇文门外太阳宫开庙。（《北京指南》第二编“礼俗”第六页）

二月初一日祭太阳，北平旧家尚沿此例。各水屋挑水者祭井泉龙王，水屋掌柜犒劳水夫。（《帝京岁时纪胜》笺补稿本）

二日

二月初二日，各宫门撤出所安彩妆。各家用黍面枣糕，以油煎之，或曰面和稀，摊为煎饼，名曰薰虫。（《酌中志》卷二十第四页）

二月二日，曰龙抬头，煎元旦祭余饼，薰床炕，曰薰虫儿，谓引龙虫不出也。（《帝京景物略》卷二第四十页“春场四”）

二月二日，因荐韭之余，家各为荤素饼啖，以油烹食，曰薰虫儿。（《大兴县志》传钞本）

二月二日，曰龙抬头，因荐韭之余，家各为荤素饼啖，以油烹而食之，曰薰虫儿。谓引龙以出，且使百虫伏藏也。（《宛平县志》传钞本）

二日为龙抬头日，乡民用灰，自门外蜿蜒布入宅厨，旋绕水缸，呼为引龙回。都人用黍面、枣糕、麦米等物，油煎为食，曰薰虫。小儿辈懒学，是日始进书房，曰占鳌头。士民又于是日栉剃，盖取龙抬头之意云。（《帝京岁时纪胜》第十一页“薰虫”）

都人呼二月二日为龙抬头。乡人用灰，自门外蜿蜒布入宅厨，旋绕水缸，呼为引龙回。（《宛署杂记》，见《顺天府志》卷十八第九页）

二日，南北二城游卢师山，如燕九节。（《析津志》，见《顺天府志》卷十八“风俗”第十页）

二月二日，古之中和节也，今人呼为龙抬头。是日食饼者，谓之龙鳞饼；食面者，谓之龙须面。闺人停止针线，恐伤龙目也。（《燕京岁时记》第十七页“龙抬头”）

初二日，俗呼龙抬头，人家各治饮食。食面角，曰吃龙耳；食春饼，曰吃龙鳞；食面条，曰吃龙须。是日闺中禁治针黹，谓恐伤龙目也，伤之则瞽。（《北京指南》第二编“礼俗”第六页）

二月二日，为龙抬头，北平风俗，是日以吃喝为事。吃薄饼，曰龙鳞；吃面，曰龙须；吃饭，曰龙子；吃馄饨，曰龙耳；吃水饺，曰龙牙；饮龙井茶。妇女放工，曰忌针。（《帝京岁时纪胜笺补》稿本）

三日

二月初三日，为文昌帝君圣诞，开庙演戏。清代，帽儿胡同之文昌庙，廷派大臣致祭。民国后，此礼已废。（《帝京岁时纪胜笺补》稿本）

五日

初五、十五两日，居人多往涿县碧霞元君庙进香。（《北京指南》第二编“礼俗”第九页）

八日

二月八日，为悉达太子生辰，京府及诸州雕木为像，仪仗百戏导从，循城为乐。悉达太子者，西域净梵王子，姓瞿昙氏，名释迦牟尼，以其觉性，称之曰佛。（《辽史》卷五十三第十二页）

十二日

十二日，传为花王诞日，曰花朝，幽人韵士赋诗唱和。春早时赏牡丹，惟天坛南北廊、永定门内张园及房山僧舍者最胜。除姚黄、魏紫之外，有夭红、浅绿、金边各种，江南所无也。（《帝京岁时纪胜》第十一页“花朝”）

二月十二日，亦为花朝。早年妇女多于是日剪彩为花，插于各树，并挂金铃彩旗，此即护花铃、护花旗也。是日忌针。（《帝京岁时纪胜笺补》稿本）

十五日

十五日花朝，小青缀树，花信始传，市所卖花，出自窖藏，已烂漫矣。（《大兴县志》传钞本）

十五日，曰花朝，小青缀树，花信始传，骚人韵士唱和以诗。（《宛平县志》传钞本）

十五日，为太上玄元皇帝诞辰，禁止屠割，太清观道院，立坛设醮，谈演道德宝章。（《帝京岁时纪胜》第十一页“道诞”）

十五日之道诞，昔禁屠宰。大内，皇帝有斋戒牌，中外各大小公署，亦一律有之，至民国，则全行开禁。中国从前禁宰耕牛，今此禁亦废矣。（《帝京岁时纪胜笺补》稿本）

十九日

十九日，为观音大士诞辰，正阳门月城内观音庙。香火极盛。城内外白衣庵、观音院、大悲坛、紫竹林，庙宇不下千百，皆诵经聚会。（《帝京岁时纪胜》第十二页“观音会”）

十九日之观音会，北平各庙宇典礼仍都如故，但无专请善者。而今佛教较盛，人家妇女之信佛者，亦大半是日持斋。（《帝京岁时纪胜笺补》稿本）

春分

春分前后，官中祠庙皆有大臣致祭，世家大族亦于是日致祭宗祠，秋分亦然。（《燕京岁时记》第十七页“春分”）

杂事

是月，分菊花、牡丹，凡花木之窖藏者，开隙放风。清明之前，收藏貂鼠帽套风领、狐狸等皮衣。食河豚，饮芦芽汤，以解其热。各家煮过夏之酒。此时吃鲊，名曰桃花鲊也。（《酌中志》卷二十第四页）

小儿以木二寸，制如枣核，置地而棒之，一击令起，随一击令远，以近为负，曰打柭。柭，古所称击壤者耶？其谣曰：“杨柳儿活，抽陀螺；杨柳儿青，放空钟；杨柳儿死，踢毽子；杨柳发芽儿，打柭儿。”空钟者，刳木中空，旁口，荡以沥青。卓地如仰钟，而柄其上之平。别一绳绕其柄，别一竹尺有孔，度其绳而抵格空钟，绳勒右却，竹勒左却。一勒，空钟轰而疾转，大者声钟，小亦蛣蜣飞声，一钟声歇时乃已。制径寸至八九寸。其放之，一人至三人。陀螺者，木制如小空钟，中实而无柄，绕以鞭之绳而无竹尺。卓于地，急掣其鞭，一掣，陀螺则转，无声也；视其缓而鞭之，转转无复住。转之疾，正如卓立地上，顶光旋旋，影不动也。（《帝京景物略》卷二第四十一页“春场五”）

菠薐于风帐下过冬，经春则为鲜赤根菜，老而碧叶尖细，则为火焰赤根叶，同金钩虾米以面包合，烙而食之，乃仲春之时品也。至若丁香紫、寿带黄、杏花红、梨花白，所谓："万紫千红总是春。"元鸟至，则高堂画栋，衔泥结草以居，至秋社，城村燕各将其雏于采育东土阜，名聚燕台，呢喃竟二日而后去。（《帝京岁时纪胜》第十二页"时品"）

香会，春秋仲月极胜，惟惜字文昌会为最，俱于文昌祠、精忠庙、金陵庄、梨园馆及各省乡祠，献供演戏，动聚千人。（《帝京岁时纪胜》第十一页"惜字会"）

是月，北城官员士庶、妇人女子，多游南城，爱其风日清美而往之，名曰踏青斗草。若海子上，车马杂沓，绣毂金鞍，珠玉璀璨，人乐升平之治，官无风埃之虞，政简吏清，家给人足。上自内苑，中至宰执，下至士庶，俱立秋千架，日以嬉游为乐，红女之事，殆庶几焉。然醉卧隔帘，香风并架，花靴与绣鞋同蹴，锦带与珠襦共飘，纵河朔之娉婷，散闺闱之旖旎，此游赏之胜事也。（《析津志》，见《日下旧闻考》卷一百四十七第十二页）

二月，高梁桥踏青，万柳堂听莺，弄箜篌，涿州岳庙

进香迎驾。（《郎潜纪闻》卷十二第四页）

二月，都人进香涿州碧霞元君庙，不论贵贱男女，额贴金字，结亭如屋，坐神像其中，绣旗瓶炉前导，从高梁桥归，有杂伎人，腾空旋舞于桥岸，或两马相奔，人互易之，或两弹追击，迸碎空中。（《北京岁华记》，见《顺天府志》卷十八第十页）

二月下旬，则有贩乳鸡、乳鸭者，沿街吆卖，生意畅然。盖京师繁盛，鸡鹜之属，日须数万只，是皆以人力育之，非自乳也。执此业者，名曰鸡鸭房，在齐化门、东直门一带。（《燕京岁时记》第十八页“卖小油鸡、小鸭子”）

时品中，今则更有黄牙韭、蓟菜、绣球白菜、苇笋、筒子河白虾，天津海口大对虾、青蛤、白蛤、海蛎、石首鱼，南方春笋、甘蔗，外洋菜花、生菜、偏口鱼，较前增多矣。（《帝京岁时纪胜笺补》稿本）

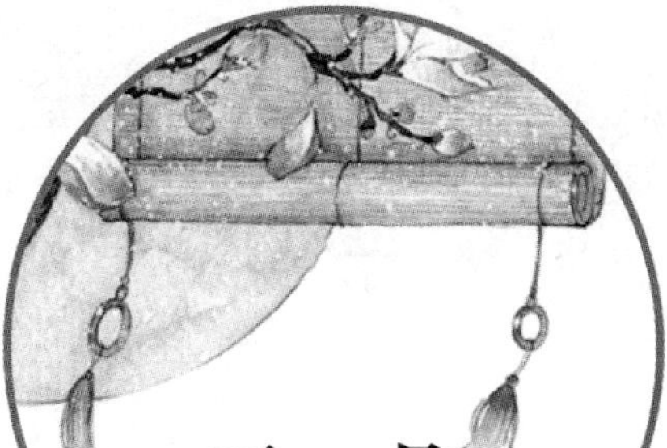

三　月

卷三

三月在北平，亦香火称盛之月。潭柘寺之幽洁芊丽，蟠桃宫之杂沓喧庞，都可记载。东岳庙胜迹，尤使人向往，无怪远近具瞻，竟似鱼龙趋大壑也。掸尘一会，良足播传，妙峰山进香之际，供张尤盛。竖寺以习于豪侈之身，出主斯会，当年声势之雄，亦自可见。虽官祀久湮，第流风所染，至今未浼。

清明一节，恒值是月，上冢携家，通行海内，固无待乎缅缕矣。然而数百年来，区本首善，典型既存，景行行止。曩岁家君子捐建袁督师庙于北平左安门里，倡议集粤东乡谊，清明致祭。由是岁著为例，而赣人之于文相国天祥，冀人之于杨员外椒山，蜀人之于秦少保良玉，各省人士之于各乡贤，是日亦并有其禋礼，奕奕轮奂，祀事孔明，樽俎之荐，北平实与有荣焉。清明在北平之所以特重，较诸上冢踏青之尤为可述者，此也。若其郊原饮瞩，簪柳盘桓，上巳抒怀，犹循古制。所异者，时地多感困穷，王孙半嗟末路，今世风即奢靡，究有逊于往代者矣。

赦孤、济孤之会，迹涉迷信，情则恻隐，果充其善量，移死于生，不尤实惠耶。生死人而肉白骨，固天下极仁至慈之事，只变而通之，已足为北平造福。

衡是月也，其在北平，有今昔殊致者矣。玉簪凉帽，行将绝迹，宫眷罗衣，亦成旧话，而秋千彩架，则赋入子虚矣，射虎分朋，则拦入史实矣。故都之所以为故，此其一欤。

修禊之举，岁则有之，远且勿论矣，胜朝遗老，若王小航、陈散原诸公，或上江亭，或十刹海，雅集高吟，夙称胜事。然萃彼耆彦，仅若三五晨星，是于凡夫无与也。

蓟菜生日，虽难稽证，壶芦种期，尚关农学。然必尽以初三日者，殊弗可解。吃烧笋鹅，暨雄鸭腰子，俗即未必为豪，要非贫户可办。富贵之所聚处，百金一饭，原亦寻恒，小品区区，在有力者又何足恤。然在北方，与食天坛龙须菜，固俱以北平为首妙矣，外此诸色鲜品，无间土产远来，出也、聚也，北平固两足兼之。即此一月，通岁可谂。

是月蟠桃宫会，以门临护城河，故有仄艇往来，送迎游众，穷者或麕集其上，借浮曲俚调，以丐取货财。五年以前，会场且有跑马之俗，今则并归乌有矣。每届会期，优伶游者亦夥，并于初三日特演《蟠桃会》，三十年前，福寿部则演《安天会》。十八日集祀祖师，例尤固定。昆弋中之《封相》《召登》亦例于祀期扮演，而戏园之戏则停。旧不许旦角主祭，今其习久革，且有女伶主祀时矣。先期班主柬告群伶，伶欲益其俸者，亦必于是日提请，倘无柬到，则已被绌。科第时代，仕宦之团拜戏，入此月尤盛。

一日

蟠桃宫在东便门内，河桥之南，曰太平宫。内奉金母列仙。岁之三月朔至初三日，都人治酌呼从，联镳飞鞚，游览于此。长堤纵马，飞花箭洒绿杨坡，夹岸联觞，醉酒人眠芳草地。（《帝京岁时纪胜》第十三页“蟠桃宫”）

朝阳门外二里许，延祐中建庙，以祀东岳天齐仁圣帝。明正统中，改拓其宇，两庑设地狱七十二司，殿后为穿堂寝殿。神像为正奉刘元手塑。寝殿设浴盆二，受水数十石，道士赞目疾入洗。龛前悬金钱一，人争以钱击之，中者宜子。殿前丰碑数十统，内三碑：一为天师神道碑，元赵文敏书；一为仁寿宫碑，虞文靖集隶书；一为昭德殿碑，赵士延书。岁之三月朔至二十八日设庙，为帝庆诞辰。都人陈鼓乐旌旗，结彩亭乘舆，导驾出游，观者塞路，进香赛愿者络绎不绝。南城右安门内，横街之东，亦有庙祀，两庑为十地阎君之殿。凡有向涿鹿东山进香者，预期致祭于此，名曰发信。各庙游人了香愿毕，于长松密柳之下取醉而归。（《帝京岁时纪胜》第十四页“东岳庙”）

太平宫在东便门路南，门临护城河，因庙内有西王母之像，故曰蟠桃宫。每届三月，自初一日起，开庙三日，游人亦多。然较之白云观等，则繁盛不如矣。（《燕京岁时记》第十八页“蟠桃宫”）

潭柘寺在浑河石景山西，栗园庄北，去京八十余里。每至三月，自初一日起，开庙半月，香为甚繁。庙在万山中，九峰环抱，中有流泉，蜿蜒门外而没。有银香树者，俗曰帝王树，高十余丈，阔数十圈，实千百年物也。其余玉兰修竹、松柏菩提等，亦皆数百年物，诚胜境也。其先戒律极严，荤酒莫入。近则酒炙纷腾，无复向时清净矣。有灵蛇二，曰大青、小青，与秘魔崖相仿佛，殊不知是一是二。所谓柘木者，仅存数尺，与元妙严公主拜佛砖同为古迹。凡至寺者必观此数事焉。（《燕京岁时记》第二十页“潭柘寺”）

三日

三月三日为上巳，国俗刻木为兔，分朋走马射之，先中者胜，负朋下马，列跪进酒，胜朋马上饮之。（《辽史》卷五十三第十三页）

三月三日，风和景丽，载酒出野，临流醉歌，有修禊流风焉。（《大兴县志》传钞本）

俗谓栽壶芦者，必于三月三日下种，否则结实不繁。（《燕京岁时纪》第十八页“三月三日”）

太平宫在东便门内，庙极小，岁上巳三日，庙市最盛，盖合修禊，踏青为一事也。地进河堧，了无市聒，春波泻绿，软土铺红，百戏竞陈，大堤入曲，衣香人影，摇飏春风，凡三里余。余与续耻庵游此，辄叹曰：一幅活清明上河图也。按查昌业诗有云：“正是兰亭修禊节，好看曲水丽人行。金梁风景真如画，不枉元宫号太平。”国初已然矣。（《天咫偶闻》卷六第三十二页）

三月初三日为上巳，居民多食豌豆黄，好游者出城踏青。（《北京指南》第二编“礼俗”第六页）

三月三日起，蟠桃宫开庙三日。相传早年天气晴暖，游人戴马连坡草帽，穿两截衫或单绸衫，挥小扇，赛马城根。五十年来，北方气候骤冷，至三月尚穿棉衣，今昔相较，则大异矣。（《帝京岁时纪胜笺补》稿本）

三月三，为蓟菜生日。是日，多食蓟菜饺子。谚云：“年年三月三，蓟菜开花赛牡丹。”（《帝京岁时纪胜笺补》稿本）

四日

三月初四日，宫眷内臣，换穿罗衣。（《酌中志》卷二十第四页）

十五日

东岳庙在朝阳门外二里许。除朔望外，每至三月，自十五日起，开庙半月。士女云集，至二十八日为尤盛，俗谓之掸尘会，其实乃东岳大帝诞辰也。庙有七十二司，司各有神主之。相传速报司之神为岳武穆，最著灵异。凡负屈含冤心迹不明者，率于此处设誓盟心，其报最速。阶前有秦桧跪像，见者莫不唾之，已不辨面目矣。后阁有梓潼帝君，亦著灵异，科举之年，祈祷相属。神座右有铜骡一匹，颇能愈人疾病。病耳者则摩其耳，病目者则拭其目，病足者则抚其足。阁东有甲胄之像数，半身没于地中，俗传为杨家将云云，究不知其为何神也。庙中道教碑乃元翰林院承旨赵孟頫所书，字画虽真，丰神已失，想为俗工凿治矣。（《燕京岁时记》第十九页“东岳庙”）

天台山在京西磨石口，车马可通。即翠微山之后山也。每岁三月十八日开庙，香火甚繁。寺门在南山之麓，寺在北山之巅，相去几至里许。沿山有流泉三四，涓涓不穷。所谓魔王者，语多荒诞不经，无从考其出处矣。（《燕京岁时记》第二十一页“天台山”）

十五日至二十八日，游东岳庙。（《天咫偶闻》卷十第十二页）

每年三月十五日起，东岳庙有掸尘会。自二十八日，由庙起马，至妙峰山进香，此会乃太监为首。东岳庙例有香会，每年各铺户月助一大盘，共十二盘，闰月则进十三盘。近年十二盘香，往往点之不尽，此则日行月差故也。（《帝京岁时纪胜笺补》稿本）

十八日

十八日戏园皆辍业，优伶祭精忠庙，休息游乐，曰戏子会。（《北京指南》第二编“礼俗”第六页）

二十八日

二十八日东岳庙进香，吃烧笋鹅，吃凉饼，糯米面蒸熟，加糖、碎芝麻，即糍巴也。吃雄鸭腰子，大者一对可值五六分，传云食之补虚损也。（《酌中志》卷二十第四页）

二十八日，东岳仁圣帝诞，倾城趋齐化门，鼓乐旗幢为祝，观者夹路。（《帝京景物略》卷二第四十二页“春场六”）

二十八日，太常寺致祭东岳庙。民间结会，盛陈鼓乐，旗幢前导，观者夹路。（《大兴县志》传钞本）

二十八日，东岳诞辰，太常寺致祭。民间多结香会，盛陈鼓乐，旗幢前导。亦有装小儿为故事，名曰台阁者，以彰祭祀之仪，观者夹道。（《宛平县志》传钞本）

二十八日，赛东岳庙。（《北京岁华记》，见《顺天府志》卷十八第十页）

二十八日，燕京祭岳庙，集众为香会。有为首者掌之，盛设鼓乐、旗幡，戴甲马，群迎神以往。男妇有跪拜而行者，名曰拜香。（《宛署杂记》，见《日下旧闻考》卷一百四十七第十三页）

清明

清明，则秋千节也，带杨枝于鬓。坤宁宫后及各宫，皆安秋千一架。凡各宫之沟渠，俱于此疏浚之。竹篾排棚、大木桶及天沟水管，俱于此时油捻之，并铜缸亦刷换，以新汲水。凡内臣院大者，即制席箔为凉棚，以绳收放，取阴也。圣驾幸回龙观等处，赏海棠。窖中花树尽出，园圃、台榭、药栏等项，咸此月修饰。富贵人家咸赏牡丹花，修凉棚。（《酌中志》卷二十第四页）

三月清明日，男女扫墓，担提尊榼，轿马后挂楮锭，粲粲然满道也。拜者、酹者、哭者、为墓除草添土者，焚楮锭次，以纸钱置坟头。望中无纸钱，则孤坟矣。哭罢，不归也，趋芳树，择园圃，列坐尽醉。有歌者，哭笑无端，哀往而乐回也。是日簪柳，游高梁桥，曰踏青。多四方客未归者，祭扫日感念出游。（《帝京景物略》卷二第四十一页“春场五”）

清明男女簪柳，出扫墓，担樽榼，挂楮钱。既而寻芳择地，欢饮而归。（《大兴县志》传钞本）

清明日，男女簪柳，出扫墓，担樽榼，挂纸钱。拜者、酹者、哭者、为墓除草添土者，以纸钱置坟巅，既而趋芳树，择园圃，列坐馂余而后归。（《宛平县志》传钞本）

清明扫墓，倾城男女，纷出四郊，担酌挈盒，轮毂相望。各携纸鸢线轴，祭扫毕，即于坟前施放较胜。京制纸鸢极尽工巧，有价值数金者，琉璃厂为市易之。清明日摘新柳佩带，谚云：“清明不带柳，来生变黄狗。”又以柳条穿祭余蒸点，至立夏日油煎与小儿食之，谓不齼夏。（《帝京岁时纪胜》第十二页“三月清明”）

广宁门外普济堂，收养异乡孤贫疾瘵人，冬施粥饘，夏施冰茶。育婴堂收养弃掷婴儿。两堂清明日捡拾暴露骸骨及幼殇小儿殓葬，或化而瘗之，复延僧众施食度荐，名曰赦孤。又祭厉鬼者，是日设仪仗陈鼓吹前导，舁请城隍圣像出巡。于城南隙地奏乐荐享，中设神位，傍列孤魂棚座祭赛，焚其楮帛，名曰济孤魂会。盖仿古厉坛之遗意焉。（《帝京岁时纪胜》第十三页“赦孤”）

清明寒食，宫庭于是节最为富丽。起立彩索秋千架，自有戏蹴秋千之服，金绣衣襦，香囊结带，双双对蹴，绮筵杂进，珍馔甲于常筵。中贵之家，其乐不减于宫闼。达官贵人，豪华第宅，悉以为除祓散怀之乐事，然有无各称其家道也。（《析津志》，见《日下旧闻考》卷一百四十七第十三页）

清明日，各宫安秋千架。（《燕史》，见《日下旧闻考》卷一百四十七第十三页）

都人谓清明日风作，则一月内无日不风，亦无日不沙矣。戊寅清明日风作，余验之良然。（《燕京杂记》第三页）

清明，人家上坟，于市上买盒子菜以祀之，即南边之馔盒也。（《燕京杂记》第一页）

三月上巳日，上土谷祠。清明日始卖冰，以两铜钱合而击之。次日花木皆出窖，播瓜菜种于地。后三日新茶从马上至，至之日，官价五十金，外价三二十金，不一二日

即二三金矣。（《北京岁华记》，见《顺天府志》卷十八第十页）

清明即寒食，又曰禁烟节。古人最重之，今人不为节，但儿童戴柳祭扫坟墓而已。世族之祭扫者，于祭品之外，以五色纸钱制成幡盖，陈于墓左。祭毕，子孙新执于墓门之外而焚之，谓之佛多，民间无用者。（《燕京岁时记》第十七页“清明”）

清明日，南城城隍庙厉坛，人家上冢。（《天咫偶闻》卷十第十二页）

清明前后，上冢者多，车马往来，不绝于道，辄插柳车棚以归。小儿则以柳枝编圈戴，谣曰：“清明不戴柳，死后变黄狗。”（《北京指南》第二编“礼俗”第六页）

清明节气有早晚，谚云：“二月清明花开早，三月清明花不开。”在昔太平盛世，清明例有踏青之举，近则城外匪多，游人裹足矣。（《帝京岁时纪胜笺补》稿本）

清明节，民国改名植树节。各公署学校，均给假三日，并在天坛及马路道旁添植新树，此新例，昔所无也。（《帝京岁时纪胜笺补》稿本）

清明前一日，曰寒食节。此风山西最盛，往时北京人家亦有行之者。（《帝京岁时纪胜笺补》稿本）

清明济孤之举，近年仍有，但不若从前之盛，京中富户日少，则捐助之款亦少故也。（《帝京岁时纪胜笺补》稿本）

北平各大庙宇，至清明皆有济孤焰口，夜间施食。（《帝京岁时纪胜笺补》稿本）

杂事

是月，小儿以钱泥夹穿而干之，剔钱，泥片片钱状，字幕备具，曰泥钱。画为方城，儿置一泥钱城中，曰卯；儿拈一泥钱远掷之，曰撇。出城则负，中则胜，不中而指杈相及，亦胜，指不及而犹城中，则撇者为卯。其胜负也以泥钱。别有挑用苇，绷用指者，与撇略同。有撇用泥丸者，与钱略同，而其画城廓远。（《帝京景物略》卷二第四十二页“春场六”）

三月采食天坛之龙须菜，味极清美。香椿芽拌面筋，嫩柳叶拌豆腐，乃寒食之佳品。黄花鱼即江南之石首。至于小葱炒面条鱼，芦笋脍鲟花，勒鲞和羹，又不必忆莼鲈矣。至若桃花历乱，柳絮飞残，红白灿苹婆，荷包挂牡丹。曰西府、曰铁梗、曰垂丝，海棠之妙，韦公寺、慈仁寺，可为甲于天下矣。蓟门烟树，为金台八景之一，吏部藤花，乃明少宰吴宽之手植也。（《帝京岁时纪胜》第十五页“时品”）

每至三月换戴凉帽，妇女皆换玉簪。（《燕京岁时记》第二十二页“换季”）

京师三月有黄花鱼，即石首鱼。初次到京时，由崇文门监督照例呈进，否则为私货。虽有挟带而来者，不敢卖也。（《燕京岁时记》第二十二页“黄花鱼、大头鱼”）

三月清明后，家家晾干菠菜，谷雨则开花结子，老而不堪食矣。所晾之干菜，可以蓄之来春。用时，取开水浸之，加油肉作馅，蒸包子、煮饺子皆别有风味也。（《帝京岁时纪胜笺补》稿本）

天坛之龙须菜，即药中之独活，其根能治中风。罐头中之龙须菜，来自洋广，其味鲜，取其子种于北平，鲜美可食，但不如在南之粗壮也。枸杞头，味苦，取其初生之小芽，香油素炒，或用开水泡过，拌豆腐亦甚佳，人能久食枸杞，可以延年。榆钱糕，或作面汤，味鲜美，但易发病。黄花鱼之外，尚有白骨鱼，又名桐萝鱼，鳞细而白，味则较逊黄花鱼。又有大头鱼，北京呼为海鲫鱼，烟台人呼曰嘉鲫鱼，诗所谓“南有嘉鱼”者也。火车通后，春时即可运至北京。（《帝京岁时纪胜笺补》稿本）

三月时品中，尚有藤萝花糕、玫瑰花糕、牡丹花糕、玉兰花糕，或作方补，内加香胙油及白糖。（《帝京岁时纪胜笺补》稿本）

鲜豌豆，自三月即可食，至四月半后，则黄老矣。（《帝京岁时纪胜笺补》稿本）

四　月

卷四

亘四月一月，庙会占其泰半，幡乐车骑之盛，遑论他省，即在北平，亦三月所不逮也。远道而至，膜拜虔诚，放顶摩踵，恒所不计，环顾老大都城，俨然一神权世界。今即其所祀各庙而审谛焉，匪特见释道教力，深入民间，径夺儒家之席而久矣相代。前代每值会期，且复廷派显宦而往祭焉，其为郑重，一至此极。在神道设教之国，丰彼庙貌，洁彼粢盛，借革群众非心，立意未尝弗是。惟行之既久，淫祀滋多，糜耗不资，奸宄未减。狄梁公下江南毁祠八百，卓识哉，卓识哉。

今虽即其旧规，辄已加之矫正，第当道苦心自存，而民众积重难返，劳力弃财，所获安在，神即有灵，当亦扼腕。斯固鸿都之玷，而未必见谅友邦者也。借曰繁荣市面，有赖乎斯，而若者可祀，若者必祀，政教所宏，去留有道，求子祈福之如愿与否，初亦非香火区区所得而左右也。

北平表率四裔，几历千年，今虽废都，依然观听所集。所足以使人往复低徊而不忍骤去者，顾必以此为轩轾耶。然而曩时殷富，朝野诚有余力，益以承平久亨，遂复酬神还愿，阅年既多，亦无惑乎成此积习。今也库空如洗，民生日匮，穷岁血汗所易，或不足一掷之资，此吾所以目击其艰，而感喟难于自已也欤。

至于施茶水、舍缘豆，此虽饮食小节，要与放生大会，厥事并关慈善。药王诞药肆减价，声满全市，此于病者，诚亦福音。配药必以是日，例自不妨打破，不当谓此日之外，终岁竟无其日也。

进不落夹之俗，止限北平。磨食稔转之风，他乡则有。宫禁赐扇，昔之故例。司礼制扇，久已无闻。赏赉分颁，服饰更换，内臣外吏，循制承恩。斯在帝乡，月有其例，虽他地所不得拟，究今世所不足矜焉。

尝樱桃笋鸡，蒸榆钱面糕，其他鲜品之荐，别味之制，即岁时攸涉，但亦常物常识，并非北平之所独也。

花事之多，北平则胜。即四月而赏乎四郊，桑椹熟矣，芦笋齐成。历历莺声，唤人买醉。北平而下，易地或无兹完美，是固小故，亦可记已。

若夫来鲥去螯，语本无关北平。在南服原亦恒品，在北方则称妙味，老于水产者，知之固熟矣。其天师火判，绒虎榴花，五月所需，四月即售。则以喜新一念，万姓皆同，各色胪呈，童骇尤喜。买贩悉有心人，心理所贵，亦固研之有素矣。

是月妙峰山会，伶亦群焉莅止。以山头有殿，所供喜神，为伶界祖师，故若辈朝山之举，得以沿至于今也。

一日

四月一日至十八日，倾城趋马驹桥，幡乐之盛，一如岳庙，碧霞元君诞也。（《帝京景物略》卷二第四十二页“春场六”）

四月一日至八日，游戒坛、潭柘、香山、卧佛、碧云、玉泉、天宁寺诸名胜，为浴佛会也。（《大兴县志》传钞本）

又有涿州北关、怀柔县之丫髻山，俱为行宫祠祀。圣祖御题丫髻山天仙殿匾曰“敷锡广生”。玉帝殿匾曰“清虚真宰”。每岁之四月朔至十八日，为元君诞辰。男女奔趋，香会络绎，素称最胜。（《帝京岁时纪胜》第六十页“天仙庙”）

四月初一日戒坛开，城中人多往西山。（《北京岁华记》，见《日下旧闻考》卷一百四十七第十三页）

万寿寺在西直门外五六里，门临长河，乃皇太后祝厘之所。每至四月，自初一日起，开庙半月。游人甚多，绿女红男，联蹁道路。柳风麦浪，涤荡襟怀，殊有天朗气清，惠风和畅之致。诚西郊之胜境地。（《燕京岁时记》第二十二页“万寿寺”）

西顶娘娘庙在万寿寺西八九里。每至四月，自初一日起，开庙半月，繁盛与万寿寺同。山门中四天王像，神气如生，狰狞可畏。座下八鬼怪，尤觉骇人。凡携小儿者多掩其目而过之。庙有七十二司神，皆绘画，非塑像也。每开庙时特派大臣拈香，与丫髻山同，他处无之。（《燕京岁时记》第二十三页“西顶”）

妙峰山碧霞元君庙在京城西北八十余里。山路四十余里，共一百三十余里，地属昌平。每届四月，自初一日开庙半月，香火极盛。凡开山以前有雨者谓之净山雨。庙在万山中，孤峰矗立，盘旋而上，势如绕螺。前可践后者之顶，后可见前者之足。自始迄终，继书以夜，人无停趾，香无断烟。奇观哉！庙南向为山门，为正殿，为后殿。后殿之前有石凸起，似是妙峰之巅石。有古柏三四株，亦似百年之物。庙东有喜神殿、观音殿、伏魔殿，庙北有回香亭。庙无碑碣，其原无可考。然自雍乾以来即有之，惜无记之者耳。进香之路日闭日多。曰南道者，三家店也。曰中道者，大觉寺也。曰北道者，北安合也。曰老北道者，石佛殿也。近日之最称繁盛者，莫如北安合。人烟辐辏，车马喧阗，夜间灯火之繁，灿如列宿。以各路之人计之，共约有数十万。以金钱计之，亦约有数十万。香火之盛，实可甲于天下也。（《燕京岁时记》第二十四页“妙峰山”）

丫髻山碧霞元君庙在京城东北怀柔县界。每至四月，自初一日起，开庙半月，繁盛亚于妙峰山，而山景过之。都人谓之东山。（《燕京岁时记》第二十五“丫髻山”）

北顶碧霞元君庙在德胜门外土城东北三里许。每岁四月有庙市，市皆日用农具，游者多乡人。（《燕京岁时记》第二十六页“北顶”）

东顶在东直门外，与北顶同。（《燕京岁时记》第二十六页“北顶、东顶附”）

广仁宫在蓝靛厂，火器营驻此，街衢富庶，不下一大县。广仁宫岁四月庙市半月，土人称西顶。盖北方多山，庙必在山极顶，因连类而及，谓庙亦曰顶，此土语也。（《天咫偶闻》卷九第十二页）

四月初一日至十五日，蓝靛厂、广仁宫进香，西直门外万寿寺有庙市。（《天咫偶闻》卷十第十二页）

四月初一日，戒坛寺开庙，居民多往游者。京西万寿寺、西顶、碧云寺、妙峰山均开庙半月。中以妙峰山娘娘庙游人为最盛，且有至自天津、保定者。而都城之茶会及秧歌、狮子、开路、五虎棍、少林棍、双石杠子等会，结队前往者，亦不可胜数。山腰一带，有供客饮憩之茶棚。游人之归也，率购桃棍、麦草帽、花篮悬于车棚。而信神男女之一步一拜，直至山巅拜香者，近亦罕矣。永定门外马驹桥南顶，则自初一日至十八日开庙，幡乐之盛，一如岳庙盖碧霞元君诞辰也。俗传是日是神仙下降，故士女往而祈灵祈子者甚多。（《北京指南》第二编“礼俗”第九页）

西顶正名广仁宫，在蓝靛厂东首。每年四月初一日起，至十五日止开庙 ，香火极盛。盖宫之左近各营房及海

甸村民，来游者甚多，宫门内外赶集设摊极夥。（《旧京风俗志》稿本）

四日

四月初四日，宫眷内臣，换穿纱衣，钦赐京官扇柄。牡丹盛后，即设席赏芍药花也。（《酌中志》卷二十第四页）

里二泗河神祠，四月四日有庙会。祠在张家湾运河之滨，昔年江浙两省漕运，皆由内河。粮船至此停泊者数十艘，醵费演戏酬神。远近游人或泛舟，或骑驴，或坐车，或步行，年必万人攒动。红男绿女，少长咸集，庙外有百货摊。（《帝京岁时纪胜笺补》稿本）

八日

初八日进不落夹，用苇叶方包糯米，长可三四寸，阔一寸，味与粽同也。（《酌中志》卷二十第四页）

八日舍豆儿，曰结缘。（《帝京景物略》卷二第四十二页“春场六”）

八日为浴佛会。街衢寺院搭苫棚座，施茶水盐豆，以黄布帛为悬旌，书曰普结良缘。禁屠割。都人多于悯忠寺游玩，施齐饭僧，讲经于讲堂，听讲者甚夥。又为赴龙华大会。（《帝京岁时纪胜》第十五页“结缘”）

京师香会之胜，惟碧霞元君为最。庙祀极多，而著名者七：一在西直门外高粱桥，曰天仙庙，俗传四月八日神降，倾城妇女往乞灵佑；一在左安门外弘仁桥；一在东直门外，曰东顶；一在长春闸西，曰西顶；一在永定门外，曰南顶；一在安定门外，曰北顶；一在右安门外草桥，曰中顶。（《帝京岁时纪胜》第十六页“天仙庙”）

八日，各寺浴佛。（《北京岁华记》，见《日下旧闻考》卷一百四十七第十三页）

先是四月八日，梵寺食乌饭。朝廷赐群臣食不落夹，盖缘元人语也。嘉靖十四年，始赐百官于午门食麦饼宴。（《燕都游览志》，见《日下旧闻考》卷一百四十七第十四页）

朝廷每年四月八日，赐百官午门外食不落夹。曹御史宏云：“是面食也。”医官张天民云：“即今之粽子。”（《戒庵漫笔》，见《日下旧闻考》卷一百四十七

第十四页）

四月八日，燕京高梁桥、碧霞元君庙，俗传是日神降，倾城妇女往乞灵祈生子。西湖、玉泉、碧云、香山，游人相接，又傍近有地名秋坡，都中伎女竞往逐焉，俗云赶秋坡。（《宛署杂记》，见《日下旧闻考》卷一百四十七第十四页）

京师僧俗念佛号者，辄以豆识其数。至四月八日，佛诞生之辰，煮豆，微撒以盐，邀人于路，请食之，以为结缘也。（《隩志》，见《日下旧闻考》卷一百四十七第十四页）

南城悯忠寺，岁之四月八日为放生大会。豪商妇女，显官妻妾，凝妆艳服，蜂屯蚁集。轻薄少年，如作狭邪之游。车击毂，人摩肩，寺僧守门，进者索钱二百，否则拒之。于是品绿题红，舄交履错，遗珠落翠，粉荡脂流，招提兰若中，竟似溱洧濮上矣。寺僧又于妇女所携之小儿女，各与一扑满，诱他带回满载，令明年赴会输之，以是一日间护金至数千。其谓放生大会者，仅买数雀放之，实则一无所观，后有某御史陈奏禁之，遂绝。（《燕京杂记》第十页）

四月八日，都人之好善者，取青黄豆数升，宣佛号而拈之。拈毕煮熟，散之市人，谓之舍缘豆。预结来世缘也。（《燕京岁时记》第二十二页“舍缘豆”）

初八日，各寺浴佛，人家煮青黄豆结缘。（《天咫偶闻卷》第十二页）

四月初八日，各寺浴佛，曰浴佛会。信佛者多于是日济贫放生。又于十八日有于街头舍豆子者，曰舍缘豆。先是拈豆念佛，每拈一豆，宣佛号一声。至期，即将熟豆逢人舍之，受者每食一豆，一念佛，谓可结人世缘，他生不为人所弃也。（《北京指南》第二编“礼俗”第六页）

四月初八日浴佛会，近亦不若昔年之盛。然北京内外八大名刹，仍于是日念经搭衣展裙。施缘豆，今尚有之。相传治豆之法，先期僧人每捡黄豆一粒，必一念阿弥陀佛，明晨送人食之。受缘豆者，亦念佛号一声，谓接佛之善缘也。（《帝京岁时纪胜笺补》稿本）

是日之结缘，清时大内不独行之，自亲王、贝勒、贝子，至公爵以上各府第，皆于清晨有此礼节。豆则青黄二种，加以红胡萝卜，在门外施送。民国以来，则甚少矣。（《帝京岁时纪胜笺补》稿本）

清代例于四月初八日，进鲜王瓜、扁豆、西葫芦、冬瓜、秦艽、蚕豆，皆以小蒲包盛之，价亦不昂。（《帝京岁时纪胜笺补》稿本）

十日

十日至十八游高梁桥、西顶、草桥之中顶、弘仁桥、里二泗、丫髻山。（《大兴县志》传钞本）

十三日

十三日上药王庙，诸花盛发。白石庄、三里河、高梁桥外，皆贵戚花场，好事者邀宾客游之。（《北京岁华记》，见《日下旧闻考》卷一百四十七第十四页）

十三日都人多游药王庙，兼赏花。（《北京指南》第二编“礼俗”第九页）

药王庙会、会期、京中各药铺皆减价，有配合丸膏用。是日者，谓其圣灵也。（《帝京岁时纪胜笺补》稿本）

药王庙之酬神戏，首事为同仁堂乐家。次则为西鹤年堂、同济堂、千芝堂、体乾堂、延龄堂。内城则永安堂、同善药栈、万春堂、太和堂、仁一堂、天一堂、仙芝堂、橘井堂、德安堂、广济堂。再次者如天沛堂、广育堂、济生堂、广生堂、同诚堂、鹤龄堂。余则小药肆也。（《帝京岁时纪胜笺补》稿本）

十八日

十八日，亦舍。先是拈豆念佛，一豆，佛号一声，有念豆至石者。至日熟豆，人遍舍之，其人亦一念佛，啖一豆也。凡妇不见答于夫姑婉若者，婢妾摈于主及姥者，则自咎曰：身前世不舍豆儿，不结得人缘也。是日，耍戒坛，游香山、玉泉，茶酒棚、妓棚、周山湾涧曲。闻初说戒者，先令僧了愿如是，今不说戒百年，而年则一了愿。（《帝京景物略》卷二第四十二页“春场六”）

十八日，为北顶、东顶开庙之期，售农器者咸集庙外。（《北京指南》第二编“礼俗”第九页）

二十二日

四月二十二日，宛平县城隍出巡。（《燕京岁时记》第二十八页“城隍出巡”）

二十二日，地安门外迤西，有庙会，香火不绝。清光绪庚子前有城隍出巡之举，观者如堵。至五月初一日，则舁至西城都城隍庙，翌晨始返。较南下洼之城隍庙尤盛。（《北京指南》第二编“礼俗”第九页）

二十八日

二十八日，药王庙进香。吃白酒冰水酪，取新麦穗煮熟，剁去芒壳，磨成细条，食之，名曰稔转，以尝此岁五谷新味之始也。司礼监有一种扇，以墨竹为骨，色浅笺纸面，两面楷书写论语内六字一句成语，极易脆裂。不知费多少工价，方成一把，似此损耗无益，宜裁省也。（《酌中志》卷二十第五页）

二十八日，彰仪门外造甲庙，南西门外看丹庙，均有庙会。（《北京指南》第二编“礼俗”第十页）

杂事

是月也，尝樱桃，以为此岁诸果新味之始。吃笋鸡，吃白煮猪肉，以为冬不白煮，夏不熬也。又以各样精肥肉，姜蒜锉如豆大，拌饭，以莴苣大叶裹食之，名曰包儿饭。造甜酱豆豉。初旬以至下旬，耍西山、香山、碧云寺等，耍西直门外之高梁桥、涿州娘娘、马驹桥娘娘、西顶娘娘进香。（《酌中志》卷二第四十三页）

是月，榆初钱，面和糖蒸食之，曰榆钱糕。（《帝京景物略》卷二第四十三页“春场七”）

药王庙西为金鱼池，育养朱鱼，以供市易。都人入夏，结棚列肆，狂歌轰饮于池沼之上。旧传有瑶池殿，今不可寻矣。居人界池为塘，植柳覆之，岁种金鱼以为业。池阴一带，园亭甚多，南抵天坛，芦苇兼葭，一碧万顷。昔我王父楚吟公曾筑室于此，颜曰芦屋。今虽莫详其处，尚有存图，以示来许。至于游览之地，如西山妙峰弘教、圣感、潭柘、显应、西域、戒坛、香山碧云、法海、卧佛等寺，极称名胜。岁之四月，都人结伴联镳，攒聚香会而往游焉。（《帝京岁时纪胜》第十七页“药王庙”）

京都花木之盛，惟丰台芍药甲于天下。旧传扬州刘贡父谱三十一品，孔常父谱三十三品，王通叟谱三十九品，亦云瑰丽之观矣。今扬州遗种绝少，而京师丰台，于四月间连畦接畛，倚担市者日万余茎。游览之人，轮毂相望。惜无好事者图而谱之。如宫锦红、醉仙颜、白玉带、醉杨妃等类，虽重楼牡丹亦难为比。考丰台本无台。金时郊台在南城外，丰宜门者金之南门也。丰台疑即拜郊台，因门曰丰宜，故目为丰台云耳。今右安门外十里草桥，唐时有万福寺，寺废而桥存。明天启间，建碧霞元君庙其北，土近泉宜花，居人以种花为业。（《帝京岁时纪胜》第十八页“丰台芍药”）

荐新菜果，王瓜樱桃，瓠丝煎饼，榆钱蒸糕，蚕豆生芽，莴苣出笋，乃时品也。花名玫瑰，色分真紫鹅黄，树长娑罗，品重香山卧佛。青蒿为蔬菜，四月食之，三月则采入药为茵陈，七月小儿取作星灯。谚云：“三月茵陈四月蒿，五月六月砍柴烧。”（《帝京岁时纪胜》第十九页“时品”）

都中遗老，述万历间西山戒坛：四月游女之盛，钿车不绝。茶棚酒肆接于路，至有挟妓入寺者。一无名子嘲以诗云：“高下山头起佛龛，往来米汁杂鱼篮，不因说法坚持戒，那得观音处处参。”（《辛斋诗话》，见《日下旧闻考》卷一百四十七第十四页）

四月西山看李花，海棠院看海棠，丰台看芍药，煮豆子结缘，送春赛会。（《郎潜纪闻》卷十二第四页）

四月以玫瑰花为之者，谓之玫瑰饼。以藤萝花为之者，谓之藤萝饼。皆应时之食物也。（《燕京岁时记》第二十六页“榆钱糕”）

四月末花事将阑，易增惆怅。惟柳阴中莺声婉啭，如鼓笙簧，殊有斗酒双柑之乐。惟月余则去，不能久住耳。古诗云：“黄栗留鸣桑椹美。”黄鹂既鸣，则桑椹垂熟，至合今京师节候。（《燕京岁时记》第二十六页“黄鹂”）

四月中芦笋与樱桃同食，最为甘美。古诗云：“芦笋生时柳絮飞，紫樱桃熟麦风凉。”均与今京师时令最为符合。（《燕京岁时记》第二十六页“芦笋、樱桃”）

四月麦初熟时，将面炒熟，合糖拌而食之，谓之凉炒面。（《燕京岁时记》第二十六页“凉炒面”）

玫瑰，其色紫润，甜香可人，闺阁多爱之。四月花开时，沿街唤卖，其韵悠扬。晨起听之，最为有味。芍药乃丰台所产，一望弥涯。四月花含苞时，折枝售卖，遍历城坊。有杨妃、傻白诸名色。是二花者，最为应序，虽加以爔煴之力，不能易候而开，是亦花中之强项令矣。（《燕京岁时志记》第二十七页“玫瑰花、芍药花”）

是月也，榆荚生，居民多取以和糖面蒸食之，曰榆钱糕。又以玫瑰、藤萝等花，和糖为馅，蒸饼食之，曰玫瑰饼、藤萝饼。（《北京指南》第二编“礼俗”第七页）

时品中，有樱桃、桑椹、荸荠、小鹰嘴桃、金星波梨。（《帝京岁时纪胜笺补》稿本）

近年舟车便利，南方之枇杷、杨梅、甘蔗，四月底均可北来。（《帝京岁时纪胜笺补》稿本）

鲥鱼多刺，四月由海入江口者，曰来鲥。至浙江严州府子陵钓台为止，仍从此去之海，其鱼即变为鲞。故谚曰：“来鲥去鲞。”此之谓也。北平近年亦卖鲥鱼，昔年无也。（《帝京岁时纪胜笺补》稿本）

四月二十日以后，隆福寺庙会，即有卖抽葫芦者。卖纸花摊上，即有绒毛制虎形红石榴花、五毒，买来与小姑娘戴之。街头又卖天师符，火判官，纸作三棱六棱之葫芦，并用五色纸条编方胜及福儿，亦有编成老虎者。街上者粗，人家自作者精细，青年妇女头戴者最精巧，即古时之艾虎也。（《帝京岁时纪胜笺补》稿本）

五月

卷五

五月豪华，端午为胜，女儿令节，极尽烘渲，北平亦循夫故习耳。艾虎蒲龙，何地蔑有，彩丝方胜，边圉无殊。乃至钟馗辟邪，天师贶咒，绫罗巧样，户户同风。粽可以益智也，缕可以续命也，避兵避毒，顾忌滋繁，五月之恶，抑何若此其极耶？三闾氏汨罗一殒，节俗随成，竞渡龙舟，二千年夙例未破，所以纪念先烈者，固已无微不至。然而一方有庆，万宇同欢，举尔代忉怛之指，早与波臣同渺，湘痕宛宛，回首难堪，北平月候即符，而境隔三数千里，节曰女儿，自化作妇孺行乐之期，谁复向楚尾吴头，致其款悼欤？

雄黄药酒，王字涂额，墨入蛤蟆，向日勤晒，而贴印制符，尽必以午，凡此种种，靡不为扫氛却病计也，斯亦通俗，何限北平。

端午端五，固二而一，迨讹作单五，则北

平特称，而未易闻于他处矣。城隍出巡，虽成故典。第香火之盛，依然普现城厢。北平俗尚乎斯，故不惜再接再厉。毕岁奉行，几于无间，多神教之国家，此其象征所萃。罄累月之事，只此亦书不胜书，虽觚棱已若旧梦，贵胄逐见凋零，而禁闼故事，难免习被民间，薰染所讫，铺张自易。北平以旧京雄视宙合，地望攸归。即此端午一节，通行诸俗之外，亦自有超轶四境者，群书具载，无弗详明，固不待余之喋喋为已。

自初一起，穷五日之力，悉忙于端阳一节，盛治酒食，兼相馈赠。其风虽暨今为未戢，而宦海浮文，究已汰革大半，若在往代，则烦琐无逾北平。且也，王侯将相宅第连云，一旨敷恩，万声雷动。均一节令，而皇都遂呈绝胜，谙于掌故者，固不恤津津道之矣。

天坛墙根走辮，俗自朱明。有清中叶已前，斯俗犹盛。八旗子弟，并聘骅骝，溽暑骄阳，不曾畏搜，名宿咏歌具在，可复案也。然流俗所延，只矜豪富，习武之意，久已无存。兹习也，在今文明各邦，不更有加无已耶。

午日给假放游，向属定例，本土居民之外，如各工商学徒，旧多趋卧佛一寺。今则天桥及金鱼池一带，群集如蚁，“云里飞”售艺之场，以祖若孙三世吸引之力，游踪尤盛，盖戏态百出，绝少钝滞，回不犹人之技，吾固目之熟而耳之审矣。

结账一事，略如他埠，结帖必开，该款必索，年终清结之俗，在北平已成幻想。午节之重，虽逊年节，然但有逋欠，即予收还。所谓奉承面子者，既属仅有。北平品类本杂，又感习入浇漓，若不小心翼翼，则处此交通极便之境，贳贷者一届节关，或竟似“兔起鹘落，稍纵即逝”。参差舛错，正不啻历过万千，益以业务维艰，本资单薄，值此社会贫蔽之际，亦莫怨贾人之易于逆情也，弗得已耳。

南顶争赛车马，恶俗幸已扫除，致命撞伤，诚亦何苦。以极可珍惜之韶华财货，驰骤而来，甘于浪掷，始作俑者，曾亦念及天时物力否耶？最异者，营汛弁兵，故为放纵。豪霸遂凭官倚势，草菅善良，楚挞鞭笞，一任渠意。其究也，平民则缧绁加身，贵介则逍遥法外，网开一面，枭獍乃侥幸年年。辇毂之下，竟忍出斯丑态，是亦奇已。

葫芦摘下，兀弃街心，名则散灾，无非求吉。到处有然，亦不自北平倡首也。川扇香药诸赐，视为旷代殊恩，颁赉之优，向推是节。尔时阁部大老、日讲词臣，迄于今犹有存者，榴庭枫陛，广厦细檐，禾黍关怀，当不少历历致忆者，此与宣徽中正各院之进贡品物，俱是当年盛典。若在今时，并奚足数。至彼辽金国俗，虽曰久多变迁，独此端午一节，尚是大同小异，盖犹有相沿未泯者，射柳之举，亦其一尔。其摸壁赌墅，则今已不行，不过夕阳芳树之下，依旧游人络绎而已。

走骠骑、捉蟆虾，故事徒传，流风已尽。而刺取蟾酥，敝屣物命，情节虽微，仁者弗忍。朱公儒保全及此，其余人命可知，朱公诚不朽哉。至中官鬻紫金锭，大内珍品，得借此裨益斯民，亦足述也。

送青一语，颇征雅饰，关庙刀马，岁有常贡，而今则破例矣。单刀会、磨刀雨，在昔各地，播传正同。雍和宫烧猪致祭，厥义则吾所不谙。分龙兵之谚，北平喧说独盛，顺时之序，阐天之候，亦未为无稽之谈也。

夏至诸俗，今不尽存，大祀方泽之典，复随时代以去。当年銮卫，亦自堂皇，济济君臣，观瞻所系。民国后，礼虽赓续，瞬即阒然，此在往时，固亦所以隆上都也。

不迁居、不糊窗、不剃头、不汲水，禁制频

频，诸多可哂。五月之为人所恶，由来已久。维斯俗也，北平与他乡，固无所于同异焉。

斯月也，候值热临，生机方盛，千花百果，溢市满畴。近世车运舶来，曾不远千山万水，品味形色，已多日新月异，比年航空益便，突过曩时，行见绝域殊珍，即可朝夕逮至，此在北平，必无间祁寒盛暑矣，又仅此五月而已耶？

是月三日，梨园管箱人，醵赀作靠箱会，以祀祖师。其武行，则于二十三日作武昌会。罄此匝月之内，旧俗多演《混元盒》一剧，而端节所演，则《闹判》《嫁妹》《五花洞》诸出。《盗仙草》一折，亦应节戏，今所谓《白蛇传》者是也。

一日

五月初一日起至十三日止，宫眷内臣穿五毒艾虎补子蟒衣。门两旁安菖蒲、艾盆，门上悬挂吊屏，上画大师或仙子、仙女执剑降毒故事，如年节之门神焉。悬一月方撤也。（《酌中志》卷二十第五页）

五月一日至五日，家家妍饰小闺女，簪以榴花，曰女儿节。（《帝京景物略》卷二第四十三页“春场七”）

五月朔日至旬杪，女儿艳服，戴花满头。五日前，民间不得市苏州席子。（《北京岁华记》，见《日下旧闻考》卷一百四十七第十六页）

燕都自五月一日至五日，饰小闺女，尽态极妍。已出嫁之女，亦各归宁，俗呼是日为女儿节。（《宛署杂记》，见《日下旧闻考》卷一百四十七第十八页）

五月朔，家家悬朱符，插蒲龙艾虎，窗牖贴纸吉祥葫芦。幼女剪彩叠福，用软帛缉逢老健人、角黍、蒜头、五毒老虎等式，抽作大红朱雄葫芦，小儿佩之，宜夏避恶。家堂奉祀，蔬供米粽之外，果品则红樱桃、黑桑椹、文官果、八达杏。午前细切蒲根，伴以雄黄，曝而浸酒，饮余则涂抹儿童颊耳鼻，并挥洒床帐间，以避虫毒。饰小女尽态极妍，已嫁之女亦各归宁，呼是日为女儿节。（《帝京岁时纪胜》第二十页“五月端阳”）

五月朔日、端阳日，俱不汲泉水，于预日争汲，遍满缸釜，谓避井毒也。（《帝京岁时纪胜》第二十页“禁汲”）

都城隍庙在都城之西，明永乐中建。中为大威灵祠，后为寝祠，两庑十八司，前为阐威门，塑十三省城隍对立，望之俨然酷肖各方仪表。前为顺德门，左右钟鼓楼，再前为都城隍门。前明于朔望二十五日为市。郎曹入值之暇，下马巡行，冠履相错不禁也。国朝崇隆祀典，岁之春秋，遣员致祭，祈雨占风，亦虔荐享。惟于五月朔至八日设庙，百货充集，拜香络绎。（《帝京岁时纪胜》第二十一页“都城隍庙”）

里二泗近张湾有佑民观，中建玉泉阁醮坛，塑河神像。明世宗十四年，道士周从善乞宫观名，赐额曰锡禧。前临运河，五月朔至端阳日，于河内斗龙舟，夺锦标，香会纷纭，游人络绎。（《帝京岁时纪胜》第二十二页“里二泗”）

碧霞元君庙，在南苑大红门外，土人呼为南顶。九龙山在南顶永胜桥北岸，乾隆间疏浚凉水河之土堆成。自西至东，约长三里，高二三丈不等。委蛇起伏，宛如游龙，环植桃柳万株。开庙时，游人挈榼敷席群饮。夏木阴阴，水田漠漠，不减江乡风景也。（《宸垣识略》卷十二第二十四页）

每至端阳，自初一日起，取雄黄合酒晒之，用涂小儿额及鼻耳间，以避毒物。（《燕京岁时记》第二十七页“雄黄酒”）

每至端阳，市肆间用尺幅黄纸，盖以朱印，或绘画天师钟馗之像，或绘画五毒符咒之形，悬而售之。都人士争相购买，粘之中门，以避祟恶。（《燕京时岁记》第二十七页“天师符”）

端午日用菖蒲、艾子插于门旁，以禳不祥，亦古者艾虎蒲剑之遗意。（《燕京岁时记》第二十八页“菖蒲、艾子”）

每至端阳，闺阁中之巧者，用绫罗制成小虎及粽子、葫芦、樱桃、桑椹之类，以彩线穿之，悬于钗头，或系于小儿之背。古诗云：“玉燕钗头艾虎轻。”即此意也。（《燕京岁时记》第二十八页“彩丝系虎”）

端阳日用彩纸剪成各样葫芦，倒粘于门阑之上，以泄毒气。至初五午后，则取而弃之。（《燕京岁时记》第二十八页“剪彩为葫芦”）

五月初一日，大兴县城隍出巡。出巡之时，皆以八人肩舆，舁藤像而行。有舍身为马僮者，有舍身为打扇者，有臂穿铁钩悬灯而导者，有披枷带锁俨然罪人者。神舆之旁，又扮有判官鬼卒之类，彳亍而行。亦无非神道设教之意。（《燕京岁时记》第二十八页“城隍庙出巡”）

都城隍庙在宣武门内沟沿西，城隍庙街路北。每岁五月，自初一日起，庙市十日。市皆儿童玩好，无甚珍奇，游者鲜矣。光绪初年，庙毁于火，碑皆煅裂，所谓各直省城隍像者，零落殆尽。近惟将正殿修复，以便春秋祭享，余尚残破如故也。（《燕京岁时记》第二十九页“都城隍庙”）

南顶碧霞元君庙在永定门外五六里，西向。左右有牌坊二，左曰广生长养，右曰群育滋藩。皆乾隆三十八年重修时御书。每至五月，自初一日起，开庙十日，士女云集。庙虽残破，而河中及土阜上，皆有亭幛席棚，可以饮食坐落。至夕散后，多在大沙子口看赛马焉。（《燕京岁时记》第三十页“南顶”）

永定门外碧霞元君庙，俗称南顶。旧有九龙岗，环植桃柳万株，南邻草桥河。五月朔游人麕集，支苇为棚，饮于河上。亦有歌者侑酒，竟日喧阗。后桃柳摧残，庙亦坍破，而游者如故。近年有某侍御奏请禁止，遂废其事，与昔金鱼池相仿佛。（《天咫偶闻》卷九第一页）

五月初一日至初五，崇文门外游卧佛寺。初一日至

初十日，都城隍庙庙市。初一日至十五日，南顶庙市。（《天咫偶闻》卷十第十二页）

五月初一日至初五日，为端阳节，又称端午。家家于门前插蒲艾，贴五雷天神符，供角黍、樱桃、桑椹等于佛前，亦以之相馈赠。闺人皆以绫罗巧制小虎、桑椹、葫芦之类，以彩线串之，悬于钗头，或系之儿背，谓可避鬼，且不病瘟。曰长命缕，一曰续命缕。又以雄黄酒书五字于小儿之额，或且涂其七孔及墙壁，谓可避毒虫。又有于是日午时，以朱墨画钟馗像，俗称朱砂判者悬屋中，谓能驱鬼避邪。亦有纳古墨于蟆腹，向日晒之，云其墨可疗疾，故都中有“癞蛤蟆脱不过五月单五”之语。单五者，端午之讹音也。此五日中，居民商店皆盛治酒食，曰过端阳节。（《北京指南》第二编“礼俗”第七页）

五月初一日，西城都城隍庙，永定门外南顶，均开庙十日。南顶较盛，士女云集，赛马皆在大沙子口一带，观者尤多。卧佛寺城隍庙行宫，德胜门外北顶，均开庙五日。（《北京指南》第二编“礼俗”第十页）

卧佛寺在广渠门内迤西路北，历年由五月初一日开庙至初六日止。庙不甚大，正殿供释迦卧像，谒庙烧香及游逛之男女儿童，甚为众多。盖以节令关系，学生工人商店，均值休息放假之期，东南城一带，又无佳处可以游逛，只可来此一游。于是各种赶庙售货者与江湖艺人，亦皆纷纷并集。惟所售之货，大致均粗劣食品及儿童玩具，与蟠桃宫、东岳庙情形大致相若，不过多数处粽子摊及香面子摊而已。庙后墙外有跑马场，旧时各旗富豪子弟，纷纷急驰，以争一时之胜。游人既多，观者如堵，曝立于狂飙烈日之下，虽挥汗如雨，垢痕满面，亦弗顾也。今虽按期开庙，然近二十年来游者日少矣。（《旧京风俗志》稿本）

旧京商店每于四月下旬，即将欠内账簿详查一次，依照各欠户住址，将其欠款若干，开一清单。尽于初一日前分送，盖取通知之意也，京俗曰节帖子。初一以后二三日间，各派夥友分别索讨，惟对于平素爱惜信用之赊户，并节帖子亦不开送，名为奉承面子。但有此资格者，甚为寥寥。（《旧京风俗志》稿本）

端节虽不如年节之重要，亦皆重视。最欢迎者，厥为儿童妇女。学房放假数日，妇女亦不工作，或更换衣履，欢欣鼓舞，预备赴各处游逛，及共享其应时食品，京俗名之曰过节。男女儿童肩背上，多用绿线穿成一串奇巧手工品。其做法用各色绫绸，缝捆粘糊，成为应节食品之模型，体积甚小。如樱桃、桑椹、青蒜、扁豆、粽子、王瓜、茄子等。最下端或用一黄色小虎，并用一红色之小葫芦以为坠，手工之拙巧不一。街市间亦有贫家妇女，预行做出，沿街售卖者，亦一种临时生意。佩带者多为龄十左右之稚儿幼女，红红绿绿迎风飘荡，颇有逸趣。又儿童额颡之间，多于是日用雄黄蘸酒，画一王字，取其似虎头额纹之意。鼻眼耳各孔边，亦皆涂抹雄黄少许，其意为避免毒虫，因蛇、蝎、蜈蚣、壁虎、蛤蟆等毒虫，京俗呼之为五毒。因此五毒性畏雄黄，闻其气味，立即远避。俗传是日儿童涂抹雄黄，则一年间可免毒虫螫刺之灾。若在年龄稍大之女孩，多于辫发上，或小髻上，钳带一符儿，（按符儿之制，系用红纸穿条，编叠一方胜之形，亦有硬白纸条编线，再裹以各色彩绒者，原本道士驱逐邪鬼灵符之遗制，故名符儿。）小儿女佩带髻边脑后，亦甚骄俏可爱。青年妇女，亦于髻上插带花朵。有用黄绒制成小虎之形者，有子柘榴花上附加以五毒虫形者，以为点染时令之妆饰。至于各家庭街门内旁，皆钳带鲜蒲鲜艾两束，门楣之上，高贴一张黄纸图画。所绘之画，其形不一，大致胥为天师。有袍笏雍容怀抱一盒者；有武装雄纠、抚剑疾视者，上端有红色方印一颗，文曰天师之印；有点缀以五个雷形者；有旁绘五个毒虫者；有绘以黄虎而衔踏各毒虫者；亦有大书敕令符咒一道者，又于上端书九天应元雷音普化天尊字样，此种图画，多系出卖于街市之间，为一种临时营业。蒲艾鲜草，多附卖于菜摊、菜担之上，亦有乡民刈诸河边郊野，入城叫卖者。然贴插此种者，多为中下级之普通商店家庭，盖以为若不应节点缀，即招邻友讪笑也。至于应食之食物，凡各住户商店，各依经济能力，分备鸡鸭鱼肉，以享宴其家人夥友。亦有在烧酒以内少加雄黄者，名之曰雄黄酒，亦取避虫毒之意也。至若应时特有食品，首则为粽子，各处做法虽小有不同，大致并无大异。兹专就北京一隅言之，自二三月间，即有售卖者，直至六七月间而止，惟以端阳前后数日，为最应时。京中无论贫富贵贱，住户商店，莫不竞购，在亲友间，亦用以互相馈赠。售卖之场所，首为各炉食铺，（即糕点店。）再其次则为各蒸锅铺。（即专卖馒首等类之笼蒸食物者。）各烧饼包子铺，再次则为车推担挑沿街叫卖者。其造法均相仿佛，用芦苇叶数个，折为三角式之包，再将用水淘净之米，及小枣二枚，入之即成。如为各种糖馅者，则将砸成小方块形之各种糖馅加入，即不用小枣矣。然后包裹严整，用马兰或麻绳以捆之，累累然十个或五个不等，然后煮之，煮至八成或熟后，即行起出，再投之冷水桶内以浸之，而粽子成矣。又每届端午之晨，市井贫儿以丁香之圆绿叶，托樱桃桑椹十余枚，沿街叫卖。其声清脆可听，京俗传云："于端阳日如曾食樱桃、桑椹，此一年中可免误食苍蝇之事，"是则近于妈妈大全等诸齐东野人之语也。又有五毒饼者，系各炉食铺出售，与藤萝玫瑰等饼相类，不过饼皮之花纹为五种毒虫耳，亦专供亲友间投赠之礼品也。又早年各戏园中，每届此际，多演唱全本连台之《混元盒》，即表演张天师捉妖神话。连演十余日，颇得一部分京人之热烈欢迎。因此数日间，各学房之儿童及各商店商人、工场工人、俱在休假，正好即时行乐，观此神怪热闹武剧，故梨园人乘时作此投机营业也。（《旧京风俗志》稿本）

都城隍庙，在宣武门内沟沿西偏，每年五月初一日至初六日，照例开庙五日，烧香许愿者，不计其数。每届开庙期，叫卖估衣者最夥。余则普通货摊，如扇子、凉席、竹帘、香面等，以夏令货物为多，并儿童妇女玩物用品及中下级社会之食物而已。四十年前，除普通烧香之男女外，亦有扮演罪囚还愿之怪现象，男则桁杨阳望，铁锁琅珰；女则红衣红裙，仆仆道涂，三步一磕头，五步一叩首者，尤难胜数。同时江南城隍庙，亦有庙会，情景相同。（《旧京风俗志》稿本）

永定门外迤南官道上有庙俗呼南顶者，每年五月初一日起，至十五日止，开庙半月。虽亦有往而烧香者，然不甚兴旺，远非西顶之比。惟旧式之跑车跑马者，非常繁盛。京人素有此癖，凡养车养马之人，均视此期决赛为极关重要。若蟠桃宫等庙期，尚可以托故不到，惟一届此期，则不能不到。有不到者，不惟该会将彼除名，且表示此人家已衰落，而无豢养车马之力矣。故凡养有车马者流，每值此期，莫不竞盛争强，驰驱而至。即或经济衰落，亦必勉强拼凑，争此胜气，虽设法典贷，亦所弗恤也。赛马者，既如此踊跃，旁观者，亦自必繁多。此期决赛，较之其他各处兴盛情形，奚啻十倍，仿佛此期庙会，完全为赛马而来者也。所有游人，可不至南顶烧香游玩，断不能不看跑马。马场地点在永定门外迤南大道上，布置甚为简单。大道两旁，各搭席棚两行，临时售卖茶点。凡参与赛马之主人眷属与参观者均列座茶棚，凭轼而观。茶棚最大而著名者，曰四合号，至今该处即以四合号为地名。茶棚顾客，均富有之人。若穷苦游客，无资品茶者，只可分立大道两旁，万头攒动，互相拥挤于火热骄阳之下。当时虽有营汛弁兵临时弹压，不过官样文章而已，参观游人，不时有被车马撞踏毙命者。若为普通车马主人，尚可拘送法厅。如为当权贵胄子弟，于撞倒游人后，亦不问起其生死，即急而去，无人敢出而质问也，亦有互争先后，而斗殴以伤毙人命者。此种赛马，与外洋人赛马规则不同。外洋人赛马，以速为贵，马之奔走形式，概不计及。而旧式之赛马，并不专尚其速，必以马之姿势为重。如蹿跳颠蹦等项，均为下等马形，虽速亦无取，无论急驰至如何程度，皆须直走平行，骑乘者丝毫不动，始为上乘。至跑车，则与赛马微异。车式虽亦与北方旧式轿车相同，而装饰则非常精美。车围棚帐，多为绸缎所制，并镶以白铜什件各种花纹，两旁五窗，后面三窗，共十三窗，故别称曰十三太保。冬嵌玻璃，夏嵌黑纱，车之轴轮，较普通稍精细，别称曰山西辖，大约系山西所发明者。普通谓之要车，乘此车者，多数用于赛跑之途，平日乘坐者尽为纨绔子弟、土匪地痞，若缙绅先生、官僚商贾，均不肯乘坐也。车马入场，决赛时，谓之曰下道。每届下道，并无指挥及标准，亦无监视发令者，均系自由加入，任意急驰，毫无秩序。若下道车马迅速平稳，骑乘姿势亦佳，则两旁观众大声呼好，于是车马主人、圉人御者都心身愉快，荣于华衮；若驰骋不速，落于人后，或姿势不良，则观众冷笑而揶揄之，而车马主人等即羞赧无地。在势力微弱者，即由他处潜逃入城，不敢再入茶棚。如系当权子弟，土豪劣绅，则不能容忍此羞，必迁怒观众，报以谩骂。如仍不能制止，则嗾令恶奴以马鞭为武器，乱施捶挞，至于头破血出而不顾。此种热闹场所，实为最危险之是非地，有阅历能慎重之人，多不往观，今则南顶跑马，已取消矣。（《旧京风俗志》稿本）

五月初一日，家家门口挂葫芦插蒲子、艾叶，至初五日午刻将葫芦摘下，弃之街心，名曰散灾。（《帝京岁时纪胜笺补》稿本）

五月初一日，城隍出巡大兴县者，夫役抬之。至宛平县城隍庙少停，同抬之，至西城之都城隍庙，参谒毕，始各抬回原庙。前有仪仗卤簿，与外官无异，且有人许愿，身穿红衣为男女犯人者。是日游人观者极多，沿路多卖食物及冰水酸梅汤者，彼时尚无汽水、冰淇淋、雪花酪也。（《帝京岁时纪胜笺补》稿本）

五日

五月重五日午刻，采艾叶和绵著衣七事，以奉天子。南北臣僚，各赐三事，君臣宴乐。渤海膳夫进艾糕，以五彩丝为索缠臂，谓之合欢结；又以彩丝宛转为人形，谓之长命缕。（《辽史》卷五十三第十三页）

金因辽旧，俗重五日。拜天礼毕，插柳球场为两行，当射者以尊卑序，各以帕识其枝，去地约数寸，削其皮而白之。先以一人驰马前导，后驰马以无羽横镞箭射之，既断柳，又以手接而驰去者为上，断而不能接去者次之，或断其青处，及中而不能断与不能中者为负。每射必伐鼓以助其气，已而击球，各乘所常习马，持鞠杖，杖长数尺，其端如偃月。分其众为两队，共争击一球，先于球场南立双桓，置板，下开一孔为门，而加网为囊，能夺得鞠击入网囊者为胜，球状如小拳，轻韧木枵其中，而朱之，皆所以习跷捷也，既毕赐宴，岁以为常。（《金史》卷

三十五第九页）

京师及边镇，最重午节。至今各边，是日俱射柳较胜，士卒命中者，将帅次第赏赉。京师惟天坛游人最胜，连钱障泥，联镳飞鞚，豪门大估之外，则中官辈竞以骑射为娱，盖皆赐沐请假而出者。内廷自龙舟之外，则修射柳故事，其名曰走骠骑。盖沿金元俗，命御马监勇士驰马走解，不过御前一逞迅捷而已。惟阁部大老及经筵日讲词臣，得拜川扇香药诸赐，视他令节独优。（《野获编》卷二第四十六页“端阳”）

初五日午时，饮朱砂、雄黄、菖蒲酒，吃粽子，吃加蒜过水面。赏石榴花，佩艾叶，合诸药，画治病符。圣驾幸西苑，斗龙舟划船，或幸万岁山前插柳，看御马监勇士跑马走解。（《酌中志》卷二十第五页）

五日之午前，群入天坛，曰避毒也。过午出，走马坛之墙下。无江城系丝投角黍俗，而亦为角黍，无竞渡俗，亦竞游耍。南则耍金鱼池，西耍高梁桥，东松林，北满井，为地不同，饮醵熙游也同。太医院官，旗物鼓吹，赴南海子，捉虾蟆，取蟾酥也。其法，针枣叶，刺蟾之眉间，浆射叶上，以蔽人目，不令伤也。渍酒以菖蒲，插门以艾，涂耳鼻以雄黄，曰避虫毒。家各悬五雷符，簪佩各小纸符，簪或五毒、五瑞、花草。项各彩系，垂金锡，若钱者，若锁者，曰端午索。（《帝京景物略》卷二第四十三页“春场七”）

五月五日，悬蒲插艾。幼女佩灵符，簪榴花，曰女儿节。午具角黍，渍菖蒲酒，阖家饮食之。以雄黄涂耳鼻，避虫毒。天坛墙下走马为戏，金鱼池草桥聚水浒，皆有树阴可醵饮，相望不绝。（《大兴县志》传钞本）

帝京午节，极胜游览。或南顶城隍庙游回，或午后家宴毕，仍修射柳故事，于天坛长垣之下，骋骑走缵。更入坛内神乐所前，摸壁赌墅，陈蔬肴，酌余酒，喧呼于夕阳芳树之下，竟日忘归。（《帝京岁时纪胜》第二十页“天坛”）

端午用角黍杏子相遗，挈酒游高梁或天坛，坛中有决射者，盖射柳遗意。薄暮争门入。无赖子弟以是日刺臂作字，或木石鸟兽形。民间是日生子，束一木或荆条祭于堂，斩其木五六尺许，祝曰：如是止，勿长抵户。（《北京岁华记》，见《日下旧闻考》卷一百四十七第十六页）

午节宣徽院进宝扇，彩索、珠花、金罗、酒醴、凉糕、香粽，中正院三后所处衙门，各有故典仪物，以次进献，礼部亦然，盖以此为大节故耳。（《析津志》，见《日下旧闻考》卷一百四十七第十六页）

击球者，今之故典。五月五日，九月九日，太子诸王于西华门内召集各衙万户、千户能击球者，咸用上等骏马，系以雉尾缨络，萦缀镜铃，装饰如画。一马前驰，掷大皮缝软球子于地，群马争骤，各以长藤柄球杖争接之，而球子忽绰在球棒上，随马走如电，终不坠地。力捷而熟闲者，以球子挑剔跳掷于虚空中，而终不离于球杖，然后打入球门，中者为胜。（《析津志》，见《日下旧闻考》卷一百四十七第十六页）

端午赐京官宫扇，竹骨纸面，俱画翎毛不工。彩绦一条，五色线编者，须头作虎形，彩杖二根，长丈许，五色彩线缠绕。艾虎纸二幅，方尺许，俱画虎并诸毒虫。（《戒庵漫笔》，见《日下旧闻考》卷一百四十七第十七页）

京城端午，贵贱人等必买新蒲鞋，穿之过节，岁以为常。（《暖姝由笔》，见《日下旧闻考》卷一百四十七第十七页）

五月五日，赐文武官走骠骑于后苑。其制，一人骑马执旗引于前，一人驰骑呈艺于马上，或上或下，或左右，腾掷矫捷，人马相得，如此者数百骑。后乃衣蕃服，臂鹰走犬围猎状，终场，俗曰走解，观毕，赐宴而回。（《强识略》，见《日下旧闻考》卷一百四十七第十八页）

永乐时，禁中有剪柳之戏，即射柳也。（《识小编》，见《日下旧闻考》卷第一百四十七第十八页）

故事五月五日，太医院官具旗物鼓吹，赴南海子捉虾蟆，取蟾酥，以针刺其两眉，蟾多死。吾乡朱公儒为院使，俾两眉上刺其一，蟾虽被刺，得活，后遂因之。（《闾史掇遗》，见《日下旧闻考》卷第一百四十七第十八页）

踏青本清明故事，独燕京以五月五日游天坛、松林、高梁桥、柳林、满井，藤阴结伴携觞者甚众。近咸集于金鱼池上，他处皆阒寂矣。（《咏归录》，见《日下旧闻考》卷一百四十七第十八页）

五日游，为耍青。（《柳堂□集》，见《顺天府志》卷十八第十一页）

中官于端午日鬻内造紫金锭。（《居易录》，见《顺天府志》卷十八第十二页）

京师谓端阳为五月节，初五日为五月单五，盖端字之转音也。每届端阳以前，府第朱门皆以粽子相馈贻，并附以樱桃、桑椹、荸荠、桃、杏及五毒饼、玫瑰饼等物。其供佛祀先者，仍以粽子及樱桃、桑椹为正供，亦“荐其时食”之义。（《燕京岁时记》第二十七页“端阳”）

都城隍爷，历年在五月初五日，须出巡街市一次。前一夜，恭办出巡之各大善士，多齐集庙中筹备。据闻此种承办之善士，多系当步军统领，刑部、顺天府、大宛两县各营翼司坊之牢头皂隶，京谚称之为六扇门儿的人，又称为吃黑门坎儿饭的，为京中官场最凶狠之职务。诉讼者多受若辈之凌虐，若辈亦知其行为恶劣必得孽报，遂思献媚城隍以冀轻减罪状，故多数舍身服务，糜费金钱，在所不计。次日黎明，先将所备之銮驾仪仗等类陈列庙外，如开道锣、肃静回避牌、都城隍及别种封号之官衔牌、旗灯伞扇、迎娶所用之金执事，莫不应有尽有。起驾之法定时间大约在上午十时左右。燃放鞭炮，鸣锣开道，即将都城隍爷由神龛移置官轿。京中各庙神像，均系泥塑，亦兼有木雕铜铸者，惟此城隍像，为备出巡，特用藤条编制，再以布帛糊裱而成，然后加以衣冠，可以任意移动，亦不沉重，便于抬扛也。前部执事依次而行，由西城而东城，绕一大圈仍返回本庙，称之曰回宫。出巡之举，如是而已。事实上不过无聊之举，一般迷信者之点缀，则异常有趣，各项手续，俨同儿戏。盖除所有执事仪仗外，更有神役多人，均以各衙之皂隶牢头充之，手执皮鞭、竹板、木枷锁诸刑具，为神前驱。既可驱逐闲人，并兼服务神役。又有妙龄少女，青年童男，身服鲜丽彩衣，手提香炉，焚烧各香，排行神轿之前，仿佛戏班上扮演之仙童仙女，八仙人物。又有步行者，乘马者，此等扮演人，多系因病愈而许愿者，此中品类极为复杂。有良家子弟，亦有非良善子弟。又清音细乐数班，行于轿前，随行随奏，此中人多系戏班之乐工及喜轿铺中之乐工许愿而来者。又有还愿之男女老弱，犯衣囚服，披枷带锁，扮成罪囚，成群结伙，行于轿前。更有许愿为都城隍爷打扇者，是皆因自身疾病，或为亲属疾病，遂许此愿。盖因每年城隍出巡，正值天气炎热，所有随驾烧香之人，莫不喘息苦热，挥汗如雨，人犹如此，神何以堪。乃逐队成群，跟从神舆以后，手执扇子用以搧神像，此中以少妇为多。而一班无识少年，参杂其中，持扇乱搧，借施儇薄者，往往有之。庙祝道士更于未起驾前，潜以冰块安置于神冠以内，故不久即有冰水，由神冠边津津流出。于是群众哗言曰："天气太热，城隍爷头上出汗了，"追随围绕诸男女乃争先恐后，搧扇益力，有明知个中玄虚故意起哄者，亦有愚昧无知深信不疑者，号呼奔走，直同儿戏。又传城隍之所以出巡者，乃稽察各处游魂怨鬼、邪魔外祟。所巡各街市及附近地方，倘有死于非命之人，居民多深信必有冤魂作祟，以缠人求替，即须仰赖城隍出巡公差之便，而拘缉之。如某处曾有一缢死之女人，即预先用纸糊一自缢女鬼之形安置原处。某井内曾有一淹毙之男尸，亦须预糊一淹毙男鬼之形悬于井内。其他非正命而死者，大致皆如此办。俟城隍驾将到时，此等扮演之神役，手执拘牌，寻至安放纸鬼地点。与之谈判，略谓你死了多日，为什么还不归庙报到，任意在外，游荡祟人，今奉城隍爷谕派前来拿你云云。言毕，即出铁链将此纸鬼锁住，置于预备之大车上。此车亦系大车运脚之人家，自甘许愿，充此神差，不取车资，侪辈称之曰鬼囚车。俟回庙后，即统聚庙中烧之，从此即不惧闹鬼。遂真认为此冤魂已被城隍爷拘去，永久再无祟人之事矣。（《旧京风俗志》稿本）

端阳午时前，写催生符，画火判。至正午，以针刺鸡冠血，研辰砂新笔蘸而点睛，颇有灵应云。（《帝京岁时纪胜笺补》稿本）

端五日午时所取之蒲艾，蒲则弃，艾则留，盖妇人产后，用此艾洗下体，可无子寒之疾也。（《帝京岁时纪胜笺补》稿本）

十日

十日游，为送青。（《柳堂□集》，见《顺天府志》卷十八第十一页）

十一日

十一日，都城隍诞，太常寺预日祭，居民香火之盛，不减东岳之祀。（《宛平县志》传钞本）

十里河关帝庙在广渠门外。每至五月，自十一日起，开庙三日，梨园献戏，岁以为常。（《燕京岁时记》第三十一页“十里河”）

永定门外关帝庙，自十一日始，开庙五日，跑马、赛车、演剧诸事，岁以为常。（《北京指南》第二编“礼俗”第十页）

十三日

十三日，进刀马于关帝庙，刀以铁，其重以八十斤，纸马高二丈，鞍鞯绣文，辔衔金色，旗鼓头踏导之。（《帝京景物略》卷二第四十四页“春场八”）

关圣庙遍天下，而京师尤胜。入祀典者，地安门外西步量桥白马庙，正阳门月城右之庙，春秋致祭。岁之五月十三日为单刀会，是日多雨，谓天赐磨刀水云。（《帝京岁时纪胜》第二十二页“关圣庙”）

京师谚曰：“大旱不过五月十三。”盖五月十三乃俗传关壮缪过江会吴之期，是日有雨者谓之磨刀雨。（《燕京岁时记》第三十一页“磨刀雨”）

十三日，安定门内雍和宫以烧猪祀神，有番僧诵经，士女多往观。（《北京指南》第二编“礼俗”第十页）

二十三日

京师谓五月二十三日为分龙兵。盖五月以后，大雨时行，隔辙有雨，故须将龙兵分之也。（《燕京岁时记》第三十一页“分龙兵”）

夏至

夏至之日，俗谓之朝节。妇人进彩扇，以粉脂囊相赠

遗。（《辽史》卷五十三第十三页）

夏至伏日，戴草麻子叶，吃长命菜，即马齿苋。（《酌中志》卷二十第六页）

夏至大祀方泽，乃国之大典。京师于是日家家俱食冷淘面，即俗说过水面是也。乃都门之美品。向曾询及各省游历友人，咸以京师之冷淘面爽口适宜，天下无比。谚云："冬至馄饨夏至面。"京俗无论生辰节候，婚丧喜祭宴享，早饭俱食过水面。省妥爽便，莫此为甚。（《帝京岁时纪胜》第二十三页"夏至"）

夏至日，人家多食面条，且制糖蒜，以是时蒜适成熟也。（《北京指南》第二编"礼俗"第七页）

每年夏至，方泽大祀。方泽者，乃地坛也。坛在永定门外不及一里。昔年皇帝祀方泽，由礼部会同太常、光禄两寺筹备。帝则先期斋戒，入斋宫，看祝版，至日寅刻，朝服乘轿。全分仪仗，由銮驾库及銮舆卫两处办理，祭品为牛、羊、猪、鸡、鹿、兔、雉、盐、米、粱、韭，三献九叩首，太常寺赞礼，读祝，奠酒焚帛。陪祀者，自亲、郡王以下，六部及翰詹科道俱派有人员。帝行礼时，有导引大臣、前引大臣随之升降进退，满汉御史纠仪。祀典之

隆，与天坛、圜丘大祀无异。民国只袁大总统亲临一祭，其后则内务总长或国务总理代祭而已。（《帝京岁时纪胜笺补》稿本）

杂事

京俗五月不迁居，不糊窗槅，名之曰恶五月。以艾叶贴窗牖，谓之解厄。五月多不剃头，恐妨舅氏。五月昼长，神祠祖堂供净水，焚午香。五月喜旱，六月喜雨。谚曰："有钱难买五月旱，六月连阴吃饱饭。"端阳日，蒲艾曝干存贮，生子用以沐浴，兼洗冻疮。午日冰和土粉晒干，擦小儿热痱。（《帝京岁时纪胜》第二十三页"宜忌"）

五月游金鱼池，中顶进香，药王庙进香。（《郎潜纪闻》卷十二第五页）

小麦登场，玉米入市。蒜苗为菜，青草肥羊。麦青作撵转，麦仁煮肉粥。豇豆角、豌豆角、蚕豆角、扁豆角，尽为菜品；腌稍瓜、架冬瓜、绿丝瓜、白茭瓜，亦作羹汤。晚酌相宜：西瓜、甜瓜、云南瓜、白黄瓜、白樱桃、白桑椹。甜瓜之品最多，长大黄皮者为金皮香瓜，皮白瓤青为高丽香瓜，其白皮绿点者为芝麻粒，色青小尖者为琵琶轴，味极甘美。桃品亦多，五月结实者，为麦熟桃，尖红者为鹰嘴桃，纯白者为银桃，纯红者为五节香，绿皮红点者为秫秸叶，小而白者为银桃奴，小而红绿相兼者为缸儿桃，扁而核可作念珠者为柿饼桃。更有外来色白而浆浓者为肃宁桃，色红而味甘者为深州桃。杏除香白、八达杏之外，有四道河、海棠红等杏，仁亦甘美。李柰则有御黄李、麝香红，又有黄皮红点者为梅杏。又杏质而李核者，为胡撕赖蜜淋噙。至若榴花似火，家人摘以簪头；凤草飞红，绣女敲而染指；江西腊五色芬芳，虞美人几枝娇艳，则又为端阳之佳卉也。（《帝京岁时纪胜》第二十四页“时品”）

瑶台即窑台，在正阳门外黑窑厂地方。时至五月，则搭凉篷，设茶肆，为游人登眺之所。亦南城之一古迹也。（《燕京岁时记》第三十一页“瑶台”）

京师五月榴花正开，鲜明照眼。凡居人等往往与夹竹桃罗列中庭，以为清玩。榴竹之间必以鱼缸配之，朱鱼数头游泳其中。几于家家如此。故京师谚曰：“天篷鱼缸石榴树。”盖讥其同也。（《燕京岁时记》第三十二页“石榴、夹竹桃”）

五月玉米初结子时，沿街吆卖，曰五月先儿。其至嫩者曰珍珠笋。食之之法，与豌豆同。（《燕京岁时记》第三十二页“五月先儿”）

五月下旬则甜瓜已熟，沿街吆卖。有旱金坠、青皮脆、羊角蜜、哈密酥、倭瓜瓤、老头儿乐各种。（《燕京岁时记》第三十三页“甜瓜”）

凤仙花即透骨草，又名指甲草。五月花开之候，闺阁儿女取而捣之，以染指甲，鲜红透骨，经年乃消。（《燕京岁时记》第三十三页“染指甲”）

时品在近年新增者，计有洋扁豆、美国长冬瓜、洋龙须菜、张家口外之萝卜、西洋生菜花、菜番芋、西红柿、过泉藕、美国大秦艽—又名登笼艽。近在天津静海县种有哈蜜瓜，其形则细长，皮青肉黄子赤，味极甘美，以其子种于南苑者，其味则减矣。香瓜中之白羊角蜜，及小金坠，均味甘。又有抱猴者，香则有余，实不堪食也。五月节送礼之花，则有红白夹竹桃。又有温州新业之丁冬花，又名百日红，都人又谓之洋海棠，其叶似桐，味则臭，温人谓之臭桐花，本地不值钱，运至北京，则每株可售一圆，小者亦须五角。又有扁竹，即药中之玉竹，又名女葳蕤，此处价亦甚昂。南方如广东之茉莉、白玉兰，安南之月桂、棕榈、凤尾蕉，又名钱树，福建之兰花，湖南、江

西之山茶花、瑞香花，皆由船车运之而来，交通便利故也。（《帝京岁时纪胜笺补》稿本）

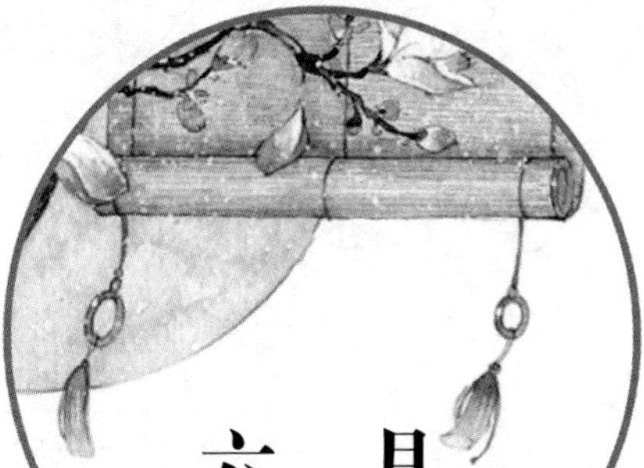

六　月

卷六

即北平而纪六月，夷考其实而择要焉，两言可蔽之，曰晾浴宴赏、祀神祛暑而已。皇史宬古今通集库曝书也，銮驾库晒銮舆仪仗也，皇王故俗，早告沦亡。而商户民家衣物，及八大刹经卷，其展晾亦俱例在是月。且自天子至于庶人，一是皆以重六为准，即无所于晾，而会亦名晾，善果寺晾经会，非其例欤？乃至残籍敝缊，并弗许移易厥期，借云节属天贶，亦不应拘墟若此，甚非所宜于今世也。

浴象之俗，夙本钜典，旗鼓所径，塞巷填街。浴则浴耳，一象之游泳，亦何竟铺张若彼，虽方案咏赞，体制无美不臻，第民则脂膏有限，国则虚耗靡穷，甚无谓也。能革明代洗马之俗，不能并浴象而废之，意尤使人莫解。

至谓“明经威仪，曾群象之不若”，乡儒初出草茅，骤亲殿陛，此在往时，自无足哂。然而帝子之尊严，犹可遐想。类斯品骘，吾不愿闻。所足异者，妇女栉沐，既必是日，即微至猫犬，其浴也，亦必是日。谓取吉耶？则此月内何六日独吉。谓取暖耶？则此月内岂六日独暖。是诚置辩之弗值已。

庙会香火之杂，此月微逊。仅关帝火神诸庙，旧时官祀，较称胜焉。则以时当大热，芙蕖遍放，无涯之碧，别样之红，曲院名塘，或不是过，而一舸载赏，雪藕调冰，雉堞兽环，复隐约杯中掌上，山容罨画间，海岸湖濒，炎威若遁，即柳阴安步，亦寝寝竟日忘归。必北平，必是月，易地易时，乐或不逮。若夫二闸宴嬉，在昔固极其胜，今既避暑多乡，罄宜食宿，即更陈诸戏，亦不必万人空巷而趋，龙王庙凡百减色，从可卜焉。

此外如祀虫王，乃四郊农圃之事，恐一刻矫正为难。其祭马王，则借神以餍饫乎人，仆御既例得颁赏，是俗也，或亦未易剔除。冰票之例，久成泡幻，当日领者固财，冰其名尔，惟吆卖冰胡，究以六月为夥。今也清凉饮物，触口新奇，消夏多方，冰固降作副品矣。若进肴蔬瓜果，若换万丝帽、黄纱、葛袍，臣工依例，事属前朝，旧话尽可重提，吾斯之未能见。

食料泡制，三伏攸佳，麴肉之作，亦称普及。莲子粥，苏造肉，夙号名品，以我所尝，未为鲜妙，而十刹海满目摊贩，则固以斯矜世矣。至必以五更汲水，此或于科学牵连，吾则门外，乌敢妄言。

梨园于六月，向有热洞之称。旧时班之钜者，多即此月演连台戏，否则择其独擅胜场者奏之。故虽酷暑，而顾客如云，伶所谓打热洞也。闻自光绪乙巳，谭鑫培倡首之后，歇夏之风始行。今则不乏循例者矣。

一日

六月朔日，各行铺户攒聚香会，于右安门外中顶进香，回集祖家庄回香亭，一路河池赏莲，箫鼓弦歌，喧呼竟日。（《帝京岁时纪胜》第二十五日“赏莲”）

中顶碧霞元君庙，在右安门外十里草桥地方，每岁六月初一日有庙市，市中花木甚繁，灿如列锦，南城士女多往观焉。（《燕京岁时记》第三十五页“中顶”）

六月初一日，草桥中顶进香。（《天咫偶闻》卷十第十三页）

初一日中顶有庙会，售花木者甚多。（《北京指南》第二编“礼俗”第十页）

中顶在右安门外（俗名南西门。）一里许，大道之旁，亦娘娘庙。殿宇在三十年前已剥落，今则成一瓦砾场矣。历年于六月初一开庙一日，游者甚众。惟游人目标，既非因神之灵迹而烧香，亦非因景之清幽而玩赏，盖仅瞧会而已。所谓会者，京俗又名曰高乡会，即南方社火之意也。太平无事，生计充裕，一班社会青年、八旗子弟，职务上之相当工作已了，饱食终日，无所用心，于是互相集聚，而为排会之游戏，如中幡会、狮子会、五虎棍、开路、少林棍、双石头杠子、挎鼓、什不闲、杠箱，均于是日进香。各会常因细故，而演成凶殴。按此等娱乐，虽无关生计，然若辈视之，直同生命。譬如今日之会，共为数十档，某档在某档之前，某档居某档之后，秩序均须大费斟酌，尤以同样之会为最费踌躇。倘或安排不当，即发生冲突，好勇斗狠牺牲生命者，往往有之。会期多在暑天，天晴则更暑气蒸薰，汗流浃背，会中人常常晕倒。一班观众，拥挤鹄立于暴日之下，益以饮食冰水及污滥食物，充杂肠腹，尤易生时症。如遇暴雨，则会众观众又均立于露天广场之下，无可藏避，淋漓尽如水鸡，妇女尤所难堪。故当时所谓瞧会，均无何种好收场也。（《旧京风俗志》稿本）

六日

六月六日本非令节，但内府皇史宬晒暴列圣实录、列圣御制文集诸大函，则每岁故事也。至于时俗，妇女多于是日沐发，谓沐之则不腻不垢。至于猫犬之属，亦俾浴于河。京师象只，皆用其日洗于郭外之水滨，一年惟此一度。因相交感，牝仰牡俯，一切如人，嬲于波浪中。毕事，精液浮出，腥秽因之涨赋，居人他处远汲，必旬日而始澄澈。又憎人见之，遇者必触死乃已。间有黠者预升茂树浓阴之中，俯首密窥，始得其情状如此。又象性最警，入朝迟误，则以上命赐杖，必伏而受棰如数，起又谢恩。象平日所受禄秩，俱视武弁有等差，遇有罪贬降，即退立所贬之位，不复敢居故班。排列定序，出入缀行，较人无少异，真物之中至灵者。穆宗初登极，天下恩贡陛见，朝仪久不讲，诸士子欲瞻天表，必越次入大僚之位，上玉色不怡，朝退，欲行谴责，赖华亭公婉解之而止。时谓明经威仪，会群象之不若。象初至京，传闻先于射所演习，故谓之演象所。而锦衣卫自有驯象所，专管象奴及象只，特命锦衣指挥一员提督之。凡大朝会，役象甚多，及驾辇驮宝皆用之，若常朝则止用六只耳。遇有疾病不能入朝，则倩下班暂代，象奴牵之彼房，传语求替，则次早方出。又能以鼻作觱栗铜鼓诸声，入观者持钱畀象奴，如教献技，又必斜睨奴受钱满数，而后昂鼻俯首，呜呜出声。其在象房，间亦迸逸，至于撤屋倒树，人畜遇之俱糜烂。当其将病，耳中先有油出，名之曰山性发。则预以巨缭縻禁之。亦多畏寒而死者，管象房缇帅申报兵部，上疏得旨，始命再验发光禄寺，距其毙已旬余。积塞通衢，过者避道，且天庖何尝需此残脔。京师弥文，大抵皆然。（《野获编》卷二十四第二十三页“六月六”）

六月初六日，皇史宬古今通集库晒晾。吃过水面，嚼银苗菜，即藕之新嫩秧也。（《酌中志》卷二十第六页）

六月六日，晒銮驾，民间亦晒其衣物，老儒破书，贫女敝缊，反复勤日光，晡乃收。三伏日洗象，锦衣卫官以旗鼓迎象出顺承门，浴响闸。象次第入于河也，则苍山之颓也，额耳昂回，鼻舒纠吸嘘出水面，矫矫有蛟龙之势。象奴挽索据脊，时时出没其鬌。观者两岸各万众，面首如鳞次贝编焉。然浴之不能须臾，象奴辄调御令起，云浴久则相雌雄，相雌雄则狂。（《帝京景物略》卷二第四十四“春场八”）

六月六日，晒銮驾，民间衣物悉曝之。三伏日洗象，銮仪卫官以旗鼓迎象出宣武门，浴响闸。象次第入河，如苍山之颓也，额耳轩昂，舒鼻吸嘘水面，矫若蛟龙。象奴

挽索据脊，时时出没，观者如堵。浴未须臾，象奴辄调御令起，浴久则雌雄致狂。（《大兴县志》传钞本）

内府銮驾库、皇史宬等处，晒晾銮舆仪仗及历朝御制诗文书集经史。士庶之家，衣冠带履亦出曝之。妇女多于是日沐发，谓沐之不腻不垢。至于骡马猫犬牲畜之属，亦沐于河。（《帝京岁时纪胜》第二十五页“六月六日”）

銮仪卫驯象所，于三伏日，仪官具履服，设仪仗鼓吹，导象出宣武门西闸水滨浴之。城下结彩棚，设仪官公廨监浴，都人于两岸观望，环聚如堵。（《帝京岁时纪胜》第二十五页“浴象”）

洗象诗，各家集中，歌行词赋，无美不备。独渔洋竹枝一绝云：“玉水轻阴夹绿槐，香车笋轿锦成堆，千钱更赁楼窗坐，都为河边洗象来。”可作图画。（《藤阴杂记》卷七第二页）

宣武门内有驯象所，中有指挥一员司之，象各一房，房列东西，户南向。每象一奴，奴知象意，象晓奴语，服役惟谨，视若主人。所受爵禄，一如武弁，至有封大将军，食一品禄者。象奴穷乏，欲与借俸，则必哀求切祷，或以母饥子寒为言，俟其首肯，乃能持去，否则不敢。有人观者，能以鼻作鼓角声，能以后足作半折之礼。与钱象奴，奴于耳边絮耳语，象亦睨视其奴得钱满意与否，然后为之献技也。（《燕京杂记》第一页）

每岁初伏日，浴象西濠，观者近万人。按《客滇偶笔》及《露书》《赤雅》诸书，皆谓象浴于水必交，雄俯雌仰，浮合如人，但必择人迹不到处，如见人，则羞而止。今京师洗象，悉无交者，岂以人迹所在乎？象之知耻又如此。（《燕京杂记》第二页）

京师于六月六日抖晾衣服书籍，谓可不生虫蠹。（《燕京岁时记》第三十三页“六月六”）

象房有象时，每岁六月六日牵往宣武门外诃内浴之，观者如堵。后因象疯伤人，遂不豢养。光绪十年以前尚及见之。象房在宣武门内城根迤西，归銮仪卫管理。有入观者，能以鼻作觱栗铜鼓声。观者持钱畀象奴，如教献技，又必斜睨象奴受钱满数，而后昂鼻俯首，呜呜出声。将病，耳中出油，谓之山性发。象寿最长，道光间有老象，牙有铜箍，谓是唐朝故物，乃安史之辈携来者。后因象奴等克扣太甚，相继倒毙。故咸丰以后十余年象房无象。同治末年、光绪初年，越南国贡象二次，共六七只，极为肥壮。都人观者喜有太平之徵，欣欣载道。自东长安门伤人之后，全行拘禁，不复应差，三二年间饥饿殆尽矣。（《燕京岁时记》第三十三页“洗象”）

善果寺在慈仁寺后，安然无恙。门内左右廊有悬山，大殿颇卑，与蓝靛厂广仁宫相类，疑此皆金元旧宇。每六月六日有晾经会，实无所晾，士女云集，骈阗竟日而已。（《天咫偶闻》卷七第二十六页）

六月六日，妇女多沐发，谓可不腻不垢。士大夫则晒书籍，谓可不生蠹。善果寺、戒台寺晒经。（《北京指南》第二编“礼俗”第七页）

洗象为北京应时风俗之一，于每年六月初六日举行之。地点则在顺治门外迤西响闸地方。是日晨，由象奴从顺治门内西城根象房，（即在众仪院地方，故其附近地名仍有象坊桥、象来街等称。）将各象率至响闸地方之河中洗之。斯时銮舆卫之堂官，驯象所之所官及地方官吏，均齐集监临。象至河中，异常高兴，由上午至下午始能毕事。是日也，无论老幼贫富，倾城而至，沿河两岸皆极拥挤，流氓地痞借端调戏妇女，扒手小绺相机绺窃财物。遗儿失女者有之，叫骂斗殴者有之。象奴故使河中之象用鼻吸水，向两岸喷之，适当其冲之男女，头面淋漓，异常狼狈。如遇晴天，该处并无树荫，亦无棚帐，均系曝晒于骄阳之下，因而有罹病者。倘暴雨骤来，毫无避处。而年年满坑满谷，观者不为少减，京人固游荡成习矣。（《旧京风俗志》稿本）

六月六日，称天贶节，北京八大刹均晾经。喜轿铺杠房晾软片，皮货店晾皮毛，书店晾书，笔店晾笔。（《帝京岁时纪胜笺补》稿本）

十二日

六月十二日，御厩洗马于积水潭。导以红仗，中有数头，锦帕覆之，最后独角青牛至，诸马莫能先也。（《北京岁华记》，见《日下旧闻考》卷一百四十八第一页）

积水潭洗马之制，在明朝本属具文，今已久废。（《日下旧闻考》卷一百四十八第一页）

二十二日

二十二日，俗称虫王生日，相传虫王为掌管虫蝗之神。北京西郊各农圃，多于是日祀之。（《旧京风俗志》稿本）

二十三日

马王者房星也，凡营伍中及蓄养车马人家均于六月二十三日祭之。（《燕京岁时记》第三十四页“祭马王”）

二十三四两日，西便门外白云观，祭火神及马王。关帝庙开庙两日，进香者甚多。（《北京指南》第二编“礼俗”第十页）

六月二十三日祭马王。京中畜养骡马之人家铺家及各机关，皆举行之。马王纸像，纸店皆有，往购者名曰请。请至则供于桌台，前列钱粮（即元宝、黄千章。）及蜡烛、香炉、水果、鸡鱼、羊头之类。马王像，红面多须，三目。一目竖立额际，六臂交叉，各执刀枪剑戟，身披铠甲，神码上书“水草马明王之神位”字样。神像之下，绘一供桌，供桌以前，绘一小马。故又于供品中加清水一碗，净草一小斗，即示专诚供此马也。在三十年前之北京城郊，每届此时，极为热闹。内务府之上驷院，太仆寺，以及素有骑兵之营翼衙门官吏，均躬与祭事。至王公府邸大官富人，豢养多数骡马之公馆，与素喜跑马之家，其举行祀马王，均在马号，不在正宅，与祭者皆为仆役牧卒。盖每届此期，不啻为仆役等醉餍酒肉，照例要求主人发给银钱，以为置备祭品之要。至下午祀毕，所有供献酒肉果品即由仆御享受，是名为供马王，实则赐宴仆御也。他如养畜运货，与有轿车之家，以及专倚车马为生者，几莫不视此祭祀为特要。即磨面磨油之一类铺店，亦并不敢轻此典礼。以为凡驴马之健肥疲羸，死亡疾病，莫不归马王主之。享祀丰洁，则牲畜蕃庶、营业顺利，否则灾病交侵，营业亦大蒙其损焉。至其祀典，亦甚单简，由各仆御等在供桌前烧香叩头后，即移请神码于庭而焚诸门外，再然神鞭一挂，即为了事。随将供品撤下，无论祭者或未与祭者，团团围坐，大享祭余。此风近已逐渐消灭，盖豢车马者日少矣。（《旧京风俗志》稿本）

二十四日

六月二十四日致祭关帝，岁以为常。鞭炮之多与新年无异。盖帝之御灾捍患有德于民者深也。（《燕京岁时记》第三十四页“祭关帝”）

二十四日，各关帝庙赛会。（《天咫偶闻》卷十第十二页）

六月二十四祭关帝，有谓是日为关帝诞日者，有谓为关帝单刀赴会之期者。早年京中步统领所辖之五营两翼，八旗各都统公署，以及护军前锋神机火器等营，内务府各机关，于是日无不争先恐后，敬谨供奉。有用牛羊三牲而祭者，亦有仅以点心数盘者。惟须于供神之门外，竖立以纸糊成之三角式大皂旗一，上粘镶白色七星一串，仿佛此旗即为神灵所凭也者。祀毕，燃长鞭一挂，立将神码皂旗等焚化，祀事即为告成矣。（《旧京风俗志》稿本）

暑伏

初伏日造曲，惟以白面用绿豆黄加料和成晒之。（《酌中志》卷二十第六页）

帝京莲花盛处，内则太液池金海，外则城西北隅之积水潭，植莲极多，名莲花池。或因水阳有净业寺，名为净业湖。三伏日，上驷苑官校于潭中浴马。岸边柳槐垂荫，芳草为茵，都人结侣携觞，酌酒赏花，遍集其下。（《帝京岁时纪胜》第二十五页“赏莲”）

三伏日洗象。内务府官以旗鼓迎象，出顺城门浴响闸，象奴挽索据脊，时时出没其鬐，观者两岸各万众。（《都门杂记》，见《顺天府志》卷十八第十一页）

京师自暑伏日起至立秋日止，各衙门例有赐冰。届时由工部颁给冰票，自行领取，多寡不同，各有等差。（《燕京岁时记》第三十四页“赐冰”）

每至六月，自暑伏日起至处暑日止，百官皆服万丝帽、黄葛纱袍。（《燕京岁时记》第三十五页“换葛纱”）

京师暑伏以后，则寒贱之子担冰吆卖，曰冰胡儿。胡者核也。（《燕京岁时记》第二十七页“冰胡儿”）

杂事

是月，海淀莲甚盛，就莲而饮者，采莲而市者，络绎交错焉。（《大兴县志》传钞本）

盛暑食饮，最喜清新，是以公子调冰，佳人雪藕。京师莲实种二：内河者嫩而鲜，宜承露，食之益寿；外河坚而实，宜干用。河藕亦种二：御河者为果藕，外河者多菜藕。总以白莲为上，不但果菜皆宜，晒粉尤为佳品也。且有鲜菱、芡实、茨菇、桃仁，冰湃下酒，鲜美无比。其莲藕芡菱，凉水河最胜，有坊曰十里荷香。避暑山庄金莲映日处，广庭数亩，金莲万本，天下无二。茉莉花、福建兰，摘以薰茶；六月菊、白凤仙，俱堪浸酒；夜兰香、晚香玉，落日香浓；勤娘子、马缨花，平明蕊放。（《帝京岁时纪胜》第二十六页“时品”）

六月进肴蔬果。京者六月内，月日不等，进桃李瓜莲，俱用红油漆木架。蔬菜、茄、匏、瓠青瓜、西瓜、甜瓜、葡萄、核桃，凡果菜新熟者，次第而进。（《析津志》，见《日下旧闻考》卷一百四十八第一页）

六月宣武门看洗象，西湖赏荷。（《郎潜纪闻》卷十二第五页）

六月京师中多市麻泥、科斗粉、煎茄、炒韭、煎饼。五更汲水以备合酱之用，咸谓此日水与腊水相同。仍以此日晒干肉，犹腊味也。（《析津志》，见《日下旧闻考》卷一百四十八第一页）

十刹海俗呼河沿，在地安门外迤西，荷花最盛。每至六月，士女云集，然皆在前海之北岸。他处虽有荷花，无人玩赏也。盖德胜桥以西者谓之积水潭，又谓之净业湖，南有高庙、北有汇通祠者是也。德胜桥以东，昔成亲王府，今醇亲王府前者，谓之后海，即所谓十刹海者是也。三座桥以东、响闸迤左者，谓之前海，即所谓莲花泡子者是也。今之游者但谓之十刹海焉。凡花开时，北岸一带风景最佳：绿柳垂丝，红衣腻粉，花光人面，掩映迷离，凡不知人之为人花之为花矣。（《燕京岁时记》第三十五页“十刹海”）

六月乃大雨时行之际。凡遇连阴不止者，则闺中儿女剪纸为人，悬于门左，谓之扫晴娘。（《燕京岁时记》第三十六页“扫晴娘”）

酸梅汤以酸梅合冰糖煮之，调以玫瑰木樨冰水，其凉振齿。以前门九龙斋及西单牌楼邱家者为京都第一。（《燕京岁时记》第三十七页“酸梅汤”）

六月初旬，西瓜已登，有三白、黑皮、黄沙瓤、红沙瓤、各种。沿街切卖者，如莲瓣，如驼峰，冒暑而行，随地可食。既能清暑，又可解醒，故予尝呼为清凉饮。（《燕京岁时记》第三十七页“西瓜”）

二闸在东便门外，循运河而东三里余之水闸也。从前此河为转运皇粮之要路。自东便门至通州，共计水程四十余里，因预防河水淤浅，不能行船，共设水闸五处以蓄水，所谓二闸者，即二道水闸也。闸前有一水搭浮桥，闸堤甚高，由上至下，成一十余丈之瀑布，河身深阔，河水清漪，两岸芦草蒲荷，一望无际。每际夏日，都人咸往纳凉。一班投机营业者，于闸头两岸建设房屋，临时售卖茶酒菜肴，以便游人。惟小商居奇，乘机大敲竹杠，盖各物均无定价，因人而施，对普通顾客售价较城市高四五倍。如系携带妓女优伶及陪奉戚友上司之女眷者，照例以多费为荣。往往清茶一壶，糖果、蜜枣、瓜子、花生三四小品即须银数两，若再饮酒小吃，则更多矣。本地居民均习游泳。时有十余岁小孩，赤条条一丝不挂，头包猪尿胞，由闸上顺瀑布跳至闸下，以为游戏。喊令游人掷钱于水，伊等入水摸之，百不一失，亦有投掷鼻烟壶、戒指令其摸取者，亦均能立即寻获，不过须多与之钱耳。京人称此种小孩名水耗子。又由齐化门至东便门，及东便门至二闸，备有小船多艘，任人乘逛二闸。其船可容五六十人，以一人掌舵，二三人拉索以行，亦有用小驴拉之者。若公共乘座，每人仅收当十铜钱六枚，如包赁一次，亦不过京钱十吊而已。最讨厌者，每一船上必有一衣衫褴褛之穷汉，手打竹板，大唱莲花落曲子，向乘客索讨钱文，惟包船可以驱逐不用。大约每年六月一日至七月十五日，游人极为繁盛。七月十五后，天气渐凉，游人即逐渐减少矣。闸口之东约半里许，有森林数处。营业者借树林支搭席棚，围以花杖，临时售茶，其第一处名大花杖，第二处名二花杖。数十年前，游人极多，生意甚盛。该处又邀女子多名，演唱大鼓、时调小曲及二黄小戏，遂更热闹。每届七月十五左右，该处各酒馆茶肆之商人联合船主，为昌盛其营业起见，在城中邀请各会，如狮子、秧歌、开路、五虎棍、杠子、双石头等，先在船上演唱，至二闸时，即在闸头演唱，最后在闸南龙王庙降香，以符香会之意。因之引动城内四乡喜于游乐之观众，万人空巷，纷至沓来，过此时期则日趋冷落矣。（《旧京风俗志》稿本）

近年种莲之处，内则首推中央公园，外则齐化门外之菱角坑。玉泉山之西南洋涉湖亦多莲花，惟多白莲，取其藕好，不取其花之色也。（《帝京岁时纪胜笺补》稿本）

十二月月令图·正月（台北故宫博物院藏）

十二月月令图·二月（台北故宫博物院藏）

十二月月令图·三月（台北故宫博物院藏）

十二月月令图·四月（台北故宫博物院藏）

十二月月令图·五月（台北故宫博物院藏）

十二月月令图·六月（台北故宫博物院藏）

十二月月令图·七月（台北故宫博物院藏）

十二月月令图·八月（台北故宫博物院藏）

十二月月令图·九月（台北故宫博物院藏）

十二月月令图·十月（台北故宫博物院藏）

十二月月令图·十一月（台北故宫博物院藏）

十二月月令图·十二月（台北故宫博物院藏）

七 月

卷七

北平上自宫闱，下讫黎庶，七月一届，向忙于乞巧、中元两节。诸家纪载，述焉已祥，虽国体迁革，而此风犹盛。商民则事神事鬼，似本恒情；僧道则礼佛礼仙，视为典要。究也其始荒唐，其终蔚为风尚，历代既枝生节外，益复踵事增华，而糜费不赀矣。然而往时国力民力两俱优裕，日用饮食之外，区区点染之微，又何足恤。初非今日之外强中干所得同日而语也。

余绮岁来居北平，绵历遂越廿稔，此间故俗，印象滋繁。目今节事豪华，确有不如前十数年者，遑云更远。即以中元而例，一交傍晚，则荷叶满街，荧荧万盏，小儿女欢呼结伴，雷动震天，不至夜阑，不易分散。余侧身杂沓，竟夕忘归之想，犹可猛忆。此固十年前事也。近年则每巷所见，只二三盏，且尽似昙花，俄顷即散，无复流连之致。

“中元不为节”之说，独见《燕京岁时记》，莫审何据。赦孤诸举，非止斯月奉行，移死于生，庶跻正轨，余不已言之剌剌耶。

是日盂兰经会，虽非北平特俗，而各寺院向极铺张。晚近地既萧瑟，会亦或缩或废，仅二闸之烧法船，北海之放河灯以追悼阵亡将士，游览者多，尚足称胜。外此则旧观如梦矣。

中元而后，送节笑节，已成古俗。自礼讖香火之外，无足铺扬。立秋诸习，农历攸涉，厥朔虽废，厥事或存。其杂事所彰，胥关节气，肴果新荐，尽多鲜美可人。若彼促织金钟，则吾并所不喜，小以误大，贾半闲可为殷鉴也。

是月七日，梨园向多演《长生殿》《鹊桥密誓》，以应佳节。《密誓》者，亦昆剧之一。王瑶卿以降，乃易作老牛破车，今日各园通演之《天河配》，即准是以构成者也。八日旧俗，率演为《思志诚》，意盖衔接《密誓》耳。中元演《盂兰会》，此亦故例，而视目莲救母故事则变本加厉。故又以《九莲仙岛》及《鱼篮记》名之。“鱼篮”者，正所以烘托“盂兰”云尔。

一日

七月朔至七夕，各道院立坛祀星，名曰七星斗坛，盖祭北斗七星也。天坛之南北廊及斗母宫尤盛。（《帝京岁时纪胜》第二十七页“七星坛”）

七星斗坛，近年以白云观为最盛，东岳庙及斗母宫皆有之。昔年北京达官富人，有令僧道拜斗谶者，率念经七日，所以祈寿也。（《帝京岁时纪胜笺补》稿本）

七日

七夕暑退凉至，自是一年佳候。至于曝衣穿针、鹊桥牛女，所不论也。宋世，禁中以金银摩睺罗为玩具，分赐大臣。今内廷虽尚设乞巧山子，兵仗局进乞巧针，至宫嫔辈则皆衣鹊桥补服，而外廷侍从不及拜赐矣，惟大珰辈以瓜果相饷遗。民间则闺阁儿女尚修乞巧故事，而朝家独无闻。意者盂兰会近，道俗共趋，且中元遣祭陵寝，尤国家重典，无暇他及耳。江南李煜以七夕生，至期其弟从益自润州赴贺，乃先一日乞巧，江浙间俱化之，遂以成俗。直至宋淳化间，始诏更定，仍为七夕，亦奇事也。（《野获编》卷二第四十七页“七夕”）

七月初七日七夕节，宫眷穿鹊桥补子，宫中设乞巧山子，兵仗局伺候乞巧针。（《酌中志》卷二十第六页）

七月七日之午，丢巧针，妇女曝盎水日中，顷之，水膜生面，绣针投之则浮。则看水底针影，有成云物、花头、鸟兽影者，有成鞋及剪刀、水茄影者，谓乞得巧。其影粗如槌，细如丝，直如轴蜡，此拙徵矣。妇或叹，女有泣者。（《帝京景物略》卷二第四十四页“春场八”）

七月七日，妇女曝水日，水膜生，投以绣针则浮，视水底针影，巧则喜，拙则叹矣。（《大兴县志》传钞本）

七夕前数日，种麦于小瓦器，为牵牛星之神，谓之五生盆。幼女以盂水曝日下，各投小针，浮之水面，徐视水底日影，或散如花，动如云，细如线，粗如椎，因以卜女之巧。街市卖巧果，人家设宴，儿女对银河拜，咸为乞巧。（《帝京岁时纪胜》第二十七页“七夕”）

七夕宫中最重，市上卖巧果，人家设宴，儿女对银河拜。（《北京岁华记》，见《日下旧闻考》卷一百四十八第二页）

九引台，七夕乞巧之所，至夕宫女登台，以五彩丝穿九孔针，先完者为得巧，迟完者谓之输巧，各出资以赠得巧者。（《元掖庭记》，见《日下旧闻考》卷一百四十八第二页）

七夕，各宫供像生牛郎、织女、从人、麒麟、象、羚羊、海马、狮子、獬豸、兔，海味、糖果、糖菜，俱用白糖浇成。（《光禄寺志》，见《日下旧闻考》卷一百四十八第三页）

七夕节，宫中立巧山子，衣鹊桥补，初一起至十四日止。中元节食银苗菜及河鸭，菜乃藕之嫩芽，鸭乃先一日煮熟凝成膏，甜食房供佛波罗蜜，西苑作法事，放水灯。（《陈琮诗注》，见《日下旧闻考》卷一百四十八第三页）

都中人民七月祀先。用麻秸奠酒为诚，买纸钱冥衣，烧化于坟，谓之送寒衣，仍以新土覆墓。市中卖摩诃罗巧神、泥塑人物，大小不等。宫庭宰辅士庶之家咸作大棚，张挂七夕牵牛织女图，盛陈瓜果、酒饼、蔬菜、肉脯，邀请女流，作巧节会，称曰女孩儿节。觇卜贞咎，饮宴尽欢，次日馈送还家。（《析津志》，见《日下旧闻考》卷一百四十八第二页）

七夕前数日，种麦于小瓦器，为牵牛星之神，谓五生盆。（《燕石集》，见《日下旧闻考》卷一百四十八第二页）

燕都女子七月七日，以碗水暴日下，各自投小针，浮之水面，徐视水底月影，或散如花，动如云，细如线，粗如椎，因以卜女之巧。（《宛署杂记》，见《日下旧闻考》卷一百四十八第三页）

京师闺阁，于七月七日以碗水暴日下，投小针，浮之水面，徐视水底日影，或散如花，动如云，细如线，粗如椎，因以卜女之巧拙。俗谓丢针儿。（《燕京岁时记》第三十七页"丢针"）

七月七日，清晨乌鸦喜鹊飞鸣较迟，俗谓之填桥去。（《燕京岁时记》第三十八页"鹊填桥"）

七月初七日，俗称牛郎会织女，闺人盛陈瓜果、酒饵、肴馔，邀请女眷作巧节，曰女儿节。是夕小女子以碗水曝月下，各投小针，浮之水面，徐视水底月影，则散如花，动如云，细如线，粗如椎，因以卜女工之巧拙焉。（《北京指南》第二编"礼俗"第七页）

北京女儿乞巧之风，甚为简单。并不供神，亦不上供，仅于是夕，用大碗盛清水一碗，放于空庭之中，以接清露，禁止摇荡。至次日，碗中即可结成一层极轻薄之水皮，俟至次日日中，另备一种极轻细之黍苗，（京中人家，所用笤帚多黍苗捆成，故此物甚易觅。）用小刀削成针形，此苗质轻，投之水面，可以不沉。小女儿环立水碗四围，轻以黍苗投于碗中，而查看碗底之影。如为细长而宛似针形者，则谓织女已与巧矣，设为粗短等形，则谓未能得巧。其实全为日影方向之关系。乞得巧者，则舞蹈，未乞得者，则号泣。要皆小女儿常态，无足为怪。又有窃听哭声之说，据闻必须童男女于更阑夜静之时，潜赴古井之旁或葡萄架下，屏息静听，能隐隐闻牛郎织女之哭声。谓能闻得者，此人必巧。又戏园每至七日，亦多演应时之戏，乃唐明皇与杨贵妃故事。民国十年前，王蕙芳、王瑶卿又编演牛女嫁娶升天老牛破车故事，一时轰动，近年几无一处戏园不演此戏，《鹊桥密誓》之昆腔，无从得闻矣。（《旧京风俗志》稿本）

七夕之乞巧风俗最古，明清两朝，宫中亦举行之。王公百官以及人民之家，青年妇女有月下穿针，花间斗草，水中泛花针，自作巧果，各出心裁，以视巧拙者。又传有小儿在葡萄架下井阑前，偷听牛女哭声。又传喜鹊搭桥，

次日视庭院喜鹊，头必无毛，此说殊不可信。（《帝京岁时纪胜笺补》稿本）

十三日

十三日夜，天子于宫西三十里卓帐宿焉。前期备酒馔，翌日诸军部落从者，皆动蕃乐，饮宴至暮，乃归行宫，谓之迎节。（《辽史》卷五十三第十三页）

十三日至十五，迎节、送节、笑节。（《燕北杂记》，见《日下旧闻考》卷一百四十八第三页）

十五日

十五日中元，动汉乐，大宴。（《辽史》卷五十三第十三页）

十五日中元，甜食房进供佛波罗蜜，西苑做法事，放河灯。京都寺院咸做盂兰盆追荐道场，亦放河灯于临河去处也。（《酌中志》卷二十第六页）

十五日，诸寺建盂兰盆会，夜于水次放灯，曰放河灯。最盛水关，次泡子河也。上坟如清明时，或制小袋以往，祭甫讫，辄于墓次掏促织，满袋则喜，秫竿肩之以归。（《帝京景物略》卷二第四十四页“春场八”）

岁中元夜，盂兰会，寺寺僧集，放灯莲花中，谓之莲花灯。酒人水嬉，缚烟火，作凫、雁、龟、鱼，水火激射，至萎花焦叶。是夕，梵呗鼓铙，与宴歌弦管，沉沉昧旦。（《帝京景物略》卷一第三十二页“水关一”）

崇文门东城角，洼然一水，泡子河也。岁中元鬼节，放灯亦如水关。（《帝京景物略》卷二第八页“泡子河一”）

中元祭扫，尤胜清明。绿树阴浓，青禾畅茂，蝉鸣鸟语，兴助人游。庵观寺院，设盂兰会，传为目莲僧救母日也。街巷搭苫高台、鬼王棚座，看演经文，施放焰口，以济孤魂。锦纸扎糊法船，长至七八十尺者，临池焚化。点燃河灯，谓以慈航普渡。如清明仪，舁请都城隍像出巡，祭厉鬼。闻世祖朝，曾召戒衲木陈玉林居万善殿。每岁中元建盂兰道场，自十三日至十五日放河灯，使小内监持荷叶燃烛其中，罗列两岸，以数千计。又用琉璃作荷花灯数千盏，随波上下。中流驾龙舟，奏梵乐，作禅诵，自瀛台南过金鳌玉蝀桥，绕万岁山至五龙亭而回。河汉微凉，秋蟾正洁，至今传为胜事。都中小儿亦于是夕执长柄荷叶，燃烛于内，青光荧荧，如燐火然。又以青蒿缚香烬数百，燃为星星灯。镂瓜皮，掏莲蓬，俱可为灯，各具一质。结伴呼群，遨游于天街经坛灯月之下，名斗灯会，更尽乃归。（《帝京岁时纪胜》第二十八页“中元”）

十五日，燕城乡民，蜀黍苗、麻粟苗连根及土，缚竖门之左右，别束三丛，立之门外，供以面果，呼为祭麻谷。（《月令广义》，见日下旧闻考卷一百四十八第四页）

中元节前上冢如清明。各寺设盂兰会，以长椿寺为盛。晦日谓是地藏佛诞，供香烛于地，积水潭、泡子湖各有水灯。（《北京岁华记》，见《日下旧闻考》卷一百四十八第四页）

中元不为节，惟祭扫坟茔而已。（《燕京岁时记》第三十八页“中元”）

中元黄昏以后，街巷儿童以荷叶燃灯，沿街唱曰：“荷叶灯，荷叶灯，今日点了明日扔。”又以青蒿粘香而燃之，恍如万点流萤，谓之蒿子灯。市人之巧者，又以各色彩纸制成莲花、莲叶、花篮、鹤鹭之形，谓之莲花灯。（《燕京岁时记》第三十八页“荷叶灯、蒿子灯、莲花灯”）

中元日各寺院制造法船，至晚焚之。有长至数丈者。（《燕京岁时记》第三十八页“法船”）

中元日各寺院设盂兰会，燃灯唪经，以度幽冥之沉沦者。（《燕京岁时记》第三十八页“盂兰会”）

运河二闸，自端阳以后游人甚多。至中元日例有盂兰会，扮演秧歌、狮子诸杂技。晚间沿河燃灯，谓之放河灯。中元以后，则游船歇业矣。（《燕京岁时记》第三十九页“放河灯”）

江南城隍庙在正阳门外南横街之东北，先农坛西北。康熙年建，内有城隍行宫。每岁中元及清明、十月一日有庙市，都人迎赛祀孤。（《燕京岁时记》第三十九页“江南城隍庙”）

钓鱼台，俗名望海楼，即金代同乐园，又名鱼藻池，今为行宫。每岁中元节日，游人多聚此，名为观河灯，实无灯可观。（《天咫偶闻》卷九第九页）

七月十五日，城隍庙赦孤，钓鱼台看河灯，各寺烧法船，阜城门内荷花灯市，儿童点蒿灯、荷叶灯，人家上冢。（《天咫偶闻》卷十第十二页）

十五日为中元节，俗称鬼节，上冢者多，一如清明。僧寺设盂兰会，拯救孤魂，糊纸为舟，长数丈或丈余，以鬼王、鬼判、鬼官、鬼兵、鬼役乘之，寺僧相对讽经，至夜焚之，谓之烧法船。小儿则于是夕各执长柄荷叶及纸制莲花，燃烛其上，亦有密缚香火于蒿稞之上而举之者，绕街而走，群歌曰："莲花灯，今日点了明日扔。"盖以留之为不祥也。东便门外二闸，亦于中元设盂兰会，扮演秧歌、狮子诸杂技。入暮，沿河燃灯，谓之放河灯。（《北京指南》第二编"礼俗"第七页）

七月十五日，为江南城隍庙庙会，居民多于此赛神。（《北京指南》第二编"礼俗"第七页）

南下洼之江南城隍庙，西城之都城隍庙及东岳庙，是日均开庙。三十年前，京中大庙，多于是日高搭法台，放焰口以超渡孤苦游魂。居民于此日，亦替亡者焚化纸包裹等冥物，以尽慎终追远之意。惟烧纸多在寓所门外，不必远赴坟茔，与清明上坟微有别耳。是日夕阳初下，灯火齐张之时，则街巷儿童，结伙成群，高举纸莲花灯一枝，中燃小蜡，万盏争辉，盈满街市，并高喊小歌云："莲花灯，莲花灯，今儿点了明儿扔。"随喊随游，次日即弃之矣。灯用五色纸，绉作莲花瓣形，攒成莲花一朵，上方有可燃小蜡之处，下部以秫秸杆擎之，手工不甚精致。制卖者为一种临时营业，自七月初，即有于各处摆售者，至十五日为止。从前经营此种营业，除另有手巧之人，再即为冥衣铺，于长夏无事之时，多预制此项纸灯，以为临时投机之买卖，因价值甚低，（从前每枝售京钱五六文，近则涨一角左右。）制造不甚精巧，仅具模型而已。此外别种之灯各色甚多。有所谓荷叶灯者，乃选鲜荷叶一枝，叶心钳以小蜡，入夜燃之，绿光莹莹外映，如翡翠半笼，颇可爱也。又有蒿子灯者，系以大青蒿子一棵，在各旁枝上，用纸条粘联线香数寸，晚间将香头一一燃着，虽不甚明亮，然明星万点，亦极可观。又有龙灯者，用纸粘香头联成两串，首尾用纸糊成龙头龙尾之形，以数人举之，远观则蜿蜒活动颇似龙形。又有西瓜灯者、冬瓜灯者、茄子灯者，系将西瓜等类外部破皮，用小刀剜成花形及鱼兽鱼龙等形，将内部之瓤子取出，只于花纹内部留极薄之嫩瓤一层，可以透明，再于上部拴一可以提系之小铁丝，内燃以蜡，极为玲珑可观。尚有一种精致莲灯，亦系用纸制之，莲花瓣攒凑成，而形式绝佳。此种灯系专为贵族子弟而设，以三十年前之生活程度，竟有一枝新灯售银二三十两者。内城以阜城门内宫门口，东四牌楼及后门外鼓楼三处，为最驰名。专售予各王公府第及内务府之儿童。此辈素惯挥霍，以数十两之银票买一新鲜之玩物，并不为奇。此项营业，成本甚微，获利极丰。然有时令之限，倘一逾

十五日之夕，即半文钱亦不值矣，或连遇阴雨，赔累亦属非浅，亦投机事业也。（《旧京风俗志》稿本）

中元法船，计有真船、纸船之分。真船系借用各河中载人运货之小木船，船上高搭法台，请和尚在台上念经放焰口。纸船系用纸糊扎而成者，船上亦扎列和尚念经之形式，船头罗列种种鬼形。至夜请真和尚放焰口，然后将此纸法船焚化。真法船则放于河中，如朝阳门外及二闸河中，照例用大木船一只，或平列两小船，上扎彩台一。夜间，诸法师高登法座，放乎中流，漫游河内，放其焰口，并有施食放灯之举。施食者，放焰口之际，将生米及馒首抛于河内。放河灯者，用油纸叠成方斗一个，中有油纸之拈，燃点后，放于水面，如遇风清月白之夜，水波不兴，则明星万点，浮于水面，盖取佛法无边、莲灯万盏之意，且用以超渡溺鬼，因运河二闸，每年必有溺死者故也。（《旧京风俗志》稿本）

中元节，又名鬼节。民国以来，北海天王殿，有追悼阵亡将士之会，请喇嘛僧念经，上灯后有施食焰口，并糊冥器，且有唐克车及轮船、汽车。此则昔年之所无，今始有之。北京自佛教会成立，每年京城八大刹均有济孤焰口，焚烧法船，东岳庙、白云观、二闸，亦有法船，并于水次放河灯。什刹海之北岸佑圣寺僧人法林者，亦在河干放焰口施食送法船，水中有河灯。近年人家点青蒿灯者尚有之，或以瓜皮镌刻为灯，茄子插香，点成火球。又有市上所卖纸糊莲花灯，以纸做成荷瓣，复以竹条作架，糊成花篮、绣球、飞艇、小船、小车、但纸价人工，比早年则昂。灯之工精技巧者，其价约须二三圆，最次之莲花灯，每只亦须四五枚也。（《帝京岁时纪胜笺补》稿本）

中元节，家家上坟祭祖。近年散兵流亡为匪，四郊青苗满地，匪则易于藏身，上坟车马，时有被匪劫夺之事。故中元上坟者，多裹足不前，大半皆在家上供，焚纸包袱。上书先曾祖考妣某公某夫人收用，下款则书曾孙某奉祀奠；先妣考祖某公某夫人，下款书孙某某奉祀奠；先考先妣某公某夫人收用，下款则书男某某奉祀奠。包袱内贮以金银锞、白纸钱、冥钞票，供毕，在街焚之。（《帝京岁时纪胜笺补》稿本）

十六日

十六日昧爽，复往西方，随行诸军部落大噪三，谓之送节。（《辽史》卷五十三第十三页）

三十日

七月三十日传为地藏菩萨诞辰。都门寺庙，礼讖诵经，亦扎糊法船，中设地藏王佛及十地阎君绘像，更尽时施放焰口焚化。街巷遍燃香火莲灯于路傍，光明如画。（《帝京岁时纪胜》第二十九页“地藏会”）

三十日相传为地藏王诞辰，插香于地而燃之，并有放花灯于河心任其浮游者。（《北京指南》第二编“礼俗”第七页）

立秋

立秋之日戴楸叶，吃莲藕，晒伏姜，赏茉莉、栀子、兰、芙蓉等花。先帝爱鲜莲子汤，又好用鲜西瓜种，微加盐焙用之。（《酌中志》卷二十第六页）

立秋日相戒不饮生水，曰呷秋头水，生暑痱子。（《帝京景物略》卷二第四十五页“春场九”）

秋前五日为大雨时行之候，若立秋之日得雨，则秋田畅茂，岁书大有。谚云：“骑秋一场雨，遍地出黄金。”立秋预日，陈冰瓜，蒸茄脯，煎香薷饮，院中露一宿，新秋日阖家食饮之，谓秋后无余暑疟痢之疾。（《帝京岁时纪胜》第二十六页“立秋雨”）

车驾自四月内幸上都，太史奏，某日立秋，乃摘红叶，涓日张燕，侍臣进红叶。秋日，三宫、太子、诸王共庆此会，上亦簪秋叶于帽，张乐大燕，名压节序。若紫菊开，及金莲开，皆设燕，盖宫中内外宫府饮宴，必有名目，不妄为张燕也。（《析津志》，见《日下旧闻考》卷一百四十八第四页）

京师小儿懒于嗜学，严寒则歇冬，盛暑则歇夏，故学堂于立秋日大书秋爽来学。（《帝京岁时纪胜笺补》稿本）

杂事

是月也，吃鲥鱼为盛会，赏桂花，斗促织。善斗者一枚可值十余两不等，各有名色，以赌博求胜也，秉笔唐太监之徵，郑太监之惠，最识促织，好蓄斗为乐。（《酌中志》卷二十第六页）

是月始斗促织，壮夫士人亦为之。斗有场，场有主者，其养之又有师，斗盆筒罐，无家不贮焉。（《帝京景物略》卷二第四十五页“春场九”）

永定门外五里，禾黍薿薿然被野者，胡家村。禾黍中，荒寺数出，坟兆万接，所产促织，矜鸣善斗，殊胜他产。秋七八月，游闲人提竹筒、过笼、铜绿罩，诣丛草处，缺墙颓屋处，砖瓦土石堆垒处，侧听徐行，若有遗亡，迹声所缕发而穴斯得。乃掭以尖草，不出，灌以筒水，跃出矣，视其跃状而佳，逐且捕之。捕得，色辨、行辨之，辨审，养之。养得其性若气，试之。试而才，然后以斗。都中斗促织之俗，不直闾巷小儿也。贵游至旷厥事，豪右以销其货，士荒其业，今亦渐衰止。惟娇姹儿女，斗嬉未休。然嬉之虫，又不直促织。有虫黑色，锐前而丰后，须尾皆岐，以跃飞，以翼鸣，其声蹬棱棱，秋虫也。暗即鸣，鸣竟刻，明即止。瓶以琉璃，饲以青蒿，状其声名之，曰金钟儿。有虫，便腹青色，以股跃，以短翼鸣，其声聒聒，夏虫也，络纬是也。昼而曝，斯鸣矣，夕而热，斯鸣矣。秸笼悬之，饵以瓜之瓤，以其声名之，曰聒聒儿。其先聒聒生者，曰叫蚂蚱，以比于聒聒，腹太似，恨蹇；翅太似，恨长；鸣太似，恨细。有螂蟉者，蜩也。马螂蟉者，蝉也。名以听者之所为情，寂寥然也。鸣盖呼其候焉。三伏鸣者，声躁以急，如曰伏天、伏天。入秋而凉，鸣则凄短，如曰秋凉、秋凉。取者以胶首竿承焉。惊而飞也，鸣则攸然。其粘也，鸣切切，如曰吱、吱。入乎手而握之，鸣悲有求，如曰施、施。促织之别种三：肥大倍焉者，色泽如油，其声呦、呦、呦，曰油胡卢；其首大者，声梆、梆，曰梆子头；锐喙者，声笃、笃，曰老米嘴。三者不能斗而能声，摈于养者，童或收之，食促织之余草具。蚂蚱之种三：俱不鸣，青翼而黄身，跃近而飞远，飞则见其袭羽，或红焉，或黄焉，曰蚂蚱。其青而长身者，曰匾蠡，嬉者股击而提之，使飞不止，以观其袭羽。其扁身长脰，昂首出目者，刀郎，螳螂也。性怒无所畏让，嬉者亦股击而触之，以观其怒也。蜻蜓之类三：大而青者，曰老青；红而黄者，曰黄儿；赤者，曰红儿。好击水而飞飞。童圈竹结彩线网，曰紘。循水次，群逐而扑之，名呼以祝，曰栖栖。扑着，曰紘着。得一，曰一朵，以色玩如花也。别有鳖身象鼻而贝色，大如朱樱，曰椿象。生椿，其臭椿也，不可触。有若半赤豆而草麻点者，曰瓢儿。生蔬畦，捉之，则溺腥黄，污不可脱，而童手之不已也。有金光而绿色，甲坚而须劲以动，曰金牛儿。黑色白点，曰春牛儿。无所可娱也，击而毙之则已。有玄身而两截，形刚而性媚，掐其后，首则前顿，声曝曝然。仰置之，弹而上，还复其故处，不能遂覆而走也，曰叩头虫，一曰捣碓虫焉。（《帝京景物略》卷三第四十九页“胡家村一”）

都人好畜蟋蟀，秋日贮以精瓷盆盂，赌斗角胜。有价值数十金者，为市易之。（《帝京岁时纪胜》第二十八页“蟋蟀”）

金风渐起，嘶柳鸣蜩，家家整缉秋衣，砧杵之声远近相接。教场演武开操，鼙鞭鸣于城角。更有檐前铁马，砌下寒蛩，晨起市潮，声达户牖。此城阙之秋声也。（《帝京岁时纪胜》第二十八卷“秋声”）

禾黍登，秋蟹肥，苹婆果熟，虎喇槟香。都门枣品极多，大而长圆者为缨络枣，尖如橄榄者为马牙枣，质小而松脆者为山枣，极小而圆者为酸枣。又有赛梨枣、无核枣、合儿枣、甜瓜枣，外来之密云枣，安平枣，博野、枣强等处之枣。其羊枣墨色，俗呼为软枣，即丁香柿也。红子石榴之外有白子石榴者，甘如蜜蔗，种出内苑。梨种亦多，有秋梨、雪梨、波梨、密梨、棠梨、罐梨、红绡梨，外来则有常山贡梨、大名梨、肉绵梨、瀛梨、洺梨。其能消渴解酲者，又莫如西苑之截梨，北山之酸梨也。山楂种二：京产者小而甜，外来者大而酸。可以捣糕，可糖食。又有蜜饯榅桲，质似山楂，而香美过之，出自辽东。楸叶鸣秋，葵花向日，鸡冠分五色，高逾檐，多如林，秋日盛开，若百鸟朝凤，芬芳艳丽，乃秋色中之绝品也。至于剪秋罗、玉簪花、芙蓉花、雁来红，又不若秋海棠，虽西府铁梗木本之花，亦难比其娇媚也。老来少由青而碧，碧而黄，黄而红，如暮霞照紫，观此则不必西山问霜叶矣。（《帝京岁时纪胜》第二十九页“时品”）

七月，中元夜，街市放焰口，点蒿子香，燃荷叶灯。（《郎潜纪闻》卷十二第五页）

金钟儿产于易州，形如促织。七月之季，贩运来京，枕畔听之，最为清越，韵而不悲，似生为广厦高堂之物。金钟之号，非滥予也。（《燕京岁时记》第四十页“金钟儿”）

七月中旬则菱芡已登，沿衙吆卖，曰：“老鸡头才下河。”盖皆御河中物也。（《燕京岁时记》第四十卷“菱角鸡头”）

七月下旬则枣实垂红，葡萄缀紫，担负者往往同卖。秋声入耳，音韵凄凉，抑郁多愁者不禁有岁时之感矣。（《燕京岁时记》第四十页“枣儿、葡萄”）

是月也，蟋蟀鸣，人多养而斗之，曰斗蛐蛐，或以之博钱。遇立秋日，有贴秋膘之俗，盖例于是日食肉，或面食也。（《北京指南》第二编“礼俗”第七页）

北京人家，养蟋蟀者，不尚瓷盆，此虫乃土中所产，瓷盆无土气，甚不相宜，故必用澄泥者。士大夫好养蟋蟀者，多争购赵子玉之澄泥罐。罐以厚为佳，以其寒热之气，皆能隔之。又有大而扁者曰排盆，排演时用之。起蟋蟀用泥过笼，又有青花白地之小瓷水池。斗时有小天秤，等两蟋蟀之轻重，相差一二厘者，方可相斗。斗时两虫之主人，手中各执一木棒敲盆助威，虫盛则振羽以鸣，败者杀尾而遁。未斗时先议彩若干圆，以作赌盛之资。平日养虫有秘本之谱，手自抄写，耳有所闻，即行录入。蟋蟀有病，亦有医治之法；斗过劳，亦有培养之法。购买者亦有相虫之法。曰快口，曰轻口，曰线口，曰坚牙，分青黄黑三种。曰朱砂头，曰宝石头，曰独须，曰八足，皆上品也。曰蟹青，次之曰大翅，曰梆头。秋分后，始下三尾，使之过子，寒后始开斗，霜降则停止，冬至前，则选各人之精锐打大将。（《帝京岁时纪胜笺补》稿本）

八月

卷八

年节虽履端肇始，户所夙重，第风寒刺人，冰雪载道，驾言出游，行者则苦。八月冷燠适中，正足怡情悦性，夜色天街，其凉如水，一轮皓魄，照彻人寰，十丈软红中，值斯美景，益未可掷负良辰，此中秋一节之所以首胜，而在此数百年首善之区之北平，尤当首与沥著者也。

虽城阓乡鄙，祀事无殊，而酬酢馈遗之妍巧富丽，北平究居夫上，比岁节期一近，依然豪盛似前。屈指十五已先，市衢无间小大，即并摊贩胪布。兔爷果实，目不暇给，而十二三日，允为极盛。南城宣武门外之菜市口，其所聚也。自丞相胡同北口，以迄烂缦胡同北口，陈列更无罅隙，吾久居烂缦胡同东莞会馆，自少逮长，未或迁播，岁固阅之稔矣。

市间牛羊肉肆，亦多乘时高支棚幛，遍悬整体牛羊，炫以求售。今虽京已成旧，江河有日下之形，而节景所现，尚葆旧观。际兹民力日竭，终不免水尽山穷，若再阅岁年，则必有不忍更言者。借曰有言，吾讵愿其言之中欤？酆鄗鄠杜之陈迹，固历历也，今则何如。然而一夕之耗，巨万为常，罄繁盛之地，若是者亦已比比。倘用诸公益，则所以利国福民者，不更无既耶。倡而正之，企予望之。至于即天上之团圞，作人间之欢聚，团圆名节，亦自有承平时代，及时行乐之忱。今也，烽烟屡起，几于无岁无之，琐尾流离之后，并此而难得者，不知凡几。北平则波及时少，十年中九获安宁，闲情既富，故家园赏月之外，且多入公园踏月，盖月虽每望必圆，公园虽每日可游，而风味则绝异。彼四境之骨肉参商者，经斯令节，当亦有所健羡矣。

月饼之制，各地所同，即在里曲，亦有佳品。北平出品，原非上乘。差幸万汇所集，仅许仿制，其南式者，尚觉可口。余固南人，北人亦如是品评耳。

若所谓兔爷，则诚北平名产。高下形色，靡不尽态，他处或无，有亦或不足逮也。

二十七日祀孔之举，现以改行新历，则已并春秋上丁而废止之，彼民间潜祀，则弗涉斯例矣。

是月宫中府中，旧例原夥，刻既无存，人亦

鲜道。纵能钜细不遗，所记亦同痕印。骄奢所极，无代不然，初不限彼一朝，与兹八月而已也。

梨藕之属，北平则胜，各书所称，信非虚誉。葡萄之在北平，于八月独盛，然或骈自遐陬，或采诸邻境。语其佳美，北平土产恒逊，语其医疾，亦属他乡所同，无足矜奇诩异也。八月剥枣之俗，三代已行，品质美者，非产一地，北平特泡制较精，亦未为绝制，外此群瓜百果，毕月纷陈，即朔方而品南品，甚至海外名产，亦以是月而萃莅焉，则终以北平为全胜耳。

社糕社酒，今不多见，四郊农户，此俗或尚相沿。新葫芦宜外甥，语近无稽，此似北平特俗也。

中秋梨园应节之戏，民国以还，率以《嫦娥奔月》为例，在梅兰芳未创此剧以前，只一《天香庆节》，剧属昆曲，本出清宫，后虽拟易皮黄，而《奔月》盛行，此剧即渺。近则《奔月》亦停，而《天香》复露矣。

一日

自初一起，即有卖月饼者，加以西瓜、藕。互相馈送西苑蹝藕。（《酌中志》卷二十第六页）

灶君庙在崇文门外。每至八月，初一日起开庙三日，盖即灶君诞日也。（《燕京岁时记》第四十二页“灶君庙”）

八月初一日，崇文门外灶君庙开庙三日。（《北京指南》第二编“礼俗”第十页）

三日

北京八月初三日为灶君圣诞，丰台之西有庙会。北京中之厨茶行均往烧香，京中游人前往者亦甚多。（《帝京岁时纪胜笺补》稿本）

十三日

八月十三至十五日为中秋节，街市繁盛，果摊、泥兔摊（泥兔俗呼兔儿爷，范为玩物。）所在皆有。（《北京指南》第二编“礼俗”第七页）

十五日

十五日，家家供月饼、瓜果，候月上焚香，后即大肆饮啖，多竟夜始散席者。如有剩月饼，仍整收于干燥风凉

之处，至岁暮合家分用之，曰团圆饼也。（《酌中志》卷二十第六页）

八月十五日祭月，其祭果饼必圆；分瓜必牙错瓣刻之，如莲花。纸肆市月光纸，绘满月像，趺坐莲花者，月光遍照菩萨也。花下月轮桂殿，有兔杵而人立，捣药臼中。纸小者三寸，大者丈，致工者金碧缤纷。家设月光位，于月所出方，向月供而拜，则焚月光纸，撤所供，散家之人必遍。月饼、月果，戚属馈相报，饼有径二尺者。女归宁，是日必返其夫家，曰团圆节也。（《帝京景物略》卷二第四十五页“春场九”）

八月十五日祭月，其祭用果饼，剖瓜瓣，如莲花，设月光纸，向月而拜，焚纸撤供散家人。（《大兴县志》传钞本）

十五日祭月，香灯品供之外，则团圆月饼也。雕西瓜为莲瓣，摘萝卜叶作娑罗。香果苹婆，花红脆枣，中山御李，豫省岗榴，紫葡萄，绿毛豆，黄梨丹柿，白藕青莲。云仪纸马，则道院送疏，题曰“月府素曜太阴皇君”。至于先丁后社，享祭报功，众祀秋成，西郊夕月，乃国家明禋之大典也。（《帝京岁时纪胜》第三十页“中秋”）

京师以黄沙土作白玉兔，饰以五彩妆颜，千奇百状，集聚天街月下，市而易之。灯火荧辉，游人络绎，焦包炉炙，浑酒罇筛，烤羊肉，热烧刀，此又为游人之酌具也。（《帝京岁时纪胜》见第三十一页“彩兔”）

中秋夜，人家各置月宫符像，符上兔如人立，陈瓜果于庭，饼面绘月中蟾兔，男女肃拜烧香，旦而焚之。（《北京岁华记》，见《日下旧闻考》卷一百四十八第五页）

燕都士庶，中秋馈遗月饼西瓜之属，名看月会。（《月令广义》，见《日下旧闻考》卷一百四十八第五页）

中秋夜，人家贺月宫，图中绘兔人立，男女陈瓜果，拜兔爷。（《燕京杂记》第一页）

八月中秋夜，踏月买兔儿王。（《郎潜纪闻》卷十二第五页）

京师之曰八月节者，即中秋也。每届中秋，府第朱门皆以月饼果品相馈赠。至十五月圆时，陈瓜果于庭以供月，并祀以毛豆、鸡冠花。是时也，皓魄当空，彩云初散，传杯洗盏，儿女喧哗，真所谓佳节也。惟供月时男子多不叩拜。故京师谚曰："男不拜月，女不祭灶。"（《燕京岁时记》第四十页"中秋"）

京师谓神像为神马儿，不敢斥言神也。月光马者，以纸为之，上绘太阴星君，如菩萨像，下绘月宫及捣药之玉兔，人立而执杵。藻彩精致，金碧辉煌，市肆间多卖之者，长者七八尺，短者二三尺，顶有二旗，作红绿色或黄色，向月而供之。焚香行礼，祭毕与千张、元宝等一并焚之。（《燕京岁时记》第四十页"月光马儿"）

内廷供月例用九节藕。（《燕京岁时记》第四十一页"九节藕"）

凡中秋供月，西瓜必参差切之，如莲花瓣形。（《燕京岁时记》第四十一页"莲瓣西瓜"）

中秋月饼以前门致美斋者为京都第一，他处不足食也。至供月月饼到处皆有。大者尺余，上绘月宫蟾兔之形。有祭毕而食者，有留至除夕而食者，谓之团圆饼。（《燕京岁时记》第四十一页"月饼"）

每届中秋，市人之巧者用黄土抟成蟾兔之像以出售，谓之兔儿爷。有衣冠而张盖者，有甲胄而带纛旗者，有骑虎者，有默坐者，大者三尺，小者尺余。其余匠艺工人无美不备，盖亦谑而虐矣。（《燕京岁时记》第四十二页“兔儿爷摊子”）

十五日晚祀月，儿童祀泥兔王爷，沿街市者极多，果子市卖诸鲜果。（《天咫偶闻》卷十第十二页）

十五日至月圆时，设月光马。（上绘太阴星君如菩萨像，下绘月宫及执杵作人立形之捣药玉兔，大者三四尺，小者尺余，工致者，金碧缤纷。）俟月出，供以瓜果、月饼、毛豆枝、鸡冠花、萝卜、藕、西瓜。妇女向之盈盈下拜，曰拜月，男则否，故京谚云：“男不拜月，女不祭灶。”拜毕，焚纸马，撤供品，设果酒肴馔于庭，家人团坐，饮酒赏月，谓之团圆节。或将祀月之月饼按人数切块分食，谓之团圆饼。亦有留至除夕而食者。商家亦于是夜设宴，并招邻店之人同饮。（《北京指南》第二编“礼俗”第七页）

中秋日为团圆节，此日家人父子，共相庆祝。照例必食苹果，谓之团圆果，故苹果之价，此时最贵。此外如鸭梨、白梨、酸梨、莎果、青柿、石榴、葡萄、枣、虎拉槟、槟子，均自西北两山运来，一届八月，街市即列摊售卖。内城如东西四牌楼，东西单牌楼，后门外东西安门外之各热闹衢市，外城如前门大街直达天桥，东自崇文门外花市，西自宣武门外菜市口，均列果摊，接连不断。最大者，临时搭棚支帐，灯烛辉煌，陈列果品，由十一日起，即渐繁闹，至十四五两日而最盛。购买者，都倾筐盈箧而去，亦有来观热闹者，俗称逛果摊。（《旧京风俗志》稿本）

兔儿爷乃泥制，以极细润之黄泥，用砖模刻塑，亦有由手工捏塑者。普通为武将形，头戴盔，带狐尾，或半披战袍，惟兔嘴交叉，两耳竖立，背后高插纸旗或纸伞，或坐假山，或坐麒麟吼虎豹，身量有大小，图画有精粗。更有制成兔首人身之商贩，如剃头者、缝鞋者、卖馄饨者、卖茶汤者。制造人多居沙锅门外，在四五月间，即着手制造，至七月中旬，即在前门外大蒋家胡同之耍货市发售。（《旧京风俗志》稿本）

月光码儿者，乃用秫秸插成一长方之牌形架子。最大者宽约二尺，长四五尺，最小者，宽约四五寸，长一尺余，中糊一板印设色之纸画。大者分成三部，小者亦两部，上为大诸总圣，系玉皇大帝与风云雷雨诸神，亦有为一佛二菩萨者，亦有为观音者，亦有为达摩渡江者，亦有为财神者。中为关壮缪像或财神土地神像。下部则广寒宫殿阁之形，娑林树下立一兔作捣药形。纸地多系黄红两色，绘画涂色，以金纸贴脸，架之两端，各插以红黄纸裁成之斜旗。此月光码在京纸店或油盐店，均有售卖。至十五日之夕，将此神码供于桌上，再陈各种果品，旁置瓷瓶，左右各二，其一插鸡冠花，其一插带叶毛豆一枝，又藕一盘，盖用以祀兔者。（《旧京风俗志》稿本）

八月中秋夕，月上东方时，宫中亦供月宫，名圆月。王公士庶家之妇女，亦皆有此礼节，但贫富不同，供品因之亦有等差。大内供品由内膳房备办，王公府第则由家务处备办，士大夫则令家人开单购买。供品则为大月饼一个或一套，一套者，乃五个或七个、九个，如宝塔状。鲜果则为西瓜、枣、栗、花生、苹果、沙果、石榴、柿子、藕、鸡冠花、大萝卜、毛豆、烧酒、清茶。正中设月光神马，上绘五彩月宫，丹桂下立玉兔。宫中所用者彩画特工，人家所用者多为印板添色者，且有大小之分。（《帝京岁时纪胜笺补》稿本）

街上及东西庙会，东安市场皆有卖泥兔者，曰兔儿爷。堆金立粉，大小不同，然极为精工，比之昔年，则优美矣。但以经济困难，业此者不能利市三倍。月饼近年分有南北两式，广东店、苏州店所卖者为南式，满洲饽饽铺中所卖者为北式，其馅则糖多甜甚，且香油多，不

尝此味者，则不欲食也。（《帝京岁时纪胜笺补》稿本）

二十七日

八月二十七日为至圣先师诞辰，禁止屠宰，祭文庙。各书室设供，师生瞻拜。（《帝京岁时纪胜》第三十二页“先师诞”）

杂事

八月宫中赏秋海棠，玉簪花，始造新酒，蟹始肥。凡宫眷内臣吃蟹，活洗净蒸熟，五六成群，攒坐共食，嬉嬉笑笑，自揭脐盖，细将指甲挑剔，蘸醋蒜以佐酒，或剔蟹胸骨，八路完整如蝴蝶式者，以示巧焉。食毕，饮苏叶汤，用苏叶等件洗手，为盛会也。凡内臣多好花木，于院宇之中，摆设多盆，并养金鱼于缸，罗列小盆细草，以示侈富。有红白软子大石榴，是时各剪离枝，甘甜大玛瑙葡萄，亦于此月剪下，缸内着少许水，将葡萄枝悬封之，可留至正月尚鲜。（《酌中志》卷二十第七页）

中秋桂饼之外，则卤馅芽韭烧麦，南炉鸭，烧小猪，挂炉肉，配食糟发面团，桂花东酒。鲜果品类甚繁，而最美者莫过葡萄。圆大而紫色者为玛瑙，长而白者为马乳，大小相兼者为公领孙。又有朱砂红、棣棠黄、乌玉朱等类，味俱甘美。其小而甜者为琐琐葡萄，性极热，能生发花痘。至于街市小儿叫卖小而黑者为酸葡萄，品斯下矣。盖柿出西山，大如碗，甘如蜜，冬月食之，可解炕煤毒气。白露节蓟州生栗初来，用糖沙拌炒，乃都门美品。正阳门王皮胡同杨店者更佳。其余清新果品，如苹婆、槟子、葡萄之类，用巨瓷瓮藏贮冰窖，经冬取出，鲜美依然。（《帝京岁时纪胜》第三十一页“时品”）

是月，都城当诸角头市中设瓜果，香水梨、银丝枣、大小枣、栗、御黄子、频婆、柰子、红果子、松子、榛子诸般时果发卖，宣徽院起解西瓜等果时蔬北上，迎接大驾还宫。（《析津志》，见《日下旧闻考》卷一百四十八第四页）

京师八月秋社，各以社糕社酒馈送，贵戚宫院切肉和蔬果铺于饭上，谓之社饭。人家妇女皆归外家，姨舅辄以新葫芦贻之，云宜外甥。（《自得语》，见《日下旧闻考》卷百十八第五页）

八月果品最全。瓜类则有枕头瓜、小子黄皮瓜、青皮红瓤瓜。葡萄类有玫瑰香水、公孙、兔儿粪、紫玛瑙、白葡萄、长葡萄、圆葡萄。梨类：鸭子梨、白梨、金星白梨、鸭广梨、水白梨、棠梨、小金坠子。石榴类有红白紫粉四色，独以安石榴为最佳，白色多酸，则不贵矣。苹果类则红苹果、青苹果、黄苹果、沙果、闻香果、香槟、酸槟、李子、红果、来禽、白海棠。柿子类有盖柿，杵头柿、佛手柿。枣类有长枣、白枣、小枣、缨络枣、大白枣、嘎嘎枣、酸枣。藕有白花藕、红花藕、菜藕、秋莲房、鸡头（即芡实米。），秋水红、菱茨、南荸荠。栗子有魁栗、板栗、颖栗。及大落花生、小落花生。（《帝京岁时纪胜笺补》稿本）

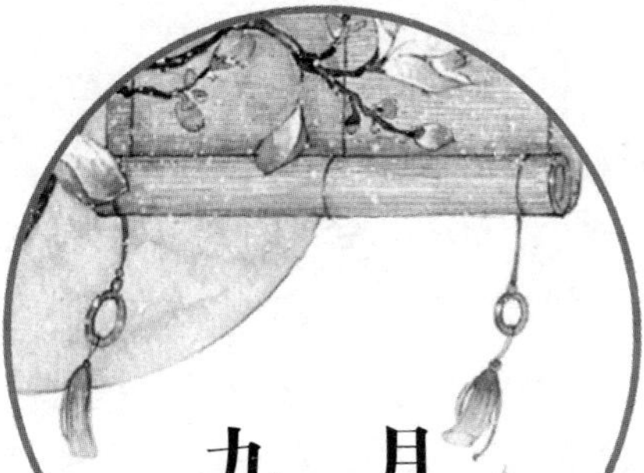

九月

卷九

粤稽重九，夙尚登高，菊酒花糕，迄仍旧惯。此九月之所以得擅胜场，而名篇佳话之所由叠著也。北平历作鸿都，讵容例外。前代凡值是日，士夫雅集，率在陶然亭上。居民揽胜，则往往多萃法塔一寺，后以塔久失修，登临者遂乏其人，而五六年前，塔麓陈风车售食品之摊贩犹众。余在髫龄，固尝低徊不忍去也。

寺一名法藏，夕照寺居其东北，万柳堂峙其正东，而家君子手创之袁督师庙，实横厥东南，互为犄角。庙之南，张园在焉。张园者，位左安门里，亦家君子所筑。三亩幽林，鸣禽上下，藤萝叠架，曲苑回环，其间自家君子生圹之外，洁室数楹，足资憩息，厅事所供，半属禅榻经卷。此则家君子晚所耽悦也。十年以来，每遇重阳，都人士之由法塔寺返者，多信步游夕照万柳诸胜，而我粤同乡，则并瞻谒袁庙，浏览张园，风谊攸存，小子不可以弗识也。

入民国来，登城辄有禁令，比岁正阳门楼，以解禁故，重阳一到，恒不少士女出入。后门鼓楼，攀登亦众。喜幽邃者，且多莅北海公园，而陶然亭畔，则少数主持风雅者外，游者盖寡，其为盛也，已逊曩时。

重阳既述，群书复详。其豪富赛马，皇王赐宴，与夫宫苑例规，觚棱既已同梦，吾更无庸赘词。九花山子九花塔，则俗无新旧，布景者岁有其人，巧样翻新，今或胜昔也。天宁寺龙爪槐以及西山八刹诸境，胥于是月有关，此固人所共游，各书亦自可考。

女儿节迎食花糕，是本北平故习，抑乃人情所寄，此俗即遍四境，又安见其不可。皮贾占晴，或不止北平若是，例之所在，未易破除，借斯以事饮宴，亦固联欢之道也。然必依晴雨卜值低昂，则是否无稽，吾诚不敢必之矣。或者，生物气候，理互牵连，天人一贯之间，究有其可以前知者耶。

彰仪门外财神庙香火，今已渐衰，几无人知，四乡居民，间或有前往拈香者。霜降听夜入出，灯火结伴，煞有以烛照升平，今也，驰逐什一，啖饭为难之不暇，又奚暇及斯闲乐。

统此一月，诸家所记杂事，若者可行，若者必忌，若者当制，若者宜尝。今兹或留或去，固已罄量而书，惟《酌中志》既曰糊房窗，《岁时纪胜》又云不糊窗。此虽小故，或亦明清异俗欤？仅阅一代，抵触已呈，若更窎远，则即此一事，其他无待蔡蓍，迁变已谂矣。斗鹌鹑之俗，无间何乡，而菊种之繁，则非第此月菁英，抑又以北平为压卷矣。

是月梨园有九皇之会，初一以逮初九，其会期也。故例，伶必持斋，会必于松柏庵。今则移樱桃斜街梨园公会。届时，伶人有作道装，焚香诵《九皇经》者。

一日

初一日起，吃花糕。（《酌中志》卷二十第七页）

四日

宫眷内臣，自初四日，换穿罗，重阳景菊花补子蟒衣。（《酌中志》卷二十第七页）

九日

九月重九日，天子率群臣部族射虎，少者为负，罚重九宴，射毕择高地卓帐，赐蕃、汉臣僚饮菊花酒。兔肝为脔，鹿舌为酱。又研茱萸酒洒门户以禬禳。（《辽史》卷五十三第十四页）

九日重阳节，驾幸万岁山或兔儿山、旋磨山登高，吃迎霜麻辣兔，饮菊花酒。（《酌中志》卷二十第七页）

九月九日，载酒具、茶炉、食榼，曰登高。香山诸山，高山也；法藏寺，高塔也；显灵宫、报国寺，高阁也，释不登。赁园亭、闯坊曲为娱耳。面饼种枣栗其面，星星然，曰花糕。糕肆标纸彩旗，曰花糕旗。父母家必迎女来食花糕，或不得迎，母则诟，女则怨诧，小妹则泣，望其姊姨，亦曰女儿节。（《帝京景物略》卷二第四十五页“春场九”）

九月九日，载酒具、茶炉、食榼，寻园榭丘阜为娱，曰登高。面饼嵌枣栗为花糕。父母家必迎女归，亦曰女儿节。（《大兴县志》传钞本）

九月各道院立坛礼斗，名曰九皇会。自八月晦日斋戒，至重阳，为斗母诞辰，献供演戏，燃灯祭拜者甚胜。供品以鹿醢东酒、松茶枣汤，炉焚茅草云蕊真香。（《帝京岁时纪胜》第三十二页“九月九皇会”）

京师重阳节花糕极胜。有油糖果炉做者，有发面累果蒸成者，有江米黄米捣成者，皆剪五色彩旗以为标帜。市人争买，供家堂，馈亲友。小儿辈又以酸枣捣糕，火炙脆枣，糖拌果干，线穿山楂，绕街卖之。有女之家，馈遗酒礼，归宁父母，又为女儿节云。染铺赈济饥贫，哄然如市。（《帝京岁时纪胜》第三十二页“重阳”）

重阳日，北城居人多于阜成门外真觉寺五塔金刚宝座台上登高，南城居人多于左安门内法藏寺弥陀塔登高。考真觉寺建于明成祖，因番僧版的达入贡金佛五躯，金刚宝座规式，封以国师，赐居此寺。宪宗九年，准式建宝座，累石台高五丈，藏级于壁，蜗旋而上。台列石塔五，各二丈，塔刻梵字梵宝梵花，塔前有成化御制碑记。法藏寺旧名弥陀寺，金大定中立，明景泰二年重建，更名法藏寺。有祭酒胡滢、沙门道孚二碑。道孚，戒坛第一代戒师，世人称鹅头祖师者也。北地多风，故塔不能空，无可登者。法藏寺弥陀塔独空，其中可登，塔高十丈，窗八面，窗置一佛，凡五十八佛，佛舍一灯。岁上元夜，寺僧燃灯绕塔奏乐，金光明空，乐作天上矣。（《帝京岁时纪胜》第三十三页“登高”）

乡民于重阳日、十三日望雨，则不致冬旱。谚云：“重阳无雨看十三，十三无雨一冬干。”（《帝京岁时纪胜》第三十四页“占雪”）

重阳前后，设宴相邀，谓之迎霜宴。席间食兔，谓之迎霜兔。好事者列菊花数十层于屋下，前者轻，后者轩，望之若山坡，五色灿烂，环围无隙，名曰花城。（《陈琮诗注》，见《日下旧闻考》卷一百四十八第六页）

九月车驾还都，初无定制，或在重九节前，或在节后，或在八月。宫中菊节，自有常制，驾至大内下马，大茶饭者浃旬。（《析津志》，见《日下旧闻考》卷一百四十八第六页）

九月九日都中以面为糕馈遗，作重阳节。亦于阛阓中，笊笼芦席叫卖，如七夕午节。市人又多以小扛车上街沿叫卖，士庶官员亦以追节为重，往还燕礼，如常故事。（《析津志》，见《日下旧闻考》卷一百四十八第六页）

重九日，敕赐百官花糕宴。（《燕都游览志》，见《日下旧闻考》卷一百四十八第六页）

九日集无定所，而阜成门外真觉寺金刚宝座，游人为多。市上卖糕人，头带吉祥字。霜降后斗鹌鹑笼于袖中，若捧珍宝。（《北京岁华记》，见《日下旧闻考》卷一百四十八第六页）

重阳时以良乡酒配糟蛋等而尝之，最为甘美。良乡酒者，本产于良乡，近京师亦能造之，其味清醇，饮之舒畅，但畏熟不能过夏耳。鸭儿广，梨属，形如木瓜，色如鸭黄，广者黄之转音也。柿子、山里红，其用尤多，皆京师应序之物也。（《燕京岁时记》第四十九页“糟蟹、良乡酒、鸭儿广、柿子、山里红”）

京师谓重阳为九月九。每届九月九日，则都人士提壶携榼，出郭登高。南则在天宁寺、陶然亭、龙爪槐等处，北则蓟门烟树、清净化城等处，远则西山八刹等处。赋诗饮酒，烤肉分糕，洵一时之快事也。（《燕京岁时记》第四十二页“九月九”）

钓鱼台在阜成门外三里许，有行宫一所，南向。每届重阳，长安少年多于此处赛马，俗称曰望海楼。（《燕京岁时记》第四十二页“钓鱼台”）

花糕有二种：其一以糖面为之，中夹细果，两层三层不同，乃花糕之美者；其一蒸饼之上星星然缀以枣栗，乃糕之次者也。每届重阳，市肆间预为制造以供用。（《燕京岁时记》第四十七页“花糕”）

九花者，菊花也。每届重阳，富贵之家以九花数百盆，架支广厦中，前轩后轾，望之若山，曰九花山子。四面堆积者曰九花塔。（《燕京岁时记》第四十七页“九花山子”）

九月初九日，游法藏寺，登浮图，齐化门外土城登高。（《天咫偶闻》卷十第十三页）

九月初九日，为重阳节，居人率多提壶携榼，出郭登高。如钓鱼台、陶然亭、龙爪槐、天宁寺、蓟门烟树、清净化城，以及西山八大刹等处，皆游观之所也。居民多食羊肉火锅，又食花糕。盖以麦粉为糕，置枣栗糖果于上者也。父母必迎其出嫁之女同食之，故亦曰女儿节。（《北京指南》第二编“礼俗”第七页）

三十年前，北京居民每届重九日，有登高之举。富贵家庭及素以风雅自命之人，届期即预备酒席，携赴天宁寺，或赴碧云寺登高远眺，爽豁胸襟，兴会之余，或清唱高歌，或吟咏倡和。至贫民，虽无多钱，倘遇天气晴明，亦不虚度，所谓穷人自有穷人乐也。于是相约赴郊外之土城，（北京东北两郊，距城约三里余，均系极长之土邱，传闻系辽时城垣遗基。）择其高处登之，并有携带燔炙肉类之炊具及烧饼烧酒等项，临时充餐者，近年则少见也。（《旧京风俗志》稿本）

九月九日登高，此风行之最久。前清帝王皇后妃嫔登高系在御花园之东堆秀山，山上有一亭名御景亭，登高于此，北望可见景山及神武门楼，西望可见西山，东南望为皇宫。王公百官，则在家中园亭假山之上，或到西山，或至积水潭之汇通祠，祠在小山之上，山之北有五音坠星石一，玲珑体透。法藏寺塔年久失修，近年往登者少。光绪间，登高者多至城上，庚子后，禁人上城，不能至此登高矣。民国以来，多上景山及午门楼上，又可上正阳门楼、钟楼、鼓楼。自北海开放，多改上白塔矣。（《帝京岁时纪胜笺补》稿本）

京中皮货店，岁必占重阳晴雨，是日晴，则皮货贵，是日雨，则皮货贱。晴则铺长请伙计，雨则伙计请铺长，此皮货店之规例也。（《帝京岁时纪胜笺补》稿本）

十五日

财神庙在彰仪门外，每至九月，自十五日起，开庙三日。祈祷相属，而梨园子弟与青楼校书等为尤多。士大夫之好事者，亦或命驾往观焉。彰仪门即广安门也。（《燕京岁时记》第四十九页“财神庙”）

霜降

帝京园馆居楼，演戏最胜。酬人宴客，冠盖如云，车马盈门，欢呼竟日。霜降节后则设夜座。昼间城门游人散后，掌灯则皆城南贸易归人入园饮酌，俗谓听夜八出。酒阑更尽乃归。散时主人各赠一灯，哄然百队，什五成群，灿若列星，亦太平景象也。（《帝京岁时纪胜》第三十五页“夜八出”）

杂事

是月也，糟瓜茄，糊房窗，制诸菜蔬，抖晒皮衣，制衣御寒。（《酌中志》卷二十第七页）

九月，御前进安菊花。（《酌中志》卷二十第七页）

秋日家家胜栽黄菊，采自丰台，品类极多。惟黄金带、白玉团、旧朝衣、老僧衲为最雅。酒炉茶肆，亦多栽黄菊，于街巷贴市招曰：某馆肆堆菊花山可观。（《帝京岁时纪胜》第三十四页“赏菊”）

都人结伴呼从，于西山一带看红叶，或于汤泉坐汤，谓菊花水可以却疾。又有治肴携酌，于各门郊外痛饮终日，谓之辞青。（《帝京岁时纪胜》第三十四页“辞青”）

膏梁子弟好斗鹌鹑，千金角胜。夏日则贮以雕笼，冬日则盛以锦橐，饲以玉栗，捧以纤手，夜以继日，毫不知倦。（《帝京岁时纪胜》第三十五页“斗鹌鹑”）

霜降后腌菜，除瓜茄、芹芥、萝卜、擘蓝、箭干白、春不老之外，有白菘菜者，名黄芽菜，乃都门之极品，鲜美不减富阳冬笋。又出安肃者，每棵重至数十斤，为安肃黄芽菜更佳。（《帝京岁时纪胜》第三十五页“腌菜”）

九月不迁徙，不糊窗棂。以菊花叶贴户牖，解除凶秽以招吉祥。不浣缉被褥，恐犯九女星，则育女多，不宜男矣。（《帝京岁时纪胜》第三十三页“禁忌”）

茰囊辟毒，菊叶迎祥，松榛结子，韭菜开花。新黄米包红枣作煎糕，荞麦面和秦椒压合酪。板鸭清煮，嫩蟹香糟。草桥荸荠大于杯，卫水银鱼白似玉。（《帝京岁时纪胜》第三十六页“时品”）

皮客于九月晦，聚众商治酌陈肴，候至三更交子，则为冬朔。望西北风急烈，则卜冬令严寒，皮革得价，交相酬酢，尽欢达旦。（《帝京岁时纪胜》第三十六页“占风”）

九月登高，花儿市访菊，城墙下观八旗操演，妇女簪挂金灯，九月归宁。（《郎潜纪闻》卷十二第五页）

京师之菊种极繁，有陈秧、新秧、粗秧、细秧之别。如蜜连环、银红针、桃花扇、方金印、老君眉、西施晓妆、潇湘妃子、鹅翎管、米金管、灯草管、紫虎须、灰鹤翅、平沙落雁、杏林春燕、朝阳素、软金素、青山盖雪、朱砂盖雪、白鹤卧雪、青莲子、青河莲、朱瓣湘莲、玉池桃红、玉笋长、玉楼春晓、宝刹浮图、落红万点、泥金万点、藕色霓裳、伽蓝袈裟等，皆陈秧中之细种也。如大红宝珠、金连环、金霞环、大金葵、渗金葵、金盘献露、金毛狮子、金凤翎、紫凤舒翎、些凤双叠、紫龙开爪、紫蟹爪、真紫钩、徐家紫、黄鹤毛、鹭鹤毛、苍龙须、苍龙训子、云龙焕彩、二色莲、三季秋荷、映日荷花、旱地金莲、芙蓉秋艳、玉扇银针、紫松针、水红针、玉匙调羹、粉屏、白牡丹、紫牡丹、粉牡丹、星光在水、枫林落照、夕阳斜照、鸦背夕阳、晓天霞、蓝翎九等，皆陈秧中之粗种也。如银虎须、墨虎须、朱墨双辉、金卷朱砂、金凤含珠、凤梧添线、汉宫春晓、浣花溪水、天半朱霞、秋水明霞、秋水芙蓉、汉皋解佩、二乔争艳、天女散花、桃花人面、鸟爪仙人、黄鹤仙人、羔裘大夫、仙人掌、醉太白、南极仙翁、文经武纬、凤管鸾笙、洋蝴蝶、羚羊挂角、香白梨、金如意、水晶如意、沉香贯珠、一斛珠、碧玉搔头、黄绣球、珊瑚钩、金带风飘、慈云点玉、慈云万点、柳线垂金、重阳居住等，皆新秧中之细种也。如金佛座、金钩挂玉、金边大红、玉堂金马、紫绶金章、紫袍金带、紫电青霜、绿柳黄鹂、杨妃醉舞、西施粉、六郎面、墨麒麟、鹦哥抱子、蜜蜂窝、全家欢乐等，皆新秧中之粗种也。共一百三十三种，皆予所记忆者，其余新陈粗细之类，尚有二百余种。（《燕京岁时记》第四十七页“九花仙子”）

北京种菊，昔年只有马家厂杨宅、东交民巷徐宅花最出名。彼时专以矮秧大花多叶为上。花时，请客宴赏，能绘者为花写照，能诗者为花题词，装成册页，收藏之。民国以后，种菊者与前不同，时尚高柯，花以繁多为盛，且多新奇之种，但非中国之产，闻皆来自东洋。近年改建温室，玻璃为屋，菊花置于其中，亦能结子，花时经蜜蜂采蕊，媒孽其间，花子结成，便改新种。菊花最喜苦水，故北京之菊，叶色深碧，苦水之故也。（《帝京岁时纪胜笺补》稿本）

游西山看红叶枫林之外，尚有梨杏，故霜叶之红，与夕阳相映，天然景物，有如东海樱花。（《帝京岁时纪胜笺补》稿本）

九月半，家家腌菜。其法每白菜百斤，用盐六斤，花椒四两。若是蔓荆或芥子头，每百斤用盐七斤，花椒三四两。因作雷震疙瘩，须将芥子晾干，其中再加入炒熟之花椒盐末，复入瓷罐封固。俟至明年三月中，闻雷声开罐取食。其味甘而不咸，脆而不疲。虽存至二三年，如不去泥封，越久越佳，芥心之中，能变为琥珀色者，食之滋味更佳，比街上各酱园所卖者大不相同，然非人家自制者不可也。腌菜有禁忌，如人家有丧事，例不腌菜，妇女月经期，不许腌菜。室女不令为之，以盐水粗手，便不能作绒线活计，此则大户人家规矩。若小户自须作菜作饭者，便不能如此矣。但是绒线活计，小户人家亦无学作者。（《帝京岁时纪胜笺补》稿本）

时品近年九月增出者，有黄花鱼、海带鱼、蛎子、瓦楞子。菜头则绣球白菜，张家口之苤蓝、洋菜花。果类则为山东之莱阳梨，南方之橘、柚、橙、香蕉、青果、甘蔗，北山之海棠果、山楂果、白梨、酸梨、杜梨、节梨。（《帝京岁时纪胜笺补》稿本）

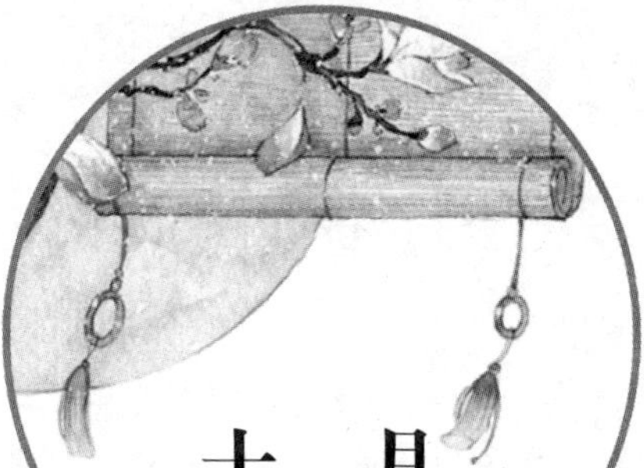

十月

卷十

在昔十月颁历，诚属一年重典，北平本上都所在，为政令所从出，缅兹十月，敬授民时，其重益可遐想。今既时移代异，则此皇皇要月，亦遂随之落寞矣。

朔日上冢曰“送寒衣”，海内几至同风。北平仪礼特琐，则以万方人士，群寓是邦，乡习互通，折衷有道。盖即此一祭，而贵贱有别，旗汉有别，土著客籍，复有其别，化歧异而立准绳，庶免却临时竭蹶。此北平之所以较诸他地祀事孔繁，十月朔之上冢，兹其一耳。云礽健在，述祖有心，血食所关，用昭来许。不得诬以谄鬼媚神，而重予贬斥也。迄于今世，纸包袱一到傍晚，依然焚化满衢，而是日开庙，则只限江南城隍，斯盖有厥远因焉。

下元日八旗会操，其例早汰。自下元起，唪经百日，当年祈禳之盛，于以窥见。二十五日之永安寺灯鼓法螺，久告衰歇，阜成门外白塔寺之番僧经会，亦减往时。

至若调鹰斗鸡，俗本荒谬，若见猎心喜，亦旧话徒存。击贝石，蹴石球，锻体魄，却寒冷，意至善也。纸鸢制就，走马灯成，玩好滋繁，半出是月。而鲜美将具，虫鸟纷陈，北平之在十月，固多足称者矣。杂事所详，诸关志实，风物载念，今幸什九犹存，吾亦笔其要略而已。

梨园则一进是月，已入冷洞，而无甚更迭云。

一日

十月初一日颁历。（《酌中志》卷二十第七页）

十月一日，纸肆裁纸五色，作男女衣，长尺有咫，曰寒衣。有疏印缄识其姓字辈行，如寄书然，家家修具夜奠，呼而焚之其门，曰送寒衣。新丧，白纸为之，曰新鬼不敢衣彩也。送白衣者哭，女声十九，男声十一。（《帝京景物略》卷二第四六页“春场十”）

十月一日，裁五色纸，作男女衣，曰寒衣。修具祀先，持楮锭焚之，曰送寒衣。或有祀于墓者。天始寒，里中父老多捐资劝募，就寺庙施粥，施汤水，施棉衣。

（《大兴县志》传钞本）

十月朔，孟冬时享宗庙，颁宪书，乃国之大典。士民家祭祖扫墓，如中元仪。晚夕缄书冥楮，加以五色彩帛作成冠带衣履，于门外奠而焚之曰送寒衣。（《帝京岁时纪胜》第三十六页“送寒衣”）

十月朔上冢如中元，祭用豆泥骨朵。（《北京岁华记》，见《日上旧闻考》卷一百四十八第七页）

卖靴人以十月一日为靴生日，供具祭之，以其阴晴卜一冬寒燠。（《宛署杂记》，见《日下旧闻考》一百四十八第七页）

十月初一日，乃都人祭扫之候，俗谓之送寒衣。（《燕京岁时记》第四十九页“十月一”）

京师居人例于十月初一日添设煤火，二月初一日撤火。火炉系不灰木为之，白于矾石，轻暖坚固。（《燕京岁时记》第五十页“添火”）

十月初一日，城隍庙厉坛，人家上冢。（《天咫偶闻》卷十第十三页）

十月初一日为孟冬，朔日上冢且寄寒衣。寒衣者，以五色纸剪之为衣裤，长不满尺，外有纸袱盛之，上书祖先爵秩名号及年月日，下注后裔某某谨奉。入夜呼而焚之，亦有焚于冢上者，此所以有“十月一，送寒衣”之谚也。是日，南下洼城隍庙开庙一日，游人云集。（《北京指南》第二编“礼俗”第八页）

十月初一日，京俗为鬼节。谚云：“十月一，鬼穿衣。”盖言天气渐冷，已死之人，亦须穿衣也。故居民每届九月下旬，纷纷筹划送寒衣，于是纸店均利市三倍。至所焚之物，大别有三，一为包袱，系用白色毛头纸糊成约尺余见方之袋，惟上口不封，袋面用黑色印成佛经咒文，中间留有长方空白以备填写收者之名号，下方则收者自填姓名，并书明冥衣若干，金银锭若干。至所谓寒衣者，系用五色彩纸折叠粘糊而成，金银锭则系金银纸箔粘折而成，如金银锭形。将此两物同装包袱内，再粘封其口，陈于桌上，供以菜蔬，并煮饽饽，凡子侄辈，均须叩首致敬。下午即将包袱捧至门外，摆列地上，再奠酒三杯，先焚白纸钱数张，谓之打发外祟。所谓外祟者，为孤魂怨鬼，盖先焚此少许纸钱，诱此孤鬼抢夺而去，然后正式焚化包袱，则家鬼可收得矣。是日南下洼之江南城隍庙开庙一日，任人烧香还愿。而庙南妓女茔地上，无数妓女，携

带包袱祭品，至其生前姊妹坟上焚化。近年该处业冢迁移，改建乐善里，此风渐灭矣。（《旧京风俗志》稿本）

四日

初四日宫眷内臣换穿纻丝。吃羊肉、炮炒羊肚、麻辣兔、虎眼等各样细糖。凡平时所摆玩之石榴等花树，俱连盆入窖。吃牛乳、乳饼、奶皮、奶窝、酥糕、鲍螺，直至春二月方止。（《酌中志》卷二十第七页）

十五日

十五日下元之期，庵观寺院课经安期起，至次年正月二十五日，百日期满。夜悬天灯，黄幅大书：冬季唪经祝国裕民百日期场。嗜佛之家，送香烛献斋供者络绎。（《帝京岁时纪胜》第三十七页“安期”）

仰山洼在安定门外正北十里，有将台一座。每至十月十五日，八旗合操，演九进十连环，前锋护军统领跑交冲马，已成俗例。大寒之岁，兵丁有冻毙者，故非豪侠少年不能往观也。（《燕京岁时记》第五十页“仰山洼”）

二十五日

太液池之阳，有白塔，为永安寺。岁之十月二十五日，自山下燃灯至塔顶，灯光罗列，恍如星斗。诸内侍黄衣喇嘛执经梵呗，吹大法螺，余者左持有柄圆鼓，右执弯槌齐击之，缓急疏密，各有节奏，更余乃休，以祈福也。考白塔基址旧为万岁山，又为琼华岛。山顶有广寒、仁智等殿，玉虹、瀛洲等亭，塔西传为辽萧后梳妆楼，倾圮已久。顺治八年辛卯秋，建塔立寺，康熙己未重修。辛酉冬，运是山之石于瀛台，塔下仅存黄壤，悉听民居。雍正庚戌，复为修葺。乾隆癸亥，塔前建龙光之坊，东为慧日亭，西为悦心殿，宫室焕然一新，仍为禁苑矣。（《帝京岁时纪胜》第三十八页“白塔燃灯”）

二十五日，阜成门内白塔寺，延番僧绕塔诵经。（《北京指南》第二编“礼俗”第十页）

杂事

是月也，始调鹰畋猎，斗鸡。内臣贪婪成俗，是以性好赌博，既赖鸡求胜，则必费重价购好健斗之鸡，雇善养者，昼则调驯，夜则加食，名曰贴鸡。须燃灯观看，以计

所啄之数，有三四百口者，更妙也。（《酌中志》卷二十第七页）

是月，羊始市，儿取羊后胫之膝之轮骨，曰贝石，置一而一掷之。置者不动，掷之不过，置者乃掷，置者若动，掷之而过，胜负以生。其骨轮四面两端，凹曰真，凸曰诡，勾曰骚，轮曰背，立曰顶骨律。其顶，岐亦曰真，平亦曰诡。盖真胜诡负而骚背间，顶平再胜，顶岐三胜也。其胜负也以贝石。（《帝京景物略》卷第四十六页“春场十”）

西山煤为京师之至宝，取之不竭，最为利便。时当冬月，炕火初燃，直令寒谷生春，犹胜红炉煖阁，人力极易，所费无多。江南柴灶，闽楚竹炉，所费不啻什百也。（《帝京岁时纪胜》第三十六页“熏炕”）

少年子弟好畜秋虫，曰蛞蛞，乃蝼蛄之别种。寄生于稻田禾黍之间，又名曰叫蚂蚱。亦非蝗螨之流，蚕食苗稼；亦非庄子逍遥游所说，蝼蛄不知春秋。此虫夏则鸣于郊原，秋日携来，笼悬窗牖，以佐蝉琴蛙鼓，能度三冬。以雕作葫芦，银镶牙嵌，贮而怀之，食以嫩豆黄芽、鲜红萝卜，偶于稠人广座之中，清韵自胸前突出，非同四壁蛩声助人叹息，而悠然自得之甚。（《帝京岁时纪胜》第三十七页“蛞蛞”）

铁角初肥，汤羊正美。白鲞并豚蹄为冻，芝麻灌果馅为糖。冬笋新来，黄齑才熟。至于酒品之多，京师为最。煮东煮雪，醅出江元，竹叶飞清，梨花湛白，窝儿米酿，瓮底春浓。药酒则史国公、状元红、黄莲液、莲花白、茵陈绿、橘豆青，保元固本，益寿延龄。外制则乡贩南路烧酒，张家湾之湾酒，涞水县之涞酒，易州之易酒，沧州之沧酒。更有清河干榨，潞水思源，南来之木瓜惠泉，绍兴苦露，桂酒橘酒，一包四瓶，三白五加皮，虽品味各殊，然皆不及内府之玉泉醴酒醇且厚也。（《帝京岁时纪胜》第三十八页“时品”）

十月上坟烧纸，弄叫由子。（《郎潜记闻》卷十二第五页）

十月颁历以后，大小书肆出售宪书，衢巷之间，亦有负箱唱卖者。（《燕京岁时记》第五十页“卖宪书”）

儿童玩好亦有关于时令。京师十月以后，则有风筝、毽儿等物。风筝即纸鸢，缚竹为骨，以纸糊之，制成仙鹤、孔雀、沙雁、飞虎之类，绘画极工。儿童放之空中，最能清目。有带风琴锣鼓者，更抑扬可听，故谓之风筝也。毽儿者，执以皮钱，衬以铜钱，束以雕翎，缚以皮带，儿童踢弄之，足以活血御寒。琉璃喇叭者，口如酒盏，柄长二三尺。咘咘噔者，形如葫芦而长柄，大小不一，皆琉璃厂所制。儿童呼吸之，足以导引清气。太平鼓者，系铁圈之上蒙以驴皮，形如团扇，柄下缀以铁环，儿童三五成群，以藤杖击之，鼓声呼呼然，环声铮铮然，上下相应，即所谓迎年之鼓也。空钟者，形如车轮，中有短轴，儿童以双杖系棉线播弄之，俨如天外晨钟。（《燕京岁时记》第五十一页“风筝、毽儿、琉璃喇叭、咘咘噔、太平鼓、空钟”）

走马灯者，剪纸为轮，以烛嘘之，则车驰马骤，团团不休。烛灭则顿止矣。其物虽微，颇能具成败兴衰之理，上下千古，二十四史中无非一走马灯也。是物之外，又有车灯，羊灯，狮子灯，绣球灯之类。每届十月，则前门、后门、东四牌楼、西单牌楼等处在在有之，携幼而往，欢喜购买而还，亦闲中之乐事也。（《燕京岁时记》第五十三页“走马灯”）

十月以后，寒贱之子，琢石为球，以足蹴之，前后交击为胜。盖京师多寒，足指酸冻，儿童踢弄之，足以活血御寒，亦蹴鞠之类也。（《燕京岁时记》第五十三页“踢球”）

虫鸟之鸣，最关时令。而人力所至亦能与时令相转移，是亦有关时令矣。京师五月以后，则有聒聒儿沿街叫卖，每枚不过一二文。至十月则爔煴者生，每枚可值数千矣。七月中旬则有蛐蛐儿，贵者可值数金，有白麻头、黄麻头、蟹胲青、琵琶翅、梅花翅、竹节须之别，以其能战斗也。至十月一枚不过数百文，取其鸣而已矣。蝈蝈之类，又有油葫芦。当秋令时，一文可买十余枚。至十月，则一枚可值数十文。盖其鸣时铿锵断续，声颤而长，冬夜听之，可悲可喜，真闲人之韵事也。故秋日之蛐蛐罐有永乐官窑、赵子玉、淡园主人、静轩主人、红澄浆、白澄浆之别，佳者数十金一对。冬月之聒聒儿葫芦、油葫芦，佳者亦数十金一对，以紫润坚厚者为上，即所谓葫芦器者是也。是故京师世族，贫者居多，耗财之道实不止声色珠玉而已也。（《燕京岁时记》第五十四页“蛐蛐儿、聒聒儿、油葫芦”）

十月以后，则有栗子、白薯等物。栗子来时用黑砂炒熟，甘美异常。青灯诵读之余，剥而食之，颇有味外之味。白薯贫富皆嗜，不假扶持，用火煨熟，自然甘美，较之山药、芋头尤足济世，可方为朴实有用之材。中果、南糖到处有之。萨其马乃满洲饽饽，以冰糖、奶油合白面为之，形如糯米，用不灰木烘炉烤熟，遂成方块，甜腻可食。芙蓉糕与萨其马同，但面有红糖，艳如芙蓉耳。冰糖葫芦乃用竹签，贯以葡萄、山药豆、海棠果、山里红等物，蘸以冰糖，甜脆而凉。冬夜食之，颇能去煤炭之气。温朴形如樱桃而坚实，以蜜渍之，既酸且甜，颇能下酒。皆京师应时之食品也。（《燕京岁时记》第五十五页“栗子、白薯、中果、南糖、萨其马、芙蓉糕、冰糖葫芦、温朴”）

水乌他，以酥酪合糖为之，于天气极寒时，乘夜造出，洁白如霜，食之口中有如嚼雪，真北方之奇味也，其制有梅花、方胜诸式，以匣盛之。奶乌他大致相同，而其味稍逊。（《燕京岁时记》第五十六页“水乌他、奶乌他”）

每至十月，市肆之间则有赤包儿、斗姑娘等物。赤包儿蔓生，形如甜瓜而小，至初冬乃红，柔软可玩。斗姑娘形如小茄，赤如珊瑚，圆润光滑，小儿女多爱之，故曰斗姑娘。海棠木瓜大者二寸，青而不黄，较之南来木瓜，其香尤烈。沤朴形如橘柚而坚实，性如木瓜而有毛，以之薰衣，香可经月不散，亦应时之物产也。（《燕京岁时记》第五十七页“赤包儿、斗姑娘、海棠木瓜、沤朴”）

禽鸟之来，最关时令。京师十月以后，则有梧桐鸟等。梧桐者，长六七寸，灰身黑翅，黄嘴短尾，市儿买而调之，能于空中接弹丸，谓之打弹儿。交嘴者，长四五寸，嘴左右交，以别雌雄，有红黄二色，驯而扰者能开锁衔旗。祝顶红者，小于家雀而红其顶，技如交嘴，而灵巧过之。老西儿者，形如梧桐而黑嘴，技同而价贱，饕餮之辈亦有食之者。燕巧儿者，形如燕子，亦能于空中接弹丸，而飞腾尤速，此皆京师之时禽。至于秋天鸿雁，社日乌衣，则有月令在。（《燕京岁时记》第五十七页“梧桐、交嘴、祝顶红、老西儿、燕巧儿”）

十月间，冬笋、银鱼之初到京者，由崇文门监督照例呈进，与三月黄花鱼同。（《燕京岁时记》第五十七页“冬笋、银鱼”）

北方土炕砖炕，家家有之，大户人家，且有地炕，用煤烧之，一室皆温。但煤气满屋，时或薰毙人命，近时小户及四乡人家，仍用地炉烧炕，城内中上等户，多改用烟窗之洋铁炉。亦仍用中国之木炉或小铁炉者，生火添煤时，皆拿至院中，以火筒抽去其烟，约三刻许，火即烧红，移至房中，不至再有煤毒矣。又北京人家，昔皆睡炕，近三十年，南方人来京者，多去炕而用木床铁床，其次则用铺板。下用木橙两条支搭之，南人用此，北人亦多用之。昔年王公府第及一二品大员之家，上房大厅廊下，

皆有炉炕，屋中之地砖下皆沟路，地炉在廊下生火，地炉温热，满屋皆暖，而全无煤气。（《帝京岁时纪胜笺补》稿本）

初冬时品汤羊，昔年共三铺出卖，购之可入火锅，别有风味，肉则极嫩。庚子以后，只有崇文门外一家，冬日仍卖汤羊。从前门框胡同南口羊肉铺卖汤羊，今已不卖，只有酱牛肉一种。正阳门内之月盛斋五香酱羊肉，与东城干面胡同之同盛斋，又安定门大街谢家胡同口外之羊肉床，烧羊肉、酱羊肉均出名，其味则与众不同。十月以后，稻香村等铺，则作封鸡封鱼，九十月间，皆有糟蟹，与北方之醉蟹甜咸有别。烧鸭之外尚有烧鸡，街前叫卖之羊头肉、风干羊腱子，皆为外省之所无，南方人亦喜食之。（《帝京岁时纪胜笺补》稿本）

十一月

卷十一

十一月在他乡，固一靡足轩轾之月，若在北平，往时却有两重典焉。语其吉，则郊天；语其凶，则出大差。而车骑往还，投笺互拜，百官既吉服表贺，绅庶遂题名满幅。乃至进历纳贡，颁赏貂银，悉以冬至及冬至前后为厥准期。“冬至大如年”之谚，信非虚谬，朝廷也，宦场也，故例所衍，兹无一存。

拖床之乘，蹴鞠之戏，昔俱盛典，今并沦亡。其溜冰之俗，则今又胜昔。三海二闸之外，冰场日多，虽严冬之期，有打冰入窖者，则属营业，非游戏也。至若九九消寒会，由来触处有之。惟北平乃人文之薮，诗图璀璨，独不少巧制纷罗。然而陈习相仿，即在廊庙，鄙俚亦终难免耳。

男女混击羯鼓，此声久弗易闻。为母浣濯，看月当头，此俗亦成仅有。馄饨、兔羹，习尚虽未尽涤，亦侪于告朔之饩羊可尔。令已祁寒，易藏肴脯，人工焙植，鲜品益珍。豪富充其口腹，正无间今昔也。

百卉入室，盆景悦目，他境力虽可办，第未若北平之向荣特早，操得全胜耳。是月梨园，仍当冷涧，凡百设施，一如十月云。

一日

冬至月初一日，臣工之得著貂裘者，均于是日一体穿用，谓之翻褂子。（《燕京岁时记》第五十八页“翻褂子”）

十五日

冬月十五日月当头，如遇望时，则塔影无尖，人影亦极短。小儿女之好事者，必无睡以俟当头，临阶取影以验之。（《燕京岁时记》第五十八页“月当头”）

十一月十五日，看月当头。（《天咫偶闻》卷十第十三页）

冬至

冬至节，宫眷内臣皆穿阳生补子蟒衣，室中多悬绵羊引子画贴。司礼监刷印九九消寒诗图，每九诗四句，自“一九初寒才是冬”起，至“日月星辰不住忙”止，皆瞽词俚语之类，非词臣应制所作，又非御制，不知如何相传，年久遵而不敢改，可疑亦可叹也。近年多易以新式诗句之图二三种，传尚未广。（《酌中志》卷二十第九页）

十一月冬至日，百官贺冬毕，吉服三日，具红笺互拜，朱衣交于衢，一如元旦。民间不尔，惟妇制履舄，上其舅姑。日冬至，画素梅一枝，为瓣八十有一，日染一瓣，瓣尽而九九出，则春深矣，曰九九消寒图。有直作圈九丛，丛九圈者，刻而市之，附以九九之歌，述其寒燠之候。歌曰：“一九二九，相呼不出手。三九二十七，篱头吹觱篥。四九三十六，夜眠如露宿。五九四十五，家家堆盐虎。六九五十四，口中呬暖气。七九六十三，行人把衣单。八九七十二，猫狗寻阴地。九九八十一，穷汉受罪毕，才要伸脚睡，蚊虫蛇蚤出。”（《帝京景物略》卷二第四十六“春场十”）

十一月冬至日，百官朝贺毕，退祀其先，具刺互拜，如元旦仪。俗画梅一枝，为瓣八十有一，日染一瓣，瓣尽

而九尽，则春深矣。（《大兴志县》传钞本）

长至南郊大祀，次日百官进表朝贺，为国大典。绅耆庶士，奔走往来，家置一簿，题名满幅。传自正统已巳之变，此礼顿废。然在京仕宦流寓极多，尚皆拜贺。预日为冬夜，祀祖羹饭之外，以细肉馅包角儿奉献。谚所谓“冬至馄饨夏至面”之遗意也。（《帝京岁时纪胜》第三十九页“冬至”）

至日数九，画素梅一枝，为瓣八十有一，日染一瓣，瓣尽而九九毕，则春深矣，曰九九消寒之图。傍一联曰：“试看图中梅黑黑，自然门外草青青。”谚云：“一九二九，相逢不出手。三九四九，冰上走。五九四十五，穷汉街前舞。七九六十三，路上行人着衣单。”都门天时极正：三伏暑热，三九严寒，冷暖之宜，毫发不爽。盖为帝京得天地之正气也。（《帝京岁时纪胜》第三十九页“消寒图”）

冬至日太史院进历，回回太史进历，又进画历后，市即有卖新历者。宰相于至日，亲率百辟恭贺，递手帕，随贡方物。士庶人家，并行贺礼。（《析津志》，见《日下旧闻考》卷一百四十八第八页）

京师最重冬节，不问贵贱，贺者奔走往来，家置一簿，题名满幅，自正统己巳之变，此礼顿废。（《孤树裒谈》，见《日下旧闻考》卷一百四十八第八页）

故事，自冬至后至立春日，殿前将军甲士赐酒肉，名曰头脑酒。（《明典故纪闻》，见《日下旧闻考》一百四十八第八页）

冬至郊天令节，百官呈递贺表。民间不为节，惟食馄饨而已。（《燕京岁时纪》第五十八页“冬至”）

消寒图乃九格八十一圈。自冬至日起，日涂一圈，上阴下晴，左风右雨，雪当中。（《燕京岁时记》第五十九页“九九消寒图”）

十一月通称冬月，冬至日食馄饨，犹夏至之必食面也。故京谚云：“冬至馄饨夏至面。”士大夫又率于是日作消寒图，图以一纸绘九格，格绘九圈，凡八十一圈，自冬至日起，日涂一圈，其法上阴下晴，左风右雨，雪在中，圈涂尽则九九毕。又或绘素梅一枝，为瓣八十有一，日染一瓣，亦分别阴晴风雪者，则较前法为雅矣。（《北京指南》第二编“礼俗”第八页）

京谚云："冬至大如年。"言冬至之关系，大似年关也。是日家家悬挂先人遗影，献素菜馒首茶酒致祭。人家及商店均食水角或馄饨。（《旧京风俗志》稿本）

三十年前，普通刑事犯，如谋杀、斗杀、强奸、盗墓等，均积存至冬至以前执行一次，人犯极多，由数十人以至百余人，其名曰出大差。向例于冬至日以前之数日执行，故冬至日颇有关系。所以必在冬至前执行者，则以皇帝例须冬至日郊天故也。盖为帝王者，每于冬至祭天时，应将一年所办国政大端，焚表报告。祭天则在天坛，由皇帝躬亲举行。（《旧京风俗志》稿本）

九九消寒图，尚有写九字皆九画者，如"庭前垂柳珍重待春风"，又有"幸保幽姿珍重春风面"。北京风俗，文人则有九九消寒会，逢九之日则请客，会中共约九人，每人每次作主人一次。又有九九消寒诗文社，逢九集社，社友不拘人数，届日午刻到社，社中出有诗文题目，分题拈韵，即日交卷，至日夕则偕至饭馆，尽醉而归。（《帝京岁时纪胜笺补》稿本）

杂事

十一月，百官传带煖耳。此月糟腌猪蹄尾、鹅肫掌、羊肉包、扁食馄饨，以为阳生之义。冬笋到，则不惜重价买之。是月也，天已寒，每日清晨吃辣汤，吃生炒肉、浑酒以御寒。（《酌中志》卷二十第九页）

太液池之五龙亭前，中海之水云榭前，寒冬冰冻，以木作床，下镶钢条，一人在前引绳，可坐三四人，行冰如飞，名曰托床。积雪残云，景更如画。冰上滑擦者，所著之履皆有铁齿，流行冰上，如星驰电掣，争先夺标取胜，名曰溜冰。都人于各城外护城河下，群聚滑擦，往还亦以托床代渡。更将托床结连一处，治酌陈肴于上，欢饮高歌，两三人牵引，便捷如飞，较之坐骥乘车，远胜多矣。（《帝京岁时纪胜》第四十页“冰床、滑擦”）

金海冰上作蹴鞠之戏，每队数十人，各有统领，分位而立，以革为球，掷于空中，俟其将坠，群起而争之，得者为胜。此队之人将得，则彼队之人蹴之令远。欢腾驰逐，以便捷勇敢为能。将士用以习武。昔黄帝作蹴鞠之戏以练武，盖取遗意焉。（《帝京岁时纪胜》第四十页“蹴鞠”）

时维长至，贡物咸来：北置则獾狸麅鹿，野猪黄羊，风干冰冻；南来则橙柑橘柚，香圆佛手，蜜饯糖栖。荐新时品，摘青韭以煮黄芽；祠祭鲜羹，移梅花而烹白雪。

欣一阳之来复，遂万有以萌生。（《帝京岁时纪胜》第四十一页“时品”）

十一月人家墐户，藏花木于窖，食兔羹。女子嫁者，多归宁为母浣濯，曰报娘恩。始击羯鼓，鼓用铁为围，单皮覆之，每十人五人聚击，女子亦然。（《北京岁华记》，见《日下旧闻考》卷一百四十八第八页）

十一月跳神。（《郎潜纪闻》卷十二第五页）

冬至以后，水泽腹坚，则十刹海、护城河二闸等处皆有冰床。一人拖之，其行甚速。长约五尺，宽约三尺，以木为之，脚有铁条，可坐三四人。雪晴日暖之际，如行玉壶中，亦快事也。至立春以后，则不可乘，乘则甚危，有陷入冰窟者，而拖之者逃矣。近日王公大臣之有恩命者，亦准于西苑门内乘坐拖床，床甚华美，上有宀如车篷，可避风雪。按倚晴阁杂抄：明时积水潭，常有好事者联十余床，携都蓝酒具，铺氍毹其上，轰饮冰凌中为以乐。诚豪侠之快事也。（《燕京岁时记》第五十九页“拖床”）

冰鞋以铁为之，中有单条缚于鞋上，身起则行，不能暂止。技之巧者，如蜻蜓点水，紫燕穿波，殊可观也。（《燕京岁时记》第六十页“溜冰鞋”）

冬至三九则冰坚，于夜内凿之，声如錾石，曰打冰。三九以后，冰虽坚不能用矣。（《燕京岁时记》第六十一页“打冰”）

每至冬月，凡乾清门侍卫及大门侍卫等，均由本管支领貂褂银子，人各数十金。（《燕京岁时记》第六十一页“赐貂”）

昔年颐和园南北海之冰上托床，太后、皇帝、皇后、诸妃嫔乘坐，令太监拉之，两宫若在此召见办事王公大臣，非特旨赏坐托床，不得擅坐也。其赏坐托床与赏坐二人肩舆，及紫禁城骑马，皆荣幸殊恩。虽王公、贝勒、贝子、中堂、尚书、侍郎等，必有特旨始得用之。（《帝京岁时纪胜笺补》稿本）

冰上蹴鞠，即今之足球，皇帝亦观之，盖尚武也。如什刹海护城河冰上蹴鞠，则皆人民练习者。武备院各侍卫、护军营人员皆须习此，文人无习此者。（《帝京岁时纪胜笺补》稿本）

鲜花：梅花、腊梅、榆叶梅、郁李、碧桃、海棠、玉兰、牡丹、水仙、玉竺豆、佛手、香橼、金橘，皆以盆种

之。（《帝京岁时纪胜笺补》稿本）

市中食物有锦鸡、石鸡、莎鸡、家鸭、麻鸭、关东鱼、野猪、野兔。鹿尾、熊掌出自关东，独驼峰出自张家口，豹胎出自杀虎口，此四种均极名贵，庖丁之手艺逊者，不能作也。北京贵族之家用有专门庖丁。（《帝京岁时纪胜笺补》稿本）

旧俗，王公之家，关东货至，则有宴客请食全鹿全羊者，或烤或涮，或煮或烹，或煎或炸，纯是关外游牧风俗，近年则绝少矣。（《帝京岁时纪胜笺补》稿本）

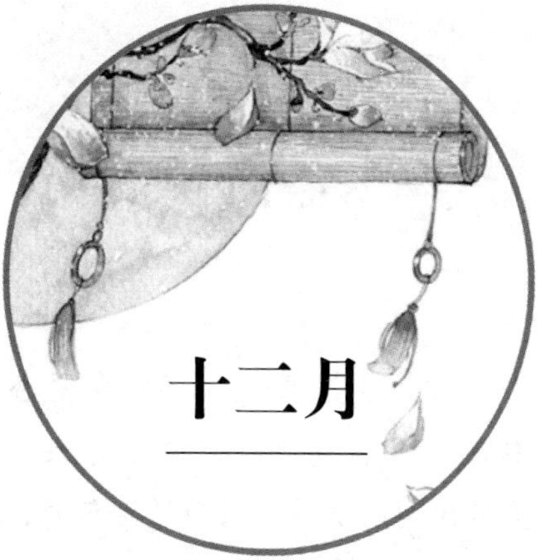

十二月

卷十二

岁时伏腊，古已重视，节候所更替，亦即气候所转移。伏吾述之矣，腊之为祭，且年越三千，虽累代朔有变易，腊祭不定何月，而十二月之得为腊月，名称浸废，究非易易，即处乡间，亦未容忽忽以过，况北平耶？以故都而循古例，击鼓其堂，岁聿云暮，四时总束，繄此三旬。则腊之为月于北平也，更有必俟翔实者已。

明代初八以前各俗，迄至胜朝，泰半已告删除，惟腊八粥则沿而未改，且到于今。是粥也，虽四方一例，而精粗有别，北平夙以帝王所宅，无在不求其隆此上都，故即此一粥之制作馈遗，而珍品揉和，费亦不赀。甚复蔚为国典，旨遣王公百官执事以趋，俄顷所掷，不恤钜万。当斯日也，寒畯之枵腹待赈者，则又不知几千万焉。虽然皇哉厥例，创自升平，尔日户给家赡，或竟无须夫赒恤为也。

女不祭灶，实北平之殊俗。二十四日祭灶，北平而外，北方亦所罕观，盖为南人之来北平久居者所留之例，今亦渺矣。祭灶之后，年事骤忙，年货上市，万家争买，罄翌年正月所需，盖多备自此数日也。屈指终岁韶华，半多耗诸香火，是月虽少庙会，而依然祀事频仍。玉皇甫接，除夕随至，连宵爆竹，喧遍九城。香烟烛影间，胪拜腾欢，迎新送旧，吾在正月，先已著其梗概矣。今虽王风宦习，久归子虚，而民间陈俗，岁岁奉行，即明季燀岁之说，今且并踩岁诸俗，行之未替也。先是腊月下旬，街巷间即有乡人担松柏枝、芝麻秸叫卖，即以备踩岁用也。至若止詈骂，任嫁娶，勿论禁忌开放，无非避凶求吉，此则不仅北平然也。而锻磨之斋，则又似北平特俗，各寺院遵循，盖亦久矣。

天地之桌，万方相类，财物胪供，到处亦大抵无殊。非尽北平所独有也，北平所足以夸胜者，鲜品较为全且美耳。

除夕辞岁，前亦言之。惟是夕必先走谒亲友，新婚者更必恭诣岳家，则礼之周尽，北平比诸他地，似又优崇。此固里曲所可省也。

年底市肆繁盛，外省且然，北平更奚待言。惟尚有今输于昔者，即论年画一事，亦有足资纪叙者，一届腊月，即画棚满布，通衢达巷，人多鱼贯而临，此在北平，往昔亦一盛事，忆余儿时，固已游之屡矣。俗所谓“逛画儿棚子”也。棚多以席，画则旧多木印，天津附近之杨柳青诸地，其产源也。画式纂多，分销各省，亦不止北平一市耳。近年则印术日进，年画愈出愈新，平津沪皆有印局，杨柳青产之木刻画，销路早已减色，近且频于绝迹矣。而画棚则天桥左近之外，借有售者，亦只悬诸空旧商屋，或竟分布街壁，衡以曩时，固已一落千丈矣。

封印之例，久不遵行，封印后放偷之俗，原极恶劣，兹既汰尽，余亦不之赘论矣。踢石球本以御寒，初不意浸成博具，勒予裁禁，未为不可。打挂钱及窗格嵌画，风遍他乡，是又何止北平也耶？送财神爷，亦非殊俗，不过北平率以儿童，他乡则成人为之耳。春联摊年只一期，重关穷士生计，益而盛之，乃所愿也。若夫迎年过年各物，则诸肆毕售，群书并详，即大而镇岁货声，亦不难逐一纪载，余也久处北平，固已聆之淳熟矣。

近年北平商户，多已分节清款。若在外省，则尚有年关始清者，吾于端午一章，业陈厥况，今当易历之后，年节已改曰春节，则索逋之状，自亦无殊夏节，然而积习所累，究较夏节为紧迫耳。

梨园入腊月，犹当冷洞，封箱封台之举，依例悉在是月。其封箱晚不逾二十日，故封箱之戏，必在腊望左右，封箱日所演，且必硬戏，戏讫，当场即放火彩。走马锣鼓，既随之起，前所谓四大元帅者，须臾亦遂扮出，略如正月所演矣。封台与封箱，原属两事。封台者，封戏园之台，封箱者，封戏班之箱也。甲班之箱纵封，乙丙诸班，尚可更迭入园，以赓演焉，此所谓封箱也。封台则换言之，直曰封园可耳。盖厥台既封，馆戏必止，任属何班，年节前不得入演，必俟来岁元旦，始许启箱开戏也。各班封箱之后，例必祀神，祭仪则略视三月十八之祖师大会，拟计翌年之事，率于此日宣说，仿佛三月之提议下半年事也。年既报尽，伶之副时望者，恒徇后台执事之请，特演搭桌戏一两日，此则例外，盖执事者，即仰此费以度岁云尔。

一日

十二月初一日起，便家家买猪腌肉，吃灌肠，吃油渣卤煮猪头、烩羊头、爆炒羊肚、炸铁脚小雀加鸡子、清蒸

牛白、酒糟蚶、糟蟹、炸银鱼、醋溜鲜鲫鱼鲤鱼。钦赏腊八杂果粥米。（《酌中志》卷二十第九页）

十二月一日至岁除夜，小民为疾苦者，奉香一尺，宵行衢中，诵元君号，自述香愿，其声乌乌恻恻，曰号佛。行过井，过寺庙，则跪且拜而诵，香尽尺乃归。（《帝京景物略》卷二第四十七页“春场十一”）

八日

初八日，吃腊八粥，先期数日，将红枣捶破泡汤，至初八，早加粳米、白果、核桃仁、栗子、菱米煮粥，供佛圣前，户牖、园树、井灶之上各分布之。举家皆吃，或亦互相馈送，夸精美也。（《酌中志》卷二十第十页）

八日，先期凿冰方尺，至日纳冰窖中，鉴深二丈，冰以入，则固之，封如阜。内冰启冰，中涓为政。凡苹婆果入春而市者，附藏焉。附乎冰者，启之，如初摘于树，离乎冰，则化如泥。其窖在安定门及崇文门外。是日，家效庵寺，豆果杂米为粥，供而朝食，曰腊八粥。（《帝京景物略》卷二第四十七页“春场十一”）

腊月八日为王侯腊，家家煮果粥。皆于预日捡簸米豆，以百果雕作人物像生花式，三更煮粥成，祀家堂门灶陇亩，阖家聚食，馈送亲邻，为腊八粥。（《帝京岁时纪胜》第四十二页“腊八”）

腊八日御河起冰贮窖，通河运冰贮内窖，太液池起冰贮雪池冰窖，开謻门运之。各门护城河打冰，于河边修土窖贮之，夏日出易甚便。（《帝京岁时纪胜》第四十二页“窖冰”）

八日作腊八粥，以米果杂成之，品多者为胜。此盖循宋时故事，然宋时腊八乃十月八日。（《燕都游览志》，见《日下旧闻考》卷一百四十八第九页）

腊八粥者，用黄米、白米、江米、小米、菱角米、栗子、红江豆、去皮枣泥等，合水煮熟。外用染红桃仁、杏仁、瓜子、花生、榛穰、松子，及白糖、红糖、琐琐葡萄，以作点染。切不可用莲子、扁豆、薏米、桂元，用则伤味。每至腊七日，则剥果涤器，终夜经营，至天明时则粥熟矣。除祀先供佛外，分馈亲友，不得过午。并用红枣、桃仁等制成狮子、小儿等类，以见巧思。（《燕京岁时记》第六十一页“腊八粥”）

大白菜者，乃盐腌白菜也。凡送粥之家，必以此为副。菜之美恶，可卜其家之盛衰。（《燕京岁时记》第六十一页“大白菜”）

雍和宫喇嘛于初八日夜内熬粥供佛。特派大臣监视，以昭诚敬。其粥锅之大，可容数石米。（《燕京岁时记》第六十二页“雍和宫熬粥”）

都门风土，例于腊八日，人家杂煮豆米为粥。其果实如榛、栗、菱、芡之类，矜奇斗胜，有多至数十种，皆渍染朱碧色，糖霜亦如之。饤饾盘内，闺中人或以枣泥堆作寿星、八仙之类，交相馈遗。明陈耀文《天中记》：“宋时东京十二月初八日，都城诸大寺作浴佛会，并送七宝五味粥，谓之腊八粥。”《譬喻经》谓：“诸米果煮粥，取逼邪祛寒却疾病。”前人诗云：“今朝佛粥更相馈。”此风相沿已久。（《天咫偶闻》卷十第十页）

初八日啜粥曰腊八粥。盖杂各色米豆及菱角、芡实、枣、栗、莲子诸物，熟煮之以为糜，以外染有红色之桃仁、杏仁、花生、瓜子、葡萄干、青红丝、黑白糖，点缀之者也，五更即煮之，先祀祖供佛，后馈戚友。送粥时，必以腌菜、菘菜为副。家畜之猫犬鸡雏，亦皆饲以粥，墙壁树木，以粥抹之。富家煮粥可供旬日之用，其繁可知。又或于是日以蒜浸醋，封而藏之，至次年新正启食之，曰

腊八蒜。既过腊八，择吉日大扫除，谓之扫房，其平日不轻扫除者，恐不祥也。（《北京指南》第二编“礼俗”第八页）

腊八粥之成分，计有粳米、江米、大米、白米、小米、薏仁米、白高粱米、稻米，及绿豆、江豆、白扁豆、黑小豆、黄豆、青豆、白芸豆、红芸豆等合成。城中各杂粮店多有出售之者，谓之粥米。又各杂粮店于初七日，将此杂米豆分送与各老主顾。若粥中有搀杂之果类，则取红枣、栗子、菱角米、鸡头米、莲子、核桃仁、松仁、花生仁、榛仁、瓜子仁、白葡萄干、青梅、瓜条、红丝、白果仁、桂圆肉、蜜饯果脯丝、山楂糕等，合于一釜而煮之，以为供佛及馈贻亲友之品。（《旧京风俗志》稿本）

清制，每年雍和宫举行大熬粥一次，是为皇帝家之熬粥。照例，历年十二月初五六日，宫门抄必有一条：派某某赴雍和宫熬粥。所派者皆满蒙王公贝勒，名虽熬粥，不过监视而已，实则熬粥者为雍和宫中之喇嘛。盖以宫中有大号粥锅两个，每个均能收容粥米二三十石，且宫中有专门练习熬粥者十余人，于火候素有经验。又以腊八粥既关佛法，每届下米下水之际，由得木奇喇嘛率领徒侣多人，围锅念咒。至粥中材料，至为普通，尚无人家之精致。届时内务府大臣及堂郎中等官均到场。此粥之报销甚巨，每年照例竟至十万两。初八日上午三四点钟，由监视大员将粥进奉内廷，皇帝照例谕令供祀太庙、寿皇殿，及内廷西苑各庙，然后分赏内廷各宫，再分赏外廷各王公大臣。系派太监一名押送，用黄食盒一架，以二人抬之，内装黄盒子一个，盒子中置粥一大碗。受赏之大臣，跪接跪送，四起八拜承谨，对于押送之太监，特别恭敬，赠以巨款，普通则二十四两，亦有四十八两、六十四两、八十两至一百二十两者，各以其人之身份而异。惟阎敬铭当权，无论上赏何物，对于太监仅赠以当十京钱两吊，各太监震于阎之清介，亦无可如何。以淡而无味之清粥一碗，在帝制时代，凡膺此赏者，莫不认为天恩祖德，无上荣庆。（《旧京风俗志》稿本）

京中各庙，如柏林寺、嵩祝寺、龙泉寺、白云观等，每届此期，亦煮粥分送诸施主，于粥碗正中置一极大枣栗，上插小黄纸旗，书明某某庙名。施主自无白受之理，于是赠以回敬，有二两者，有四两者，亦有八两者，最少亦须一两，如对无钱之家，即不肯轻送矣。（《旧京风俗志》稿本）

二十年前，初八日清晨，若行于内城街巷，则见二人抬食合者，肩担者，手提者，沿街皆是送粥之人，不绝于途。二十年来，满人既多凋零，土著汉人亦日趋窘境，故

不似前者之盛也。（《旧京风俗志》稿本）

腊八粥，相传因释迦摩尼当年于是日得道，释迦当年是用钵向各家化米，故不能一律，所以有各种豆米。后人增添米糖豆果，青年妇女又添果子作花，争奇角胜。先期选米选豆，剥果染红，至初八半夜熬粥，天明上供，祀宗祖，送亲朋，自食之外，则赏给家役。送与亲友粥时，附以大腌白菜、蒸包子、炒菜、咸菜，两色四色不等，彼此互相分送之。（《帝京岁时纪胜笺补》稿本）

昔年雍和宫熬粥，曾派那王监视，是日并听经。（《帝京岁时纪胜笺补》稿本）

京城寺院内外八大刹，皆于是日熬粥供佛，但不若喇嘛经典礼盛耳。（《帝京岁时纪胜笺补》稿本）

二十三日

二十三日更尽时，家家祀灶，院内立杆，悬挂天灯。祭品则羹汤灶饭，糖瓜糖饼，饲神马以香糟炒豆水盂。男子罗拜，祝以遏恶扬善之词。妇女于内室，扫除炉灶，以净泥涂饰，谓曰挂袍，燃灯默拜。（《帝京岁时纪胜》第四十二页“祀灶”）

二十三日祭灶，古用黄羊，近闻内廷尚用之，民间不见用也。民间祭灶惟用南糖、关东糖、糖饼及清水草豆而已。糖者所以祀神也，清水草豆者所以祀神马也。祭毕之后，将神像揭下，与千张、元宝等一并焚之。至除夕接神时，再行供奉。是日鞭炮极多，俗谓之小年下。（《燕京岁时记》第六十四页“祭灶”）

二十三日送灶供饧。是日贴联门神。（《天咫偶闻》卷十第十三页）

二十三日祭灶，供以糖饼、糖瓜、黍糕、胡桃等品。又备草料、凉水，谓用以抹灶君之马，祭时必使炉火炽盛，以糖饼置炉口，亦有缘而涂之者。相传灶君朝天，白人家善恶于玉帝，以行赏罚，置糖炉口，则口黏不复能语，故焚神纸时，必祝曰：“好话多说，不好话少说。”祭毕，以糖果与家人食，自是以后，即预备过年矣。（《北京指南》第二篇“礼俗”第八页）

每年腊月二十三日祭灶后，将旧神龛请至中庭焚化，家人放鞭炮，即为送神。直至腊月三十日之下半夜，再烧香而请新神位，即将新神位放置原厨。又京俗习惯，男不拜月，女不祭灶，凡祭祀灶王均男子事。（《旧京风俗

志》稿本）

二十三日之祀灶，上自大内以及王府百官，士农工商无不举行，悬挂天灯，小户人家无之。是夕都城炮声可以达旦，卖糖者亦无不利市三倍，与卖鞭炮者同等获利也。（《帝京岁时纪胜笺补》稿本）

二十四日

二十四日祭灶，蒸点心办年，竞买时兴绸缎制衣，以示美富。乾清宫丹墀内，自二十四日起，至次年正月十七日止，每日昼间放花炮，遇大风暂止半日、一日。其安鳌山灯，扎烟火，圣驾升座，伺候花炮，圣驾回宫亦放大花炮。前导皆内官监职掌，其前导摆对之滚灯，则御用监灯作为所备者也。（《酌中志》卷二十第十页）

腊月二十四日祭灶之后，宫眷内臣，即穿葫芦景补子及蟒衣。各家皆蒸点心。储肉将为一二十日之费。（《酌中志》卷二十第一页）

二十四日，以糖剂饼、黍糕、枣栗、胡桃、炒豆、祀灶君。以糟草秣灶君马，谓灶君翌日朝天去，白家间一岁事。祝曰：好多说，不好少说。《记》称：“灶，老妇之祭。”今男子祭，禁不令妇女见之。祀余糖果，禁幼女不令得啖，曰啖灶余，则食肥腻时，口圈黑也。（《帝京景物略》卷二第四十七页“春场十一”）

京师居民祀灶，犹仍旧俗，禁妇女主祭，家无男子或迎邻里代焉。其祀期用二十三日，惟南省客户则用二十四日，如刘侗所称也。（《日下旧闻考》卷一百四十八第十一页）

京师旧俗，岁终二十四日，谓灶神上界。其夜家人设祭，遣奠致祭，且有揭恶扬善之属。（《秋涧集》，见《日下旧闻考》卷一百四十八第十页）

燕俗图灶神，锓于木，以纸印之，曰灶马。士民竞鬻，以腊月二十四日焚之，为送灶上天。别具小糖饼奉灶君，具黑豆寸草为秣马具，合家少长罗拜祝曰：“辛甘臭辣，灶君莫言。”至次年元旦，又具如前，为迎灶。（《月令广义》，见《日下旧闻考》卷一百四十八第十页）

二十五日

二十五日，五更焚香楮，接玉皇，曰玉皇下查人间也。竟此日，无妇妪詈声。（《帝京景物略》卷二第四十八页“春场十二”）

二十五日俗传为上帝下界之辰。因二十三日送灶上天，奏人间一年之善恶，故上帝于二十五日下界，稽查臧否，降之祸福。故世人于是日谨起居、慎言语，戒饬小儿毋得詈骂恶言，恐招不祥。（《帝京岁时纪胜》第四十三页“稽善恶”）

二十五日至除夕传为乱岁日。因灶神已上天，除夕旋驾，诸凶煞俱不用事，多于此五日内婚嫁，谓之百无禁忌。（《帝京岁时纪胜》第四十三页“乱岁”）

二十七日

岁暮斋沐，多于二十七八日。谚云：“二十七，洗疚疾；二十八，洗邋遢。”（《帝京岁时纪胜》第四十三页“沐浴”）

二十九日

馈遗尚鲜果，羯鼓益声喧，曰迎年鼓。先除夕一日曰小除夕，家置酒宴，往来交谒，曰拜别。焚香于户外，曰天香，凡三日止。帖宜春字，小儿女写好字。（《北京岁

华记》，见《日下旧闻考》卷一百四十八第九页）

先除夕一日，则曰小除夕。家置酒宴，往来招邀，曰别岁，又曰辞岁，亦有除夕始行辞岁者。（《北京指南》第二编“礼俗”第八页）

三十日

三十日岁暮，即互相拜祝，名曰辞旧岁也。大饮大嚼，鼓乐喧阗，为庆贺焉。门旁植桃符板、将军炭，贴门神，室内悬挂福神鬼判钟馗等画，床上悬挂金银八宝，西番经轮，或编结黄钱如龙，檐楹插芝麻秸，院中焚柏枝柴，名曰熰岁。（《酌中志》卷二十第一页）

自岁暮正旦，咸头戴闹蛾，乃乌金纸裁成，画颜色装就者，亦有用草虫蝴蝶者，或簪于首，以应节景，仍有真正小葫芦，如豌豆大者，名曰草里金，二枚可值二三两不等，皆贵尚焉。（《酌中志》卷二十第二页）

三十日，五更又焚香楮送迎，送玉皇上界矣，迎新灶君下界矣。插芝麻秸于门檐窗台，曰藏鬼秸中，不令出也。门窗贴红纸葫芦，曰收瘟鬼。夜以松柏枝杂柴燎院中，曰烧松盆，熰岁也。悬先亡影像，祀以狮仙斗糖、麻花儆枝，染五色苇架竹罩陈之，家长幼毕拜，已各自拜，曰辞岁。已聚坐食饮，曰守岁。（《帝京景物略》卷二第四十八“春场十二”）

三十日，悬先像拜祀，长幼诣诸尊长家拜之，曰辞岁。立桃符，贴春联门神挂钱，插芝麻秸，燃松枝于庭，撤祀余，阖家饮食之曰守岁。（《大兴县志》传钞本）

岁暮，将一年食余药饵，抛弃门外，并将所集药方，捡而焚之，名丢百病。（《帝京岁时纪胜》第四十四页“丢百病”）

除夕为尊亲师长辞岁，归而盥沐，祀祖祀神接灶。早贴春联挂钱，悬门神屏对，插芝麻秸，立将军炭，阖家团拜。更尽分岁，散黄钱金银锞锭，亲宾幼辈来辞岁者留饮啜，答以宫制荷包，盛以金银锞饰。出门听人言之吉凶，卜来年之休咎，名曰听谶语。炉内焚松枝、柏叶、南苍术、吉祥丹，名曰熰岁。阖家吃荤素细馅水饺儿，内包金银小锞。食着者，主来年顺利。高烧银烛，畅饮松醪，坐以待旦，名曰守岁，以兆延年。（《帝京岁时纪胜》第四十四页“岁暮杂务”）

都下寺院，每用岁除锻磨，是日作锻磨斋。（《僧园

逸记》，见《日下旧闻考》卷一百四十八第十二页）

京师谓除夕为三十晚上。是日清晨，皇上陞殿受贺，庶僚叩谒本管，谓之拜官年。世胄之家，致祭宗祠，悬挂影像。黄昏之后，合家团坐以度岁。酒浆罗列，灯烛辉煌，妇女儿童皆掷骰斗叶以为乐。及亥子之际，天光愈黑，鞭炮益繁，列案焚香，接神下界，合衣少卧，已至来朝，旭日当窗，爆竹在耳，家人叩贺，喜气盈庭。转瞬之间，又逢新岁矣。（《燕京岁时记》第六十六页“除夕”）

除夕自户庭以至大门，凡行走之处遍以芝麻秸撒之，谓之踩岁。（《燕京岁时记》第六十六页“踩岁”）

年饭用金银米为之，上插松柏枝，缀以金钱、枣、栗、龙眼、香枝，破五之后方始去之。（《燕京岁时记》第六十六页“年饭”）

所谓藏香，乃西藏所制。其味浓厚，得沉檀芸降之全。每届岁除，府第朱门，焚之彻夜，檐牙屋角，触鼻芬芳，真香中之富贵者也。（《燕京岁时记》第六十七页“藏香”）

取松柏枝之大者，插于瓶中，缀以古钱、元宝、石榴花等，谓之摇钱树。（《燕京岁时记》第六十七页“摇钱树”）

以彩绳穿钱，编作龙形，置于床脚，谓之压岁钱。尊长之赐小儿者，亦谓之压岁钱。（《燕京岁时记》第六十八页“压岁钱”）

钱肆取钱之帖谓之票子。每届岁除，凡富贵之家以银易钱者，皆用彩笺书写，谓之红票儿。亦取其华美吉祥之意。（《燕京岁时记》第六十八页“红票儿”）

每届除夕，列长案于中庭，供以百分。百分者，乃诸天神圣之全图也。百分之前，陈设蜜供一层，苹果、干果、馒头、素菜、年糕各一层，谓之全供。供上签以通草八仙及石榴、元宝等，谓之供佛花。及接神时，将百分焚化，接递烧香，至灯节而止，谓之天地桌。（《燕京岁时记》第六十八页“天地桌”）

凡除夕，穿蟒袍补褂走谒亲友者，谓之辞岁。家人叩谒尊长，亦曰辞岁。新婚者必至岳家辞岁，否则为不恭。（《燕京岁时记》第六十八页“辞岁”）

除夕接神以后，即为新年。于初次出房时，必迎喜神而拜之。（《燕京岁时记》第六十六页“迎喜神”）

除夕夜多不寝，曰守岁。以芝麻秸散置中庭，往来践踏之，谓之踏岁。妇女多戴红石榴花，上缀小金元宝，则取吉祥发财之意也。市中更有贫儿，手持财神纸马，分送商店民居而呼曰送财爷来者，皆以钱与之，取吉利也。（《北京指南》第二编“礼俗”第六页）

早年商店向主顾讨账，往往延至此日。尚至未偿还欠债之家催迫，有由一次至数次，来索或坐索者，但一至其本柜放鞭接神时，即绝口不谈债事，虽再遇诸路途，亦和颜悦色，互道新禧。（《旧京风俗志》稿本）

夕阳西下之际，市井穷苦儿童，有二三人一起者，有一人单独者，先在纸店购买印板纸财神像数十张，分赴各大街之商店及胡同各住户，映门而喊曰：“送财神爷来了。”各迷信者流，因其系属童男，仿佛能将财神爷真可送来者，与以铜元四五枚，换来纸像一张，伊辈即欢跃而去。最讨人厌者，则为此去彼来，为数太多耳。若予以铜钱一二文，而不接受其纸像，告之曰：“财神爷已经接了。”亦可满意而去。若并一二文钱亦不予之，此辈野童，原无教育，愤怒之余，即连喊两声：“送阎王爷来

了，送瘟神爷来了。”门内之人亦必震怒出门而逐之，遂急驰如鸟兽散，再绕赴旁家喊送矣。（《旧京风俗志》稿本）

除夕之夜，北京商店均终夜开门营业，即当铺亦然。自庚子年经过大抢，始有戒心，改为五点或六点上门。住户终夜不睡，尤以妇孺为最高兴，谓之守岁。接神以后，阖家包煮饽饽，更有暗置黄铜小钱一个于煮饽饽中，将此参置于众饽饽中，考验此带铜钱之饽饽为何人所食，即认其人本年福气命运均好矣。（《旧京风俗志》稿本）

自除夕起，如心屋地面不洁，须自门外向里而扫，所有垃圾尘土，均不许撮诸门外，仍堆积门内。一切用过之水，亦不许向门外泼弃，因认水土两项均属为财之故。（《旧京风俗志》稿本）

凡有儿童之家，其父母尊长以及附近之亲族邻友，均赠予儿童压岁钱。如系铜钱则以红绳串之，如系银锭则以红绸或红纸包之，取吉利也。妇女戴红石榴花一枝，上嵌金纸元宝，亦取发财之意也。（《旧京风俗志》稿本）

三十日即除夕，是晨在家祠上供，用素烛蓝桌围，以代上坟之典。上灯后，换红桌围，燃红烛再上供，供品如年糕、苹果、橘子、甘蔗、香槟、香蕉、蜜供、馒首、茶、酒、饭、煮饽饽，供齐由家长率全家大小男妇等叩首，行辞岁礼。礼毕全家老少男女，齐至上房，请家长坐于中堂，受全家男女之辞岁叩首礼。晚间自街门以内，无处不燃灯，纱灯则由廊房头条灯铺买之。长辈受晚辈之叩首礼后，则给晚辈压岁钱。家中长幼辞岁之后，有到各本家中之祠堂及向各长辈辞岁者，凡年在十六岁以内者，长辈仍给压岁钱、荷包等物。到子刻，出外辞岁者一律回家张罗接神。是夕灯火辉煌，庭中设供，桌上供天道地道上下神纸，有用纸印成者，名曰百分。供时将百分供于正中，案上摆设蜜供五碗，馒首五碗，年糕、年元宝、苹果、橘子各五碟，花生、栗子、龙眼、荔枝、柿饼五碟，茶三碗，酒三杯，于灯下挂黄钱元宝千张，地下放芝麻秸、松枝。从子至卯四个时辰内，家家焚香上供，并有三牲及煮饽饽，择定何时即在何时，由家长具衣冠，沐手焚香，率子孙敬谨叩首迎神，焚百分钱粮时并放鞭炮。又昔年除夕子刻后，百官入朝贺岁，民国则于元旦辰巳之间，始贺总统，但又有用阳历、阴历之不同，车水马龙，尚有气象。迁都之后，名虽废止阴历，而阳历年关，毫无年意，旧历年则改名春节，百物仍然云集，四乡人民之来购年货者，仍如昔之纷纭。（《帝京岁时纪胜笺补》稿本）

杂事

是月也，进熯洞薰开牡丹等花。（《酌中志》卷二十第十页）

是月，小儿及贱闲人，以二石球置前，先一人踢一令远，一人随踢其一，再踢而及之，而中之，为胜。一踢即着焉，即过焉，与再踢不及者，同为负也。再踢而过焉，则让先一人随踢之。其法初为趾踵苦寒设，今遂用赌，如博然，有司申禁之，不止也。（《帝京景物略》卷二第四十八“春场十二”）

腊月朔，街前卖粥果者成市。更有卖核桃、柿饼、枣、栗、干菱角米者，肩挑筐贮，叫而卖之。其次则肥野鸡、关东鱼、野猫、野鹜、腌腊肉、铁雀儿、馓架果罩、大佛花、斗光阡张、楼子庄元宝。初十外则卖卫画、门神、挂钱、金钱箔、锞子黄钱、销金倒酉、马子烧纸、玻璃镜、窗户眼。请十八佛天地百分。钱店银号兑换押岁金银小梅花海棠元宝。二十日外，则卖糖瓜、糖饼、江米竹节糕、关东糖、糟草炒豆，乃二十三日送灶饷神马之具也。又有卖窑器者，铜银换瓷碗，京烧之香炉烛台。闷葫芦，小儿藉以存钱；支锅瓦，灶口用为助爨。至二十五日外则芝麻秸、松柏枝、南苍术熰岁矣。腊月诸物价昂，盖年景丰裕，人工忙促，故有“腊月水土贵三分”之谚。高年人于岁逼时，训饬后辈谨慎出入，又有“二十七八，平取平抓”之谚。（《帝京岁时纪胜》第四十一页“市卖”）

岁暮官署封印，诸生散馆，送灶神后，扫除祠堂舍宇，糊裱窗槅，贴彩画玻璃窗眼，剪纸吉祥葫芦，还账目，送节礼，谢先生，助亲友馈炭金。整齐祭器，擦抹什物，蒸糕点，炸衬供，调羹饭，治祭品，摆供献，雕茶果，神堂悬影，院内设松亭，奉天地供案，系天灯，挂琉璃。（《帝京岁时纪胜》第四十四页“岁暮杂务”）

凌床京师在处有之，一人挽行，滑如帆驶，闻明时积水潭常有好事者，联十余床，携都蓝酒具，铺氍毹其上，轰饮冰凌中，亦足乐也。（《倚晴阁杂抄》，见《日下旧闻考》卷一百四十八第十二页）

京师腊月河冰结时，水面多设冰床，往来络绎，以供行客。其捷如飞，较之坐骑乘车远胜多矣。（《陈检讨集》，见《日下旧闻考》卷一百四十八第十二页）

京师冬月，既以纸糊窗格，间用琉璃片画作花草人物嵌之。由室中视外，无微不瞩，从外面观，则无所见，此欧阳楚公十二月《渔家傲》词所云“花户油窗”也，盖元时习俗已尚之。（《蒓渔词话》，见《日下旧闻考》卷一百四十八第十二页）

腊月束梅于盎，匿地下五尺许，更深三尺，用马通燃火，使地微温，梅渐放，白纸笼之，鬻于市，小桃、郁李、迎春皆然。（《北京岁华记》，见《日下旧闻考》卷一百四十八第九页）

十二月卖像生花供佛，打太平鼓。（《郎潜纪闻》卷十二第五页）

每至十二月，于十九、二十、二十一、二十二四日之内，由钦天监举择吉期，照例封印，颁示天下，一体遵行。封印之日，各部院掌印司员必应邀请同僚欢聚畅饮，以酬一岁之劳。故每当封印已毕，万骑齐发，前门一带，拥挤非常，园馆居楼，均无隙地矣。印封之后，乞丐无赖攫货于市肆之间，毫无顾忌，盖谓官不办事也。亦恶俗也。（《燕京岁时记》第六十三页“封印”）

封印之后，梨园戏馆择日封台，八班合演，至来岁元旦则赐福开戏矣。亦所以歌咏升平也。（《燕京岁时记》第六十三页“封台”）

儿童之读书者，于封印之后塾师解馆，谓之放年学。（《燕京岁时记》第六十四页“放年学”）

春联者，即桃符也。自入腊以后，即有文人墨客，在市肆檐下，书写春联，以图润笔。祭灶之后，则渐次黏挂，千门万户，焕然一新。或用朱笺，或用红纸，惟内廷及宗室王公等例用白纸，缘以红边蓝边，非宗室者不得擅用。（《燕京岁时记》第六十五页“春联”）

每至腊月，繁盛之区，支搭席棚，售卖画片，妇女儿童争购之，亦所以点缀年华也。（《燕京岁时记》第六十六页“画儿棚子”）

卖年画者，卖花者，卖门神挂钱、卖松柏芝麻秸者，卖陶瓷器者，叫呼络绎，不绝于门。街市则春联摊及年画棚、黍糕、馒首、鸡鸭鱼肉、花木果品一切年货，无不具备。商家民居各于门前，纷贴挂钱（次年正月十五日，或二月初二日，以竹竿挑去，谓之打挂钱。）对联，凡几案铜锡各器，皆拭拂一新。而沽酒市肉以治制肴馔，更有日不暇给之势。（《北京指南》第二编“礼俗”第六页）

每年腊月，如系大建，则于二十日封印，至明年正月二十日开印。如系腊月小建，则于十九封印，至明年正月十九日开印。封印时，本部满汉尚书二人，满汉侍郎各四人，即先后到部举行封印典礼。由司务厅特派声音洪亮之赞礼官一人，先高唱“请列位大人就位”，各尚书等依照位置，立于公案前。继唱“请宝印入匣”，掌印官预将堂印置于印匣以外，至此当众将印收入匣内，再用黄色包袱将印匣包裹。继再高唱“拜印跪，叩首，再叩首，兴，三叩首”，连唱三次，合之为三跪九拜，继唱“封印大吉，各位大人禄位高升，礼成，退班”。堂官先后退，各属人员亦纷纷而退。（若开印时之礼，亦与封印相同。惟唱至“开印大吉”后，照例司务厅拣择不甚重要之公事，先用印三颗。在未用时，赞礼官高唱“用印一颗，加官进禄，用印二颗，禄位高升，用印三颗，诸位大人连升三级”等吉利语。）于封印后，各部门门柱上，用极宽红纸黏之，上联书“本部遵于某年月日时封印大吉”，下联书“本部遵于某年月日时开印大吉”等字，京中所有大小文武机关，均如是办法也。（《旧京风俗志》稿本）

关东糖约分为二：一为糖瓜，一为糖块。以产于关东者为佳，以黄米制造，色白而微黄。早年腊月十五日左右，由关东客人贩运来京，寄存齐化门外之关东店，京中各小商，纷赴该处趸买，设摊售之。今则伪造者多矣，惟

只售至二十三晚为止，二十四日虽有存货，亦不再卖矣。（《旧京风俗志》稿本）

早年一至年终，有加庙联市之举。护国寺加增十五六两日，隆福寺加增二十一二两日，土地庙由二十三日起，花儿市由二十四日起，直接联至三十日止，较之平日，极为拥挤。其所与平日不同者，购物者多，游玩者少，大多皆为入城购买实用物品之四郊农民。（《旧京风俗志》稿本）

旧时宪书，在腊月份内印有“土神用事”四字，盖言自是日起，即归土神管事，后此即不宜动土。若再扫房动土，必招土神之怒不利也。故一至此日，即不能再事扫房，均须赶于此日以前扫之，亦有于进土以前一二日，预先扫除房之四角，嗣后无论何日补扫，即无禁忌矣。（《旧京风俗志》稿本）

贫苦文人，每届腊月之初，即预在各繁闹街市之铺门前，粘贴红黄纸帖，上书“书春”“借纸学书”“涂鸦”等字，并附注以“历年在此，有纸早送”等语。是即示此地盘已预定，他人不能再占之意。然大多须与铺店相熟，或有人为之介绍，该铺始能承认其门前设案也。书案多用八仙桌一张或二张，桌上铺红毯，旁置一小箱及罗圈火盆与铁黑盆，大号笔筒，中置大小毛笔。又须在街市当众书写，闲人四面围观，始有生意，或在家写好，用绳相绊于铺店栏杆之上。为此项生意，须过二十五日，始见忙碌，乡农亦来京购卖，销路甚畅，故早年设案者虽多，比至三十日下午，必可售罄云。（《旧京风俗志》稿本）

年画多产于天津与杨柳青一带。每至腊月，即有大批乡人趸贩来京，分赴各街叫卖。用芦苇小帘布色包袱一个，裹而背之，货多粗劣，价则稍廉。又有一种，系俟腊月十五日以后，在各闹市选一空闲地点，临时支搭席棚。或借歇业之铺店空房，将各画悬诸四壁，用一二人口唱歌词，以求畅卖，旧京谓之画棚子。此中之画，则较乡贩所售者为精，妇孺辈多成群而逛画棚子。近年画棚渐少，惟天桥左近间一见之。（《旧京风俗志》稿本）

神纸摊，专售阎王爷、灶王爷、财神爷、门神爷、张仙爷诸神像。又有佛花、供花之摊，分列街市。早年售佛花之最精致者，为大栅栏各戏园门道内，因此时各园均已封台休息矣。（《旧京风俗志》稿本）

引用书目

辽史（百衲本 / 元脱脱等修）

金史（百衲本 / 元脱脱等修）

野获编（扶荔山房本 / 万历三十四年沈德符著）

酌中志（海山仙馆丛书本 / 明刘若愚著）

帝京景物略（原刊本 / 崇祯八年刘侗著）

大兴县志（传抄本 / 康熙二十二年张茂节、李开泰合纂）

宛平县志（传抄本 / 康熙二十二年王养濂、李开泰合纂）

谈往（说铃本 / 康熙四十年花村看行侍者编）

人海记（光绪七年重刊本 / 海昌查慎行编）

帝京岁时纪胜（乾隆二十三年潘荣陛著）

日下旧闻考(乾隆二十九年官修)

宸垣识略（光绪丙子宝林堂重刊本 / 乾隆五十三年吴长元著）

藤阴杂记（光绪三年重刊本 / 嘉庆元年戴璐著）

萝厂杂著（嘉庆六年俞蛟著）

燕京杂记（小方壶斋丛钞本 / 道光朝）

郎潜纪闻（光绪六年陈康祺著）

顺天府志（光绪七年官修）

燕京岁时记（琉璃厂文德堂刊本 / 光绪二十五年敦崇著）

天咫偶闻（光绪三十三年震钧著）

北京輶轩录稿本

北京指南（民国十五年商务印书馆编）

旧京风俗志稿本（民国十七年旧吾著）

帝京岁时纪胜笺补稿本（民国十七年东岩居士著）

水东日记（见顺天府志及原刊本 / 明叶盛著）

北京岁华记（见日下旧闻考及顺天府志 / 明陆启浤著）

余氏辨林（见日下旧闻考）

寓圃杂记（见日下旧闻考 / 明王锜著）

宛署杂记（见日下旧闻考及顺天府志）

燕都游览志（见日下旧闻考 / 明孙国敉著）

甲乙剩言（见日下旧闻考 / 明胡应麟著）

芜史（见日下旧闻考 / 明刘若愚著）

事物原始（见日下旧闻考）

柳堂□集（见顺天府志）

居易录（见顺天府志及原刊本 / 王士正著）

都门杂记（见顺天府志）

析津志（见日下旧闻考及顺天府志）

琐谭（见顺天府志及日下旧闻考 / 高任重著）

光禄寺志（见日下旧闻考）

陈琮诗集（见日下旧闻考）

燕石集（见日下旧闻 / 宋褧著）

秋涧集（见日下旧闻考）

识小编（见日下旧闻考 / 周宾所著）

西神脞说（见日下旧闻考 / 严绳孙著）

戒庵漫笔（见日下旧闻考 / 明李诩著）

隩志（见日下旧闻考 / 张远著）

辛斋诗话（见日下旧闻考 / 陆嘉淑著）

暖姝由笔（见日下旧闻考 / 徐克著）

疆识略（见日下旧闻考）

闲史掇遗（见日下旧闻考）

咏归录（见日下旧闻考 / 查容著）

孤树裒谈（见日下旧闻考 / 赵可与著）

元掖庭记（见日下旧闻考）

燕北杂记（见日下旧闻考）

月令广义（见日下旧闻考及原刊本 / 冯应京著）

自得语（见日下旧闻考）

僧园逸记（见日下旧闻考）

倚晴阁杂钞（见日下旧闻考 / 魏坤著）
陈检讨集（见日下旧闻考及原刊本 / 陈维崧著）
莼渔词话（见日下旧闻考 / 钱芳标著）
明典故纪闻（见日下旧闻考）